टैंकमैन

एक टैंकमैन (कैवेलियर) के सिद्धांत

मैं एक योद्धा हूँ।

अपने देश की रक्षा करना मेरा धर्म है।

मैं अपने तन, मन और आत्मा को लड़ने एवं जीतने के लिए तैयार करूँगा।

सारे उपकरणों, विशेष रूप से युद्ध के सबसे बड़े हथियार के उपयोग में निपुण बनूँगा।

'टैंक'

सदैव निर्बल की रक्षा करो।

सत्यवादी और निर्भीक, मानवीय, सुसंस्कृत और दयालु बनो।

लड़ो और परिणाम को सहर्ष स्वीकार करो।

हे ईश्वर! मुझे इतनी शक्ति दो कि मैं तुमसे और कुछ न माँगूँ।

टैंकमैन

एक जाँबाज सिपाही द्वारा
1971 युद्ध की आँखोंदेखी सच्चाई

ब्रिगेडियर बी.एस. मेहता

प्रभात प्रकाशन

प्रकाशक

प्रभात प्रकाशन प्रा. लि.

4/19 आसफ अली रोड, नई दिल्ली-110002

फोन : 011-23289777 • हेल्पलाइन नं. : 7827007777

इ-मेल : prabhatbooks@gmail.com ❖ वेब ठिकाना : www.prabhatbooks.com

संस्करण

2025

पेपरबैक मूल्य

छह सौ रुपए

अनुवाद

नायब सूबेदार रवि कांत (सेवानिवृत्त)

मुद्रक

आर-टेक ऑफसेट प्रिंटर्स, दिल्ली

TANKMAN

by Brig. B.S. Mehta

(Hindi translation of THE BURNING CHAFFEES)

Published by **PRABHAT PRAKASHAN PVT. LTD.**

4/19 Asaf Ali Road, New Delhi-110002

ISBN 978-93-5521-238-2

₹ 600.00 (PB)

समर्पण

भारत के सभी सैन्य बलों के
उन अनगिनत वीर योद्धओं और वीरांगनाओं को
समर्पित, जिन्होंने नाम, नमक, निशान की
अपनी कालातीत नीति के सम्मान में
अपने प्राणों को
न्योछावर किया।

प्रमुख रक्षा अध्यक्ष
CHIEF OF DEFENCE STAFF

जनरल बिपिन रावत
PVSM, UYSM, AVSM, YSM,
SM, VSM, ADC
जनरल, प्रमुख रक्षा अध्यक्ष
पद्मविभूषण से सम्मानित

संदेश

'टैंकमैन' सन् 1971 के भारत-पाक युद्ध के दौरान लड़े गए एक टैंक-युद्ध में भारतीय सेना की विजय का महत्त्वपूर्ण आँखों देखा वर्णन है। इस युद्ध में अपने कमान अधिकारी के शहीद होने के पश्चात् लेखक को एक युवा कप्तान के रूप में 45 कैवेलरी की PT-76 टैंक स्क्वाड्रन के नेतृत्व का अद्वितीय गौरव प्राप्त हुआ। अपने लेखन द्वारा ब्रिगेडियर बी.एस. मेहता ने भारतीय सैनिकों की देशभक्ति एवं बहादुरी पर प्रकाश डाला है, जिनके निस्स्वार्थ बलिदान के फलस्वरूप इन अति महत्त्वपूर्ण लड़ाइयों में विजय पाकर भारत ने 1971 का युद्ध जीता। लेखक ने भारतीय सेनाओं के परस्पर भाईचारे और आत्मीयता के भाव को सजग रूप से प्रस्तुत किया है। भारत के आधुनिक सैन्य इतिहास की ऐसी महत्त्वपूर्ण लड़ाइयों को अभिलेखित करना आवश्यक है, और अपनी पुस्तक में लेखक ने इस विषय के साथ पूर्णतः न्याय किया है। मैं ब्रिगेडियर बी.एस. मेहता को गरीबपुर के युद्ध को अति कुशल भाव से दस्तावेजीकृत करके प्रस्तुत करने पर बधाई देता हूँ।

जय हिंद!

(जनरल बिपिन रावत)
जनरल, प्रमुख रक्षा अध्यक्ष
पद्मविभूषण से सम्मानित

भूमिका

अपना कर्तव्य-पालन करने के लिए जब एक भारतीय सैनिक जाता है तो वह अपने संगठन को अपनी विशिष्टता से उन्नत करता है। वह अपने साथियों के साथ मिल-जुलकर काम करते हुए उन पर अटूट भरोसा रखकर अपने लक्ष्य को पूरा करता है, फिर उसका परिणाम चाहे जो भी हो; यानी चाहे इसके लिए उसे अपने प्राणों का बलिदान भी करना पड़े। एकाग्र मन से अपनी जिम्मेदारी को पूरा करना ही उसके लिए सही मायनों में महत्त्वपूर्ण कार्य है।

उसका लक्ष्य होता है—'श्रेष्ठतम प्रयास', न केवल एक इकाई बने रहकर, बल्कि सामूहिक रूप में। मैत्री एवं टीम-भावना ही उसके जीने का तरीका और सामूहिक विशेषता होती है।

कारगिल युद्ध के दौरान मैंने भारतीय सेना का नेतृत्व किया था, अत: अब मैं बड़े गर्व के साथ कह सकता हूँ कि जब कभी भारतीय सैनिकों को युद्ध के लिए बुलाया जाता है, वे सच्ची बहादुरी, नीति-नियम व परंपरा के अनुसार अपना सर्वश्रेष्ठ प्रदर्शन करते हैं।

फ्रेंच लेखक, दार्शनिक और नीति-विशारद मिशेल आइक्वेम मोंतेंग—[Michel Eyquem Montaigne (1533-1592)] ने एक बार कहा था, "शुद्ध ऐतिहासिक कथाएँ वे होती हैं, जिनके बारे में उन व्यक्तियों द्वारा स्वयं लिखा गया है, जिन लोगों ने खुद उन कार्यों को अंजाम दिया था, बाकी सब तो सुने-सुनाए किस्से होते हैं।"

ऐसा ही एक नवीनतम इति-वृत्तांत है 'टैंकमैन', जिसे लिखा है उस युवा ऑफिसर कैप्टन बी.एस. मेहता (बाद में ब्रिगेडियर) ने, जिन्होंने शत्रु का सामना करने के लिए पूर्वी पाकिस्तान में अपने ट्रूप्स का नेतृत्व किया था। अपने स्क्वाड्रन

कमांडर के शहीद हो जाने के बाद उन्होंने स्क्वाड्रन की कमान अपने हाथें में ली और सन् 1971 में हुए भारत-पाकिस्तान युद्ध के समापन तक वे वीरता से अपने सैन्य दल की अगुवाई करते रहे। उन सैनिकों के जीवन की यह एक सच्ची कहानी है, जिन लोगों ने शत्रु के टैंकों को बहुत नजदीकी व दूरी से बरबाद किया, ऐसे वक्त में जब वे केवल शत्रु के टैंकों, आर्टिलरी और माइंस को ही नहीं, बल्कि रॉकेट के हवाई आक्रमणों को भी झेल रहे थे। गरीबपुर की लड़ाई के बाद कैप्टन मेहता ने बहुत मुश्किलों से 16 दिसंबर, 1971 को युद्ध समाप्त होने तक, उस नदी किनारे के दलदली इलाके में उनका लगातार मार्ग-निर्देशन किया था।

यह उस एक सैनिक दस्ते के कार्यों की आप बीती है, जिसके अंदर मैत्री और सैन्य संस्कारों को प्रत्यक्ष रूप से साकार किया गया और अमल में लाया गया था।

भारतीय नागरिकों और विशेषकर युवाजनों के लिए प्रेरणास्पद इस अति-रोमांचक कथा के लेखन के लिए ब्रिगेडियर बी.एस. मेहता (अवकाश-प्राप्त) की मैं प्रशंसा करता हूँ।

जय हिंद!

—जनरल वेद प्रकाश मलिक

PVSM, AVSM (Retd.)

पूर्व थलसेना अध्यक्ष

टिप्पणियाँ और समीक्षा

'टैंकमैन' मुख्य रूप से सन् 1971 के बँगलादेश स्वाधीनता संग्राम के अभियान से संबंधित है। यह एक रेजीमेंट की कहानी है, जिसने अन्य रेजीमेंटों के साथ इस अभियान में हिस्सा लिया था और उस व्यक्ति, एक साहसी सैनिक बी.एस. मेहता की कहानी है। ब्रिगेडियर बी.एस. मेहता सन् 1971 के युद्ध में भारतीय सेना की एक यूनिट की खूनी और नाटकीय घटनाओं से परिपूर्ण कहानी लिखते हैं। लिखित तथ्यों से पता चलता है कि एक दृढ़ निश्चयी रेजीमेंट, जो व्यक्तिगत बहादुरी और सम्मान के साथ इतिहास में अमर हो गई थी।

यह पुस्तक सैन्य इतिहास के छात्रों को जरूर पढ़नी चाहिए, जो बँगलादेश स्वाधीनता संग्राम के बारे में जानने के उत्सुक हैं। यह 1971 के अभियानों के बारे में जानकारी हासिल करने के लिए एक महत्त्वपूर्ण पुस्तक साबित होगी। यह पुस्तक गोलियों से जूझते सैनिकों के प्रति सहानुभूति और समझदारी की सच्ची दास्तान है।

इस पुस्तक में गहरी बौद्धिक आभा है, जो युद्ध के मोर्चे पर दिल दहला देनेवाले पलों को बयान करती है। एक विस्तारित कहानी में लेखक युद्ध में अपने व्यक्तिगत अनुभव को बताता है। वह युद्धक्षेत्र में प्रतिबिंबित मानवीय गुणों पर जानकारी देते हुए गोलियों की बौछार में आक्रामक युद्ध-कौशल और शांत भाव के साथ साहस के प्रदर्शन का वर्णन करता है। उन्होंने एक सरल कहानी में कूटनीति और रणनीति को एकीकृत किया है। लेखक, उच्च अकादमिक रिकॉर्ड्स वाले एक सैनिक ने युद्धक्षेत्र में सैनिकों और हथियारों के बीच के संबंध को बहुत अच्छे ढंग से शब्दों में पिरोया है।

उनका लेखन उन बहादुर सैनिकों के जीवन को सजीव करता है, जिन्होंने 45 कैवेलरी को एक टीम बनाया था और सन् 1971 में कई अभियानों को अंजाम

"1971 के युद्ध के दौरान 45 कैवेलरी के बलिदान और वीरतापूर्ण कारवाई ने रेजीमेंट को भारत का गौरव बना दिया, 'भारतेरा गारबो'।"
यह बात लेफ्टिनेंट कर्नल काजी एस.ए. जहीर (सेवानिवृत्त) ने 45वीं कैवेलरी रेजीमेंट के बारे में 'द बर्निंग चाफीज' पुस्तक की समीक्षा करते हुए कही है

दिया था। उन्होंने घटनाओं को कुशलतापूर्वक कहानी के रूप में वर्णित किया है। पुस्तक में वास्तविक और नए रूप में ईमानदारी के साथ युद्ध का वर्णन है। यह एक प्रामाणिक और कसा हुआ लेखन है। इसमें रचनात्मकता और विद्वत्ता का प्रभावी मेल है, जो युद्ध के निर्णायक पलों को सजीव करता है।

यह पुस्तक सैन्य इतिहास के लिए एक बहुमूल्य योगदान साबित होगी और गोलियों की आग में साहस के दिलचस्प उदाहरणों के लिए याद की जाएगी। यह युद्ध के अंदरूनी तथ्यों, युद्ध के तथ्यों पर आधारित कठोर विजय और सफलताओं का आधिकारिक युद्ध-लेख है।

यह पुस्तक जानकारी से भरी हुई भीषण युद्धक कारवाई का दस्तावेज है। प्रत्येक कारवाई के स्थान का ब्योरा, अन्य यूनिटों की भागीदारी और परिणाम अच्छी तरह से प्रलेखित हैं। यह एक प्रतिबद्ध कार्य है, जो सन् 1971 के युद्धक्षेत्र के जमीनी हालात के साथ सच्ची घटनाओं को वर्णित करता है।

ब्रिगेडियर मेहता इतिहासकार और विद्वान् हैं, जो युद्धक्षेत्र को पुस्तक के पन्नों पर लेकर आए हैं। शानदार ढंग से लिखित यह पुस्तक पाठकों के मन पर एक गहरी छाप छोड़ेगी।

वे एक प्रतिभावान् लेखक हैं, जिन्होंने अपने लेखन में पाठकों के लिए समृद्ध और दुर्लभ आनंद को जाग्रत् किया है। यह पाठक को 1971 के युद्धक्षेत्र में वापस ले जाती है; इसलिए भी कि यह पुस्तक वर्णनात्मक प्रतिभा और कथा-कौशल के साथ खूबसूरती से लिखी गई है। 1971 के युद्ध के दौरान 45 कैवेलरी के बलिदान और वीरतापूर्ण कार्य ने रेजीमेंट को भारत का गौरव बना दिया, 'भारतेरा गारबो'।

—लेफ्टिनेंट कर्नल (सेवानिवृत्त) काजी सज्जाद अली जहीर बीर प्रोतिक

स्वाधीनता पदक तथा पद्मश्री से सम्मानित

लेखक और शोधकर्ता, बँगलादेश

दो शब्द

यदि आप इस पुस्तक को पढ़ रहे हैं तो ऐसा इसलिए है, क्योंकि यह एक असामान्य युद्ध की व्याख्या करती है या उस अनोखे रोमांच को जीवंत करती है, जो आपको इससे जोड़े रखता है। यदि मैं छोटी उम्र का होता तो मैं स्वयं को इसे लिखने का पूरा श्रेय प्रदान करता; लेकिन, जैसा कि मेरी माँ अकसर कहती थीं, किस्मत, नियति, अवसर और आकस्मिकता हम इनसानों के जीवन में एक महत्त्वपूर्ण भूमिका निभाते हैं। इसका तात्पर्य यह है कि दोस्तों, संबंधियों, मेरे साथी सैनिकों, कोर्स में साथ रहे अधिकारियों, रेजीमेंटल अधिकारियों, पूर्व सैनिकों और कैवेलरी के सेवारत व सेवानिवृत्त सैनिकों द्वारा व्यक्तिगत और उनका सामूहिक रूप से दिया गया समय, ज्ञान, प्रतिभा एवं शुभकामनाओं से यह एक बेहतर पुस्तक बन पाई, जो कि मेरा अपने आप कर पाना असंभव था।

युद्ध के दौरान हर अच्छे-बुरे लमहे में निरंतर मेरा साथ निभाने और इस पुस्तक को लिखने के दौरान बिना हिचकिचाए कई महत्त्वपूर्ण कार्यों को अंजाम देने के लिए मेरा पहला धन्यवाद मेरे टैंक क्रू ए.एल.डी. (ALD) रामफल, एल.डी. (LD) हरिश्चंद्र और एल.डी. (LD) शीबे लाल को जाता है। युद्ध का लेखा-जोखा लड़ाई खत्म होने के तुरंत बाद जब यूनिट में वापस आए, तब सामान्य रूप से लिखा गया था। कुछ रेजीमेंटल अधिकारियों और मेरे भाइयों लेफ्टिनेंट नरिंदर मेहता (5 गढ़वाल) और सुरिंदर मेहता ने पुस्तक का पहला प्रारूप पढ़ा। जब देश और सेना 1971 के युद्ध और बँगलादेश की स्वतंत्रता की रजत जयंती मना रहा था, तब सन् 1996 तक ठंडे बस्ते में पड़ा यह प्रारूप मेरी सबसे कीमती धरोहर साबित हुआ। यह प्रारूप उस समय प्रेस-विवरण के लिए समीक्षाबद्ध किया गया। सैन्य सेवा की प्राथमिकताओं के चलते यह फिर से ठंडे

बस्ते में चला गया। परिवारजनों और रेजीमेंटल अधिकारियों के चर्चा करने पर प्रकाशन की बात समय-समय पर सामने आ ही जाती थी। दैनिक जीवन की विवशता और सैन्य दिनचर्या की प्राथमिकता में मेरी इस मूल्यवान् रचना की समीक्षा और प्रकाशन के जुनून का गुबार दम तोड़ देता था।

मैंने सन् 1998 में सेना की कार्य-अवधि से पहले स्वैच्छिक सेवानिवृत्ति ले ली और गुजरात सरकार के साथ अनुबंध पर काम करने के लिए अहमदाबाद आ गया। इस अवधि के दौरान मैंने रमेश को अपने कंप्यूटर ऑपरेटर के रूप में नियुक्त किया, जिसने कड़ी मेहनत से मेरे सपने के प्रारूप को कंप्यूटर पर स्थानांतरित कर दिया और मेरे लिए एक हार्ड कॉपी एवं सी.डी. तैयार कर दी। रमेश के समर्पण व परिश्रम ने मुझे प्रभावित किया और मैं सदैव उनका ऋणी रहूँगा। वर्ष 2003 में मैं अपने अति श्रेष्ठ ध्यान गुरु श्री एंथोनी एंटिमूरो के संपर्क में आया, जो नोएडा के महर्षि इंस्टीट्यूट ऑफ मैनेजमेंट में सेवारत थे। एंथोनी ने मेरे लेख का अध्ययन किया और लेखन शैली, विषय-वस्तु एवं भाषा के विभिन्न पहलुओं पर विस्तृत टिप्पणी देकर मदद की; सकारात्मक विचारों के साथ कि यह पुस्तक प्रकाशन के योग्य है। उनके सुझाव, मार्गदर्शन एवं प्रोत्साहन ने मेरे इस पुस्तक के प्रकाशन-संकल्प को चिनगारी दे दी। संस्करण की लेख शुद्धि में काफी समय लग गया, क्योंकि मैं केवल अपने इकलौते कंप्यूटर ऑपरेटर पर निर्भर था। इससे पहले कि मैं यह काम पूरा कर पाता, एंथोनी वापस अमेरिका चले गए और मुझे मध्य प्रदेश के महर्षि उच्च शिक्षा संस्थान की जिम्मेदारी मिल गई।

अब तक यह भावी पुस्तक अपना खुद का आकार ले चुकी थी। यह न केवल मेरी स्मृति में थी, बल्कि मेरे कंप्यूटर में एक फाइल 'TBC' के नाम से विशेष स्थान ले चुकी थी। घर पर मेरी पत्नी जयश्री और बच्चे बृजराज व नंदिनी सन् 1971 के भारत-पाक युद्ध पर आधारित इस पुस्तक को प्रकाशित करने के मेरे वादे को स्मरण कराके मुझे छेड़ा करते थे। उनके अनुस्मारक ने विषय को जीवित रखा और मेरे संकल्प को और मजबूत किया कि जल्द ही किसी दिन मैं उस रेजीमेंट के बलिदान, शौर्य एवं गौरव गाथा को प्रकाशित करूँगा, जिसमें मैं कमीशंड होकर आया था। गहरे और अवचेतन मानसिक स्तर पर अपने बचपन में सन् 1947 के भारत विभाजन के दौरान रक्तपात एवं तबाही की जो कहानियाँ मैंने अपने माता-पिता और चाचाओं से सुनी थीं, वे कलकत्ता (कोलकाता) के शिविरों

में भूखे और अर्धनग्न शरणार्थियों का साक्षी बनने की यादों के साथ घुल-मिल गई थीं और जो कुछ मैंने देखा था, 1947 में या 1971 में युद्ध की समान व्यथा ने मुझे नर-संहार के सही अर्थ का अहसास कराया था। यह युद्ध एक मानवीय युद्ध था और मेरी रेजीमेंट ने नर-संहार के भ्रष्ट अपराधियों के खिलाफ इनसानियत को सर्वोपरि रखने में महत्त्वपूर्ण भूमिका निभाई थी।

उपकुलपति के रूप में सेवानिवृत्ति की उम्र तक पहुँचने के बाद मैं डॉ. गिरीश चंद्र वर्मा, जो महर्षि यूनिवर्सिटी ऑफ मैनेजमेंट एंड टेक्नोलॉजी, बिलासपुर, छत्तीसगढ़ में कुलपति थे, उनकी शुभकामनाओं के साथ सेवानिवृत्त हुआ। मैंने लंबे समय से लंबित 'टैंकमैन' को पूरा करने के लिए अपने मन को मजबूत किया। 45 कैवेलरी की स्वर्ण जयंती उत्सव मनाने के विषय पर आयोजित दोपहर की भोजन-सभा के दौरान मैंने लेफ्टिनेंट जनरल अमित शर्मा और उनकी पत्नी, जो रेजीमेंट के कर्नल थे तथा अन्य रेजीमेंटल अधिकारियों के साथ 'TBC' के प्रकाशन की बात स्वेच्छा से साझा की थी। अगले कुछ हफ्ते मैं अपने कंप्यूटर पर 'TBC' के प्रारूप को अंतिम रूप देने में व्यस्त रहा। दिवंगत कर्नल नरिंदर मेहता (5 गढ़वाल), जो दिसंबर 1971 में हिली पर हमले का नेतृत्व करते हुए घायल हो गए थे, ने अंतिम प्रारूप पर अपने प्रखर और प्रभावशाली सुझाव साझा किए थे। मैंने अब अपने भाइयों मेजर जनरल राज मेहता (16C, 83AR, 50AR) और लेफ्टिनेंट जनरल शम्मी मेहता (63C) से अंतिम प्रारूप पर बहुमूल्य जानकारी और सलाह प्राप्त की। राज ने पूरी पुस्तक को अच्छी तरह से पढ़ा और अपने बहुमूल्य सुझाव दिए, जो बाद में मेकैनाइज्ड सैन्य दलों के युवा पाठकों के लिए इस पुस्तक का हिस्सा बने।

अपने पी टी-76 टैंकों के साथ मेघना नदी को पार करके ढाका में प्रवेश करनेवाली 5 स्वतंत्र आर्म्ड स्क्वाड्रन का नेतृत्व करनेवाले शम्मीजी ने अपनी यादों और अनुभवों से हमें लाभान्वित किया। पुस्तक के कुछ खंडों पर युद्ध के दिग्गजों ने, जैसे कि लेफ्टिनेंट जनरल अमित शर्मा, कर्नल ऑफ द रेजीमेंट 45 कैवेलरी, मेजर जनरल रवि भंडारी, ब्रिगेडियर एस.के. गुप्ता, ब्रिगेडियर रवि बैंस, कर्नल टी. सिद्धू, मेजर दुर्गा दास, मेजर अनिल सभरवाल, ब्रिगेडियर एस. झा और कर्नल मीर अहमद शाह से अतिरिक्त टिप्पणियाँ प्राप्त हुईं। सूरत से गैर-सरकारी संगठन (NGO) 'जय जवान नागरिक समिति' के मेरे मित्रों—विशेष रूप से श्री कांजीभाई भलाला, मनोज गोधानी और सावजी ढोलकिया का जोरदार समर्थन

मिला। 45 कैवेलरी के सेवारत और सेवानिवृत्त सैनिकों के निरंतर प्रोत्साहन व समर्थन ने आखिरकार 'TBC' को प्रकाशकों तथा श्रीमती कल्पना शुक्ला एवं जॉन मैथ्यू तक पहुँचाने का काम किया। श्रीमती रेहाना मिश्रा के लेख-शुद्धीकरण के उत्कृष्ट कार्य के लिए मेरा विशेष धन्यवाद सदैव रहेगा, क्योंकि उनके इस सराहनीय कार्य ने पुस्तक में जैसे जान फूँक दी थी।

हम सभी जानते हैं कि एक ऐसे व्यक्ति का साथ होना कितना अद्‌भुत है, जो न केवल जीवन के सबसे मुश्किल क्षणों में प्रेरणा प्रदान करेगा, बल्कि चुनौतीपूर्ण समय में ज्ञान, भ्रम की स्थिति में व्यावहारिक सलाह और बिना शर्त प्रेमिल भी रहेगा। बेशक, इस तरह के एक असाधारण व्यक्ति को ढूँढ़ना दुर्लभ है, जब तक कि यह भगवान् की इच्छा या आपके भाग्य में न हो। मेरे जीवन में यह अलौकिक उपहार जयश्री के रूप में आया। वह मेरी प्रेमिका, मेरी दोस्त, मेरी जीवन-संगिनी है। मैं अपने दो प्यारे बच्चों बृजराज व नंदिनी के लिए भी जयश्री का आभारी हूँ, जिन्होंने व्यक्तिगत रूप से और एक परिवार के रूप में हमारे बीच आशा, मस्ती और खुशी का माहौल बनाया। मेरे बच्चे उन लंबी चर्चाओं से कभी नहीं थकते थे, जो मैंने उन्हें पुस्तक की शैली और विषय-वस्तु के बारे में बताई थीं और यदि शिकायत होती भी तो वह भी औपचारिक और विनम्र। मैं 45 कैवेलरी के लिपिक स्टाफ, कंप्यूटर ऑपरेटर और अन्य सदस्यों का भी आभारी हूँ, जिन्होंने मेरे हाल के 45 कैवेलरी आगमन के दौरान अपने अथक प्रयासों के साथ पुराने दस्तावेजों, युद्ध डायरी और तसवीरों के ई-संस्करण प्रदान करने में मदद की। कुछ अधिकारी, सरदार (JCOs) और अन्य पद (ORs), जिन्हें अन्य रेजीमेंटों में स्थानांतरित किया गया था। युद्ध और शांति के दौरान, जिनकी गहन रेजीमेंटल भावना ने 45 कैवेलरी की नींव को और मजबूत किया।

अंत में, 28 राष्ट्रीय रक्षा अकादमी (NDA), 37 भारतीय सैन्य एकेडमी (IMA) और 15 जून, 1966 के प्रत्यक्ष एवं तकनीकी पाठ्यक्रम के मेरे साथियों के लिए धन्यवाद, जिनके साथ मैंने अपने जीवन के कुछ यादगार वर्ष बिताए थे। 15 जून, 2016 को एक बार फिर से हम सभी स्वर्ण जयंती मनाने के लिए पूर्व सैनिक-साथियों के साथ भारतीय सैन्य अमादमी में इकट्‌ठा हुए थे।

जहाँ तक मेरा सवाल है, किस्मत, नियति, अवसर और आकस्मिकता फिर से मुझ पर मेहरबान हो गए थे। अधिकांश सैनिक एक स्वर्ण जयंती मनाते हैं, मुझे 2016 में दो जश्न मनाने का सौभाग्य प्राप्त हुआ। पहला मेरी रेजीमेंट के

साथ, जिसमें मुझे कमीशंड होने का गर्व था और जहाँ पर कैवेलरी भावना की बारीक खूबियों एवं जान की परवाह किए बिना दुश्मन से भिड़ने का जोश, तेजी, आक्रामकता तथा तत्परता को सीखने का मौका मिला और दूसरा, अपने साथियों के साथ सेना और देश के प्रति निष्ठा, वफादारी, साहस से भरे पाँच दशकों का जश्न मनाने का भी।

—ब्रिगेडियर बी.एस. मेहता

अभिस्वीकृति

(पुस्तक के हिंदी अनुवाद के अंतर्गत मिले अनुभव)

अंग्रेजी में लिखी गई इस पुस्तक 'द बर्निंग शैफीज' [TBC] का प्रणयन, फरवरी, 2016 में 45 कैवेलरी की स्वर्ण जयंती के अवसर पर किया गया था। टैंक दल के सदस्यों ने समारोह और प्रीतिभोज के हर्षपूर्ण अवसर पर इस पुस्तक को हिंदी में अनुवादित करने के लिए अनुरोध किया। 45 कैवेलरी के अधिकारियों की वीरता व साहस का लेखा-जोखा रखने के मेरे प्रयासों की उनके द्वारा की गई प्रशंसा और साथ ही उन शहीदों के सर्वोच्च बलिदान ने मेरे अंतरमन को छू लिया। मेरी हिंदी भाषा की जानकारी कुछ यों थी, कि एन.डी.ए. से पास आउट होने तक मैं हिंदी की विशेष प्रारंभिक क्लास में ही था, जबकि अन्य साथी विदेशी भाषाओं को सीखने में लगे थे। अनुवाद, वह भी हिंदी भाषा में, को स्वीकारना मेरे लिए एक नई चुनौती थी।

मैंने अनुवाद में सहायता के लिए कई प्रकाशन संस्थाओं से संपर्क किया। दो समस्याएँ उठीं—पारिश्रमिक का तय होना और सैन्य पारिभाषिक शब्दावली का अनुवाद करने के लिए अनुभवी व्यक्ति का अभाव। मित्रों व साथियों के साथ मेरी खोज जारी थी, लेकिन परिणाम शून्य था। हताश होकर मैंने गूगल से अनुवाद का सॉफ्टवेअर डाउनलोड किया और प्रिंट की कॉपी पढ़नी शुरू की, लेकिन भाषा, विषय एवं व्याकरण—सब घुल-मिल गए। फिर एक दिन मैंने जनरल बिपिन रावत, जो उस समय सेना स्टाफ के प्रमुख [COAS] थे, उनको 'द बर्निंग शैफीज' की एक प्रति भेंट करने का साहस किया। बातचीत के दौरान मैंने उनको बताया कि बॉलीवुड के राय कपूर फिल्म्स ने इस पुस्तक 'टी.बी.सी.' के फिल्मांकन के लिए अधिकार प्राप्त कर लिये हैं। तब हिंदी अनुवाद का विषय सामने आया; और देखें,

जनरल पूरा सहयोग देने के लिए सहमत हो गए, न केवल अनुवाद करने के लिए, बल्कि प्रोडक्शन हाउस को मूवी बनाने के लिए आवश्यक दिशानिर्देश प्राप्त कराने के लिए भी।

प्रथम अनुभव : जब आप पूरी ईमानदारी से किसी कार्य में लगते हैं तो माँ प्रकृति के आशीष से सेना के जनरल जैसे व्यक्ति सहायक बन पाते हैं।

फिर नए सिरे से एक ऐसे उपयुक्त अनुवादक की तलाश आरंभ हो गई, जिसमें ये सब योग्यताएँ हों—अंग्रेजी भाषा का अच्छा ज्ञान, हिंदी भाषा के प्रयोग में निपुण, कंप्यूटर की अच्छी जानकारी और सुरक्षा-सेना में सेवा-कार्य किया हो, विशेष रूप से आर्म्ड रेजीमेंट में। सैन्य और तकनीकी भाषा तथा पारिभाषिक शब्दावली का अनुवाद सरलता से नहीं किया जा सकता है, क्योंकि ऐसा करते समय उन शब्दों का सार व गहरे अर्थ विलुप्त हो सकते हैं। ऐसे व्यक्ति के मिल पाने की आशा कम होती जा रही थी, जो इस कसौटी पर खरा उतरे। वर्ष 2019 में शहीदों के परिवार और उनके आश्रितों के कल्याणार्थ एक विशेष अनुदान जुटाने के लिए मैं इस पुस्तक 'टी.बी.सी.' के अंग्रेजी के द्वितीय संस्करण की 500 प्रतियाँ उपहार में देने के लिए 45 कैवेलरी पहुँचा। वीर सैनिकों को नि:शुल्क प्रतियाँ वितरित करते समय मेरा परिचय सेना शिक्षा कोर के जे.सी.ओ. रवि कांतजी से हुआ, जो समय पूर्व अपनी सेवानिवृत्ति के समीप थे। पुस्तक पढ़ने के बाद रविकांतजी ने स्वेच्छापूर्वक इस पुस्तक के हिंदी अनुवाद को शुरू करना चाहा, जब वे सेना से अवकाश प्राप्त कर लेंगे। मैं प्रतीक्षा करने के लिए तैयार था और आश्वस्त भी कि ऐसे समय में मुझे इस कार्य के लिए उपयुक्त व्यक्ति मिल गया है, जब कोविड-19 के अभिशाप ने सामान्य जीवन को अस्त-व्यस्त कर दिया था। अब 'टी.बी.सी.' के लिए एक सुयोग बन गया था, क्योंकि कोविड की वजह से हुए लॉकडाउन और कंटेनमेंट जोन के कारण यूनिट की दिनचर्या रुक गई थी और सैनिक अपनी छावनियों में थे, इसलिए 45 कैवेलरी के कमांडेंट ने रविकांत को अनुवाद-कार्य करने की अनुमति दे दी। रविकांत ने सैनिक की दृढ़ निश्चयता के साथ इस अवसर का पूरा लाभ उठाया और समय बरबाद न करते हुए कार्य को तीव्र गति से पूरा कर दिया।

दूसरा अनुभव : प्रकृति अपने विशेष रूप में सहायता करती है, यहाँ पर वह कर्नल्स और जे.सी.ओ. के रूप में आई।

व्हाट्सऐप के माध्यम से रविकांत के साथ निरंतर संपर्क बना रहा और अनूदित अध्यायों को पढ़ने में सहायता मिली। युद्धकाल के आँखों देखे वर्णन

का मेरा अभिप्राय एवं मूल आत्मा, उनके द्वारा मनोयोग से किए गए अनुवाद में कल्पनात्मक रूप से झलक रहे थे। लेकिन हिंदी व्याकरण की मेरी अबूझता के कारण मैं शब्दों/वाक्यों को पूरी तरह समझने में असमर्थ था। अब मेरे लिए प्रमुखता थी किसी उपयुक्त और अनुभवी व्यक्ति की खोज करना, जो संपादन कर सके। पब्लिशिंग हाउस और मित्रों से फोन के द्वारा संपर्क करना ही एकमात्र मार्ग था, क्योंकि कोविड क्वारंटाइन के कारण आने-जाने पर प्रतिबंध लगा दिया गया था। कुछ लोगों से मैंने बात की, पर संपादन के लिए उनकी माँग थी प्रति शब्द के अनुसार शुल्क, जो औसत से बहुत ज्यादा था, जबकि कुछ अन्य लोगों ने इस प्रस्ताव को सैन्य पुस्तकों व युद्ध की काररवाइयों से अनभिज्ञ होने के कारण सिरे से नकार दिया। फिर एक बार प्रकृति ने जान-बूझकर नहीं, बल्कि एक चूक से अपनी पूर्ण उदारता दिखाई और मुझे उत्तर मिला।

हिमाचल प्रदेश के धर्मशाला में 'स्टेट वॉर म्यूजियम' का सदस्य होने के नाते जहाँ मैं भी सहभाग कर रहा था, जिसकी अध्यक्षता हिमाचल सरकार के शिमला में सैनिक कल्याण सचिव एक वीडियो कॉन्फ्रेंस के द्वारा कर रहे थे। विचार-विमर्श का मूल एजेंडा था कि हिमाचल के पी.वी.सी./एम.वी.सी. पदक विजेताओं के बारे में कथासार का लिखा जाना, जिसे म्यूजियम कॉम्प्लेक्स के लिए होना था। सदस्यों में से एक का मत था कि यदि फंड मिल जाए तो ड्राफ्ट प्रस्तुत करने से पहले, वह युद्ध-क्षेत्र में एवं पुरस्कृत विजेताओं के गृह-नगर में जा सकता है और उनके परिवारजनों से मिलकर शोध कर सकता है। इन सब तर्क-वितर्क के बीच मैंने कहा कि प्रस्ताव के बारे में एक ही बात दोहराना व्यर्थ है, क्योंकि मेरे छोटे भाई मेजर जनरल राज मेहता ने पी.वी.सी. विजेताओं के शौर्य और वीरता के प्रामाणिक विवरण श्री अरविंद आश्रम, पुदुचेरी से संबद्ध श्रीमती श्याम कुमारी को प्रस्तुत कर दिए हैं। इन ८० वर्षीया महिला ने पुरस्कार विजेता शूरवीरों के पराक्रम की प्रशंसा में पैंफ्लेट्स प्रकाशित किए हैं। उसी संध्या को राज ने श्याम कुमारी द्वारा संकलित व लिखित पैंफ्लेट्स का एक सेट म्यूजियम को भेंटस्वरूप भेज दिया। भाग्य, किस्मत, शुभाशीष—सबके रूप में प्रकृति के वरदहस्त ने फिर मुझे सहायता दी, क्योंकि सब पैंफ्लेट्स अंग्रेजी व हिंदी—दोनों भाषाओं में थे। श्याम कुमारी के साथ न केवल राज ने मेरा परिचय करवाया बल्कि, साथ ही उनसे अपने स्वास्थ्य और आयु को ध्यान में रखते हुए 'टी.बी.सी.' के हिंदी अनुवाद का संपादन करने का अनुरोध किया। कुछ दिनों बाद उनका उत्तर मिला कि परिस्थितियों और स्वास्थ्य ठीक न होने के कारण वे अनुवाद का संपादन कर सकने

में असमर्थ हैं; लेकिन उन्होंने मुझे आभा पांडे का संपर्क-सूत्र दिया, जिसने शुरू में उनके अनुवाद-कार्य की प्रूफ-रीडिंग में सहायता की थी।

जीवन का तीसरा अनुभव : परोपकारिता प्रत्येक हृदय में निवास करती है।

आभा से संपर्क करने पर मालूम हुआ कि वह आश्रम प्रेस के हिंदी विभाग में समय-समय पर स्वैच्छिक सेवा देती है। मुझे वह उत्साही और जीवन के प्रति सकारात्मक नजरिया रखनेवाली प्रतीत हुई। बातचीत से ज्ञात हुआ कि उसके पिता और माँ, दोनों ही तरफ के लोग पिछली तीन पीढ़ियों से सेना में विभिन्न पदों पर सेवारत रहे हैं। पिता के सबसे छोटे भाई और अब उनका पुत्र भी भारतीय सेना में वरिष्ठ अधिकारी के पद पर है। उसके चाचा के सेना में होने के कारण सैन्य सेवा के प्रति गहरी प्रशंसा एवं आर्मी के मूल्यों की समझ उसमें स्पष्ट थी, और जल्दी ही मेरा उसके साथ फोन पर अनौपचारिक संपर्क हो गया। उसने 'टी.बी.सी.' की अंग्रेजी की व हिंदी अनुवाद की पांडुलिपि पढ़कर संपादन के प्रस्ताव पर हामी भर दी। पुस्तक में लिखी गई बहुत सी घटनाओं को वह आपस में जोड़कर समझ सकती थी। उसने यह भी स्वीकार किया कि 'टी.बी.सी.' में लिखे गए कई हृदयस्पर्शी घटनाक्रम उसके अपने परिवार की घटनाओं से मिलते-जुलते हैं। उसके उत्साह को देखकर तथा मिलिटरी के बारे में जानकारी और उसके बातें करने के तरीके से मैं प्रभावित हो गया था।

यह कहानी जैसा लगता है और एक सार्थक अनुभव-सा भी कि जब आप किसी परियोजना पर एकाग्रचित्त से कार्य करते हैं तो सहायता करनेवालों की आपूर्ति स्वयं प्रकृति करती है। कंप्यूटर के कार्य के लिए आभा ने मुझे सुश्री दर्शना रेलन चक्रवर्ती के बारे में बताया, जो 'श्री अरविंद अंतरराष्ट्रीय शिक्षा केंद्र' की पूर्व छात्रा हैं और बचपन से ही पुदुचेरी में निवास करती है। दर्शना स्वतंत्र रूप से हिंदी, अंग्रेजी और फ्रेंच की कक्षाएँ लेती हैं, साथ ही अतिरिक्त समय में कंप्यूटर पर तीनों भाषाओं में टंकण भी करती हैं। इस तरह दर्शना 'टी.बी.सी.' के हिंदी अनुवाद के सुधार-कार्य के लिए सहमत हो गईं। पुस्तक के प्रकाशन के लिए श्री अरविंद आश्रम के प्रबंधक श्री स्वाधीन चैटर्जी से इ-मेल द्वारा संपर्क करने पर उन्होंने भी प्रकाशन कराने की सहमति दे दी। अब इस कार्य ने गति पकड़ ली थी। अब मैं पुस्तक के भविष्य के प्रति संतुष्ट हो गया था, क्योंकि जो सहायता व प्रोत्साहन मुझे आश्रम से जुड़े व्यक्तियों से और अधिकारियों से मिला, वह मेरे लिए अभूतपूर्व था। इस सबने मुझे आश्वस्त कर दिया कि मेरी जन्मदात्री माता (जिसे यह पुस्तक समर्पित है) के अलावा श्री अरविंद आश्रम की श्रीमाँ के आशीर्वाद का नीरव समर्थन भी मुझे प्राप्त हो गया है। श्री अरविंद

ने अपने प्रसिद्ध महाकाव्य 'सावित्री' में कहा है—"सबकुछ हो सकता है संभव, यदि हो भगवद् स्पर्श उस पर।"

चौथा अनुभव : यह सत्य है कि निर्बाध स्नेह, कृपा और आशीर्वाद केवल 'मातृ हृदय' में ही निवास करते हैं। भाग्य की देवी मेरा मार्ग प्रशस्त कर रही थीं।

जब हम समापन के करीब पहुँच रहे थे, तब मुंबई के दो प्रमुख फिल्म निर्माताओं—रॉनी स्क्रूवाला एवं सिद्धार्थ रॉय कपूर—ने प्रेस में प्रकाशन विज्ञप्ति के लिए हमसे संपर्क किया कि वे 'टी.बी.सी.' पर युद्ध आधारित चलचित्र (War Movie) 'पिप्पा' के नाम से बनाएँगे। टैंक क्रू के सदस्यों ने पीटी-76 टैंक को यह 'पिप्पा' उसके प्रदर्शन के समय नाम दिया था, जब उन लोगों ने इसे पानी पर तैरते हुए देखा था। अंतिम एवं एक और अनोखी बढ़त मिली सैनिक बंधुओं व शुभचिंतकों के संयुक्त शुभाशीषों के रूप में—जनरल बिपिन रावत, (PVSM, UYSM, AVSM, YSM, SM, VSM, ADC) ने 'टैंकमैन' के लिए संदेश भेजने की स्वीकृति दे दी। यह एक ऐसी सैन्य पुस्तक बनेगी, जिसके लिए भारत के प्रथम चीफ ऑफ डिफेंस स्टाफ, सर्वाधिक सम्मान-पदक प्राप्त एक अधिकारी द्वारा संदेश प्रदान कर मुझे अनुगृहीत किया गया।

पाँचवाँ अनुभव : मुझे अपने जीवन के 75वें वर्ष में यह प्राप्त हुआ—अच्छे विचार और सच्ची सेवा का स्वयं अपना एक बल होता है तथा सैन्य वीर, शुभाकांक्षी जन और माँ प्रकृति एवं स्वर्गिक आत्माएँ एकजुट होकर उस व्यक्ति के सहायक बनते हैं, जो निस्स्वार्थ रूप से सर्वदा मानवता की भलाई के लिए कार्य करता है। मेरा यह विचार है कि पाठकगण इन सब बातों से प्रेरणा लेंगे और देश के लिए अपना सर्वस्व बलिदान करनेवाले 'शूरवीरों/शहीदों' की स्मृति में कोई भी कल्याणकारी कार्य प्रारंभ करने के लिए 75 वर्ष की आयु होने तक प्रतीक्षारत नहीं रहेंगे।

श्री टी.टी. रमेश, मैंगलोर, श्री एंथनी एंटीमूरो, अमेरिका, सुश्री आभा पांडे, पुडुचेरी, सुश्री दर्शना आर चक्रवर्ती, पुडुचेरी, सुश्री श्याम कुमारी, पुडुचेरी, कमांडेंट और अन्य रैंक 45वीं कैवेलरी, कमांडेंट और अन्य रैंक 13 आर्मर्ड रेजीमेंट, नायब सूबेदार रवि कांत (रिटा.) का भी आभार।

"जय हिंद, जय हिंद की सेना!"

—ब्रिगेडियर बलराम एस. मेहता

(अवकाश प्राप्त)

आभार

मैं इस पुस्तक के प्रारंभ में कंकूबा फाउंडेशन और गोपीन ग्रुप के एम.डी. श्री लवजीभाई डालिया अथ: 'लवजीभाई बादशाह' का आभार व्यक्त करना चाहता हूँ।

वह बादशाह नाम से प्रतिष्ठित हुए, पर उससे ज्यादा बादशाह नाम को उन्होंने प्रतिष्ठित किया, यह कहने में भी कोई अतिशयोक्ति नहीं है। उनके हृदय में निरंतर समाज-सेवा और दानवीर वृत्ति होने के कारण उन्होंने लोगों के दिल में अपनी जगह बनाई है।

श्री लवजी भाई दलिया (बादशाह) और जयंती भाई नरोला ब्रिगेडियर बी.एस. मेहता को सचित्र गीता प्रस्तुत करते हुए

ब्रिगेडियर बी.एस. मेहता सूरत के गोपिन में श्री लवजी भाई दलिया (बादशाह) को 1971 युद्ध के पत्र भेंट करते हुए

'बर्निंग शेफिज' अंग्रेजी पुस्तक का हिंदी में अनुवाद करने की पहल में सबसे आगे आकर उन्होंने उनकी राष्ट्रहित और देशदाज की भावना को व्यक्त किया है। हिंदी भाषा में अनुवाद करके उन्होंने देश के कोने-कोने और अंतरयाल गाँव के युवाओं में पवित्र भाव एवं राष्ट्र के प्रति अपने दायित्व को समझा है। वास्तव में उन्होंने इस पुस्तक का हिंदी में अनुवाद करने के लिए अपनी तत्परता दिखाकर राष्ट्र के प्रति अपनी कृतज्ञता को व्यक्त किया है।

लवजीभाई बादशाह की जीवन-गाथा सभी युवाओं के हृदय में साहस भर देनेवाली है। वे अत्यंत मध्यम गरीब परिवार से होकर अपनी सूझबूझ और हिम्मत से आज पूरे गुजरात राज्य में बादशाह के नाम से और अपनी विशेष सामाजिक सेवा द्वारा भामाशा जैसे उपनामों को प्राप्त किया हैं।

लवजीभाई बादशाह ने समाज में चल रही कन्या भ्रूण हत्या जैसे सामाजिक कलंक और कुप्रथा, जो कि समाज में सर्वाधिक व्याप्त थी, उसको दूर करने के लिए गुजरात के विभिन्न शहरो में 'बादशाह सुकन्या बॉण्ड' नाम की एक योजना कार्यान्वित की, जिसकी लागत 200 करोड़ है, इसमें जिस घर में दूसरी बेटी का जन्म हो, ऐसी 20,000 बेटियों को 2,00,000 की घनराशि का बॉण्ड देकर समाज

में चल रही कुरिवाज को दूर करने में समाज के प्रति अपने फर्ज को निभाया है।

लवजीभाई का स्पष्ट मानना है कि भारत के पास एक विशाल समुद्री तटरेखा है और इसके किनारे रहने वाले लोग मजबूत एवं साहसी मनोवृत्ति वाले होते हैं। इन युवाओं को लवजीभाई इस पुस्तक के जरिए राष्ट्र के प्रति अपनी जिम्मेदारी तय करने हेतु भारतीय नौसेना में शामिल होने का आग्रह रखते हैं। ऐसे नवयुवा योद्धाओं को इस पुस्तक से खुद को विकसित करने और राष्ट्र के प्रति अपनी निष्ठा को समर्पित करने का एक अमूल्य अवसर मिलेगा।

उन्होंने कंकूबा चैरिटेबल ट्रस्ट के माध्यम से शिक्षण, स्वास्थ्य, सामाजिक विकास, स्वच्छता अभियान, पर्यावरण की रक्षा, जल संचय, रमत-गमत, संस्कृति, गौ-रक्षा, गौ-संवर्धन, सामाजिक कुरिवाज निवारण और आदिवासी विस्तारों जैसे सेवा के क्षेत्रों में विविध ऐसी प्रवृत्तियों के द्वारा 'अहंनिश सेवा महे' का सूत्र अपने जीवन में बनाए रखा और सेवारूपी भावना के पावन झरने को अपने हृदय में निरंतर बहाया है। गुजरात के विख्यात और रामकथा के प्रहरी संत मोरारी बापू लवजीभाई को विशाल हृदयवाले साम्राज्य के स्वामी के रूप में पहचानते हैं। उनके जीवन में से आज के युवाओं को नियमितता, उदारता, संघर्ष, आत्मबल, निर्णयशक्ति, आतिथ्यभाव और त्याग की भावना सीखने को मिलती है।

ऐसे लवजीभाई बादशाह का विनम्र स्वभाव, सादगी, शिष्टाचार, सरल व्यक्तित्व और उदार भावना रखनेवाले व्यक्तिश्रेष्ठ एवं सही अर्थ में 'મુઠી ઉચેરા માનવી' का मैं हृदयपूर्वक आभार व्यक्त करता हूँ।

—ब्रिगेडियर बी.एस. मेहता

अनुक्रम

	संदेश	*7*
	भूमिका	*9*
	टिप्पणियाँ और समीक्षा	*11*
	दो शब्द	*15*
	अभिस्वीकृति	*21*
	आभार	*27*
1.	9बी होप रोड	33
2.	फॉर्टी फाईव का युद्ध-घोष	39
3.	मिलाप स्थान	51
4.	पूर्व दिशा में उथल-पुथल	61
5.	अहमदनगर में उत्सव	67
6.	युद्ध के लिए उत्सुक सैनिक	85
7.	टैंक युद्ध	112
8.	विश्राम और पुनः आपूरण	208
9.	युद्ध के लिए प्रस्तुत भारत : 21 नवंबर	220
10.	बरिंद में घमासान युद्ध	229
11.	रामनगर का घेराव	254

12.	खुलना की ओर एडवांस	266
13.	भैरव नदी के उस पार	280
	परिशिष्ट 'क'	306
	परिशिष्ट 'ख'	307

9बी होप रोड

मेरा नाम मेहता है, बलराम मेहता। मेरा एक मध्य नाम भी है—सिंह। यह पहले की पीढ़ियों की याद दिलाता है, जब परिवार में सबसे बड़े पुरुष बच्चे का सिख के रूप में अभिषेक किया जाता था—'विश्वास के रक्षक'। कुलनाम 'मेहता' वास्तव में एक उपाधि है, जिसे गांधार क्षेत्र में जनमे मोहयाल समुदाय के अधिक विद्वान् और बेहतर शिक्षित लोगों को दिया जाता है। इस क्षेत्र के सात ब्राह्मण वंशों ने सैनिकों और सरकारी सेवा के लिए बहुत पहले पुरोहित के रूप में अपने कार्य को छोड़ दिया था। मोहयालों ने पश्तूनों व राजपूतों की तरह युद्ध जैसी संस्कृति और प्रतिष्ठा को विकसित किया था। सन् 1971 में दर्जनों मोहयाल एक, दो और तीन स्टार जनरल, मार्शल एवं एडमिरल थे और पाकिस्तान में भारतीय सैनिकों का नेतृत्व कर रहे थे।

मोहयाल वीरता की गाथा इससे पता चलती है कि मुसलिम शासन के दौरान वे एकमात्र गैर-मुसलिम समूह के थे, जिन्हें 'खान' या 'सुल्तान' की उपाधि दी जा सकती थी। ब्रिटिश शासन के दौरान उनमें से कई कैंपबेलपुर, रावलपिंडी और झेलम के सैन्य इलाकों में रहते थे। ब्रिटिश भारतीय सेना में, विशेष रूप से कैवेलरी सेना में, कई मोहयालियों ने शानदार सेवाएँ दी हैं। उन्होंने कई रेजीमेंटों, विशेषकर 9वीं, 11वीं, 13वीं और 19वीं लांसर्स; तीसरी, चौथी और 15वीं पंजाब कैवेलरी और गाइड कैवेलरी में अपनी सेवाएँ दी हैं।

मेरे पिता का जन्म अविभाजित भारत के सैन्य योद्धाओं के गढ़ माने जानेवाले झेलम जिले के भौन गाँव में हुआ था, जहाँ हर परिवार में एक या एक से अधिक पुरुष सदस्य सेना में सेवारत थे। अफगान युद्ध के बाद, जिसमें उनकी (मेरे पिता की) वीरता को सराहा गया था, फिर उन्होंने इंडियन ऑडिट एंड अकाउंट सर्विस

ज्वॉइन कर ली थी। दिसंबर 1953 में पूर्वी भारत के दौरे के दौरान उनका निधन हो गया था। उस समय वे (CDA) जबलपुर में डिप्टी कंट्रोलर, डिफेंस अकाउंट्स थे। अपनी मृत्यु से पहले उन्होंने हमारी माँ से कहा था कि वे चाहते थे कि उनके बच्चे सैन्य सेवा में जाएँ, क्योंकि उन्हें आर्मी अफसरों का अनुशासन, कर्तव्यनिष्ठा, त्याग एवं देशभक्ति की भावना पसंद थी। पिता की इच्छा, आर्थिक स्थिति और माताजी के दृढ़ निश्चय ने हमारे भाग्य और उनके संकल्प को आपस में मिला दिया। उनका स्पष्ट, व्यावहारिक और बुद्धिमानी भरा निर्णय परिवार के आदर्श वाक्य में अनुवादित हुआ, अर्थात् लड़कों को स्कूली शिक्षा पूरी करने के बाद अपने पैरों पर खड़े होना; बेटी का उच्च शिक्षा पूरी करने के बाद आर्थिक रूप से स्वतंत्र बनने के लिए एक नौकरी करना। युवावस्था में हमारी माताजी को उच्च शिक्षा के लिए हतोत्साहित किया गया था और उनके माता-पिता द्वारा विवाह के लिए दबाव बनाया गया था। अपने उस सपने को जीने के लिए दृढ़ संकल्पवाली हमारी माताजी बेटी को उच्च शिक्षा के लिए हमेशा प्रोत्साहित करती थीं।

मौत परिवारों को उजाड़ देती है। हम भी इस सच्चाई से अलग नहीं थे। उन दिनों पहले पाँच साल की अवधि के लिए पेंशन मात्र 150 रुपए प्रतिमाह थी। सन् 1947 में विभाजन के कारण कुछ नाममात्र के मुआवजे के अलावा रावलपिंडी में पारिवारिक संपत्ति को पुनः प्राप्त नहीं किया जा सका। हमारा परिवार लखनऊ आ गया, जहाँ चाचा के.डी. धवन ने एक अनुभवी सलाहकार और प्रेरक के रूप में हमारी मदद की। माँ पढ़ी-लिखी थीं और दिल व दिमाग से बहुत गुणी थीं। वे हमारी गाइडिंग स्टार और प्रेरणा थीं—बाहर से सख्त, लेकिन कोमल हृदय। आर्थिक तंगी के बावजूद अपने पति की अंतिम इच्छा को वास्तविकता में बदलने के लिए पूरी तरह से प्रतिबद्ध। वे समझदार तथा समझौता न करनेवाली और अपने बच्चों के लिए सर्वश्रेष्ठ चाहती थीं और उनसे अच्छी परफॉर्मेंस की उम्मीद रखती थीं। लखनऊ आने पर उनकी पहली प्राथमिकता थी—नौ और सात साल के अपने दोनों बड़े बेटों को सबसे अच्छे स्कूल सेंट फ्रांसिस हाई स्कूल में और पाँच साल की बेटी को लॉरेटो कॉन्वेंट में एडमिशन दिलाना।

सन् 1958 में बड़े बेटे शमशेर ने नेशनल डिफेंस एकेडमी (NDA), खड़कवासला, पुणे के लिए क्वालीफाई किया। मैंने भी उसी राह को पकड़ा और जनवरी 1962 में एन.डी.ए. ज्वॉइन किया। सेकंड टर्म के दौरान मैं फुटबॉल खेलते हुए अपनी बाईं टाँग की जाँघ की हड्डी तुड़वा बैठा और 12 हफ्तों तक जाँघ

पर 'प्लास्टर' के साथ बेड रेस्ट पर रहा। उस अवधि के दौरान एकेडमी में एक महामारी फैली थी, जिसके कारण मुझे अन्य कैडेट्स के साथ आइसोलेशन वार्ड में डाल दिया गया। इसी अवधि के दौरान चीन के साथ भारत का युद्ध शुरू हुआ था। कोई रेडियो या ट्रांजिस्टर नहीं होने के कारण हमारी जानकारी का एकमात्र स्रोत नर्सिंग अर्दली था, जो हमारे लिए नियमित भोजन और भारतीय सैनिकों के संहार की कहानियाँ लेकर आता था। फिर एक दिन उसने नाश्ते पर बताया कि डिप्टी कमांडेंट ब्रिगेडियर होशियार सिंह एक ब्रिगेड की कमान सँभालने के लिए यहाँ से जा रहे हैं। ब्रिगेडियर होशियार सिंह ने अपने नए ड्यूटी स्टेशन के लिए निकलने से पहले सभी कैडेट्स और स्टाफ को संबोधित किया। वह शाम विशेष थी और सदैव मेरी यादों में निहित है, क्योंकि 'ब्रिगेडियर होशियार की जय' और तालियों की गड़गड़ाहट एकेडमी के ऑडिटोरियम से आइसोलेशन वार्ड तक लगभग 2 कि.मी. के क्षेत्र तक सुनी जा सकती थी। वह आवाज आज भी मेरे कानों में गूँजती है। यह 'हिंदी-चीनी भाई-भाई' के विश्वास के साथ बड़ी हो रही भारतीयों की एक नई पीढ़ी के गुस्से और निराशा को व्यक्त कर रही थी। जब तक एकेडमी टर्म ब्रेक के लिए बंद हुई, तब तक युद्ध भी समाप्त हो चुका था; किंतु ब्रिगेडियर होशियार सिंह हमारे बीच नहीं रहे थे। मुझे गहरा सदमा लगा था। 'प्लास्टर' में अपनी टाँग के साथ मैं टर्म लीव पर लखनऊ चला आया। हमें युद्ध में हुई अपमानजनक हार का अखबारों, रेडियो और दोस्तों के जरिए पता चला, जिसमें चीन द्वारा एक उदीयमान राष्ट्र को शर्मसार किया गया था। मैंने सैन्य अस्पताल का दौरा किया और घायलों से मुलाकात की तथा उनसे हार एवं साथियों की मौत की दास्तान सुनी। उदास और दुःखी मैं अपने स्कूल के मित्र और दाँतों के विशिष्ट डॉक्टर के बेटे चिंग कांग की तलाश में निकल गया। यह आखिरी बार होगा, जब हम मिलेंगे, क्योंकि उसके पिता ने दुकान में लूटपाट होने के बाद उसे बेच दिया था। मैं स्मार्ट और खुशमिजाज शमशेर से मिलने के लिए घर लौटा, जो कैवेलरी यूनिफॉर्म और काले रंग की बैरे में भाई-बहनों तथा एक गौरवान्वित माँ से घिरा हुआ था। माताजी अपने बड़े बेटे के कंधे पर एक पिप (निशान) को प्रशंसापूर्ण आँखों से निहार रही थीं। भारतीय सैन्य एकेडमी (IMA) में उनके प्रशिक्षण को भारत-चीन युद्ध के कारण छह महीने कम कर दिया गया था और इसीलिए उनको अठारह साल एवं छह महीने की उम्र में परमानेंट कमीशन हासिल हो गई थी। लखनऊ के '9B होप रोड' में अपने प्रिय चाचा की मौजूदगी में हमारे संयुक्त परिवार द्वारा छोटी-सी प्रार्थना के साथ धन्यवाद-स्वरूप एक समारोह

का आयोजन किया गया। इसने सुखद समय की वापसी के संकेत दिए थे। अन्य भाई-बहन अपने आदरणीय पिता की अंतिम इच्छा पूरी करने के लिए माताजी के आशीर्वाद और दिल में आशा की किरण साथ लिये उसी रास्ते पर निकल पड़े।

नेशनल डिफेंस एकेडमी (NDA) महाराष्ट्र में पुणे के पास खड़कवासला में स्थित है। पाशन झील, नजदीकी पहाड़ी टेरेन, अरब सागर की निकटता और लोहेगाँव के ऑपरेशनल एयर बेस के साथ-साथ स्वास्थ्यप्रद वातावरण के कारण इस साइट को चुना गया था। यह लोकेशन विख्यात शिवाजी के हंटिंग ग्राउंड में से एक थी, जिसमें मनोरम सिंहगढ़ किला भी था। संघ लोक सेवा आयोग (UPSC) द्वारा आयोजित लिखित परीक्षा और उसके बाद विस्तारित इंटरव्यू, जिसमें सामान्य योग्यता, मनोवैज्ञानिक परीक्षण, टीम कौशल के साथ-साथ शारीरिक व सामाजिक कुशलता तथा बाद में मेडिकल टेस्ट पास करने के बाद कैडेट्स का नया बैच आया था। लगभग 3,00,000 नवयुवक लिखित परीक्षा में बैठे थे। चयन मुश्किल था। लगभग 9,000 अभ्यर्थी पास हुए, जिन्हें इंटरव्यू के लिए कॉल लेटर प्राप्त हुए और अंत में केवल पहले 300 या मेरिट लिस्ट में टॉप के 300 नवयुवकों को एकेडमी ज्वॉइन करने का सौभाग्य मिला था। इसमें तीनों सेवाओं—थलसेना, नौसेना और वायुसेना के कैडेट्स शामिल थे। अपनी-अपनी सर्विस एकेडमी में प्री-कमीशन प्रशिक्षण से पहले उन्हें एक साथ छह टर्म तक यहाँ प्रशिक्षण हासिल करना था। अपने प्रवास के दौरान उन्हें आउटडोर और इनडोर प्रशिक्षण प्रदान किया जाता है। एन.डी.ए कैंपस और उसके आसपास पहाड़ी व जंगली इलाकों में आउटडोर प्रशिक्षण दिया जाता है। इनडोर प्रशिक्षण में सैद्धांतिक और व्यावहारिक (simulated training) प्रशिक्षण शामिल था। इंटरमीडिएट एकेडमिक योग्यता अवार्ड हासिल करने के लिए जवाहरलाल नेहरू यूनिवर्सिटी, नई दिल्ली के पाठ्यक्रम में दिए अकादमिक सब्जेक्ट्स के साथ रणनीतिक प्रशिक्षण, हथियारों का प्रशिक्षण, मैप रीडिंग, मिलिटरी राइटिंग, फील्ड इंजीनियरिंग, ऑर्गेनाइजेशन एंड एडमिनिस्ट्रेशन जैसे विभिन्न विषयों को पढ़ाया जाता था।

एकेडमी के रहन-सहन और भोजन संबंधी नियमों का पालन करना एक कठिन कार्य था। एक कैडेट का जीवन इतना व्यस्त होता था कि "आपके पास खड़े होने और खुद को निहारने का समय नहीं होता है।" कठिनाइयों पर विचार करने का समय नहीं होता। आप आगे बढ़ते हैं और वही करते हैं, जो आवश्यक होता है। दिन सदा थकान की उलझन में बीत गए। हम हमेशा समय के खिलाफ दौड़ रहे थे। इस

'लीडरशिप के पालने' ने खाकी यूनिफॉर्म और नीले रंग की बैरे पहने कैडेट्स को लड़कों से पुरुष बना दिया था। इसने हमें प्रतिकूल परिस्थितियों का सामना करना सिखाया। ये ऐसी सीमाएँ थीं, जिन्हें हम कभी नहीं जानते थे। प्रशिक्षण ने हमारे समग्र व्यक्तित्व को ढाल दिया था, जबकि गेम्स खेलने से हमारे अंदर टीम-भावना का विकास हुआ था। हमने न केवल डिफेंस सर्विस के बारे में सीखा, बल्कि लोगों के साथ कैसे व्यवहार किया जाए और जीवन की चुनौतियों से कैसे निपटा जाए, इसमें भी महारत हासिल की। साफ-सुथरा पहनावा और सभ्य आचरण, सीधा स्वभाव और शिष्टाचार हमें भीड़ से अलग करता है। कठोर प्रशिक्षण के बाद सभी जरूरी टेस्ट पास करने की खुशी के वे पल, स्क्वाड्रन सोशल फंक्शन और दूसरे, चौथे एवं पाँचवें टर्म में आयोजित आउटडोर कैंप, जैसे—ग्रीनहॉर्न, रोवर, टॉर्ना आदि में साथ-साथ बिताया गया समय यादगार था और इसी से जीवन भर की दोस्ती विकसित होती है। 'स्वयं से पहले सेवा'—यह नेशनल डिफेंस एकेडमी का आदर्श वाक्य है, जिसकी प्रत्येक एन.डी.ए. कैडेट और पूर्व एन.डी.ए. अधिकारी शपथ लेता है। एन.डी.ए. में तीन कठोर वर्ष लड़कों को पुरुषों में, पुरुषों को योद्धाओं और नेताओं में बदल देते हैं और जो अपनी जरूरतों व सुख-सुविधाओं से पहले राष्ट्र और इसके नागरिकों की स्वतंत्रता की सुरक्षा करते हैं।

मैं जून 1965 में देहरादून में भारतीय सैन्य एकेडमी (IMA) में रिपोर्ट करने के लिए एन.डी.ए. से पास आउट हुआ था। मुझे 'अलामीन कंपनी' सौंपी गई थी। हमारे लिए प्रमुख बदलाव था 'जेंटलमैन कैडेट्स' (GCs) पुकारा जाना। आई.एम.ए. मिलिटरी प्रशिक्षण और मिलिटरी यूनिट्स के समतुल्य प्लाटून कमांडर की ड्यूटी पर अधिक जोर दिया गया। हैंडलिंग ऑफ वैपंस, प्लाटून स्तर की रणनीति, वॉर ऑपरेशंस, फील्ड क्राफ्ट, बैटल ड्रिल्स, बचकर भागना आदि वे विषय थे, जिन पर प्रशिक्षण और चर्चा की गई। सैनिकों के बिना रणनीतिक अभ्यास (TEWT) और सैंड मॉडल चर्चाएँ प्रशिक्षण के केंद्र-बिंदु थे। अफवाहें उड़ रही थीं कि आई.एम.ए. में प्रशिक्षण अवधि कम की जाएगी, क्योंकि पाकिस्तान ने कच्छ सेक्टर में सीमित हमलों का प्रयास किया था। अमेरिका से पाकिस्तान को बड़े पैमाने पर सैन्य सहायता प्राप्त होने की रिपोर्ट थी, जिसमें टैंक, आर्म्ड पर्सनल कॅरियर, गनें और एयर क्राफ्ट शामिल थे। इन सभी घटनाक्रमों का पूरा प्रभाव प्रत्यक्ष रूप से स्पष्ट नहीं था, किंतु एक बेचैनी जरूर थी। सन् 1962 की पराजय ने सेना की नाक काटकर रख दी थी और एक प्रभावी युद्ध मशीन के रूप में हमारी प्रतिष्ठा को

मिट्टी में मिला दिया था; जबकि सेना मुख्यालय और प्रशिक्षण संस्थान ने उपकरण प्रोफाइल को उन्नत बनाने, फॉरमेंशनों को रि-ऑर्गेनाइज करने तथा अफसरों व सैनिकों का मनोबल बढ़ाने के लिए कई प्रभावी कदम उठाए थे। सन् 1962 की पराजय के कलंक का अहसास अभी ताजा था। प्रेस और मीडिया ने सीमा पर तनाव को उजागर करना शुरू कर दिया था। तुरंत बाद कश्मीर घाटी में बड़े पैमाने पर घुसपैठ की खबरें आई थीं। इन सभी घटनाओं से अप्रभावित आई.एम.ए. ने देहरादून की टोंस घाटी में GCs द्वारा नाइट पैट्रोलिंग के निर्देश जारी किए। हालाँकि हम आसानी से पाकिस्तानी घुसपैठियों के टोंस घाटी में घुसपैठ करने की संभावना से आश्वस्त नहीं थे। रात की एक्सरसाइज ने GCs के उत्साह को बढ़ा दिया था। यह पाकिस्तान द्वारा भारत पर युद्ध की घोषणा से ज्यादा पहले नहीं हुआ था।

आई.एम.ए. में मेरे बैच के प्रशिक्षण को पाकिस्तान के साथ 23 दिनों के युद्ध के बावजूद रोका नहीं गया था। यंग GCs में जल्दी कमीशन प्राप्त करने और युद्ध में हिस्सा लेने के अवसर को खोने से निराशा थी। सन् 1962 में चीनी सेना से प्राप्त भारी पराजय देश के राजनीतिक और सैन्य नेतृत्व के लिए एक चेतावनी थी। 1965 में भारत के नागरिकों को भरोसा था कि देश का राजनीतिक नेतृत्व और रक्षा व्यवस्था में एक क्रांतिकारी बदलाव हुआ था। रक्षा तैयारियों का यह सबक हमारी पीढ़ी नहीं भूल सकती थी, जो विभाजन से पहले पैदा हुए थे और विशेष रूप से वे, जो सन् 1947-48 के निर्दयतापूर्ण नर-संहार एवं रक्तपात के कहर से बच निकले थे। रक्षा व्यवस्था के पुनर्निर्माण के लिए नागरिक और सैन्य संस्थानों की भूमिका ने हमें युद्ध में एकमुश्त जीत ही नहीं दिलाई, बल्कि एक नया विश्वास पैदा किया कि हम किसी से पीछे नहीं थे।

□

फॉर्टी फाईव का युद्ध-घोष

पाकिस्तान के साथ सन् 1965 का युद्ध केवल पश्चिमी मोर्चे तक सीमित रहा था। आम जनता के दबाव के बावजूद भारत द्वारा दूसरा मोर्चा न खोलना क्या रणनीतिक मायनों में सही था? बल्कि कड़वा सच तो यह था कि भारत के पास दो मोर्चों पर लड़ने के लिए न तो सैन्य बल था, न ही युद्धक सामग्री थी। पूर्वी पाकिस्तान की सीमा के लिए हमारे पूर्वी कमांड मुख्यालय के निर्धारित सैन्य बल की लामबंदी और तैनाती के अलावा कोई बड़ी सैन्य काररवाई नहीं की गई। अपनी इसी युद्ध संचालन की कमी के कारण सैन्य मुख्यालय के अफसरों को भविष्य में पूर्वी पाकिस्तान के तटवर्ती इलाकों में तैनाती के लिए नई यूनिटों को खड़ा करना और युद्धक सामग्री लेने के बारे में गहन चिंतन करना पड़ा। इसके बाद आर्म्ड कोर को पुराने शर्मन और सेंचूरियन टैंकों के साथ लैस किया गया और AMX-13 टैंकों की एक रेजीमेंट खड़ी की गई। किंतु इनमें से कोई भी पूर्वी पाकिस्तान की सीमाओं पर रणनीतिक मायनों में तैनात करने के योग्य नहीं थी। 1965 भारत-पाक युद्ध के शुरू होने से पहले कुछ रूसी PT-76 टैंकों को आर्म्ड कोर में शामिल किया गया, किंतु वे पश्चिमी मोर्चे पर 7-कैवेलरी को सौंपे गए।

सशस्त्र कोर निदेशालय द्वारा 45 कैवेलरी को पुनर्गठित करने की सिफारिश की गई। इस रेजीमेंट का गठन पहली बार सन् 1916 में पहले विश्व युद्ध के दौरान किया गया था, लेकिन युद्ध-समाप्ति के साथ ही इसे भंग कर दिया गया था। दूसरे विश्व युद्ध के दौरान इसका पुनर्गठन किया गया और इसने रेजीमेंट्स के समूह का प्रमुख सदस्य बनकर 'रोरिंग फोर्टीस' की उपाधि हासिल की। लेकिन युद्ध के बाद 1946 में इसको पुन: भंग कर दिया गया। रेजीमेंट को बर्मा में तैनात किया गया था और अपने प्रशंसनीय कार्य के लिए इसे कई वीरता पुरस्कारों से नवाजा

गया। 15 मई, 1965 को सिख, राजपूत और जाट समुदाय को मिलाकर लेफ्टिनेंट कर्नल एस.के. कंदाडे के नेतृत्व में दिल्ली में रेजीमेंट को पुनर्गठित किया गया। सैनिकों और हथियारों की कमी के कारण गठन की प्रक्रिया में बदलाव किए गए थे। समस्या और गंभीर हो गई, जब राजस्थान के बाड़मेर क्षेत्र के कच्छ सेक्टर में पाकिस्तानी सेना द्वारा हरकत तेज की गई। सन् 1965 के युद्ध का आरंभ होने से पहले रेजीमेंट को आर्म्ड डिलिवरी रेजीमेंट (A.D.R.) की भूमिका फिर से सौंपी गई। प्रशिक्षित सैनिकों की कमी के कारण रेजीमेंट की प्रारंभिक संरचना में बदलाव करके दो-तिहाई दक्षिण भारतीय वर्ग (SICs) और एक-तिहाई डोगरा वर्ग को शामिल किया गया था। युद्ध के दौरान इस A.D.R. रेजीमेंट की स्क्वाड्रनों को 1 कोर एवं 11 कोर के सेक्टरों में तैनात किया गया। मौजूदा रेजीमेंटों के अफसर और सैनिकों को तुरंत सूचना के साथ स्क्वाड्रन/टुकड़ियों में संघटित किया गया और आर्म्ड डिलिवरी रेजीमेंट (A.D.R.) की जिम्मेदारी के साथ इसे पश्चिमी सेक्टर में तैनात किया गया। युद्ध के दौरान लामबंदी के लिए आर्म्ड फॉर्मेशनों को टैंक और रिकवरी वाहन प्रदान करना इसका प्रमुख कार्य था। कई टुकड़ियाँ युद्ध क्षेत्र में थीं और 'पंजाब 1965' के थिएटर सम्मान के साथ नवाजी जातीं, किंतु युद्ध-विराम के पश्चात् गठित 'युद्ध सम्मान समिति' (Battle Honour Committee) ने इस दावे को खारिज कर दिया, क्योंकि सशस्त्र कोर निदेशालय और सैन्य मुख्यालय के साथ अच्छे समन्वय के लिए रेजीमेंट का हेडक्वार्टर दिल्ली में ही था।

टेक्निकल ग्राउंडस पर सम्मान अस्वीकृत होने के बावजूद रेजीमेंट को रूस से प्राप्त जल-थल दोनों क्षेत्र में कारगर पलावुशी टैंक PT-76 से लैस लाइट आर्म्ड रेजीमेंट के रूप में पुनर्गठन करने की स्वीकृति प्राप्त कर ली। जनवरी 1966 में 45 कैवेलरी को बबीना में ट्रांसफर करने के नए आदेश जारी किए गए। PT-76 टैंकों के फील्ड ट्रायल से यह निश्चित हो गया कि ये टैंक पश्चिम बंगाल के तटवर्ती क्षेत्र में तैनाती के लिए पूरी तरह से उपयुक्त थे। 7 कैवेलरी द्वारा प्रशिक्षण के लिए प्राप्त इन टैंकों के छोटे दस्ते का बदलाव प्रशिक्षण के लिए इस्तेमाल किया जा रहा था। रेजीमेंट को मध्य भारत के बबीना में भेजा गया, जहाँ गनर, ड्राइवर और ऑपरेटर्स के प्रशिक्षण के लिए ओपन रेंज की सुविधाएँ थीं। इस दौरान रेजीमेंट के डब्ल्यू.ई. (W.E.) और डब्ल्यू.ई.टी. (W.E.T.) को पूरा करना था। टैंक क्रू का एकीकरण, सैनिकों और छोटी यूनिट का प्रशिक्षण, वाटरमैनशिप और जल-थल में प्रशिक्षण आदि ने सबको व्यस्त रखा। बबीना या बब्स कैवेलरी यूनिटों के साथ एक प्रसिद्ध

मिलिटरी कैंट था। यह उस समय का सबसे अच्छे तरीके से बनाया हुआ आधुनिक मिलिटरी स्टेशन था, जिसमें विवाहित व अविवाहित सैनिकों और संस्थागत जरूरतों के अनुसार आवास बने थे। पुरानी कैवेलरी और आर्मड ने एक होकर विगत वर्षों के उत्साह और रुतबे को कायम रखते हुए व्यावसायिकता, शिष्टता और समर्पण भाव की नई संस्कृति को विकसित किया था। गठन पूरा होने के बाद जुलाई 1966 में रेजीमेंट को पश्चिम बंगाल के बगराकोट में भेजा गया। सन् 1967 में रेजीमेंट के सैन्य संरचना में पुन: बदलाव के साथ डोगरा स्क्वाड्रन को 'अन्य भारतीय वर्ग' (Other Indian Castes, OICs) का नाम दिया गया। OICs (अन्य जाति वर्ग) में सभी जातियों, जनजातियों एवं समुदायों का प्रतिनिधित्व होता है, इसलिए सभी वर्गों से जवान सेना की स्क्वाड्रन/रेजीमेंट में भरती हो सकते थे। किसी ने भी ऐसी कल्पना नहीं की थी कि यह PT-76 टैंकों से लैस, दो बार पुनर्गठित 'रोरिंग फोर्टी फाइव' लाइट आर्म्ड रेजीमेंट बँगलादेश के निर्माण में युद्ध जीतनेवाली साबित होगी!

भारतीय सैन्य एकेडमी (IMA), देहरादून में भव्य पासिंग आउट परेड के बाद 15 जून, 1966 को 28 NDA/37 IMA कैडेटों को अपनी पहली रेजीमेंट मिली। मुझे भारत के तत्कालीन राष्ट्रपति डॉ. राधाकृष्णन द्वारा हस्ताक्षरित मेरा पार्चमेंट कमीशन मिला और साथ ही 45 कैवेलरी मेरी पहली रेजीमेंट के रूप में मिली। 7 जुलाई, 1966 को मैं बबीना रेलवे स्टेशन पहुँचा, जहाँ मुझे लेने के लिए रोबदार व्यक्तित्ववाले लेफ्टिनेंट मारुतिराव भोंसले आए हुए थे। हम सीधे ऑफिसर्स मेस में पहुँचे। मुझे एक अच्छा नाश्ता, एक गिलास कोल्ड कॉफी और इसके बाद रेजीमेंट के इतिहास के बारे में संक्षेप में जानकारी दी गई। भोंसले ने बताया कि रेजिंग की काररवाई और कन्वर्जन प्रशिक्षण पूरा हो चुका था। जल्द ही रेजीमेंट पूर्वी सेक्टर के फील्ड एरिया में तैनात होगी। यूनिट विशेष ट्रेनों द्वारा जाने की तैयारी कर रही थी और दो सप्ताह बाद रवाना होना था। चलने से पहले परिवर्तन के इस चरण के दौरान सैनिकों को ड्यूटी से हटा दिया गया था, जिससे अपनी-अपनी टुकड़ियों को पहचानने और तालमेल बैठाने के अवसर का लाभ लेने के लिए सभी पूरे जोश व उत्साह के साथ शामिल हुए थे। देर रात तक संगीत, स्वादिष्ट भोजन के साथ मौज-मस्ती, स्टेशन की अन्य यूनिटों द्वारा फेयरवेल पार्टियों का आयोजन रोज की बात हो गई थी। बबीना की पार्टियों में आसपास के कॉलेजों और झाँसी रेलवे कॉलोनी की नवयुवतियाँ आकर्षित होकर आ रही थीं। लेकिन यह सुखद समय ज्यादा देर तक नहीं चला, क्योंकि एक दिन सुबह-सुबह मेरे पहले स्क्वाड्रन

कमांडर मेजर बलविंदर ने मुझे बताया कि मुझे पहली मिलिटरी स्पेशल ट्रेन से बगराकोट (पश्चिम बंगाल) के लिए रवाना होना होगा। मुझे जल्द ही पता चलने वाला था कि बबीना का जीवन किसी बॉलीवुड मूवी के ट्रेलर की तरह था। जैसे ही ट्रेन बबीना से बाहर निकली, सच्चाई सामने आने लगी और पाइप बैंड, फूल, गुडबाय चुंबन, हैंडशेक एवं झप्पियाँ अतीत के सपने और यादें बनकर रह गई थीं। आर्म्ड रेजीमेंट की मिलिटरी स्पेशल टैंक ट्रेन के साथ सफर करना एक असाधारण और मंत्रमुग्ध कर देनेवाला अनुभव था। मोडिफाइड ब्रॉडगेज फ्लैट यूनिवर्सल (MBFUS) नाम के विशेष रूप से तैयार किए गए फ्लैट कारों पर टैंकों को लोड करने के लिए विशेष रूप से प्रशिक्षित व कुशल ड्राइवरों की जरूरत होती है। फ्लैट पर लगाई गई भारी जंजीरों से टैंकों को मजबूती के साथ बाँधा गया था, ताकि वे इस लंबी रेल यात्रा के दौरान हिलें नहीं और स्थिर रहें। टैंक क्रू को अपने टैंकों के साथ यात्रा करना पसंद था। इसलिए यात्रा के दौरान उनकी मदद के लिए पड़ाव बनाए गए थे। लघुशंका या साथी जवानों के साथ ताश खेलने आदि के लिए क्रू के जवान ट्रेन की यात्री बोगियों का इस्तेमाल करते थे। एक अलग किचन कार 'लंगर ऑन व्हील्स' (cook house) की तरह कार्य करती थी। ट्रेन के ऑफिसर कमांडिंग (OC) रास्ते में पड़नेवाले मिलिटरी स्टेशन के सप्लाई डिपो, आर्मी सप्लाई कोर से ताजा सब्जियाँ, मांस, दूध तथा अन्य जरूरी चीजों की माँग करते थे। टैंक क्रू को यात्रा के दौरान बर्फ, मिनरल वाटर और नींबू-पानी दिया जाता था। सभी प्रस्तावित जरूरी चीजों को स्थानीय मिलिटरी स्टेशन मुख्यालय द्वारा ट्रेन तक पहुँचाया जाता था। ट्रेन इंजन ड्राइवरों, गार्ड और स्टेशन मार्शलिंग कर्मचारियों को 'रम' नाम का जादुई शरबत पर्याप्त मात्रा में उपलब्ध कराया जाता था, जो किसी करिश्माई दीपक की तरह काम करता था और अधिकांश कार्यों, जैसे रेलवे के कम्युनिकेशन नेटवर्क आदि, में सहायक साबित होता था। यात्रा के अंत में ट्रेन के ऑफिसर कमांडिंग को परिवहन के दौरान रेलवे द्वारा दी गई सुविधाओं की गुणवत्ता पर एक रिपोर्ट लिखनी थी; क्योंकि रेलवे के अधिकारी इस रिपोर्ट को गंभीरता से पढ़ते थे। इसलिए यह स्थानीय सहयोग प्राप्त करने के लिए प्रभावी हथियार के रूप में कार्य कर रही थी। हमारी ट्रेन ऑफिसर कमांडिंग ट्रेन और गार्ड की परस्पर सहमति से भोजन के लिए रोकी जाती थी। अगर सेना के अफसरों ने ट्रेन के ऑपरेशनल मूव के लिए रेड-हॉट (RED-HOT) या व्हाइट-हॉट (WHITE-HOT) प्राथमिकता नहीं दी है तो रफ्तार को प्राथमिकता नहीं दी जाती थी।

बबीना से बगराकोट तक की लंबी यात्रा का संचालन एक दुष्कर अनुभव था। फरक्का बैराज पर रास्ते में आगे की यात्रा पूरी करने के लिए विशेष ट्रेन को ब्रॉड गेज से मीटर गेज में बदलना पड़ा था। टैंक, वाहन और सैन्य भंडार को नीचे उतारना पड़ा और प्रबल गंगा नदी के पार नाव की मदद से ले जाना पड़ा। रेलवे मार्शलिंग याड्र्स नदी के इस तटवर्ती क्षेत्र से कुछ दूरी पर थे, जिसके कारण टैंकों को खुद चलाकर ले जाने की जरूरत थी। इसमें सड़क का सैन्य सर्वे, साइन पोस्टिंग एवं ट्रैफिक मैनेजमेंट, मार्शलिंग एरिया का चुनाव और उसे चिह्नित करना शामिल था। रेलवे स्टॉक का निरीक्षण, ट्रेन संयोजन और अस्थायी रेलवे रैंप से कम रोशनी में लोडिंग करना असाधारण एवं चुनौतीपूर्ण कार्य था। इस तरह के कार्य के लिए इस्तेमाल किए जानेवाले रेलवे का ढाँचा काफी पुराना था। रेलवे के अफसरों, कोचिंग स्टाफ, ट्रेन परीक्षकों और अन्य कर्मचारियों की तत्पर सहायता, धैर्य व दृढ़ता के कारण हमारा काम थोड़ा आसान हो गया। टैंक ड्राइवरों की कुशल ड्राइविंग, जवानों की सहनशीलता और चुनौतीपूर्ण परिस्थितियों में बिना असंतोष या शिकायत के काम करने की इच्छा की भी सराहना की जानी चाहिए। जब हम फरक्का बैराज से बाहर निकले, तब हमने चैन की साँस ली और सोचा कि बगराकोट तक का सफर आराम से कटेगा; लेकिन आधे रास्ते में ही हमें पता चला कि सिलीगुड़ी में रेलवे रैंप उपलब्ध न होने की वजह से टैंकों को न्यू जलपाईगुड़ी में ही उतार दिया जाएगा। साथ ही टैंक ट्रांसपोर्टरों की कम संख्या के कारण समस्या और भी जटिल हो गई और इस वजह से टैंकों को सड़क मार्ग से ले जाने की कार्यविधि को तीन चरणों में पूरा किया जाना था।

मातहत के तौर पर, कमांडेंट से लेकर वरदीधारी और टैंक कमांडर सबके मुँह से एक ही शब्द बार-बार सुनाई पड़ता था—'सुरक्षा'। इस एक शब्द के अंदर कई अर्थ और आशय छिपे थे। इसमें निजी सुरक्षा, जवानों के विवरण से संबंधित जानकारी की सुरक्षा, यूनिट की पहचान, सैन्य सामग्री और खासकर हाल ही में प्राप्त PT-76 टैंकों की सुरक्षा भी शामिल थी। टैंकों को रात में लोड किया गया, तिरपाल से ढँका गया और रस्सियों तथा जंजीरों से बाँधकर सुरक्षित किया गया। रास्ते में हर पड़ाव पर संतरी नीचे उतरते थे और उत्सुक नागरिकों को दूर रखने के लिए ट्रेन के इर्द-गिर्द गश्त लगाते थे। टैंक के तकनीकी विवरण के बारे में तसवीर लेने या प्रश्न पूछने की इजाजत नहीं थी। लेकिन जब तक हम सिलीगुड़ी पहुँचे, तब तक हमारी सुरक्षा का गुब्बारा फूट चुका था। तिरपाल हटाने के बाद टैंकों को रेलवे

के MBFU से नीचे उतारा गया और बगराकोट तक सड़क मार्ग से जाने के लिए टैंक ट्रांसपोर्टरों पर चढ़ाया गया। रास्ते में तीस्ता पुल को पार करते समय ट्रैफिक जाम के कारण टैंकों को थोड़ी देर के लिए रुकना पड़ा। देश के इस हिस्से में पहली बार टैंकों के आगमन से नागरिकों, पास से गुजरनेवाले बसों व कारों के ड्राइवरों की उत्सुकता भी चरम पर थी। उनके प्रश्न अनुत्तरित बने रहते, लेकिन चाय के बागानों में काम करनेवाले दो लोगों ने भौतिक सुरक्षा पर जोर देने के हमारे खोखलेपन की पोल खोल दी। ट्रैफिक के हंगमे के बीच एक युवा चाय-बागान कर्मी हमारे पास आया और उसने टैंक का तकनीकी विवरण, गन कैलिबर, युद्ध सामग्री आदि का विवरण देकर हमें अचंभित कर दिया। उससे पूछताछ करने पर उसने बिना डरे बताया कि उसने दिल्ली में USIS लाइब्रेरी में एक पत्रिका में रूस से आयात किए हुए पी टी-76 टैंकों के बारे में पढ़ा था। हालाँकि स्थानीय मीडिया ने 'ऑफिशियल सीक्रेट्स ऐक्ट' के तहत इसे गोपनीय रखा, इसलिए कि यह सरकारी प्रोटोकॉल था।

सिलीगुड़ी मार्ग कॉरीडोर भारत के उत्तर-पूर्वी राज्यों को पश्चिम और उत्तरी बंगाल से जोड़नेवाला 40 किलोमीटर का तंग विस्तार था। यह कॉरीडोर (गलियारा) रणनीतिक, राजनीतिक और सैन्य नजरिए से बहुत महत्त्वपूर्ण संचार केंद्र था। चीन या किसी भी पड़ोसी देश के द्वारा इस कॉरीडोर को सैन्य खतरा, संवेदनशील पूर्वोत्तर राज्यों को विखंडित कर सकता था। कॉरीडोर के मुख पर आर्मर्ड रेजीमेंट को स्थापित करना एक सोचा-समझा सामरिक और नीतिगत निर्णय था। सामरिक दृष्टि से संचालन के कारण रेजीमेंट को बगराकोट में स्थापित करना उचित था; लेकिन यहाँ पर अफसरों और जवानों के लिए मूलभूत सुविधाएँ भी प्रदान नहीं की गई थीं। यह देखकर मैं हक्का-बक्का रह गया। पुराना बुनियादी ढाँचा हमारे आला अफसरों की अनदेखी और लापरवाही का जीता-जागता प्रमाण था। जवानों की मूलभूत जरूरतों के प्रति खराब योजना और टैंक रेजीमेंट के लिए आवश्यक बुनियादी ढाँचे का तैयार नहीं होना प्रशासनिक अक्षमता और असंवेदनशीलता को साबित कर रहा था।

कॉरीडोर की सुरक्षा करने का उत्साह उड़ गया, क्योंकि हम मच्छरों, जोंकों और मौसम की नमी से जूझने में लगे थे। बगराकोट में न तो बुनियादी ढाँचा, न बिजली और न पर्याप्त सुविधाएँ थीं। डॉरमेटरी में मुसीबतों को सुलझाते हुए यहाँ के पेड़-पौधों की सुंदरता और चाय-बागानों के अनोखे सूर्यास्त का आनंद उठाने का अवसर ही नहीं मिला, क्योंकि रहने के लिए बाँस की झोंपड़ियाँ थीं, जिनकी

छत खपरैल की और जंग लगे हुए लहरदार लोहे के पटरे से बनी थी, जो ढह जाने के कगार पर थे। एक सार्वजनिक बाथरूम और शौचालय था, जिसमें पानी के पाइप की भी व्यवस्था नहीं थी। पिछली यूनिट द्वारा बनाई गई कुछ अस्थायी झोंपड़ियाँ और बाशा-घर मिले थे। टैंकों या वाहनों के लिए वहाँ कोई गैराज नहीं थे। लगभग 25 किलोमीटर की दूरी पर न्यू मॉल के अंतिम रेलवे स्टेशन पर छोटा-सा मिलिटरी इंजीनियरिंग सर्विस (M.E.S.) दस्ता था, जो स्टेशन मुख्यालय के अंतर्गत कार्य करता था। करोड़ों रुपए के युद्ध में काम आनेवाले, बदलते मौसम के प्रति संवेदनशील सैन्य उपकरणों को साथ लेकर आई हुई यूनिट को आवश्यक ढाँचे और सुविधाओं के बारे में बिना सोचे-समझे फील्ड एरिया में भेज दिया गया था। सैन्य जीवन की यह कठोर वास्तविकता थी। सच में, बबीना तो एक ट्रेलर था, जो आपको इस उपेक्षित कॉरीडोर में लुभाने के लिए दिखाया गया था, जिसका नया नाम अब 'बग्गरकोट' है।

"मुश्किल समय आए तो इरादे पक्के रखो।" स्कूल में और बाद में प्रशिक्षण के दौरान एकेडमी में इस उक्ति को हमने सार्वभौमिक सच्चाई के रूप में स्वीकार किया था। अफसरों एवं जवानों के सामूहिक प्रयासों ने कुछ ही हफ्तों में इस जगह का नक्शा ही बदल दिया और यूनिट एरिया को रहने लायक बना लिया गया। अधिक अनुभवी सरदार साहिबान (JCOS) ने—माँगो, उधार लो और अंत में चोरी करो—इस तरीके को अपनाया; जबकि अफसर साथ मिलकर अपनी पहचान के लोगों और सेवानिवृत्त रेजीमेंटल अफसरों के संपर्क से लाभ उठाकर टेंट, तिरपाल, सैन्य भंडार और फंड प्राप्त करने के मार्ग ढूँढ़ने में व्यस्त थे। संयमित और खुशमिजाज आचरण के कारण हम व्यवस्था संबंधी असफलता से उबरने में सफल रहे। पहल करना, नए तरीके ढूँढ़ना, भरोसा और विश्वास—ये केवल शब्द नहीं थे, बल्कि संचालन प्रणाली बन चुके थे। कठिनाइयों ने रिश्तों को और मजबूत किया, जिससे आपसी संपर्क आसान हो गया था। अपने जवानों और अपने जीवन को सुविधापूर्ण बनाने की जिम्मेदारी को स्वीकार करना हमारा पहला सबक था। जल्दी ही हम स्थानीय निर्माण के कमांडरों और पड़ोस के चाय-बागानों के मैनेजरों को अपने अफसर मेस में आमंत्रित करने में सफल हो गए थे। चाय-बागानों में काम करनेवाले लोगों के साथ मेल-जोल, क्रिकेट और गोल्फ के मैच, पुस्तकें, पत्रिकाएँ, ट्रांजिस्टर एवं खेल के सामान आदि खरीदने के लिए सिलीगुड़ी बाजार में जाना वहाँ की उबाऊ दिनचर्या से निजात दिलाते थे। कुछ साहसी लोग धुलाबारी

नाम के सीमावर्ती शहर में जाकर नेपाल से तस्करी की हुई चीजें भारतीय व्यापारियों से खरीदते थे।

रूस के PT-76 टैंकों को शामिल किए जाने से पहले भारत के पास कोई भी सशस्त्र रेजीमेंट ऐसे टैंकों से लैस नहीं थी, जो पूर्वी पाकिस्तान के तटवर्ती इलाकों में स्थापित करने के लिए सक्षम हो। पहले वाले टैंकों पर भारी आर्मर प्लेटिंग थी और उनका वजन 30 टन से ज्यादा था। भारी टैंक पानी में से गुजर सकते थे; लेकिन PT-76 टैंक अधिकतम 8 से 14 मिलीमीटर की आर्मर प्लेटिंग के साथ हलके टैंक थे, जिनका भार 14 टन था, इसलिए वे जल-थल दोनों के लिए उपयुक्त थे। गन कैलीबर, युद्ध सामग्री के प्रकार, क्रू के लिए नाइट विजन उपकरण और R-113 रेडियो उपकरण से लैस रेडियो सेट के कारण इसके प्रशिक्षण मॉड्यूल्स मौजूदा प्रशिक्षण पैरामीटरों से पूरी तरह अलग थे। उसी तरह से इसके लिए व्यवस्था, WE, माइनर ड्रिल, रणनीति और काम भी अलग थे। पुरानी रेजीमेंट से आए हुए अफसरों को इस बात को स्वीकारने में मुश्किल हो रही थी कि इस टैंक को तीन क्रू मेंबर्स के साथ संचालित करने के लिए बनाया गया था, जो कि शर्मन और सेंचूरियन टैंकों से अलग था, जिसमें गनर, ऑपरेटर/लोडर, ड्राइवर और अतिरिक्त कमांडर—ऐसे चार जवानों की जरूरत होती थी। PT-76 टैंक में कमांडर और गनर के कार्यों को मिलाया गया था। मेजर रैंक के अधिकांश वरिष्ठ अधिकारियों ने मन-ही-मन इसे खारिज कर दिया था, क्योंकि उनके मुताबिक, टैंक युद्ध में इस पर आक्रमण करना आसान होगा। उनका रवैया और निरंतर आपसी कलह युवा कप्तानों को निरुत्साहित करती थी। दूसरा विवादास्पद मुद्दा यह था कि लाइट रेजीमेंट का संगठन 45 अधिकृत टैंकों के बजाय 35 टैंकों के साथ किया गया था। हर एक स्क्वाड्रन को इन्फैंट्री कार्य करने के लिए 1 टन भार वाहन से लैस दो राइफल ट्रूप्स दिए गए थे, जो कैवेलरी की लड़ाकू रणनीति से पूरी तरह अलग था। सबसे बड़ा हौआ था—काम की बनावट और प्रशिक्षण, जो वरिष्ठ अधिकारियों को पसंद नहीं था। जिन्हें टैंक ट्रूप की लीडरशिप के मूलभूत सिद्धांत सीखने थे, ऐसे नए रंगरूटों के लिए ये टैंक नई उम्मीद भी थे और चुनौती भी। टैंक के बारे में सबकुछ सीखने की इच्छा रखनेवाले युवा अफसर और सवार इसकी विशेष सुविधाओं को समझने और इसकी क्षमता का लाभ उठाने के लिए आयोजित प्रशिक्षण के अभ्यास के दौरान व्यस्त रहते थे। एक युवा अफसर के तौर पर हम इसकी छोटी जल-बाधाओं और दलदली हिस्सों को पार करने की क्षमता की सराहना करते थे। लेकिन अधिक

अनुभवी सैनिक इसे आर्म्ड कोर के खराब संबंध के रूप में देखते थे। इसकी कई सकारात्मक विशेषताओं को स्वीकार तो करते थे, लेकिन अंत में इसकी कम कैलीबर की गन, दुश्मन के आर्मर को भेदने और नष्ट करने में असमर्थता को लेकर इसकी आलोचना ही करते थे। उनके विचारों पर उनके शुरुआती अनुभव और प्रशिक्षण का असर था। उनके मन में केवल एक ही खयाल था—अपनी पुरानी रेजीमेंट में वापस लौटना! अच्छे कैवेलरी अफसरों के तौर पर उन सभी ने अपनी निराशा छुपाने की कोई कोशिश नहीं की। उनमें से कई अपनी पुरानी रेजीमेंट में वापस लौटने में सफल भी रहे और यह कोई छोटी बात नहीं थी।

अपनी रेजीमेंट के प्रति वफादारी जीवन भर निभाने की वचनबद्धता थी। उन दिनों, अपनी रेजीमेंट से बाहर तैनाती होने को सजा के रूप में देखा जाता था। ये संबंध इतने मजबूत थे कि कई लोग इसके लिए अपने भविष्य तक को दाँव पर लगाने और प्रोन्नति को छोड़ने के लिए तैयार थे। 45 कैवेलरी में तैनात किए गए अफसर भी ऐसी ही सोच रखते थे। मेजर छिब्बर, चेंगप्पा, महिंदर सिंह, नामजोशी, रंधावा, मनमोहन, बलविंदर, बक्शी, पित्रे, अमरीक विर्क जैसे कई अफसर वापस अपनी रेजीमेंट में चले गए। जो पीछे रहे, वे दो प्रकार के थे—कुछ वे, जिन लोगों ने बदलावों को दिल से स्वीकार कर लिया था, जैसे—चाकस, इंदर, बंटू, गुलाटी, देविंदर विर्क। दूसरों को अहसास था कि उन्हें किसी इरादे से नामांकित किया गया था, किसी सजा के तौर पर नहीं। जो अफसर 45 कैवेलरी में सीधे कमीशंड हुए थे, वे रेजीमेंट के लिए लंबी अवधि तक टिकनेवाली आधारशिला बनाने जा रहे थे। 1971 तक, जो अफसर अपनी रेजीमेंट में वापस जाना चाहते थे, वे जा चुके थे; जो पीछे रह गए थे, वे आनेवाले दिनों में अपनी कहानियाँ सुनाने वाले थे। आर्म्ड रेजीमेंट इन्फैंट्री, इंजीनियर्स, सिग्नल्स और आर्टिलरी के साथ नजदीकी सहयोग से काम करती है। नए टैंकों के शामिल होने से कई प्रदर्शन और युद्धक अभ्यास करने पड़े, ताकि सभी कमांडरों को इनकी कार्य-प्रणाली और मारक क्षमता का बेहतर ज्ञान हो सके। दूसरी आर्म्स और सर्विसेस के कमांडरों के लिए बड़ी संख्या में प्रदर्शन आयोजित किए गए, विशेषत: इन्फैंट्री, जिसके साथ हम न केवल वाटर ऑब्सटेकल को पार करने पर, बल्कि युद्ध के विभिन्न अभियानों में आपसी सहयोग से काम करनेवाले थे।

ऐसे ही एक प्रदर्शन के दौरान पूरे 90 मिनट के डिमोंस्ट्रेशन में बैठने के बाद पंजाबी सरदार जे.सी.ओ. में से एक पंजाबी सरदार झील में तैरते हुए PT-76 को

देखकर हैरान हो गया। एक सशस्त्र युद्धक वाहन (AFV) को पानी में तैरते देखने की विचित्र घटना को देखकर वह अपने आनंद को रोक नहीं पाया। इस असामान्य नजारे को देखकर उसने उसे पानी में तैरते हुए टिन के डिब्बे जैसा बताया, जो कि ग्रामीण जीवन का एक आम नजारा था। उसे यह भी ध्यान नहीं रहा कि माइक चालू है और वह जोर से बोला 'पिप्पा तैर रिया है' (पीपा तैर रहा है)। घी के डिब्बे को आम भाषा में 'पीपा' कहते हैं। इस घटना का आनंद वहाँ उपस्थित कई दर्शकों ने लिया था। प्रदर्शन देख रहे जवानों के साथ अफसरों की हँसी ठहाकों में बदल गई। इस मजेदार पंजाबी जुमले ने सैनिकों के दिलो-दिमाग में जगह बना ली और उस घटना के दिन से रूसी पलावुशी टैंक-76 को भारतीय 'पिप्पा' का नया नाम दे दिया गया और यह बहुत जल्द भारतीय सेना के शब्दकोश में भी शामिल हो गया।

हाल में ही शामिल किए गए PT-76 टैंकों की कार्यक्षमता और मारक क्षमता को साबित करने के लिए अन्य आर्म्स और सर्विसेस के सामने प्रदर्शन करने के अलावा रेजीमेंट ने कई फॉर्मेशन लेवल रणनीतिक अभ्यास में भाग लिया। इन अभ्यासों ने कमांडरों को यह विश्वास दिला दिया कि लड़ाकू दस्तों की लामबंदी के दौरान सामरिक एवं संरचना की योजना अच्छी थी और उनका संचालन अच्छा था। यूनिट एरिया के करीब सैनिकों के साथ मिलकर प्रशिक्षण के पर्याप्त अवसर मिलने से युवा अफसरों में नया आत्मविश्वास आ गया। गरमी के मौसम में टैंकों की तैनाती और अबाधित गति के साथ युद्धक ड्रिल के लिए नदियों को प्रशिक्षण एरिया के तौर पर इस्तेमाल किया गया। ट्रूप लीडर को कैंप लगाने और अपने टैंक क्रू को अपने तरीके से तैनात करने की पर्याप्त स्वतंत्रता थी। शुरू में टैंक के माइलेज या प्रशिक्षण के समय पर कोई प्रतिबंध नहीं था। क्रू मेंबर्स यूनिट लाइनों से दूर रहकर संतरी ड्यूटी की नीरसता से बचने पर खुश थे। क्रू मेंबर्स के प्रशिक्षण अभ्यासों में उनके साथ रहने, काम करने से प्रशिक्षण के बहुत अच्छे अवसर थे। हमें एक-दूसरे से अच्छी तरह से परिचित होने का मौका मिला, जिससे परस्पर सम्मान और आपसी तालमेल तथा दोस्ती विकसित होने लगी। एक ही जगह पर सोने और साथ खाना बनाने या मेंटिनेंस के कामों को करते हुए रैंक एवं उम्र की सारी औपचारिकताएँ और मानसिक बंधन दूर हो गए। सभी अपनी बेहतर क्षमता के अनुसार कार्य करने लगे थे। अधिकतर सैनिकों के 30 वर्ष या उससे कम उम्र का होने की वजह ने मिलकर रहने और अपने अनुभवों को आपस में साझा करने से एक ही यूनिट में समय बिताने के अहसास को अद्भुत बना दिया। भले ही राष्ट्रपति

आपको अफसर के रूप में कार्य करने के लिए कमीशन देते हैं, किंतु सैनिकों के साथ ऐसे समय बिताने से ही आप अच्छे लीडर बनते हैं। ईमानदारी, वफादारी और दोस्ती के बंधन अमूल्य संपत्ति हैं और आपके साथ आजीवन बने रहते हैं। आप यहीं पर एक अफसर, सैनिक और सज्जन के रूप में प्रतिष्ठा हासिल करते हैं, जो आपके पूरे जीवन भर आपके साथ रहती है।

नदी के तटवर्ती क्षेत्र में अन्य सैन्य दलों के साथ प्रशिक्षण लेते हुए हमारी रेजीमेंट ने प्रतिष्ठा हासिल की। जल व स्थल में अपनी मारक क्षमता और जल बाधा को पार करने में तथा इन्फैंट्री के सामरिक भार को ले जाने की योग्यता ने ऑपरेशन को गति प्रदान की थी। रात में हरकत के लिए सेमी-जायरो और इन्फ्रा-रेड सुविधाओं ने सैनिकों को रात के मिशन पूरे करने में बेहद विश्वास मिला। इन्फैंट्री के साथ ज्वॉइंट ऑपरेशन के लिए तरकीब और रणनीतियों में कुछ सुधार किए गए थे। धीरे-धीरे रेजीमेंट को पूर्ण रूप से पेशेवर और युद्ध के लिए तैयार होने पर प्रतिष्ठा मिलने लगी। मुख्यालय 20 माउंटेन डिवीजन के अधीन आयोजित एक प्रशिक्षण अभ्यास (Ex Scimitar) के बाद रेजीमेंट को युद्ध के लिए फिट घोषित किया गया। संयुक्त प्रशिक्षण से 'पिप्पा' को प्रतिष्ठा हासिल हुई और रेजीमेंट के अफसरों व जवानों को पहचान के साथ गर्व की अनुभूति हुई।

इस युद्धक्षेत्र के चार वर्षीय सेवाकाल में छोटे अंतराल के शिक्षणों, जैसे अहमदनगर में यंग अफसर कोर्स, महू में कमांडो कोर्स और शिलोंग में शॉर्ट स्टाफ कोर्स में भाग लेने से बगराकोट के सैन्य जीवन की एकरसता समाप्त हो गई थी। रेजीमेंटल अफसरों का साथ, खेल एवं प्रशिक्षण, फील्ड फायरिंग आदि ने हमारी मदद की। हमें खुद पर विश्वास होने लगा और हमने रेजीमेंटल स्तर पर लीडरशिप के हुनर को जाना। हालाँकि, सीनियर मेजर वापस चले गए थे या रिटायर हो चुके थे, किंतु शॉर्ट सर्विस कमीशन या भारतीय सैन्य एकेडमी से कई युवा अफसर रेजीमेंट में शामिल हो चुके थे। उनमें शामिल थे—वी. सूरी, अरुण उत्तम, सतीश गुप्ता, आर.एस. तिवाना, कोकी कोचर, रवि बैंस, रवि भंडारी, सिद्धू, हर्ष वर्धन, रेखी, चंद्रावरकर, छाबड़ा, नारायण, मिश्रा आदि। उत्साही और प्रतिभावान अफसरों की एक अच्छी टीम ने रेजीमेंट को मजबूत किया। प्रत्येक अफसर को ट्रूप लीडर के रूप में कार्य करने और इंटेलिजेंस अफसर, रेजीमेंटल सिग्नल अफसर, टेक्निकल अफसर और एडजुटेंट के रूप में रेजीमेंटल तैनाती पर कार्य करने का अवसर मिला। कई अफसरों को SIC और OIC स्क्वाड्रन दोनों के साथ काम करने

का मौका मिला, ताकि जवानों के साथ उनका आत्मीयतापूर्ण संबंध बने। सेकंड लेफ्टिनेंट के रूप में अफसर, सीनियर मातहत के अधीन सभी कार्य सीखने के साथ-साथ आगे बढ़ते हैं और अपने कंधों पर एक और स्टार जोड़ने की कोशिश करते हैं। भाग्यशाली अफसर स्थानीय रिक्तता के आधार पर जल्द ही तीसरे स्टार को हासिल करते थे और अंततः रेजीमेंट में हार्ड कोर मेंबर के रूप में स्थायित्व व स्वीकृति प्राप्त करते थे।

युद्ध और शांति के समय स्टेशनों के बीच यूनिट की पोस्टिंग नीति उन दिनों पारदर्शी नहीं थी। रेजीमेंटल अनुबंध और रेजीमेंट के कर्नल का प्रभाव कभी-कभी रेजीमेंट के शांति स्थान को निर्धारित करता था। एक अफवाह के अनुसार, एक रेजीमेंट ने 10 वर्षों से अंबाला को अपना दूसरा स्थायी घर बना रखा था।

□

मिलाप स्थान

1971 दक्षिण एशिया के लिए एक महत्त्वपूर्ण वर्ष था। भारत में इंदिरा गांधी संसदीय चुनावों में विजय के साथ प्रधानमंत्री चुनी गईं। पाकिस्तान के जनरल याह्या खान ने सार्वभौमिक आधार पर पहले राष्ट्रीय चुनाव करवाए, जो देश को एकजुट करने के बजाय विभाजितकारी साबित हुए। साल के अंत तक दो युद्ध लड़े गए थे, एक तो पाकिस्तान का अपना अंतर्युद्ध और दूसरा भारत के साथ। पहले ने लाखों शरणार्थियों का नेतृत्व किया, जिसमें ज्यादातर पूर्वी पाकिस्तान के हिंदू थे, जो भारत के आर्थिक रूप से कमजोर पूर्वी राज्यों पश्चिम बंगाल, असम और बिहार में शरण ढूँढ़ रहे थे। दूसरे ने सैन्य अभियान की शुरुआत की, जो 21 नवंबर, 1971 से शुरू होकर 16 दिसंबर, 1971 तक लगभग एक महीने से भी कम समय तक जारी रहा। पाकिस्तानी सेना की हार और बिना शर्त आत्मसमर्पण के अपमान ने पाकिस्तानी जनरल के अजेयता के ऐतिहासिक मिथक के झूठे घमंड को समाप्त कर दिया था। साल के अंत तक दक्षिण एशिया के राजनीतिक क्षेत्र फिर से परिभाषित हुए थे और पाकिस्तान से अलग होकर बँगलादेश एक जीती-जागती वास्तविकता बन चुका था, एक सार्वभौम राष्ट्र। भारत एक शक्तिशाली क्षेत्रीय राष्ट्र के रूप में उभरा था। आधुनिक भारत ने अस्थायी रूप से 'अहिंसा परमो धर्मः' (non-violence) के मुखौटे को उतार फेंका था, ताकि पाकिस्तानी सेना को स्टेटक्राफ्ट और फील्डक्राफ्ट सिखाया जा सके।

पाकिस्तानी सेना का तख्तापलट के जरिए सत्ता पर कब्जा करने का बेहतरीन रिकॉर्ड है। यह तब और भी बदनाम हुआ, जब जनरल याह्या खाँ ने पाकिस्तान के तत्कालीन राष्ट्रपति फील्ड मार्शल अयूब खाँ को तख्तापलट करके गद्दी से उखाड़ फेंका। अगले दो वर्षों में ही जनरल आगा मोहम्मद याह्या खाँ को महसूस

हो गया कि देश अंतर्युद्ध, भारत के साथ युद्ध और 1971 में बँगलादेश के जन्म की ओर बढ़ रहा था।

जनरल अयूब खाँ ने पाकिस्तान पर 14 साल तक चीफ मार्शल के तौर पर और उसके बाद राष्ट्रपति के तौर पर शासन किया; लेकिन 1969 में राजनीतिक उथल-पुथल के कारण उन्हें पार्टी के नेताओं ने सभी राजनीतिक दलों के साथ कॉन्फ्रेंस करने के लिए कहा। जनरल याह्या खाँ उस समय पाकिस्तानी सेना के अध्यक्ष थे और अपने वरिष्ठ जनरल अयूब खाँ के विरुद्ध साजिश रच रहे थे। मुजीबुर रहमान ने गुप्त बैठकों में पूर्वी पाकिस्तान के लिए अपनी 'Six Point' माँग पर टिप्पणी करने के लिए उन्हें प्रोत्साहित किया। मुजीबुर रहमान को आश्वासन दिया गया कि वह सेना से बिना किसी तरह के अयूब-विरोधी अभियान के साथ आगे बढ़ सकते हैं। याह्या खाँ ने बड़ी चालाकी से अपने पुराने मित्र आंतरिक मंत्री एडमिरल ए.आर. खान का समर्थन किया, जो कि अयूब को नीचा दिखाने के लिए अत्यंत निराशावादी दैनिक ब्रीफ (Daily Brief) पेश कर रहे थे। कानून व्यवस्था और राजनीतिक अशांति पैदा करनेवाले राजनीतिक दलों के सहयोग से अयूब खाँ ने सेना के कमांडरों से कहा कि शांति बनाए रखने की योजना बनाई जाए।

अंत में, मार्च 1970 के मध्य में अयूब ने याह्या खाँ से नागरिक प्रशासन की सहायता करने को कहा। याह्या खाँ ने अयूब खाँ को संविधान रद्द करने और मार्शल लॉ लागू करने को कहा। फील्ड मार्शल अयूब खाँ ने, जिनको हाल ही में दिल का दौरा पड़ा था, हारकर 25 मार्च, 1969 की शाम सेना को मार्शल लॉ लागू करने और सत्ता सँभालने का आदेश दिया। इस प्रकार याह्या खाँ ने एक मूक तख्ता-पलट किया, जबकि बाहरी दुनिया और मीडिया का मानना था कि अयूब ने अपनी मरजी से सत्ता सौंपी थी। जनरल याह्या खाँ ने चीफ मार्शल प्रशासक के तौर पर चुनाव सुधार और संविधान में संशोधन लाने के लिए राजनीतिक दलों से विचार-विमर्श शुरू किया। इसके बाद उन्होंने सेना काउंसिल को निरस्त करने और अगस्त 1969 में एक असैन्य कैबिनेट की नियुक्ति को मंजूरी दी। चुनाव सुधार और संविधान संशोधन के लिए एक समिति का गठन किया गया। पाकिस्तान के पश्चिमी व पूर्वी हिस्सों में अशांति फैल चुकी थी और आम जनता चुनाव एवं प्रतिनिधि सरकार को सत्ता का हस्तांतरण करना चाहती थी। पाकिस्तान की स्थापना के दो दशकों के भीतर पंजाबी प्रभुत्व के पश्चिम की ओर के तथा पूर्वी हिस्से में बंगाली भाइयों के बीच के मतभेद देश को स्वीकार नहीं थे। विभाजन के समय मौलाना

अबुल कलाम आजाद ने भविष्यवाणी की थी कि पाकिस्तान 25 वर्षों के भीतर बिखर जाएगा। गली में रहनेवाले लोगों, खाकी पहननेवाले सैनिकों और पाकिस्तान में सफेदपोश कर्मचारियों के मध्य इस डर से यह भविष्यवाणी सही साबित हो सकती थी। ये चुनाव विभाजन की आग के लिए चिनगारी की तरह साबित होंगे।

जनरल याह्या खाँ अपनी बात पर खरे उतरे और मार्च 1970 में घोषणा की कि राष्ट्रीय और प्रांतीय चुनाव अक्तूबर 1970 में होंगे। उन्होंने लीगल फ्रेमवर्क ऑर्डर (LFO) के तहत प्रकाशित चुनावों के संचालन के लिए दिशा-निर्देश दिए। LFO ने अपने बुनियादी सिद्धांतों और प्रावधानों का प्रतिपादन किया, जिनको नए संविधान में शामिल करना था। उसने एक इस्लामिक गणराज्य की स्थापना की थी, जिसमें कुरान और सुन्नाह के विरुद्ध जाने की अनुमति नहीं होगी। इस संविधान में नागरिकों को मौलिक अधिकार तथा एक स्वतंत्र न्यायपालिका प्रदान की जाएगी। प्रांतीय स्वराज्य, प्रशासनिक व वित्तीय शक्तियाँ—जनता की माँग के अनुसार दोनों क्षेत्रों में आर्थिक विषमताओं को दूर करने का काम शुरू किया जाना था, जो एक महत्त्वपूर्ण बदलाव था। पिछले संविधान से समता के सिद्धांत को हटाना और सार्वभौम वयस्क मताधिकार के सिद्धांत को शामिल करना, जिसके अंतर्गत प्रत्यक्ष चुनाव होना था, जो कि अधिक जनसंख्या अनुपात के कारण पूर्वी पाकिस्तान में बंगालियों का समर्थन करता था।

पाकिस्तान के पश्चिमी और पूर्वी राज्यों के मध्य गहरी समस्याएँ थीं। भौतिक अलगाव, विभिन्न भाषाएँ और विश्वास की कमी—ये मूल तत्त्व थे। अलगाव की भावना वातावरण में फैल चुकी थी। इस उपमहाद्वीप का लोकप्रिय मजाक यह था कि पाकिस्तान के दो हिस्से, जो कि 1,000 मील की दूरी पर स्थित थे, तीन चीजों से जुड़े हुए थे—इसलाम, अंग्रेजी और पाकिस्तान इंटरनेशनल एयरलाइन, जिसमें आखिरी सबसे महत्त्वपूर्ण था। सन् 1965 के युद्ध ने बंगालियों के मन में यह अनुभूति जगा दी कि उन्हें भारत की दया पर छोड़ दिया गया था। भारत के खिलाफ पूर्वी पाकिस्तान की रक्षा के लिए सिर्फ एक डिवीजन तैनात की गई थी और यह आश्वासन कि भारत द्वारा हमला होने पर चीन हस्तक्षेप करेगा, खोखला आश्वासन था। सन् 1947 में पाकिस्तान की स्थापना के बाद से अब तक चली आ रही भेदभावपूर्ण और शोषणकारी राजनीति, अलगाव की भावना और बंगाली शिकायतों ने उत्पीड़न की भावना पैदा की थी। नागरिक सेवाएँ, सशस्त्र सैन्य बल और प्रबंधन के पदों पर बंगाली प्रतिनिधित्व अपेक्षाकृत कम था। आर्थिक असमानता स्पष्ट थी

और स्वायत्तता का भी अभाव था। अब बंगालियों को महसूस हुआ कि वह अपने ही देश में द्वितीय श्रेणी के नागरिक बन चुके थे। विभाजन के समय उर्दू बोलनेवाले बिहारी मुसलिमों ने, जो पूर्वी पाकिस्तान चले गए थे, स्थानीय बंगालियों के साथ मेल-मिलाप करने की जरूरत महसूस नहीं की थी। वे सामान्य रूप से पश्चिमी पाकिस्तानियों द्वारा संचालित सिविल और सैन्य क्षेत्रों के निकट बस गए। भाषा एवं सांस्कृतिक संबंधों के कारण बिहार और पश्चिमी पाकिस्तानियों के मध्य रिश्ते मजबूत हुए थे और इस बात ने बंगालियों को बहिष्कार के लिए प्रेरित किया। मामले को और बदतर बनाने के लिए पश्चिमी पाकिस्तानियों ने बंगालियों 'बिंगो' को सैनिक कर्तव्य के मामले में अनुपयुक्त, कमजोर और अयुद्धक बताया। आपसी खटास को समाप्त करने और मेल-मिलाप को बढ़ावा देने के लिए किसी प्रकार का ठोस प्रयास नहीं किया गया।

इन सभी कारकों ने पश्चिमी पाकिस्तान के खिलाफ बंगाली आक्रोश को उजागर किया। शेख मुजीब का साल भर का राजनीतिक अभियान कई मायनों में कटुतापूर्ण और घृणा की भावना का आह्वान करता था। 13 नवंबर, 1970 को पूर्वी पाकिस्तान को एक भयंकर चक्रवात और बाढ़ की चपेट का सामना करना पड़ा था, जिसके परिणामस्वरूप आम चुनावों को दिसंबर 1970 तक के लिए स्थगित कर दिया गया। 20 फीट ऊँची उठती लहरों के साथ 150 मील प्रति घंटे की रफ्तार से भयंकर तूफान आया था। मौत और तबाही बड़े पैमाने पर हुई। कुछ अनुमानों के अनुसार, पूर्वी पाकिस्तान की लगभग 1.5 प्रतिशत जनसंख्या, यानी लगभग 2 लाख लोग डूबकर मर गए। पश्चिमी पाकिस्तान की सेना द्वारा कोई सहायता न करना उनके लिए बहुत बड़ा आघात था। वर्ष 1970 के दौरान पूर्वी पाकिस्तान में आई बाढ़ और चक्रवाती तूफान के कारण दुःख व पीड़ा को दूर करने के लिए पश्चिमी कमांड की धीमी प्रतिक्रिया ने सहयोग के प्रति सख्त रुख अख्तियार कर लिया था। अवामी लीग के नेतृत्व ने बंगाली जनता के बीच इस नकारात्मक प्रवृत्ति को एक जन-आंदोलन में बदल दिया। यह टकराव सेना बनाम नागरिक, बंगाली पाकिस्तानी बनाम पश्चिमी पाकिस्तानी, लोकप्रिय लोकतंत्र बनाम तानाशाही, गैर-हिंसक बनाम हिंसक बन चुका था। शेख मुजीबुर रहमान और अवामी लीग घोषणा-पत्र द्वारा प्रस्तावित 'Six Point' फार्मूले में वे सभी प्रमुख संवैधानिक परिवर्तन थे, जिनकी वे माँग कर रहे थे। पूर्वी हिस्सा जब प्रकृति के कहर के कारण मौत, महामारी और भुखमरी से जूझ रहा था, तब पश्चिमी हिस्से में नए राजनीतिक दल 'पाकिस्तान पीपुल्स पार्टी'

(P.P.P.) के नेता जुल्फिकार अली भुट्टो अपने पैर जमाने की कोशिश कर रहे थे। भुट्टो ने जनरल अयूब खाँ के अधीन विदेश मंत्री के रूप में कार्य किया था। वह सिंध के जमींदार तबके से थे और उन्हें पश्चिमी पाकिस्तान में मजबूत आधार वाला प्रभावी राजनीतिज्ञ माना जाता था। वे चीन के साथ घनिष्ठ संबंधों के प्रबल समर्थक थे। वे मुजीब-विरोधी के नाम से भी जाने जाते थे। राजनीतिक दलों द्वारा दिसंबर के चुनावों के लिए जिन प्रत्याशियों के नामों की घोषणा की गई थी, उससे यह स्पष्ट था कि पी.पी.पी. और अवामी लीग प्रमुख दावेदार थे। पी.पी.पी. ने पूर्वी पाकिस्तान में 162 सीटों के लिए कोई उम्मीदवार नहीं उतारा, जबकि शेख मुजीबुर ने पश्चिमी पाकिस्तान की 138 सीटों में से केवल 7 सीटों पर चुनाव लड़ा। पार्टी के कार्यकर्ता और नेता सिर्फ एक ही क्षेत्र में केंद्रित रहे। इस प्रकार, इन राष्ट्रीय चुनावों को प्रांतीय चुनावों में बदल दिया गया था। नतीजों में अवामी लीग को पूर्वी पाकिस्तान की 162 सीटों में से 160 सीटों पर जीत मिली, जबकि भुट्टो की पी.पी.पी. ने पश्चिमी पाकिस्तान की 138 सीटों में से 81 सीटें जीतीं। 300 सीटों की राष्ट्रीय असेंबली ने सीधे तौर पर विभाजित होने की पुष्टि कर दी थी। पूर्वी पाकिस्तान से 160 सीटें कुल सीटों का 53 प्रतिशत था, जबकि पी.पी.पी. की 27 प्रतिशत सीटों का हिस्सा रहा और बाकी सीटें छोटी पार्टियों के हिस्से में आईं। सेना द्वारा तटस्थ भूमिका निभाने के साथ पाकिस्तान में स्वतंत्र और निष्पक्ष चुनावों के परिणाम जन-मंच पर आ चुके थे। शेख मुजीब और उनकी अवामी लीग को स्पष्ट बहुमत मिल चुका था। बहुमत के कारण चुने हुए प्रतिनिधियों को सत्ता सौंपी तो गई, किंतु बड़े कटु हृदय के साथ।

प्रमुख राजनीतिक हस्तियों और कट्टर नेताओं का मिला-जुला प्रतिनिधित्व था, जिसके लिए कोई आसान सुलझाव नहीं थे। याह्या खाँ की ताकत सेना और नौकरशाही थी। दोनों ने भुट्टो के साथ समझौते का विरोध किया, जो उनके विचार में एक 'वामपंथी और जनवादी नेता' थे। यह मजबूत केंद्र सरकार को अपने नियंत्रण में करना चाहते थे। हालाँकि याह्या खाँ और भुट्टो में एक बात समान थी, दोनों ही मुजीब के विरोधी थे और जो अपनी स्वायत्तता हासिल करने की योजना और अपने 'Six Point' एजेंडा पर अचल बने हुए थे। मुजीब चुनाव जीतने के बाद बड़ी सावधानी बरतते रहे और चुनावी रैलियों के दौरान पूर्वी पाकिस्तान की स्वतंत्रता की एकतरफा घोषणा से बच रहे थे। इससे यह आशा उत्पन्न हुई कि मतभेदों को सुलझाया जा सकता है और मुजीब याह्या खाँ के साथ मिलकर राजनीतिक समाधान खोज सकते हैं। स्वराज्य के मुद्दे की चाबी याह्या खाँ के

पास थी। भुट्टो ने महसूस किया कि सत्ता में आने का एक ही रास्ता है और वह है पाकिस्तान का विभाजन। मुजीब पाकिस्तान को विभाजित करने के लिए तैयार नहीं थे। खतरे को महसूस करते हुए और सेना को नई विधानसभा एवं चुनी हुई सरकार के हाथ में सत्ता सौंपने से मना करने के कारण मुजीब ने बातचीत के लिए पश्चिमी पाकिस्तान जाने से इनकार कर दिया।

1 मार्च, 1971 को आयोजित की जानेवाली राष्ट्रीय सभा की औपचारिक घोषणा एक अंतिम आस थी। लोगों के मन में दबी भंग आशाओं, आवेगों और भावनाओं का बाँध टूट गया और उनको निराशा व अंधकार ने जकड़ लिया। मुजीब ने अहिंसक असहयोग की घोषणा की। घोषणा के एक घंटे में ही 50,000 से 60,000 लोग बाँस और लोहे के डंडे लेकर पाकिस्तान के झंडों को जलाने के लिए ढाका में इकट्ठा हो गए। 2 मार्च को कर्फ्यू घोषित किया गया था और कुछ अजीब कारणों से सैनिकों को 3 मार्च को बैरकों में वापस बुला लिया था। कर्फ्यू उल्लंघन पर भी बल-प्रयोग नहीं करने के आदेश थे। मुजीब द्वारा एक 'हड़ताल' की घोषणा की गई, जिसमें उन्होंने अपने समर्थकों को हर घर को एक किले की तरह दुश्मन के खिलाफ इस्तेमाल करने और लड़ने के लिए प्रेरित किया; क्योंकि यह संघर्ष अब स्वतंत्रता की लड़ाई बन चुका था। अगले कुछ हफ्तों में हुई हिंसा अनियंत्रित हो चुकी थी। पूर्वी पाकिस्तान वस्तुतः मुजीब नियमों के तहत आ चुका था, जिसने सैनिकों को उनकी बैरकों तक सीमित कर दिया था। सरकारी अफसरों सहित समूचे पूर्वी पाकिस्तान की निष्ठा देश के प्रति संदेह के घेरे में थी, जिसमें वरदीधारी बंगालियों पर भी भरोसा नहीं किया जा सकता था। उनकी आँखों में विद्रोह दिखाई दे रहा था। सविनय अवज्ञा आंदोलन ने पश्चिमी पाकिस्तानी सैनिकों को मोर्चों में कैंटोनमेंट तक ही सीमित कर दिया था। इस स्थिति ने यह स्पष्ट कर दिया था कि पाकिस्तानी सरकार ने पूर्वी पाकिस्तान पर अपना नियंत्रण खो दिया था और मुजीब के नेतृत्ववाली 'समानांतर सरकार' ने पदभार सँभाल लिया था। गैर-बंगाली लोगों और संपत्तियों पर आगजनी व लूटपाट के हमले हुए थे। उत्साहित अवामी लीग ने सेना के खिलाफ प्रभावी विरोध-प्रदर्शन किए। रसद एवं ईंधन की आपूर्ति रोक दी गई और स्थानीय बाजार फ्रेश स्टॉक, जैसे—मछली, मांस, सब्जियाँ या बच्चों के लिए दूध तक भी नहीं बेच रहे थे। सेना की आवा-जाही बाधित हो गई थी। सेना के जवानों से कहा-सुनी और उनका उपहास किया गया। कई मामलों में, सैनिकों पर हमले किए गए तथा उनके हथियार तक छीन लिये गए।

याह्या खाँ 15 मार्च, 1971 को ढाका पहुँचे। उसके बाद हठी नेता जुल्फिकार अली भुट्टो भी वहाँ पधारे। किंतु वह मुजीब के साथ बैठना तो दूर, बात भी नहीं करना चाहते थे। फिर याह्या ने उन्हें डाँटा और कहा कि एक-दूसरे से कतराएँ नहीं। आप लोग राष्ट्रीय लीडर हैं। अंत में याह्या ने उनके हाथ पकड़े और उन्हें शिष्टाचार के नियमों का सम्मान करने तथा हाथ मिलाने के लिए कहा। शुरुआती बातचीत के दौरान अगर लीगल फ्रेमवर्क ऑर्डर (LFO) में शर्तों को पूरा किया जाता है तो याह्या खाँ मुजीब को सत्ता देने के लिए सहमत हो गए। LFO 1970 को स्वीकार कर लिया गया। मुजीब ने सुझाव दिया कि दो असेंबली के लिए पश्चिमी व पूर्वी पाकिस्तान के सदस्यों के साथ अलग संविधान का प्रारूप तैयार करते हैं और उसके बाद दोनों असेंबलियों के संयुक्त अधिवेशन में एक संघीय संविधान का प्रारूप तैयार करते हैं। याह्या खाँ ने केवल एक विधानसभा बनाने पर जोर दिया। जुल्फिकार अली भुट्टो इस बात से अवगत थे कि अगर याह्या खाँ और मुजीब के भिन्न मत मिल जाते हैं तो उनका अस्तित्व हमेशा के लिए खत्म हो जाएगा। भुट्टो ने अपने अस्तित्व के बचाव के लिए आला सैन्य अफसरों का विश्वास हासिल किया, जिसने प्रगति पर नकारात्मक प्रभाव डाला। मुजीब ने आखिरकार समझ लिया कि याह्या खाँ का संकट टालने की बातचीत एक दिखावा था, ताकि सेना को सुनियोजित काररवाई के लिए अतिरिक्त सैनिकों को तैनात करने के लिए समय मिल जाए। याह्या खाँ ने अपने शीर्ष जनरलों के साथ मिलकर जनवरी 1971 के अंत में एक गुप्त बैठक की, जिसमें असंतोष को सैन्य काररवाई से कुचलने का निर्णय लिया गया था। पाकिस्तान की खुफिया एजेंसी के उप-प्रमुख एस.ए. सौद ने खुफिया विभाग के एक बंगाली अफसर को सूचना दी, जिससे मुजीब को इस सब के बारे में पता चला। इस्लामाबाद में जनरल याह्या खाँ की वापसी बहुत सुखद नहीं हो सकती थी। एक रिपोर्टर के सवाल पर उनका जवाब था, "जनता मुझे सत्ता में नहीं लाई थी। मैं खुद आया था।"

जनरल टिक्का खाँ को गवर्नर/चीफ मार्शल लॉ एडमिनिस्ट्रेटर (CMLA) के रूप में नियुक्त किया गया। उन्होंने अपना पहला आदेश जारी किया, "मुजीब को कैद करो—जिंदा या मुर्दा।" 25-26 मार्च की रात को पाकिस्तान सरकार ने 'ऑपरेशन सर्चलाइट' लॉन्च किया, एक राजनीतिक समस्या का सैन्य समाधान। तात्कालिक उद्देश्य—पूर्वी पाकिस्तान में नेताओं की गिरफ्तारी, उग्रवादी तत्त्वों को जड़ से उखाड़ फेंकना, बंगाल पुलिस एवं सेना के जवानों के हथियार छीनना और

रेडियो तथा प्रिंट मीडिया पर नियंत्रण स्थापित करना था। इस कारवाई के कारण शेख मुजीब की गिरफ्तारी हुई, लेकिन अधिकांश अन्य नेता बच गए। बंगाल पुलिस और सेना के जवानों का निरस्त्रीकरण दोनों पक्षों के हताहतों के साथ कई स्थानों पर रक्तपात में बदल गया। पूरे प्रांत पर सेना का नियंत्रण हो गया; लेकिन इसमें कई सप्ताह लग गए। एक समझौते द्वारा समाधान की सभी उम्मीदें जनरल टिक्का खाँ द्वारा सेना की दमनकारी कारवाई में धूमिल हो गईं। 'जोय बांग्ला' (long live bengal) और 'शोनार बांग्ला' (golden bengal) की गूँज पूरे पूर्वी पाकिस्तान में थी। सैन्य विद्रोह के कारण भगोड़े पुरुषों, महिलाओं और बच्चों के बड़े समूह पश्चिम बंगाल में शरण लेने के लिए आए। यह आँकड़ा आखिरकार लाखों तक पहुँच गया, जिसने भारत को शरणार्थी शिविर लगाने के लिए मजबूर कर दिया। अवामी लीग के नेताओं ने भारत के 7 थिएटर रोड, कलकत्ता (अब कोलकाता), मुजीबनगर में वास्तविक बँगलादेश सरकार (निर्वासन में) बनाने के लिए बॉर्डर को पार किया।

एक बार जब 'ऑपरेशन सर्चलाइट' शुरू हुआ तो अवामी लीग का उत्साह दम तोड़ने लगा। ऐसा प्रतीत हुआ कि कोई विस्तृत योजना तैयार नहीं की गई थी। कुछ द्वितीय विश्व युद्ध के राइफल्स और पाकिस्तानी सैनिकों से छीने गए हथियार ही उनका कुल शस्त्र-भंडार थे। बाँस की लाठियों और तलवारें एक विद्रोह को रोकने के लिए वहाँ तैनात सेना को रोक नहीं सकती थीं। विरोध की कुछ घटनाओं के साथ छिटपुट झड़पें भी हुईं और यह जिस प्रकार शुरू हुआ था, उसी प्रकार खत्म भी हो गया। जब साइमन ड्रिंग ने 'संडे टेलीग्राफ' में लिखा था—"शेख मुजीबुर रहमान के समर्थकों ने पिछले महीने कारवाई से पहले यह तय कर लिया था कि वे कैसे लड़ेंगे; लेकिन वे वास्तव में तैयारी के नाम पर कुछ नहीं करते थे। उन्होंने अकसर शोरगुल से भरे हिंसक प्रदर्शनों का नेतृत्व किया; लेकिन उनके पास कोई संगठन नहीं था, कोई प्रशिक्षण नहीं था, कोई हथियार नहीं थे और जैसा कि सेना ने ढाका में साबित किया था कि युद्ध की जरूरत ही नहीं थी।"

नीरद सी. चौधरी ने लिखा था—"पूर्वी बंगाल के मुसलमानों के बीच पश्चिमी पाकिस्तान के खिलाफ अपने कष्टों को लेकर तीखी शिकायतें तो थीं, लेकिन उससे भी ज्यादा बेचैनी भरा यह मनोभाव था कि इसे स्वीकार करके आत्म-दया के साथ जिया जाए या फिर सदैव के लिए इससे छुटकारा पाने के लिए व्यावहारिक तथा क्रियात्मक उपाय किए जाएँ।"

30 जनवरी, 1970 को लाहौर के लिए एक इंडियन एयरलाइंस के विमान पर कब्जा करने (hijacking) और बम से उड़ा देने की घटना के कारण भारत को पश्चिमी पाकिस्तान से पूर्वी भाग तक में जानेवाली सभी ओवरहेड उड़ानों पर प्रतिबंध लगाने के लिए मजबूर किया। दो कश्मीरी अपहरणकर्ताओं का जुल्फिकार अली भुट्टो ने स्वागत किया; जबकि मुजीबुर रहमान सहित पूरी बंगाली बिरादरी ने एक स्वर से इस घटना की निंदा की। ये विरोधी प्रतिक्रियाएँ दोनों भागों (wings) के विभाजन का एक महत्त्वपूर्ण संकेत थीं। लगभग उसी समय भारत के सबसे प्रभावशाली रणनीतिक विचारक समूह और रक्षा मंत्रालय द्वारा वित्त-पोषित भारतीय रक्षा अध्ययन एवं विश्लेषण संस्थान (I.D.S.A.) के अध्यक्ष के. सुब्रमण्यम के लेख ने हमें यह विश्वास दिला दिया कि भारत को भयानक परिणामों के लिए तैयार रहने की जरूरत थी, क्योंकि पाकिस्तान के दोनों विंग के मतभेदों का सुलझाव नहीं हो पाएगा। इसके अलावा, चीन के समर्थन से कश्मीर में हिंसक आंदोलन और पाकिस्तान द्वारा एक संभावित सैन्य कारवाई की अफवाहें भी हमने सुनीं। भारतीय प्रेस के समाचार-पत्र 'चुनी हुई जातियों का हत्याकांड', 'नागरिकों की हत्या करने', 'गाँवों को जला देने' जैसी कहानियों से भरे पड़े थे। कुछ रिपोर्टों के अनुसार, यहाँ पर तो सेना ने ब्रिटिश जनरल डायर द्वारा जलियाँवाला बाग नर-संहार की तुलना में अधिक क्रूरता दिखाई थी। बलात्कार, अत्याचार, आगजनी और हिंदुओं को निशाना बनाने की कहानियाँ भारत में शरणार्थियों के हर नए बैच के साथ आईं। पाकिस्तानी सेना द्वारा बंगाली मुसलिमों को अपनी पहचान दिखाने के लिए बाध्य करना जैसी खबरें जंगल की आग की तरह फैल रही थीं। कुछ क्षेत्रों में हिंदू घरों की दीवारों पर 'H' अंकित किया जा रहा था और खुद को पहचानने के लिए हिंदुओं के जैसे कपड़े पहनने के मामले बताए जा रहे थे। हिंसा और रक्तपात के ये घिनौने कृत्य "भविष्य के प्रतिरोध को जड़ से खत्म करने के उद्देश्य से थे।" काफी बाद में पूर्वी पाकिस्तान का दौरा करनेवाली विश्व बैंक की एक टीम ने इसकी तुलना 'नाजी हमले के बाद अर्नहेम', 'परमाणु हमले के बाद एक देश' के रूप में की। बुनियादी ढाँचे को नष्ट कर दिया गया, गाँवों को जलाया गया, अवामी लीग के कार्यकर्ताओं और हिंदुओं को निशाना बनाया गया। समूचे पूर्वी पाकिस्तान में तबाही का एक खौफनाक मंजर था। यही तरीका था कि कैसे 30,000 सैनिकों की एक सेना 7.5 करोड़ बंगालियों को खामोश और काबू में कर सकती थी! सभ्य दुनिया, विशेष रूप से संयुक्त राज्य अमेरिका, ने पूर्वी पाकिस्तान में हो रहे अत्याचारों की अनदेखी

की और इस मानव निर्मित संकट को पाकिस्तान के 'आंतरिक मामले' के रूप में देखती रही। शरणार्थियों का आना जारी था। वे रिक्शा, बैलगाड़ी और छोटी नावों का सहारा ले रहे थे। वह एक भयानक, दयनीय और परेशान करनेवाला दृश्य था। आँखों के आगे सन् 1947 के विभाजन की हत्याओं और तबाही की तसवीरें नजर आ रही थीं। हर धर्म के लोगों—हिंदू, मुसलिम, बौद्ध, ईसाई को अपना 'घर-बार' छोड़ने के लिए मजबूर करना और भारत में खदेड़ना, रक्तपात और नर-संहार सर्वनाश की ओर ले जा रहा था। युद्ध के दौरान दुश्मन के खिलाफ इस्तेमाल की जा सकनेवाली हर चीज का इस्तेमाल किया गया था और बड़े पैमाने पर सैनिकों द्वारा हत्या, छेड़छाड़ तथा बलात्कार किए गए। बहुतों को यह प्रतीत हुआ कि पाकिस्तान में जनरलों की चुनावी हार अधिसंख्य बंगाली आबादी के कारण हुई थी। अब वे बंगाली आबादी, विशेष रूप से हिंदुओं, को निशाना बना रहे थे।

□

पूर्व दिशा में उथल-पुथल

पाकिस्तानी सेना द्वारा किया गया सैन्य हमला ऑल इंडिया रेडियो पर सनसनीखेज खबर बन चुका था। सभी राष्ट्रीय समाचार-पत्रों ने इस गंभीर विषय को मुख पृष्ठ पर छापा। पूर्वी मुख्यालय, जो कि कलकत्ता (अब कोलकाता) के प्रसिद्ध फोर्ट विलियम में स्थित है और पड़ोसी देशों से हमारी पूर्वी सीमाओं की निगरानी एवं रखवाली का दायित्व सँभालता है, अब पूरी तरह से पूर्वी पाकिस्तान में फैली अराजकता पर नजर रखे हुए था। इसने पहले पश्चिम बंगाल की राजधानी कलकत्ता के पास कांचरापाड़ा में रेजीमेंटों को तैनात होने के लिए चेतावनी-आदेश जारी किया था, जो नगर प्रशासन और नागरिकों की सहायता के मद्देनजर पूरा हो चुका था। कांचरापाड़ा और कलकत्ता सड़क एवं रेल मार्ग से जुड़े हुए हैं। कांचरापाड़ा द्वितीय विश्व युद्ध की पुरानी और खाली पड़ी एयर फील्ड के लिए जाना जाता है। वायु सेना की एक एयर डिफेंस (A.D.) मिसाइल यूनिट और सेना की एक इंजीनियर ब्रिजिंग यूनिट वहाँ तैनात थीं। 70 किलोमीटर के इस क्षेत्र के लगभग मध्य में जाना-पहचाना बैरकपुर मिलिटरी गैरिसन था, जहाँ अपनी सपोर्टिंग यूनिटों के साथ एक इन्फैंट्री ब्रिगेड स्थायी रूप से स्थापित थी। यह रेजीमेंट राँची स्थित मुख्यालय 9 इन्फैंट्री डिवीजन के अधीन थी और यह स्पष्ट था कि यह केवल एहतियाती तौर पर उठाया गया कदम था।

हम में से कई, जिन्हें पश्चिम बंगाल में मौजूदा स्थिति का जायजा लेने का मौका मिला था, उन्होंने पूर्वी पाकिस्तान के पुरुषों व महिलाओं के सामूहिक पलायन के मूल कारण को पूरी तरह से समझ लिया था। यह क्षेत्र (भारत का) पहले से ही नक्सलवादी आंदोलन, पार्टीबाजी की प्रतिद्वंद्विता, अस्थिर सरकार और श्रमिक अशांति के कारण राजनीतिक उथल-पुथल की स्थिति में था। हाल के चुनावों ने एक बार फिर कांग्रेस को सत्ता में ला दिया था। किंतु राज्य में सरकार द्वारा कानून व्यवस्था को प्रभावी बनाने

के लिए समय चाहिए था। मुझे याद है कि मिदनापुर की सँकरी गलियों से होकर तनाव से ग्रसित, लेकिन मैत्रीपूर्ण आबादी के बीच मैंने 80 जवानों के एक दल का नेतृत्व करते हुए फ्लैग मार्च किया था। खानाबदोश की तरह रहने, लगातार मूव करते रहने और एक सरकारी स्कूल की इमारत से अपने कैंप को किसी जूट मिल मालिक के सुविधा-युक्त रेस्ट हाउस में शिफ्ट करने के दौरान हमें स्थानीय बंधु, बदमाश, बनिया और नौकरशाह लोगों, जो देहात में हावी थे, से संपर्क साधने का मौका मिला। अब इस पूरी कॉल्ड्रन (cauldron) में पूर्वी पाकिस्तान के शरणार्थियों के लिए मानवता के साथ-साथ भोजन, घर और आजीविका की जरूरत थी, जिसकी भारी कमी थी।

शरणार्थियों को आश्रय देना ही एकमात्र रास्ता था और उम्मीद थी कि पाकिस्तान में सामान्य स्थिति बहाल हो जाने पर उनकी घर-वापसी के लिए कदम उठाए जाएँगे। हालाँकि, इस बीच दुनिया के देशों को उनकी सहायता के साथ उदार होने की आशा की जा सकती थी और शरणार्थियों की आमद पर देश को तब तक मदद करने के लिए पर्याप्त आर्थिक जिम्मेदारी उठानी थी, जब तक कि पाकिस्तान उन्हें वापस बुलाने के लिए तैयार नहीं हो जाता। दो महत्त्वपूर्ण कारक थे—पहला, कि प्रारंभिक चरण में यह समझना मुश्किल था कि शरणार्थियों की संख्या अंततः 1 करोड़ का आँकड़ा पार कर जाएगी और दूसरा, दुनिया के कुछ शक्तिशाली देश इन दुर्भाग्यपूर्ण बेघर लोगों के लिए आर्थिक जिम्मेदारी उठाने के लिए अनिच्छुक हो जाएँगे। केंद्र एवं राज्य सरकारें इस मानव-जनित आपदा से लड़ने के लिए अपने सभी संसाधनों को पक्के इरादे के साथ दाँव पर लगाने के लिए तैयार थीं।

नगर प्रशासन ने प्रवासी संकट से निपटने के लिए कमर कस ली थी। सीमा पर सभी जगह शरणार्थी शिविर लगाए गए थे। कुछ देशों से आनेवाली सहायता से उन सभी को कम-से-कम जीवन की आवश्यक सहूलियतें प्रदान करने के लिए आवश्यक व्यवस्था की गई थी। भोजन, आश्रय, चिकित्सा सहायता और आवश्यक कपड़ों का प्रावधान किया गया था। हालाँकि शरणार्थियों का आगमन अभूतपूर्व रूप से बढ़ रहा था और संक्रामक रोगों के फैलने से अतिरिक्त संसाधनों एवं बीमारी और मौत से लड़ने के लिए प्रशिक्षित चिकित्सा कर्मियों की जरूरत थी। इसी तरह खाने-पीने और कपड़ों के स्टॉक में जल्द ही कमी होने से एक और समस्या सामने आ गई थी। नए स्टॉक जुटाए गए और दुनिया के देशों से पुनः सहायता के लिए अपील की गई। बहुत कम सकारात्मक रुझानों के कारण हमारे देश ने एक बार फिर जिम्मेदारी उठाने के लिए खुद को तैयार किया। ऐसा प्रतीत हो रहा था कि शरणार्थियों की संख्या का कोई अंत नहीं था—पहले से ही एक चौंका देनेवाला आँकड़ा हमारे पास था।

पाकिस्तान की तथाकथित अंतःकलह भारत के लिए राष्ट्रीय संकट बन चुकी थी और इसका कोई सरल समाधान नहीं दिखाई दे रहा था। हालाँकि देश ने पहले ही खुद को प्रतिबद्ध कर लिया था और अब शरणार्थियों की देख-रेख के लिए अपने स्वयं के बजट का एक बहुत बड़ा हिस्सा भी खर्च कर रहा था। यह बात किसी से छिपी नहीं थी कि हम अभी भी विकासशील देशों में गिने जाते थे और जनसंख्या-वृद्धि की मार झेल रहे देश के लिए यह एक गंभीर झटका था।

एक ओर नागरिक प्रशासन बढ़ रही शरणार्थी समस्या से निपटने के लिए हर संभव प्रयास कर रहा था, तो दूसरी ओर, रक्षा मंत्रालय ने स्थिति के अंतर्निहित सुरक्षा जोखिमों को महसूस करते हुए पूर्वी हिस्से में सैनिकों को दोबारा तैनात कर दिया था। कोई बड़े पैमाने पर संचलन नहीं हुए, किंतु पूर्वी कमांड मुख्यालय के अधीन यूनिटों को एक प्रतिकूल और अप्रत्याशित पड़ोसी पर कड़ी नजर रखने के लिए तैनात किया गया था। इन हालात में हम सभी ने महसूस किया कि भारत में शरणार्थियों की बढ़ती संख्या से हमारे लिए आर्थिक चुनौती और सुरक्षा खतरे बढ़ गए थे। इतिहास के पन्नों में अगर झाँकें तो भारत ने सदैव जरूरतमंदों को शरण और आश्रय दिया है। इसके अलावा, सैकड़ों मील लंबी सीमा को बंद करना, वह भी मानवीय विचारों में मतभेद के चलते, वास्तव में असंभव था; लेकिन देश संभवतः अनिश्चितकाल के लिए उनको नहीं रख सकता था, क्योंकि हमारे पास अपनी गरीबी और दुःख को छोड़कर देने के लिए बहुत कम था।

रेजीमेंट में पूर्वी पाकिस्तान के घटनाक्रम के समाचार को उत्सुकता और चिंता के साथ पढ़ा गया। समाचार-पत्र और रेडियो शरणार्थियों की दुर्भाग्यपूर्ण दुर्दशा पर व्यापक समाचार दे रहे थे। तसवीरों में महिलाओं व बच्चों के अधजले शरीर, हत्या, बलात्कार और लूट में पाकिस्तानी सेना के शामिल होने के किस्से परेशान कर रहे थे। हालाँकि, धीरे-धीरे हम सभी ने इन समाचारों की चिंता करना छोड़ दिया, क्योंकि इस तरह की खबरों की ज्यादा मात्रा हमें परेशान कर रही थी और शायद इसलिए कि हम अपनी रोजमर्रा की दिक्कतों से लड़ने में व्यस्त थे। हालाँकि बगराकोट की तुलना में यहाँ जीवन की स्थिति थोड़ी बेहतर थी, फिर भी स्वच्छता की कमी और उसके दुष्प्रभावों से मलेरिया के निरंतर खतरे को दूर करने और स्वस्थ रहने के लिए योजना एवं प्रबंधन की अच्छी नीति बनानी पड़ी, क्योंकि अफसरों के रहने की व्यवस्था नहीं थी। इसलिए एक बैरक को सामूहिक बाथरूम के साथ अविवाहित अफसरों के रहने की डॉरमेटरी में परिवर्तित किया गया था। अनियमित बिजली आपूर्ति के कारण 8 से 10 घंटे की बिजली कटौती से जीवन चुनौतीपूर्ण हो गया था। नियमों के अनुसार,

मलेरिया होना एक दंडनीय सैन्य अपराध था। 'सूरज डूबते ही पूरी बाँह के कपड़े' और ऑर्डिनेंस द्वारा दी गई क्रीम के नियमित उपयोग से मच्छरों के साथ जंग लड़ी जाती थी और शाम के भोजन से पहले एक क्लोरोक्विन टैबलेट की दैनिक खुराक से मलेरिया-मुक्त जीवन सुनिश्चित होता था। इसके अलावा, सैन्य दिनचर्या में कठोर शारीरिक प्रशिक्षण, टैंकों की देखभाल, कैडर, ड्रिल और इंस्पेक्शन में भाग लेने के कार्य के साथ यह कहते हुए मुझे कोई आश्चर्य नहीं होगा कि शरणार्थी शिविरों में जिंदगी बदतर थी या वह, जो जीवन हम बिता रहे थे। सबसे कठोर पल तब आए, जब साप्ताहिक रात्रि प्रशिक्षण को नियमित करने के आदेश प्राप्त हुए और इसके तुरंत बाद आदेश दिए गए कि सभी रैंक के लिए मलेरिया-रोधी गोलियों को अफसरों की मौजूदगी में परेड के समय पर खिलाया जाएगा। विवाहित अफसरों और जवानों की स्थिति बहुत खराब थी, क्योंकि रामगढ़ में पीस स्टेशन और ऑपरेशनल बेस, कांचरापाड़ा के बीच कई जटिलताएँ थीं, जो अपने अल्प वेतन में पेशेवर कर्तव्यों के साथ घरेलू जिम्मेदारियों को भी पूरा कर रहे थे। जब तैनात यूनिटों ने हिसाब-किताब के लिए युद्ध-प्रणाली को अपनाया, तब स्थिति में मामूली सुधार हुआ। विवाहित जे.सी.ओ. (JCO) और ओ.आर.एस. (ORs) के लिए रहने की सुविधाएँ बहुत खराब थीं। अधिकृत आवास की कमी के कारण कई लोगों को छोटी सिविल कॉलोनियों में एक या दो कमरे के किराए के मकान में रहना पड़ रहा था। सैनिकों को जो भारी किराया देना पड़ता था, उसकी आंशिक भरपाई के लिए नई स्कीम 'क्वार्टर के बदले मुआवजा' नाम से हाल ही में लागू हुई थी।

यह महसूस किया गया कि यदि शरणार्थियों की स्थिति ज्यादा खराब हो गई तो इस पर से दुनिया का ध्यान हटाने के लिए पाकिस्तान भारत पर हमले का प्रयास कर सकता है। मार्शल लॉ प्रशासक अपनी दूरदृष्टि, सोच और तर्कहीन व्यवहार की दुर्बलता के कारण इतिहास या ज्ञान को भुलाकर सेना द्वारा निर्देशित नासमझी के साथ काररवाई में कूद सकते हैं। यह हमारे पड़ोसी देश के सैन्य चरित्र को ध्यान में रखते हुए काफी था और इसलिए सीमा पर सतर्कता बढ़ाने की जरूरत थी। उसी समय भारत में शरणार्थियों के पलायन पर सार्वजनिक ध्यान केंद्रित करने के लिए भारत को राजनीतिक व कूटनीतिक मोर्चों पर चौतरफा प्रयास करने पड़े। पाकिस्तान का दावा था कि शरणार्थियों का जबरन पलायन उसका 'आंतरिक मामला' था और पाकिस्तान के ऊपर राजनीतिक व आर्थिक दबाव लागू करने के लिए विश्व जनमत में बहस छिड़ गई थी।

रेजीमेंटल सैनिकों के रूप में हम इन घटनाओं में केवल देश के नागरिकों और

मूक पर्यवेक्षकों के रूप में शामिल थे। शरणार्थियों की इस आमद का सैन्य विकल्प पर कोई असर नहीं था। हालाँकि अच्छी समझ और इतिहास ने हमें चेताया था कि इसका कोई आसान जवाब नहीं है। पश्चिम बंगाल में चुनाव हमारे लिए समाप्त हो चुके थे, जिसका मतलब था कि पेशेवर सैन्य गतिविधियों की वापसी। लंबे समय तक रहने और नगर प्रशासन की सहायता में शामिल होने के कारण हम काफी समय से सक्रिय सैन्य दिनचर्या से कटे हुए थे। सही मायनों में प्रशिक्षण शुरू की गई थी, क्योंकि हमारे अस्थिर पड़ोसी ने हमें यह अहसास दिलाया था कि चुनाव नहीं, राष्ट्रीय सुरक्षा हमारा प्राथमिक कार्य था। मार्शल लॉ प्रशासक द्वारा युद्ध की संभावना अभी भी सामने खड़ी थी। सैन्य काररवाई और शरणार्थियों का फरार होना जनरल स्टाफ के लिए एक संकेत की तरह था। हम जैसे जूनियर अफसरों के लिए सेना के अचानक मुस्तैद होने का मतलब बार-बार दोहराई जानेवाले प्रशिक्षण और चुनाव ड्यूटी के नाम पर विकेंद्रीकरण हमारी स्वतंत्रता के साथ होनेवाली काट-छाँट थी।

हमारी दिनचर्या में पूर्ण परिवर्तन हो चुका था। अब से आगे को हमारे दिन और रातें जासूसी टोह लेने, योजना, प्रशिक्षण एवं हथियारों और उपकरणों की सार-सँभाल में गुजरने लगीं। कई बार हम जो अभ्यास कर चुके होते थे, उसकी पूर्णता के लिए पूर्वाभ्यास किया जाता था। हमारे प्रशिक्षण और उपकरण में कमियों को पूरा किया गया या उनको तत्काल सुधारा गया। अपने स्वयं के तरीकों, युद्ध-रणनीतियों, युद्ध-अभ्यासों आदि की जाँच-परीक्षा में अंतहीन घंटे बिताए गए। इससे सैनिकों के मनोबल में वृद्धि हुई और अतिरिक्त प्रशिक्षण से सभी के आत्मविश्वास में सुधार हुआ। केवल एक चीज, जिसके बारे में हम आशंकित थे कि क्या पाकिस्तान युद्ध करने का जोखिम उठाएगा? और यदि वह ऐसा करता है तो उसको एक विनाशकारी हार का सामना करना पड़ेगा।

यह विचार कि कुछ समय बाद युद्ध की एक संभावना है, किंतु अब समय बीतने के साथ वह वास्तविकता में बदलने लगा था। मुख्यालयों से प्राप्त खुफिया आदेशों और रिपोर्टों ने पाकिस्तान के 'ऑर्डर ऑफ बैटल' (ORBAT) के बदलते रुझान को दरशाया था। मुजाहिदों और रजाकारों के प्रशिक्षण के अलावा अपनी ताकत बढ़ाने के लिए नई यूनिट्स खड़ी करने की ताजा खबरें इसका स्पष्ट संकेत थीं। उन्होंने शरणार्थियों की आड़ में अपने जवानों और गोला-बारूद को हमारी सीमा के करीब पहुँचा दिया था। इस संकट के बीच पूर्वी पाकिस्तान में उनकी सैन्य शक्ति लगभग चार गुना बढ़ गई थी। ये सभी संकेत थे कि पाकिस्तान ने शांतिपूर्ण प्रस्ताव को नजरअंदाज कर दिया और धीरे-धीरे जिहाद की रफ्तार बढ़ाकर पहले से ही नाराज भारतीय साँड़

के सामने खतरे का (लाल) झंडा लहरा दिया था।

हमारे बीच कई ऐसे लोग भी थे, जिन्होंने तर्क दिया कि जैसे पाकिस्तान विभाजित विचारधारा और अराजकता से ग्रसित था तो इस उथल-पुथल की स्थिति में भारत को मौके का फायदा उठाना चाहिए और पाकिस्तान को सैन्य हस्तक्षेप के जरिए दो भागों में बाँट देना चाहिए। उन्हें विश्वास था कि इस डगमगाते राष्ट्र को विभाजित करने के लिए पहला कदम उठाना राष्ट्रीय हित में है, क्योंकि सभी हालात इसके खिलाफ थे। कई अन्य लोग थे, जो महसूस करते कि हमारे पंचशील अतीत को देखते हुए एक साहसिक एवं संभव कदम उठाकर मौके का फायदा उठाना हमारे वश की बात नहीं थी। इस समूह ने आश्वस्त किया कि हम प्रतीक्षा और महत्त्वाकांक्षा की नीति का पालन करना जारी रखेंगे और सही समय पर अपनी हिचकिचाहट को निर्णय में बदलेंगे। हम विश्व-शक्तियों के दबाव के आगे झुककर दुनिया को खुश करने के लिए राष्ट्र-हित के लिए हानिकारक समाधान को स्वीकार करेंगे। भारत क्या करेगा और क्या नहीं करेगा, यह भी एक प्रश्न था, जिसका उत्तर रेजीमेंटल अफसरों के पास भी नहीं था, क्योंकि इसका कोई आसान उत्तर था भी नहीं। इसलिए हमारे लिए आदर्श वाक्य यही था—प्रशिक्षण, प्रशिक्षण और अधिक प्रशिक्षण (युद्धक अभ्यास)! वरदी में हम सभी युद्ध की तैयारी में अपने युवा जीवन के लंबे घंटों को न्योछावर कर रहे थे, जो शायद हो भी न। आम नागरिक अनभिज्ञ रहता है और इस बात की सराहना करने के लिए उसमें अनुभव की कमी होती है कि सेना का शांतिकाल में बहाया गया रक्त और पसीना ही युद्ध में विजय दिलाता है। वह गलती से यह समझता है कि उसका समर्थन या नकद अंशदान एक सैनिक की देशभक्ति के बराबर है। यह नागरिकों का वह वर्ग है, जो शत्रु के रक्त के पीछे छिपे हुए अपने निजी हित को पूरा करने और कम शिक्षित को राष्ट्रीयता की लहर में दौड़ने के लिए उत्साहित करता है। एक सैनिक का कार्य विश्व कप का मैच नहीं है, जहाँ आप हाथ मिलाते हैं या शर्ट फाड़ते हैं। यह बहुत अधिक गंभीर कार्य है, जहाँ आप राष्ट्रों के भाग्य का निर्धारण करते हैं। सैनिक अपने नुकसान के बारे में एक शब्द कहे बिना अनाम और अप्रशंसित रहकर युद्ध के मैदान से अपने घर-संसार को फिर से शुरू करने के लिए लौटता है। न तो सरकार और न ही समाज युद्ध की तैयारी में न्योछावर किए उसके जीवन के अनमोल क्षणों की भरपाई कर सकते हैं। किसका युद्ध?⋯उसका या हमारा युद्ध, हमारी स्वतंत्रता, हमारे भाग्य, राष्ट्र की नियति!

□

अहमदनगर में उत्सव

इन परिस्थितियों के चलते हमें अहमदनगर में लौटने के आदेश प्राप्त हो चुके थे, क्योंकि टैंकोड्रोम प्रोजेक्ट के अंतिम चरण को पूरा करने के लिए रूसी विशेषज्ञों का दूसरा दल पहुँच चुका था। मैंने पहले उनके साथ काम किया था और इस कार्य के महत्त्व को महसूस किया था। इस बार अंतर यह था कि मैं स्थायी पोस्ट पर था, न कि अल्पकालिक कार्य पर। प्रोजेक्ट के पूरा होने पर हमें आर्मर्ड कोर रेजीमेंटों के प्रशिक्षण के लिए इस व्यवस्था को सँभालना और संचालित करना था। जब क्षितिज पर युद्ध के काले बादल दिखाई दे रहे थे, तब रेजीमेंट से दूर होने की विवशता ने सैनिक प्रवृत्ति को तोड़ दिया था। यदि सोचें तो दो साल का समय काफी होता है, वह भी तब, जब आनेवाला समय काफी जटिल हो! कठिन समय में प्रत्येक स्वाभिमानी रेजीमेंटल अधिकारी एक शांति स्टेशन के लिए अपनी रेजीमेंट को छोड़ने के विचार को ही नापसंद करता है। दूसरा तथ्य यह है कि एक अधिकारी या सिपाही के लिए आदेशों को बदलना असंभव है। इसलिए जो भी मिले, वह उसे स्वीकार करना होगा। इसलिए मैंने अपने कार्य को एक निर्विवादित सत्य के रूप में स्वीकार किया। ऑफिसर्स मेस का विदाई समारोह जानदार था, जो बार-बार 'एक घूँट में पियो' (bottoms up), 'रास्ते के लिए एक और' (One More) जैसे ठहाकों के साथ संपन्न हुआ। स्क्वाड्रन और मेरे सैनिकों द्वारा आयोजित विदाई पार्टी कुछ अलग थी। यह विश्वास के एक बंधन और सौहार्द को दरशाते थे, जिसके लिए मेरे पास शब्द नहीं, मूक और अव्यक्त। बिना कुछ कहे, आँखों का आपस में वह प्रेम-भाव से मिलना आज भी याद है। हर एक अधिकारी इस निःशब्द बातचीत की गहराई और तीव्रता से अपने आप को अलग नहीं कर सका, जो बाद में रेजीमेंट की कही जानेवाली प्रतिष्ठा की बुनियाद साबित होता है। अपनी योग्यता और कड़ी

मेहनत के दम पर हासिल किया हुआ रैंक एक तरफ रह जाता है, पर आपके साथी सैनिकों द्वारा दी गई पहचान सदैव आपके साथ बनी रहती है।

अहमदनगर पुणे से लगभग 120 कि.मी. उत्तर-पूर्व और औरंगाबाद से 120 कि.मी. दूर स्थित है। अहमदनगर ने अपना नाम अहमद निजाम शाह से लिया था, जिसने सन् 1494 में इसकी स्थापना प्राचीन भिंगर शहर की जगह में की थी। अहमदनगर भारतीय आर्मर्ड कोर सेंटर और स्कूल (ACC & S) और मेकैनाइज्ड इन्फैंट्री रेजीमेंटल सेंटर (MIRC) का घर है। सलाबत खाँ की मजार और चाँद बीबी का मकबरा जैसी कई मुगलकालीन इमारतें यहाँ मौजूद हैं। कभी भारत में दूसरा सबसे अभेद्य किला माना जानेवाला अहमदनगर किला अंग्रेजों द्वारा भारत की स्वतंत्रता से पहले पं. जवाहरलाल नेहरू (भारत के प्रथम प्रधानमंत्री) और अन्य भारतीय नेताओं को कैद करने के लिए इस्तेमाल किया गया था। सन् 1944 में अपने कारावास के दौरान नेहरूजी ने अपनी प्रसिद्ध पुस्तक 'द डिस्कवरी ऑफ इंडिया' यहीं लिखी थी।

अहमदनगर एक छोटा शहर है, जिसे हमारे पूर्व सैनिकों द्वारा 'आर्मर्ड नगर' या अधिक लोकप्रिय सिर्फ 'नगर' कहा जाता है। कैवेलरी का यह घर हमारी आनेवाली कैवेलरी की पीढ़ियों के लिए सदैव एक आश्रय बना रहेगा। खुशी के पल और दोस्ती का यह अनुभव सेना के उन लोगों तक सीमित नहीं है, जो यह काले रंग की टोपी (beret) पहनते हैं या उनके जीवन साथियों तक, बल्कि उन सभी के लिए, जिन्होंने इस अलसाए छोटे से शहर के जादू, मस्ती और हलचल को अनुभव किया था। मैं ऐसा कह सकता हूँ कि यह नगर हर दूसरे सैन्य स्टेशन से अलग था, क्योंकि आर्मर्ड कोर सेंटर और स्कूल वहाँ स्थित थे। यह कई ऐतिहासिक लड़ाइयों का गवाह रहा है। यहाँ अधिकारियों और सैनिकों को प्रशिक्षण देने का कार्य जारी था, जिन पर पलटनों की सुरक्षा और प्रतिष्ठा निर्भर करती है। यह शहर एशिया की सबसे बड़ी और दुनिया की दूसरी सबसे बड़ी मिलिटरी टैंकों की प्रदर्शनी का स्थान है।

सेंटर और स्कूल कई रेजीमेंटों एवं विंग को मिलाकर एक विशाल क्षेत्र में फैला हुआ है, जिसमें उस समय ब्रिगेडियर की कमान चलती थी। मेरी पोस्टिंग रेंज विंग में थी, जो कि आर्मामेंट रेजीमेंट की एक छोटी व नई यूनिट थी। इस विंग को टैंकोड्रोम प्रोजेक्ट को सफल बनाने का काम दिया गया था। आर्मामेंट रेजीमेंट ने मेजर सभरवाल को इसकी जिम्मेदारी सौंपी थी, जिन्होंने इसकी खरीद के समय

रूस में इस उपकरण का प्रशिक्षण लिया था। प्रोजेक्ट के पूरा होने में देरी के बारे में कई असहज सवाल सैन्य मुख्यालय और आर्मर्ड कोर सेंटर एवं स्कूल (ACC & S) में चर्चित थे। बहुत से लोग यह नहीं जानते थे कि रूस से खरीदा गया यह उपकरण कई वर्षों से बिना खोले ही पड़ा हुआ था और अब बुरी तरह से जंग खा चुका था। इसके लिए किसी को सजा का भागी नहीं बनाया जा सकता था। इसलिए एक अच्छा बहाना यह बनाया गया कि रूस और भारत की तकनीक में अंतर के कारण रूस के विशेषज्ञों की एक टीम इस उच्च तकनीक वाले उपकरण को चला सकती थी, जिसके खर्च की भरपाई भारतीय करदाताओं से होगी। पहले चरण का कार्य रूसी टीम द्वारा अपने पहले दौरे के दौरान पूरा किया गया था।

आर्मर्ड कोर ड्राइवर, गनर और रेडियो ऑपरेटर तीनों ट्रेड में से निस्संदेह गनर सबसे महत्त्वपूर्ण है। ड्राइवर खुद को जोखिम में डालकर युद्ध के मैदान में गतिशीलता प्रदान करके अपनी भूमिका निभाता है। इसी तरह ऑपरेटर अच्छा और विश्वसनीय कम्युनिकेशन सुनिश्चित करके कमांड, कंट्रोल एवं कोऑर्डिनेशन बनाए रखता है। किसी भी तरह से अन्य सदस्यों के योगदान या टीमवर्क को कम करके नहीं आँका जा सकता, किंतु गनर की दुश्मन को बरबाद करने की क्षमता ही है, जो अंत में युद्ध में जीत दिलाती है। इस दृष्टिकोण से हर गनर द्वारा 'एक गोला—एक टैंक' की नीति को सर्वोपरि माना गया है। रेंज विंग खुले इलाके में इस पर प्रशिक्षण प्रदान करता है। अब ऐसे उपकरणों से लैस टैंकों को स्थापित कर एक गनर दुश्मन के रुके हुए या गतिशील टैंक को बरबाद कर सकता था, फिर भले ही वह अलग-अलग रफ्तार और रेंज पर हों, जैसा कि वास्तविक युद्धक्षेत्र में होता है।

टैंक फायरिंग रेंज, जिसे लोकप्रिय रूप से 'खर्जुना खरे' या 'के.के रेंज' के रूप में जाना जाता है, छावनी से लगभग 20 कि.मी. की दूरी पर स्थित है। यह एक विशाल बंजर इलाका है, जो मीलों तक फैला हुआ है। मिट्टी की प्रकृति और चट्टानी इलाके के कारण वस्तुतः वहाँ कुछ भी नहीं उगता है, सिवाय छोटे निचले इलाकों में थोड़ी-बहुत झाड़ियाँ होती हैं। जमीन की ऊँची-नीची ढलान के कारण यह मेकैनाइज्ड फोर्सेस द्वारा ट्रूप और यूनिट लेवल रणनीतिक प्रशिक्षण के लिए बहुत उपयोगी है। रेंज में, फायरिंग फील्ड, सेफ्टी एंगल और किस हथियार पर प्रशिक्षण लेना है—इन सभी बातों का ध्यान रखते हुए कई फायरिंग पॉइंट चुने जाते हैं। गोला-बारूद की तालिकाओं ने सुरक्षा खाका सेट कर दिया था, ताकि सीमांकित इलाकों में रहनेवाली आबादी का जीवन और संपत्ति सुरक्षित रहे।

टैंकोड्रोम प्रोजेक्ट गनर के प्रशिक्षण के लिए एक अत्याधुनिक सुविधा थी। इसमें दो अलग-अलग फायरिंग प्वॉइंट्स थे, जिसे 'टैंकोड्रोम' और 'टैंक डायरेक्ट्रिक्स' कहते थे। टैंकोड्रोम को टैंक क्रू के व्यक्तिगत कौशल और गनर के दायित्व में सुधार करने के लिए डिजाइन किया गया था। टैंकोड्रोम टैंक क्रू को एक प्लेटफॉर्म से टैंक के और सहायक दोनों हथियार सिस्टम को फायरिंग की सुविधा प्रदान करता है और साथ ही चलते हुए टैंक के रोलिंग, पिचिंग, यॉइंग मूवमेंट को समझने की सुविधा तथा अलग-अलग रेंज पर स्टैंड-अप व पॉप-अप मोड में मुश्किल और आसान निशाने को बरबाद करने की वास्तविकता से रू-ब-रू कराता है। कंट्रोल टावर और निशाने के बीच टारगेट ट्रॉलियों, टारगेट रन और रेल लाइनों के साथ भारी मोटर्स के लिए भूमिगत सिविल कार्यों की एक नियोजित रूपरेखा, सैन्य अभियंता सेवा (M.E.S.) द्वारा अनुबंध के तहत बनाई गई थी। प्रशिक्षण के तहत गनर के ग्रेड के आधार पर कंट्रोल टावर में इलेक्ट्रॉनिक उपकरणों के माध्यम से अलग-अलग प्रोग्राम सैट किए जा सकते थे। गनर द्वारा हिट किए गए टारगेट के रिकॉर्ड को दिखानेवाला एक परफॉर्मेंस चार्ट शूटिंग का संचालन करनेवाले कमांडर को दिखाया जाता था, जो गनर की डिब्रीफिंग के लिए जरूरी होता था।

टैंक डायरेक्ट्रिक्स को टैंक क्रू, सब-यूनिट कमांडर और उसके क्रू दल की लड़ाकू क्षमता, कमांड, कंट्रोल एवं फायर पावर के अनुशासन को प्रखर बनाने के लिए डिजाइन किया गया था। टैंक डायरेक्ट्रिक्स में एक ही बेसिक ले-आउट था, लेकिन मौका मिलने पर लक्ष्य को बरबाद करने के लिए युद्धक्षेत्र में तैनात टैक्टिकल सब-यूनिट कमांडर के लिए बनाया गया है। गोलीबारी का संचालन कर रहे ऑफिसर इंचार्ज (O.I.C.) द्वारा सैट किए हुए लक्ष्य को बरबाद करते हुए और दुश्मन के इलाके में टैंक कमांडर द्वारा अपनी सब-यूनिट्स पर कमांड एवं कंट्रोल कराते हुए सब यूनिट्स को दोनों ही परिस्थितियों में टारगेट पर लगे सेंसर, गनर, कमांडरों और सब-यूनिट्स की परफॉर्मेंस का ब्योरा देना होगा। सुविधाओं का सही उपयोग गनरी प्रशिक्षण और क्रू के तालमेल के उच्च स्तर में व्यावहारिकता लाएगा और हमारी सशस्त्र रेजीमेंटों की सब-यूनिट्स की लड़ाकू क्षमता में सुधार करेगा। इस तरह, प्रोजेक्ट के समय पर पूरा होने से हमारा योगदान तब माना जाएगा, जब सशस्त्र रेजीमेंटों द्वारा फील्ड फायरिंग के दौरान उनकी गनों की जीरोइंग से युद्ध के लिए व्यक्तिगत गनर और क्रू दल के रूप में गनरी कौशल को अपग्रेड किया जाएगा। इस दृष्टिकोण को ध्यान में रखते हुए हमारी पूरी टीम का कार्य शानदार रहा।

पूर्वी देशों, विशेष रूप से सोवियत संघ से खरीदे गए टैंकों के लिए यह पहली ऐसी सुविधा थी। यह एक प्रमुख सुधार था, क्योंकि टैंक क्रू और कमांडरों के व्यक्तिगत प्रदर्शन को समग्र मानकों और प्रतिक्रियाओं पर प्रखर बनाने के लिए यह एक अच्छा प्रयास था। यह प्रशिक्षण में नवीनता, व्यक्तिगत कल्पना-शक्ति और प्रतिस्पर्धा को बनाए रखते हुए प्रशिक्षण की वास्तविकता से वाकिफ कराता था। इस उपकरण में इलेक्ट्रॉनिक/मेकैनिकल मोटर्स, कंट्रोल बॉक्स, टाइमर और स्विच के साथ-साथ डे/नाइट विजन डिवाइस और रेडियो उपकरणों का एक जटिल सेट शामिल था, जिसकी मदद से टैंक गनर युद्धक्षेत्र जैसी परिस्थिति में प्रशिक्षण प्राप्त करता है। यह उपकरण हमारे लिए पूरी तरह से नया था, हालाँकि उतना जटिल और पेचीदा भी नहीं था, जितना हमारे रूसी मित्र मानते होंगे। मेजर तेलंग के साथ इलेक्ट्रिकल और मेकैनिकल इंजीनियर्स (E.M.E.) के कई तकनीकी सहायकों को इसके इंस्टॉलेशन के कार्य के लिए नियुक्त किया गया, ताकि वे लोग रूसी तकनीकी सहायकों के जाने के बाद इसकी मरम्मत और रख-रखाव का कार्यभार सँभाल सकें। हम में से कई लोगों ने पहले एक साथ काम किया था, इसलिए एक-दूसरे को काफी अच्छी तरह से समझते थे और जल्द ही हम दिए गए इस कार्य को पूरा करने के लिए जुट गए।

सोवियतों के साथ काम करना एक अच्छा अनुभव था। समझदार, सहयोगी और पूरी तरह से अपने कार्य में दक्ष उन सभी ने अपनी जिम्मेदारी को अच्छी तरह निभाया। उच्च स्तर की कार्य-क्षमता रखनेवाले अपने सीनियर के अधीन पूरी सोवियत टीम ने इस प्रोजेक्ट में पूरी उत्सुकता और कर्मठता के साथ कार्य किया। दो भारतीय दुभाषिए भी उनकी सहायता के लिए मौजूद रहते थे। कुल मिलाकर, प्रत्येक ने सामंजस्य के साथ अपना सर्वश्रेष्ठ कार्य किया। एक-दूसरे के प्रति सम्मान और सद्भाव से काम करते हुए इस प्रोजेक्ट को जल्दी पूरा करने का निरंतर प्रयास किया।

रूसी और भारतीय टीम के सदस्यों के लिए एक साथ काम करते समय आम रूसी/हिंदी शब्दों का प्रयोग आम बात थी। इसने आपसी तालमेल की बातचीत को आसान बनाया तथा दोस्ताना रिश्तों को और मजबूत किया। अभिवादन एवं शाबाशी आदि के लिए आम रूसी शब्द हमारी जुबान पर रहने लगे। दोपहर के खाने के समय टारगेट एरिया की एक मूविंग ट्रॉली-पिट पर बैठे हुए रूसियों द्वारा अपने घर ले जानेवाले उपहारों पर चर्चा चल रही थी। उनके पास ज्यादा पैसे भी

नहीं थे—ठीक भारतीय सेना के अधिकारियों की तरह। इसलिए सुझावों ने सामान्य सांसारिक उपहारों को ही उठाया। इस बातचीत में डूबे रहने के दौरान रेंज अफसर कैप्टन सागर ने जूनियर कमीशंड ऑफिसर (J.C.O.) भान सिंह को दो नागरिकों को नशेमन कैंप की ओर लाते हुए देखा। दिन के लिए गोलीबारी को रद्द करने से स्थानीय नागरिकों को सीमा क्षेत्र में घूमते हुए देखा गया था। हालाँकि यह उनकी पोशाक और पगड़ी से स्पष्ट था कि वे दोनों स्थानीय नहीं थे। रेंज ऑफिसर कैप्टन सागर ने भान सिंह को संकेत किया कि वे घुसपैठियों को उन तक ले आएँ। एक शरारती मुसकान के साथ भान सिंह ने बताया कि उन्होंने रेंज एरिया में इन दोनों को घूमते हुए पकड़ा था।

कैप्टन सागर : (सी.एस.) "आप यहाँ के बाशिंदे तो नहीं हैं। आप कहाँ से आ रहे हैं ?"

प्रथम नागरिक : "सर, हम राजस्थान के हैं।"

सी.एस. : "आप यहाँ रेंज पर क्या कर रहे हैं ? बेचने के लिए बंदूक की गोली के खोल (fired shells) इकट्ठे कर रहे थे क्या ?"

दूसरा नागरिक : "नहीं, हम फेरीवाले विक्रेता हैं। कृपया हमें घुसपैठिया न समझें।"

प्रथम नागरिक : "भान सिंह ने हमें आमंत्रित किया था।"

सी.एस. : "इस बैग में क्या ले जा रहे हो ?"

भान सिंह : "मैंने जाँच की है सर, गोलियों के खोल नहीं हैं।"

दूसरा नागरिक : "हिमालय के जंगलों से लाई गई जड़ी-बूटियाँ और बेरियाँ।"

जो रूसी इस बातचीत को सुन रहा था, एकदम से हिंदी में बोल पड़ा, "दिखाओ, दिखाओ !"

जब दोनों नागरिक अपने माल को प्रदर्शित करने के लिए जमीन पर अपने बैग रख रहे थे, हमने भान सिंह को सभरवाल के कान में फुसफुसाते हुए सुना कि उनके पास एक भारतीय (aphrodisiac) उत्तेजक जड़ी-बूटी शिलाजीत है।

सभरवाल : "इनके पास एक भारतीय औषधि है, जो आपको और अधिक वीर्यवान् बना सकती है।"

दोनों भारतीय दुभाषिए, जो सभरवाल की उम्र के थे, जोर से हँस पड़े। दोनों ने वहाँ चल रही खरीद-फरोख्त की बातचीत को हिंदी व रूसी में अनुवाद करना शुरू कर दिया। तभी एक रूसी बोला, "क्या यह वाकई प्रभावशाली है ?"

भान सिंह ने हिंदी में जवाब दिया, "आप मुझसे पूछ रहे हैं! मैं इसके नियमित इस्तेमाल से आज चार बच्चों का पिता हूँ।" भारतीय दुभाषिए ने रूसियों को इसका अर्थ समझने में मदद की।

भान सिंह : "यह बहुत अच्छी है। इसका नियमित सेवन करें, आपकी पत्नी काफी प्रसन्न रहेंगी।"

यह अब सभी के लिए स्पष्ट था कि वे लोग सच बोल रहे थे कि उन्हें आमंत्रित किया गया था। यह साफ हो गया कि भान सिंह उनका नियमित ग्राहक था। जल्द ही नमक, छोटे आकार के पत्थर, मिट्टी—सब वस्तुओं का संग्रह हमारे सामने था। जैसे ही उनमें से बड़े विक्रेता ने अपनी बेचनेवाली लच्छेदार बातें शुरू कीं, सभी भारतीय अधिकारी हँस पड़े। हम में से हर एक ने शिलाजीत का नाम सुना था। आमतौर पर माना जाता है कि इसमें पुरुष के पुंसत्व में सुधार करने के गुण होते हैं। इस वार्त्तालाप में भान सिंह को पूरी तरह से अनुभवी माना जा रहा था, क्योंकि वह इसकी खूबियों और फायदों का काफी बखान कर चुका था।

शुरू-शुरू में हमें यह लगा था कि टीम में शामिल एक रूसी अपने दल के दूसरे सदस्यों के व्यवहार और आचरण पर नजर रखता है या फिर यह दुनिया में फैलाए गए प्रचार के कारण था कि रूसियों के दल के बीच के.जी.बी. सोवियत गुप्तचर एजेंसी का एक प्रतिनिधि हमेशा रहता है। किंतु यह सब कोरी बकवास था। संसार भर के सैनिकों में जो सामान्य संदेह, सवाल और भय होते हैं, वे सब लोग हमारे साथ शेयर करते थे। इतिहास और समय के अंतर्गत पूरी तरह से सामान्य मनुष्य ही थे ये लोग। खुली सीमाओं पर घटित यह छोटी सी घटना हमारे काम से बिल्कुल अलग थी, जिसने मानव-स्वभाव की दुर्बलता और खोखली विशेषता के बारे में हर किसी को अभिज्ञ कर दिया था।

रूसी शुरू में इस विषय को बताने में संकोच कर रहे थे; किंतु उत्साहित हो कर चर्चा के दौरान उन्होंने स्वीकार किया कि एक रूसी उच्च अधिकारी ने उन्हें भारत से कुछ शिलाजीत लाने के लिए कहा था, क्योंकि शिलाजीत की भारतीय किस्म अधिक असरदार आँकी गई थी। पदवी, संवर्ग, पंथ, राष्ट्रीयता को एक तरफ रखकर सभी इस जादुई खुराक की शुद्धता, मूल्य और अनुपालन की चर्चा में व्यस्त हो गए। लगातार बातचीत से पता चला कि रूसी जनरलों ने हर एक रूसी को यह दवाई लाने के लिए कहा था और उन्हें शपथ दिलाई थी कि वे इस बात को टीम के अन्य सदस्यों के साथ साझा नहीं करेंगे; जबकि यह बात उन्होंने अपनी पत्नियों

और अपने साथी जनरलों से भी गुप्त रखी थी, ताकि उनकी पेशेवर और पुरुषोचित साख बनी रहे।

दोनों घुसपैठियों ने अच्छा कारोबार किया, जबकि हमारे रूसी साथियों को अपने जनरलों की ओर से काफी सौदेबाजी करनी पड़ी। यह छोटी-सी घटना सभी वरदीधारियों, साथ ही समाज के सभी वर्गों—पुरुषों के घमंड, सनक और भोग को उजागर करती है कि हम और कुछ नहीं, केवल साधारण मनुष्य हैं। शिलाजीत की यह खेप उन लोगों के लिए कितनी खुशी की बात थी, जो भारत से इसको चोरी से ले जा रहे थे और इससे अनजान थे कि इसमें कितनी प्रभावशीलता होगी! यह भी एक रहस्य ही बना रहेगा कि उन जनरलों को अपनी पत्नियों या महिला मित्रों के बीच इस प्रभावी दवाई का क्या लाभ पहुँचा?

मैं यह यकीन के साथ कह सकता था कि वे सभी जो तोहफा अपने साथ ले जा रहे थे, उनकी अगली पदोन्नति निश्चित थी। ऐसा भी नहीं सुना कि उनमें से कोई अचानक गायब हो गया हो या किसी ने अपनी बाकी जिंदगी साइबेरिया की पोस्टिंग पछतावे में बिताई हो, क्योंकि उनका जनरल अफसर अपनी पत्नी की उम्मीदों पर खरा नहीं उतरा। आज की तारीख तक न तो उत्तरी अटलांटिक संधि संगठन (NATO) की सेनाएँ और न सी.आई.ए. या एफ.बी.आई. को इस बात की भनक तक लगी कि किस प्रकार भारत ने कम समय में रूसी सैन्य नेतृत्वकर्ताओं का विश्वास प्राप्त कर लिया और न वे पाकिस्तानी आई.एस.आई. में अपने दोस्तों को इसका ब्योरा दे पाए।

ओपन रेंज पर काम करने के अलावा हमने रूसियों को कई बार बहुत हँसमुख और अनुकूल अनुभव किया। वे दो चीजों के प्रति ज्यादा आकर्षित होते थे, एक था—भारतीय महिलाओं का साड़ी पहनने का तरीका (हिप साड़ी तब फैशन में थी) और दूसरा, हमारी डांसिंग स्टार हेलेन की एक मनमोहक झलक, जिसके लिए वे लोग दीवाने रहते थे। एनेक्सी (ऑफिसर्स क्लब) में ओपन एयर सिनेमा में वे हेलेन अभिनीत कई फिल्मों का हर शो देखा करते थे और एक नहीं, बल्कि कई बार। एकमात्र अन्य स्क्रीन हीरो, जिसकी फिल्में उन्हें बहुत सम्मोहित करती थीं, वह था शानदार जेम्स बॉण्ड। लड़कियों के साथ उसका सुशील व्यवहार और उसके करिश्माई तौर-तरीके उन्हें बहुत पसंद थे; लेकिन वे सार्वजनिक रूप से अपनी टिप्पणियों को अपने तक ही सीमित रखते थे, क्योंकि उनका चहेता हीरो आखिरकार 'शीत युद्ध' के दुश्मन के प्रतिनिधि के रूप में एक साम्राज्यवादी चेहरा था।

टैंकोड्रोम के लगभग पूरा होने पर रूसियों ने प्रोजेक्ट से जुड़े लोगों के लिए एक विदाई पार्टी का आयोजन किया। बेहतरीन शराब और मछली (caviar) के साथ हमारी मेहमाननवाजी की गई। उन्होंने यह ध्यान रखा कि सभी को इसका भरपूर आनंद मिले। किंतु हम में से कई लोगों के और ज्यादा माँगने पर वे आपस में आश्चर्य करते थे। पार्टी बहुत अच्छी तरह से आयोजित की गई थी, जिसमें कुछ उन राजनयिकों और रूसी दूतावास के सैन्य प्रतिनिधियों के अलावा कुछ मेहमान भी मौजूद थे। कमांडेंट, आर्मर्ड कोर सेंटर और स्कूल के ब्रिगेडियर अरुण वैद्य और कर्नल जोशी (दोनों, जिनमें से एक, जो सेना प्रमुख के रूप में सेवानिवृत्त हुए), एक मुख्य प्रशिक्षक भी उपस्थित थे, जो विदेशी असाइनमेंट पूरा होने पर नए पदासीन हुए थे, जैसा कि इस तरह की पार्टियों में, विशेष रूप से सैन्य समारोह, इनमें उच्च स्तर की औपचारिकता निभाई जाती है। ब्रिगेडियर अरुण वैद्य ने अपने ब्राह्मण होने को सार्थक सिद्ध करते हुए संस्कृत-मिश्रित हिंदी में बहुत प्रभावशाली भाषण देकर सभी को आश्चर्यचकित कर दिया। कष्टप्रद हिस्सा तब आया, जब हमने रूसी भाषा में अनूदित भाषण को फिर से सुना और इसके उलटे, जब रूसी सीनियर ने माइक सँभाला तो वोदका और कैवियार के मिले-जुले असर ने हमें पूरी तरह से थका दिया।

आखिरकार, 'दसविदानिया' कहकर हाथ मिलाते हुए विदाई समारोह आधी रात को समाप्त हुआ। जूनियर अधिकारियों के रूप में हमें तब तक इंतजार करना पड़ा, जब तक सैन्य प्रथा के शिष्टाचार की कवायद पूरी नहीं हो गई। सबसे सीनियर अधिकारी को उनकी पत्नी के साथ सर्वप्रथम प्रमुख मेजबान द्वारा आदर के साथ उनकी स्टाफ कार तक विदा किया जाता है। इसी क्रम में सभी उपस्थित जनों को धीरे-धीरे वहाँ से निकलना था। उसी समय एक रूसी ने मेरे कंधे को थपथपाकर अपने साथ कमरे में जाने के लिए संकेत किया। जल्द ही कुछ और रूसी हमारे साथ हो गए और हम एक साथ अतिथि-कक्ष की ओर चल दिए, जहाँ बिस्तर पर मेजर खनवान (काल्पनिक नाम) पसरे पड़े थे। रूसी ने स्पष्ट किया कि जब मुख्य अतिथि जा रहे थे तो एक वेटर ने उसे सूचना दी कि यह अधिकारी बाथरूम के पास बेहोश हो गए थे। वेटर के साथ उसने (रूसी ने) उनको कमरे तक पहुँचाया था। उसकी समस्या यह थी कि अधिकारी की पत्नी को कैसे पहचानें, और साथ ही जा रहे अतिथियों को इसकी खबर भी न हो।

श्रीमती खनवान को सूचित किए जाने पर स्थिति नियंत्रण में आ गई। अब तक

दो जोड़ों को छोड़कर सभी जा चुके थे। चूँकि हमारे पास कार नहीं थी, मैंने रूसी को अपने गेस्ट हाउस के वी.आई.पी. टेलीफोन का उपयोग करके सैन्य अस्पताल से एंबुलेंस बुलाने के लिए कहा। श्रीमती खनवान ने यह कहते हुए मना कर दिया कि यह बात अगली सुबह शहर में फैलेगी और उनके पति के लिए निजी तथा पेशेवर शर्मिंदगी का कारण बनेगी। मेजर खनवान वोदका पीने के जोरदार प्रभाव से उबरने लगे थे। इसलिए रूसी ने अपनी स्टाफ कार मँगाने के लिए कहा।

खनवान को स्टाफ कार में किसी तरह बैठाया गया, जबकि उनकी पत्नी काफी चिंतित लग रही थीं। अपनी गोद में अपने पति को सिरहाना देकर उसने उपस्थित लोगों की मदद व देखभाल के लिए सभी को धन्यवाद दिया और जाने से पहले विदा ली। ड्राइवर ने सैन्य अस्पताल के एम.आई. रूम की ओर रुख किया। एंबेसडर कार की आगे की सीट पर चुपचाप बैठकर मैं उनकी गुस्से से भरी पत्नी के मुँह से मदहोश पति को मिलनेवाली झिड़की सुन सकता था। मेजर के कराहने की आवाज से यह साफ था कि वह दोबारा ऐसा नहीं करेंगे। श्रीमती खनवान ने बताया कि यह कोई पहली बार नहीं था, जब उनके पति ने किसी पार्टी में शराब पी थी। उनको विश्वास था कि उसके पति केवल वोदका पीने के कारण नशे में थे, अतः वह एम.आई. रूम में जाने के बजाय अपने होटल के कमरे में वापस जाना चाहती थी। आधी रात को जब हम होटल में पहुँचे तो पता चला कि दरवाजा बंद है और रिसेप्शन डेस्क पर बैठनेवाला व्यक्ति भी गहरी नींद में था। एक परेशान पत्नी और उसके परेशान सहायक के साथ हमने किसी तरह से उस भारी-भरकम अफसर, जो पूरी तरह से नशे में थे, को दूसरी मंजिल के कमरे तक पहुँचाया।

मैंने उनके जूते निकालने में मदद की, जबकि उनकी पत्नी ने उन्हें आराम के लिए तकियों को व्यवस्थित कर रखा। इस भारी मेहनत ने मुझे थका डाला था। मैं अपनी साँसों पर काबू पाने और तुरंत वापसी के लिए तैयार होने के लिए पास के सोफे पर बैठ गया। मेरा सूखा गला कम-से-कम एक जग पानी की उम्मीद कर रहा था। तभी कमरे के दूसरे छोर से श्रीमती खनवान व्हिस्की की बोतल एवं हाथ में दो गिलास लेकर आईं और अपनी उँगलियों से मेरे बाल सहलाकर फिर कपड़े बदलने के लिए चली गईं। उनके लौटने से पहले दोनों गिलासों में व्हिस्की डाले जाने की दिखाई देती उनकी चाह में न तो कृतज्ञता थी और न ही बेपरवाही। उनकी शरारती हँसी और आतुरता कुछ बहुत रोमांचक घटित होने की चेतावनी दे रही थी। सैन्य प्रशिक्षण के दौरान इस तरह की अकस्मात् मुठभेड़ की जानकारी सैनिकों को

नहीं मिलती। मैं अपनी तेज धड़कनों को महसूस कर रहा था और मेरे हाथ एक गिलास में व्हिस्की डाल रहे थे। मैं दरवाजे के पीछे से आती हुई उनकी आवाज सुन रहा था कि वे कल अहमदनगर अपनी यूनिट में वापस जा रहे हैं। मुझे उनसे दोबारा कभी मिलने का मौका नहीं मिलेगा। किंतु सेना के शिष्टाचार की सर्वोच्च परंपरा कायम रखते हुए मैं उनके गिलास में तरल पदार्थ डालने के बाद जल्दी से पलायन कर जाने के अपने निश्चय पर अडिग रहा।

जीवन की नीरसता और रूसियों के साथ काम करने के अलावा इस अवधि के दौरान कुछ महत्त्वपूर्ण घटित नहीं हुआ। शरणार्थी समस्या बढ़ती जा रही थी, क्योंकि कोई भी समाधान काम नहीं कर रहा था। जहाँ पहले किसी ने इन लोगों को छोटे ग्रुप में आते देखा था, अब अखबार में उनके बारे में पढ़ा या शायद रेडियो पर उनकी दुर्दशा के बारे में भी सुना गया। सच्चाई यह थी कि रिफ्यूजियों की समस्या व्यक्ति के विवेक को तो प्रभावित करती थी, किंतु अहमदनगर में होनेवाली घटनाओं के संबंध में कम महत्त्वपूर्ण थी। यह वास्तविकता थी कि हमने बीते कई महीनों तक समाधान खोजने के लिए कोई ठोस कदम नहीं उठाया और हम सब आश्वस्त थे कि भारत जैसे देश के लिए आखिरकार, 1 करोड़ क्या थे, एक मामूली बात! हम उनको अपना मानेंगे और खुशी-खुशी उनके दर्द तथा गरीबी को समझेंगे। हमारी मानसिकता को ध्यान में रखते हुए यह सामने आया और इसने एक तरह से कठोर व व्यावहारिक निर्णय लेने की हमारी अक्षमता को ढँकने के लिए एक चाल के रूप में कार्य किया। कोई भी कदम अपने आप में एक निर्णय नहीं था। कई लोग, जो इस भयानक घटना के साक्षी थे, वे पीड़ित शरणार्थी शिविरों की दुर्गंध, गरीबी और दुर्दशा को आसानी से नहीं भूल सकते थे। मनुष्यों के एक वर्ग पर प्रताड़ना और अपमान, युवा व मध्यम आयु वर्ग की महिलाओं के साथ बलात्कार, लूट, रक्तपात और जानवरों जैसे व्यवहार ने तथा बार-बार कही गई दुःख व शर्म की दास्तानों ने मेरे मन को विचलित कर दिया था। लेकिन नगर के खुशनुमा माहौल में यह सब जंगल में रोने की तरह लग रहा था। हर एक, जिसने भी यह रोना सुना था, उसे विश्वास था कि कई अन्य लोगों ने भी इसे सुना होगा, उम्मीद करते हुए कि इन अभागे लोगों के लिए यह अपने आप में राहत और मदद लाएगा। मानव स्मृति भी अनोखी होती है, उस सबको भूल जाने की, जो अप्रिय व दुःखदायक है। हमारे कई कार्य और कभी-कभी हमारी अंतरात्मा न केवल हमारे सहज बोध से प्रभावित होती है, बल्कि उस हताशा और अवसाद से, साथ ही उस वातावरण से भी प्रभावित होती

है, जिसमें हम रहते हैं। मैंने खुद को नगर के फैले हुए भव्य कैंपस में अपने साथी कैवेलरी के भाइयों के साथ चा-चा-चा, सांबा और टेंगो की धुनों के साथ कदम मिलाते हुए पुरानी दर्दनाक यादों को दिल से निकालना शुरू कर दिया था।

ए.सी.सी. एंड एस. (ACC & S) को लामबंदी के आदेश आने पर उसके लिए संभावित और जरूरी प्लान बनाने का काम मिला। यह हालाँकि कुछ भी नया नहीं था और हम सभी आश्वस्त थे कि यह री-इन्फोर्समेंट की तैयारी या अफसरों की अन्य रेजीमेंटों के साथ पोस्टिंग के लिए उठाया गया कदम था। यदि दुश्मन की हरकत का अंदेशा हो तो आवश्यक एहतियाती कदम उठाने पड़ते हैं। फिर एक दिन ज्ञात हुआ कि एक निश्चित संख्या में अधिकारियों को उनकी मूल रेजीमेंटों में वापस भेजा जाएगा। यह खबर जंगल की आग की तरह फैल गई। इसमें बड़ी संख्या में वे अधिकारी शामिल थे, जिन्होंने कुछ अन्य लोगों के अलावा दो वर्षों के अपने कार्यकाल को पूरा किया था। प्रत्येक व्यक्ति को उसकी पोस्टिंग के साथ पर्याप्त चेतावनी का समय दिया गया था। यह एक सकारात्मक संकेत था कि कुछ तो सीमा पार से हरकत हुई है, जिसे कभी असंभव माना जाता था, वह अब संभावना के दायरे में आने लगा था। केवल समय ही बताएगा कि जो हम अभी तक संदेह की तरह पाले हुए थे, वह अब वास्तविकता में बदल रहा था। कुछ समय के लिए कुछ अधिकारियों को वापस रेजीमेंटल ड्यूटी पर वापस भेजना युद्ध के बिगुल की शुरुआत थी।

इस समाचार से कि रक्षा मंत्री श्री जगजीवन राम ए.सी.सी. एंड एस. (ACC & S) का दौरा करेंगे, शहर में बिजली-सी दौड़ गई, जिससे सभी अफवाहों और अटकलों को विराम-सा लग गया। रक्षा मंत्री ने सैन्य ठिकानों का दौरा नहीं किया, जब तक उनकी उपस्थिति की आवश्यकता नहीं थी। सड़कों, इमारतों और आवश्यक सेवा कार्यों को सुधारने के लिए रातोरात फंड जारी किए गए। शहर को रेड और गोल्डन के पारंपरिक सैन्य रंगों से ताजा पेंट किया गया। अब तक शहर पूरी तरह सजाया जा चुका था। सेना की प्राचीन उक्ति के अनुसार, 'जो अचल हो, उसे रँग दो और जो सचल है, उसे सुधारो।' कम ज्ञात, लेकिन अधिक महत्त्वपूर्ण कार्यों ने सैनिकों और अधिकारियों को चीजों की कमी की सूची बनाने और अनुमोदन के साथ उपकरणों को 'युद्ध व्यवस्था तालिकाओं' (War Establishment Table) के माध्यम से खोजने में रात-रात भर व्यस्त रखा। सैन्य संगठन की जरूरतों को पूरा करने के लिए मैन पावर, इक्विपमेंट, स्पेयर पार्ट्स

और वाहनों की कमी की सूची तैयार की गई। इसके बाद बड़ी संख्या में सम्मेलनों एवं समन्वय की बैठकों और रिहर्सल का दौर शुरू हुआ। नियत दिन रक्षा मंत्री और रक्षा मंत्रालय के अधिकारी, सेना मुख्यालय और मुख्यालय दक्षिणी कमांड के प्रमुख अधिकारियों के साथ पहुँचे। नियमित वी.आई.पी. यात्राओं के विपरीत, इसमें सभी अधिकारियों और गण्यमान्य व्यक्तियों के लिए दोपहर के सह-भोजन का बंदोबस्त किया गया था। हम में से कई लोगों के लिए यह एक राजनेता को सुनने का हमारा पहला अनुभव था, विशेषकर ऑफिसर्स मेस में। हमें आधिकारिक बैठकों या चर्चाओं में शामिल नहीं होना था। इसलिए हमें ऑफिसर्स मेस में एक बहुत हँसमुख रक्षा मंत्री का स्वागत करने का मौका मिला। वे सफेद धोती-कुरता और गांधी टोपी में बहुत ही शानदार दिखाई दे रहे थे। उनके साथ बड़ी संख्या में वरिष्ठ सैन्य और असैनिक अधिकारी थे। हमने उनके जन्म, जाति और रूप-रंग के बारे में कहानियाँ सुनी थीं, पर वे सब असंगत थीं। भाषण के दौरान उनके शब्द जोरदार, स्पष्ट और आत्मविश्वास से भरे थे, "अगर युद्ध होता है तो यह दुश्मन के इलाके में लड़ा जाएगा।" पूरा भाषण शांति के साथ सुना गया था। उपकरणों और जन-बल से संबंधित समस्याओं के बारे में कमांडेंट द्वारा उठाए गए एक सवाल पर उन्होंने जवाब दिया, "इसीलिए तो हमारे पास एक कमांडेंट और एक रक्षा मंत्री है। यह युद्ध बिना किसी कमी के लड़ा जाएगा। कमियों को पूरा किया जाएगा और नियुक्त कमांडरों को इसकी जिम्मेदारी लेनी होगी।" उनके उत्साहवर्धक और प्रेरक भाषण ने युवा श्रोताओं को मंत्रमुग्ध कर दिया और तालियों की गड़गड़ाहट से सभागार ऊपर से नीचे तक गूँज उठा।

अक्तूबर में नगर का मौसम काफी सुहावना रहता है। (3 कैवेलरी) के खुतुब हई और मेरा गोल्फ का एक दौर खत्म हो ही रहा था, जब वी.के. मल्होत्रा (17 हॉर्स के) वहाँ पहुँचे और मिलिटरी सेक्रेटरी ब्रांच के सिग्नल को लहराते हुए तीनों की पोस्टिंग का इशारा किया। हमारा एक और दोस्त व कोर्समेट 'मल्लू' वापस अपनी रेजीमेंट 17 हॉर्स में जा रहा था। मैं और मेरा गोल्फ पार्टनर खुतुब हई दिल्ली कैंट में 80 आर्मर्ड डिलिवरी रेजीमेंट में जा रहे थे। हम तीनों को अपने नए तैनाती स्टेशन पर रिपोर्ट करने के लिए सात दिनों का समय दिया गया था। अवश्य ही निरुत्साहित होकर हमने अपनी नई पोस्टिंग को टालने के लिए नगर में पोस्टेड बड़े अफसरों से संपर्क किया; लेकिन कोई लाभ नहीं हुआ। सामान्य रूप से सभी से यही उत्तर मिला था, "तुमसे किसने कहा कि युद्ध छिड़ने वाला है?" या

फिर "तुम भाग्यशाली हो, जो दिल्ली में पोस्टिंग आई है" अथवा "यह वह जगह है, जहाँ बुद्धिमान और विचारशील बुद्धिमान लोगों की जरूरत होती है और मुझे विश्वास है, तुम अच्छा कार्य करोगे।" यद्यपि मन-ही-मन वे सभी जानते थे कि टैंकों को संयोजित करने और भली प्रकार साजो-सामान का आपूरण करने में कुछ ही अधिकारियों और जवानों की जरूरत पड़ती है, लेकिन आमने-सामने के युद्ध में कैवेलरी की प्रमुख सेना के अभिजात बख्तरबंद फौज के रेजीमेंटल ऑफिसर के लिए यह बिल्कुल भी संतोषजनक नहीं होता कि वह इस सुयोग (युद्ध करने के) को अपनी रेजीमेंट से अलग रहकर गँवा दे। अपने निजी उत्साह को प्रकट करने का सबसे अनुकूल अवसर उसको तब मिलता है, जब वह अपनी रेजीमेंट में 'अपने जवानों' के साथ मिल-जुलकर काम करता है। हम युवा अधिकारियों के मन में रोमांचक किस्सों के द्वारा यह बात अच्छी तरह बिठा दी गई थी कि बहुत से अधिकारियों और जवानों ने सारे नियम-कानून एक तरफ रखकर और कभी अविश्वास भरे दाँव-पेंच लगाकर कामयाबी हासिल की और अपनी रेजीमेंट में वापस लौट जाने की राह खोज ली। यह भी कि ऐसा उन लोगों ने युद्ध में वीरगति पाने या प्रशंसा के लिए नहीं किया था, बल्कि इसलिए कि इसके पीछे एक फौजी का सम्मान से जीने तथा सेना में सेवा करने का एक सीधा-सादा प्रयोजन होता है। इसीलिए मल्लू, खुतुब एवं मैं फिर भी खुश थे और अपनी रेजीमेंट में वापस जाने का रास्ता निकालने के लिए सुनिश्चितता, दृढ़ता व संकल्प से भर उठे थे।

पोस्टिंग के आदेश, दुर्भाग्य से, सैनिकों की भावनाओं या निजी इच्छा को ध्यान में रखकर नहीं दिए जाते हैं। ये आधिकारिक आदेश होते हैं, जो वैध आज्ञा है और जिसका निर्विवाद अनुपालन किया जाता है। नोटिस की अवधि समाप्त होने के साथ मैंने खुद को एनेक्सी में 'विदाई समारोहवालों' के बीच पाया, जबकि अन्य लोगों ने खड़े होकर अभिभावक रेजीमेंट में फिर नियुक्ति पानेवाले अधिकारियों की जय-जयकार की। मैंने खुद को एक बख्तरबंद डिलीवरी रेजीमेंट में पोस्टिंग के अनादर को सहन किया। एक सार्वजनिक अनुष्ठान होने की वजह से विदाई को शिष्टता और गरिमा के साथ वहन करना होता है। खुतुब को मांसाहार के साथ ड्रिंक का लुत्फ उठाते हुए देखकर किसी को भी अंदाजा हो सकता था कि निराशा का कोई भी प्रदर्शन उपहास के लिए नहीं खुला है। उसका अकसर दोहराया जानेवाला वाक्य कि 'यदि जबरदस्ती अपरिहार्य है तो इसका आनंद लेना बेहतर है', इस समय की स्थिति पर लागू होता था। कोई भी आपके कष्ट या बुरे भाग्य की कहानी नहीं

सुनना चाहता, बेहतर है कि बहादुरी दिखाएँ और चुपचाप अपने ड्रिंक का आनंद लें। खुतुब ने हमारी यात्रा के प्रबंध किए तथा बताया कि उसके पिताजी, जो रेलवे में एक सीनियर डॉक्टर थे, उनकी सैलून बोगी भी इसी ट्रेन के साथ मनमाड जंक्शन पर जुड़ेगी। पार्टी में हर कोई खुश था कि आमोद-प्रमोद का फिर मौका मिलेगा, तभी कार्यवाहक कमांडेंट ने विदा हो रहे अफसरों के नामों की घोषणा की और साथ में बताया कि खुतुब तथा मैं 80 आर्मर्ड डिलीवरी रेजीमेंट में पोस्टिंग पर जा रहे हैं। सभी ने एक-दूसरे से हाथ मिलाए और अलविदा कहा। प्रत्येक अफसर को एक छोटा विदाई भाषण देना था। मेरे पास दिल्ली में पोस्टिंग के अलावा कुछ कहने को नहीं था। युद्ध में पीछे की पंक्ति में रहते हुए मैं युद्ध में सहायता का अपना पूरा प्रयास करूँगा। मैं पूरी तरह से उखड़ा हुआ तथा नाराज था और केवल एक ही वाक्य बोल सका, "मेरे पास इस शानदार शाम के लिए एक ही शब्द है—धन्यवाद।" तभी पीछे से आवाज आई कि 'यह हुई न एक सैनिक वाली बात!'

मैं, मल्लू और खुतुब अगली दोपहर अपने-अपने गंतव्य के लिए रवाना हो गए। हम तीनों नेशनल डिफेंस एकेडमी (NDA), खड़कवासला में प्रशिक्षण के दौरान साथ थे और अच्छे दोस्त बन गए थे। मल्लू मेरा कोर्समेट था और उसके साथ यंग ऑफिसर्स कोर्स में कई अच्छे पल बिताए थे। बॉस्केटबॉल खेलते हुए अपने दाहिने हाथ की हड्डी तुड़वाने से पहले मैंने भी अगले कोर्स के सबसे लोकप्रिय अफसर खुतुब के साथ यंग ऑफिसर्स कोर्स पूरा किया था। खुतुब एक शिष्ट व सभ्य अफसर थे और नगर में मेरे गोल्फ पार्टनर भी थे। मल्लू हमारे साथ दिल्ली तक जाने वाले थे, उसके बाद उन्हें नॉर्थ के लिए कनेक्टिंग ट्रेन पकड़नी थी। मैं और खुतुब चाहते थे कि कोई भी जूनियर स्टाफ हमें अहमदनगर रेलवे स्टेशन पर विदा करने न आए। किंतु जैसा कि सैन्य रिवाज था, हम वहाँ पर 17 हॉर्स की भारी भीड़ देखकर आश्चर्यचकित थे। इस बिरादरी के बीच में मल्लू एक कमांडिंग ऑफिसर्स की तरह अपनी कमान को अलविदा कहते दिखाई दे रहे थे। वह एक बहुत अच्छे, उत्साही और लोकप्रिय अफसर थे, जो बहिर्मुखी होने के अलावा चीजों की तस्दीक करने की जरूरत महसूस करते थे। एक वरिष्ठ जे.सी.ओ. के निर्देश के तहत सभी ने अपने अफसर को विदाई दी। फूलों के साथ अलविदा कहने की विदाई की रस्म को सेना का एक शिष्टाचार माना जाता है। बड़ी संख्या में फूलमालाओं के साथ आपको पूरा सम्मान दिया जाता है (भले ही आपका फूलों से दम ही क्यों न घुट जाए)। हँसी व आँसुओं के साथ आपकी विदाई को यादगार बनाने और आपको

यह अहसास दिलाते हुए कि आपकी अनुपस्थिति को हर पल महसूस किया जाएगा, ये पल अविस्मरणीय थे। सभी जानते हैं कि सेना की दिनचर्या में एक-दूसरे के लिए बहुत कम समय मिलता है। मैंने एक दिन पहले टैंकोड्रोम में रेंज विंग के कर्मचारियों से अलविदा कहा था और जान-बूझकर इन भावुक पलों की एकरसता से बचने के लिए ट्रेन के प्रस्थान समय पर पहुँचना तय किया था। जैसे ही ट्रेन छुक-छुक की आवाज के साथ चलने लगी, मल्लू की आँखें नम हो गईं। बहुत से लोग इस बात से अनभिज्ञ थे कि अपने लापरवाह और बाहरी व्यक्तित्व के बावजूद उसके अंदर एक बहुत ही नरम और संवेदनशील इनसान छिपा हुआ था। जब हम आगे की लंबी यात्रा के लिए ट्रेन में ठीक से बैठ गए थे कि ट्रेन विलाड में आकर अचानक रुक गई। ट्रेन रुकने के तुरंत बाद रेंज विंग के एक जे.सी.ओ. हाथ में फूलों की माला लेकर हमारे डिब्बे में पहुँच गए।

जे.सी.ओ. : "जय हिंद, सर। स्टाफ मेंबर आपको अलविदा कहने के लिए बाहर खड़े हैं।"

मैंने कहा : "आदेश जारी किए गए थे कि रेलवे स्टेशन पर कोई विदाई नहीं होगी।"

जे.सी.ओ. : "जी हाँ। आपके आदेश थे कि कोई भी अहमदनगर रेलवे स्टेशन पर नहीं आएगा। हमने तो आपके आदेशों का पालन किया, सर।"

मैंने पूछा : "यह कौन सा स्टेशन है ?"

जे.सी.ओ. : "ट्रेन अब विलाड रेलवे स्टेशन पर है।"

मैंने कहा : "यह एक नियमित हाल्ट नहीं है। ट्रेन यहाँ कैसे रुकी ?"

जे.सी.ओ. : "आपातकालीन ठहराव, सर। कृपया स्टेशन मास्टर से पूछें, वह भी बाहर ही इंतजार कर रहे हैं।"

सच कहूँ तो मैं इसके लिए ही परेशान था, क्योंकि जैसा मैंने जिक्र किया था। रेल-बोगी डिब्बे से बाहर निकलने के तुरंत बाद यूनिट के सैनिकों ने जयघोष के साथ मुझे बड़े ही उत्साह के साथ फूलों की मालाएँ पहनाईं। मैंने सभी से हाथ मिलाया और उनके गहरे स्नेह तथा यादगार विदाई के लिए उन्हें धन्यवाद दिया। सैनिकों की ईमानदारी और उनके भोलेपन ने मेरे दिल की गहराइयों को छू लिया। उन सैनिकों ने काफी दूरी तय की थी और फूलों आदि के लिए अपने तंग बजट में से पैसा खर्च किया था। जो सद्भावना उन्होंने प्रदर्शित की थी, उसे भूलना संभव नहीं था, क्योंकि बहुत सारे लोग 45 कैवेलरी के अलावा अन्य रेजीमेंटों से आए थे

और शायद हम सालों बाद कभी मिलेंगे या फिर कभी नहीं। स्टेशन मास्टर, जिसकी आत्मा पूरी तरह से सैन्य सेवाभाव, अर्थात् (शराब) 'सोल्जर वाइन', से प्रभावित थी, उसने अपनी हथेलियों को रगड़ना बंद किया और हँसी-मजाक का समय खत्म होने का संकेत दिया।

अब स्टेशन मास्टर ने हरी झंडी लहराते हुए इस हॉल्ट के बाद फिर से ट्रेन को चलने दिया। जवानों के समूह को वापस हाथ लहराते हुए मैं ट्रेन के दरवाजे पर खड़े होकर विलाड स्टेशन को आँखों से ओझल होते देख रहा था। डिब्बे में फिर से दाखिल होने की हिचकिचाहट और आँखों में उमड़ रहे आँसुओं को रोकने का एक निजी संघर्ष चल रहा था। अंतरात्मा की भावनाओं की तीव्रता इतनी थी कि आँसुओं की दो बूँदें कई बाधाओं को तोड़कर मेरे गालों पर लुढ़क ही आईं और मेरे चेहेरे को सहलाती हुई मंद हवा में भाप बनकर उड़ गईं। इस तरह के अनुभव से आत्मा को शांति का एक अजीब-सा अहसास होता है। अपने आँसुओं को छुपाने के लिए कोई कहानी बनाना बेकार था, क्योंकि मेरे दोनों साथी इस तरह की भावनात्मक परिस्थिति से गुजर चुके थे। इसलिए हॉल्ट के बारे में बिना कुछ पूछे उन्होंने मेरे हाथों में बीयर का गिलास थमा दिया।

सैलून कार से सफर करने का आनंद एक नया अनुभव था। खुतुब हई के पिता भारतीय रेलवे में एक सीनियर डॉक्टर थे और उनकी सैलून कार मनमाड जंक्शन पर हमारी ट्रेन से जुड़ी थी, ताकि वह और उनकी पत्नी रेजीमेंट ज्वॉइन करने से पहले अपने बेटे के साथ थोड़ा समय बिता सकें। खुतुब की माँ ने हमें सैलून में एक शानदार हैदराबादी दोपहर के भोजन के लिए आमंत्रित किया था। उन्होंने विशेष रूप से परंपरागत पकवान, मटन-चना दाल, चिकन बिरयानी और कई अन्य स्वादिष्ट व्यंजन पकाए थे। सैलून में सबकुछ बहुत अच्छे से व्यवस्थित था। वरदी में सर्व करनेवाले, चमकदार चीनी व चाँदी की कटलरी, भोजन की मोहक सुगंध, एक अनुभवी व्यक्ति की मेजबानी और भोजन के दौरान हलकी-फुलकी बातचीत ने इस घटना को अविस्मरणीय बना दिया। जिस शालीनता, सौजन्य और गर्मजोशी से हमारे साथ व्यवहार किया, उससे माता-पिता के रूप में उनके निजी भय और चिंता का कोई संकेत नहीं मिलता था कि वे लोग अपने बेटे से दोबारा लंबे समय बाद मिलेंगे। यह सुनकर कि कलकत्ता के आसपास शरणार्थियों की दुर्दशा मैंने देखी है, श्रीमती हई ने मुझे यह कहकर आश्चर्यचकित कर दिया कि भारत एक महान् देश है। अपने आर्थिक बोझ के बावजूद उसने मानवीय आधार पर शरणार्थियों के

लिए अपनी सीमाएँ कभी बंद नहीं कीं। यह जानने पर कि मेरे तीन भाई पहले से ही सीमा पर अपनी यूनिट के साथ तैनात थे, वे मेरी माँ की कुशलता के लिए काफी आशंकित थीं और जब मैंने उनसे कहा कि हम में से सबसे छोटे ने सर्विस सेलेक्शन बोर्ड (S.S.B.) की कॉल छोड़ दी थी, ताकि वह माँ की देखभाल कर सके तो यह सुनकर हमारे परिवार के प्रति उनका आदर और बढ़ गया। उन्होंने खुतुब के बारे में उत्साहपूर्ण शब्दों में कहा कि उन्हें गर्व है कि एक बेटे के रूप में वह देश और अपनी रेजीमेंट के प्रति अपने कर्तव्य को समझता है। सभी की सलामती की दुआ करते हुए वे इस उम्मीद से भरी थीं कि हम सभी फिर कभी फुरसत से मिलेंगे। उनका आकर्षक चेहरा, शिष्टाचार और गर्मजोशी से भरी कोमल आवाज से उनके भीतर की आशंकाओं और उथल-पुथल को महसूस नहीं किया जा सकता था। मैंने अकसर इस घटना को 'शालीनता भरी परेशानी' के उत्कृष्ट उदाहरण के रूप में याद किया है। मैं उनको देखकर समझ सकता था कि मेरी माँ किस गहरी चिंता और आशंका से गुजर रही होंगी; और अपने छोटे भाई की परिपक्वता को भी कि जब "चार मोर्चे पर हैं तो घर और माँ की देखभाल के लिए पीछे एक को अवश्य रहना चाहिए!"

□

युद्ध के लिए उत्सुक सैनिक

खुतुब और मैंने दिल्ली पहुँचने पर सबसे पहले आर्मी गोल्फ कोर्स की ओर रुख किया। यह रविवार का दिन था और रविवार दोपहर को गोल्फ कोर्स से बेहतर जगह और क्या हो सकती है! हमारे मिशन में शामिल थे कर्नल ए.पी. सिंह, कमांडेंट 80 आर्मर्ड डिलीवरी रेजीमेंट (A.D.R.) से मिलना, जिनकी कमांड में हमें सेवा करनी थी। वह एक प्रसिद्ध सर्विसेस स्तर के गोल्फर थे। हमें उन्हें अपना परिचय देने में कोई कठिनाई नहीं हुई, क्योंकि हम सभी ब्लैक बैरे पहननेवाली बिरादरी के सदस्य थे। उनको हमारी पोस्टिंग के बारे में पता था, लेकिन हमारी योजनाओं के बारे में नहीं, अतः हमारा तहेदिल से स्वागत किया गया। अनुभवी कैवेलरी मैन ने हमारे विचारों को भाँप लिया और हमें सोमवार सुबह 9 बजे ऑफिस में मिलने का निर्देश दिया। मिशन सफल रहा। हमने सामान निकालने के लिए 80 ए.डी.आर. मेस में लौटने से पहले गोल्फ के दौर और दोपहर के भोजन को समाप्त किया। हमने उम्मीद की थी कि यह ड्यूटी का एक बहुत ही संक्षिप्त कार्यकाल होगा। अपनी पैरेंट्स रेजीमेंटों में वापसी हमारा मुख्य एजेंडा था।

कर्नल ए.पी. सिंह एक अच्छे सैनिक और बहुत कम बोलनेवाले व्यक्ति थे। उन्हें ईमानदारी व स्पष्टता पसंद थी और उनको जरा भी आश्चर्य नहीं था कि मैं अपनी रेजीमेंट में वापसी करना चाहता था। इसके आगे उन्होंने कहा कि यदि वे मेरी जगह होते तो वे भी यही करते। कमांडेंट 80 ए.डी.आर. की हैसियत से बोलते हुए उन्होंने यह स्पष्ट किया कि यूनिट को चलाने के लिए उन्हें अच्छे अधिकारियों की आवश्यकता थी। इसलिए हमें 72 घंटे का समय दिया गया—या तो अपनी पोस्टिंग का जुगाड़ कर लो, नहीं तो 80 ए.डी.आर. ज्वाइन करो। उन्होंने यह भी कहा कि तुम्हें कोई परेशानी नहीं होगी, क्योंकि सेवानिवृत्त जनरल वीरेंद्र सिंह एक प्रभावशाली

16 कैवेलरी के अफसर हैं, जिनको हाल ही में 45 कैवेलरी के 'कर्नल ऑफ द रेजीमेंट' के पद पर नियुक्त किया गया था।

जनरल वीरेंद्र सिंह के साथ पहली मुलाकात का अनुभव कुछ अच्छा नहीं रहा। मैंने सेवाकाल में उनके पेशेवर अंदाज के बारे में जानने के लिए कुछ पूछताछ की। उन्होंने 2 आर्मर्ड ब्रिगेड की कमान के बाद सन् 1965 में राष्ट्रीय कैडेट कोर (N.C.C.) में मेजर जनरल का स्थानीय रैंक हासिल किया था। वह चेशायर ट्रस्ट की भारतीय शाखा के अध्यक्ष थे और दिल्ली में परिवार द्वारा चलाए जा रहे मॉडर्न स्कूल का प्रबंधन करने के अलावा निपुणता से शेयर मार्केट में निवेश करते थे। दिल्ली में रहनेवाले अफसरों में वे काफी लोकप्रिय कैवेलरी अफसर थे। पूछताछ के दौरान मुझे चेताया गया था कि वे बातचीत में रूखे और अकारण ही गुस्सा होनेवाले शख्स थे। यह उन मित्रों और साथी अफसरों द्वारा प्रदान की गई कुल जानकारी थी, जो उन्हें जानते थे। मेरा विचार था कि 'कर्नल ऑफ द रेजीमेंट' के रूप में उन्होंने पहले ही 80 ए.डी.आर. में पोस्टिंग को मंजूरी दे दी होगी। इसलिए यह कार्य और जटिल हो गया था। दूसरी ओर कर्नल ए.पी. सिंह द्वारा पोस्टिंग को रद्द कराने के लिए निर्धारित 72 घंटे की अवधि तेजी से समाप्त हो रही थी। दुविधा यह थी कि मैंने एक सीनियर अफसर को सहायता के लिए कभी संपर्क नहीं किया था। कभी-कभी निराशा के पलों में हम साफ दिख रही चीजों की अनदेखी कर जाते हैं। 'कर्नल ऑफ द रेजीमेंट' होने के नाते वह 45 कैवेलरी के एक अफसर से मिलने के लिए क्यों मना करेंगे? किसी तरह की देरी किए बिना मैंने उनका नंबर डायल कर दिया।

जनरल : "हाँ, कौन?"

मैंने कहा : "सर, मैं 45 कैव हूँ...।"

जनरल : "हाँ-हाँ, बोलो।"

मैंने कहा : "सर, मैं 80 ए.डी.आर. में पोस्टेड हूँ।"

जनरल : "हाँ, जानता हूँ। क्या चाहते हो तुम?"

मैंने उत्तर दिया : "मैं आपसे मिलना चाहता हूँ, सर।"

जनरल : "तो तुम फोन क्यों कर रहे हो? मेरे ऑफिस में आकर मिलो।"

इतना कहकर उन्होंने फोन रख दिया।

जैसे ही मैं उनके मॉडर्न स्कूल ऑफिस में पहुँचा कि जनरल महोदय ने एक रूखी 'हैलो' के बाद आर्मर्ड कोर सेंटर और स्कूल (ACC & S) के बारे में सवालों की बौछार करनी शुरू कर दी। वे अफसरों, रेजीमेंटों, विजिटर, सोशल लाइफ

के बारे में जानकारी चाहते थे। इसी सबके बीच मैंने अपने आने के उद्देश्य को याद कराया। मुझे अपना अनुरोध दोहराने या समझाने की जरूरत नहीं थी। उन्होंने टेलीफोन का रिसीवर उठाया और अपने पी.ए. को कुछ निर्देश दिए, जिसमें कहा गया कि यह कॉल अति आवश्यक है। बातचीत के तरीके में बदलाव किए बिना उन्होंने किसी से बात की, जिसने बदले में जरूर अफसरों की पोस्टिंग को सँभालने वाले किसी अफसर को कॉल ट्रांसफर कर दी। रिसीवर रखते हुए उन्होंने बताया कि दो दिन के बाद पता चल जाएगा। उनके अनुसार मीटिंग खत्म हो चुकी थी? शायद जिस स्पीड से मीटिंग समाप्त हुई, उससे मैं थोड़ा हैरान-सा था। मैं निश्चल बैठा रहा और मन में इस बात का संदेह था कि क्या मेरी प्रार्थना पर सुनवाई होगी; क्योंकि इस बीच में एक बार भी मेरा नाम नहीं बोला गया था! मुझे अभी भी वहाँ देखकर, वे अपनी नजर उठाकर मुझसे बोले कि क्या तुम्हें और कुछ चाहिए? जब मैं अभी उत्तर देने का साहस बटोर ही रहा था, तभी वे अपनी कुरसी पर से उठ गए और हाथ मिलाते हुए मुझे अलविदा कहा।

अभी भी भाव-शून्यता से मैं उस द्वार को देख रहा था, जिससे होकर मैं अंदर आया था कि उनका टेलीफोन फिर से बजा। जोर की 'हाँ' के साथ उत्तर दिया गया। मैं वहाँ से भाग खड़ा हुआ, अपनी किस्मत को कोसते हुए कि क्यों इस उग्र-तेजी महानुभाव से मिला? मैंने जल्द ही खुद को उनके कार्यालय के बाहर अपने आत्मघाती कदम पर संदेहों को कोसते हुए खड़ा पाया। मेरी समझ में नहीं आ रहा था कि मैं अपने आप से नाराज होऊँ या उनके प्रति प्रसन्न व कृतज्ञ रहूँ?

यह अकारण ही नहीं था कि जनरल एक ख्याति-प्राप्त अद्भुत व्यक्ति थे। वे अपने वचन के पक्के थे और दो दिन बाद मुझे फोन से सूचित किया कि अपनी रेजीमेंट में तुरंत लौटने के मेरे लिए आदेश जारी किए जा चुके हैं। मैंने कृतज्ञता से उनका शुक्रिया अदा किया। रेजीमेंट में वापस लौटने के मेरे दृढ़ संकल्प की, वह भी तब, जब युद्ध के बादल ऊपर मँडरा रहे थे, और मेरे इस मनोभाव की उन्होंने सराहना की। उन्होंने रेजीमेंट की पूर्ण सफलता और अच्छे भाग्य की कामना की। खुतुब के साथ अगले दिन हम पोस्टिंग ऑर्डर लेने के लिए साउथ ब्लॉक एम.एस. ब्रांच गए। मेजर चेंगप्पा ने हमें सूचित किया कि 3 कैवेलरी के कर्नल ने खुतुब को वापस लाने के लिए कहा था, जिसके लिए जल्द ही आदेश जारी किए जाएँगे। उसने हमें उसी शाम ड्रिंक्स के लिए आमंत्रित किया, जहाँ हमें पता चला कि चेंगप्पा 70 आर्मर्ड रेजीमेंट (70 A.R.) में वापस जाने के लिए कृत संकल्प थे और एक

सप्ताह के भीतर चले जाएँगे। स्टाफ कॉलेज पूरा होने पर 45 कैवेलरी में पोस्टिंग पाने के लिए चेंगप्पा आगे की मिसाइल प्रशिक्षण के लिए फ्रांस गए थे और वापसी पर उन्हें मिसाइल रेजीमेंट 70 ए.आर. में भेज दिया गया था। एक बुद्धिमान और मृदुभाषी अफसर के तौर पर वे एक आदर्श थे और एक कैवेलरी अफसर के सारे गुण उनके अंदर मौजूद थे। रेजीमेंट जब युद्ध के लिए तैयार हो रही थी, उस समय उनका रात्रिभोज का आमंत्रण आर्मर्ड कोर भावना रखनेवाले वॉलंटियर वीरों के लिए हमेशा बनी रहनेवाली एक यादगार थी।

दूसरों की परवाह करनेवाले खुतुब ने भी गर्मजोशी के साथ हमेशा याद रहनेवाली एक भव्य शाम का आयोजन किया। हम भारत की पहली सुपर फास्ट ट्रेन के लिए रेलवे ट्रैक बिछाने के लिए नियुक्त रेलवे इंजीनियर और उनके पारिवारिक दोस्त के घर डिफेंस कॉलोनी गए। उनकी दो प्यारी बेटियों ने हमारे साथ कॉफी और केक का आनंद लिया, जबकि पिता ने राजधानी एक्सप्रेस को वास्तविकता बनाने के लिए उन तकनीकी समस्याओं के बारे में बताया, जिन्हें दूर करना था। हमारी वह शाम कनॉट प्लेस में रिवोली सिनेमा के पास हाल ही में खुले 'द डेन' डिस्कोथेक में जाकर समाप्त हुई। जबरदस्त संगीत, भ्रमित करनेवाली तेज रोशनी, नशीले पैग और सुबह तक बेतहाशा किए जा रहे नाच ने उस शाम को हमारी यादों में खास जगह दे दी।

दिल्ली छोड़ने की उतावली में मैंने रेजीमेंट को अपना अनुमानित आगमन समय (ETA) भी नहीं भेजा। इस छोटे शहर कांचरापाड़ा में ट्रेन से उतरने के बाद पता चला कि स्थानीय सैन्य गाड़ियों की आवाजाही बंद थी। इसलिए मैं या तो स्थानीय रिक्शे का सहारा लेता या वहाँ खड़े होकर किसी गुजरनेवाली सैन्य गाड़ी का इंतजार करता। मैंने बाद वाला विकल्प चुना। कुछ देर बाद एक सैन्य गाड़ी दिखी; किंतु मैं हैरान रह गया, जब ड्राइवर ने मुझसे मेरी यूनिट का नाम पूछा। मैंने कहा, "मैं कैवेलरी का हूँ, टैंक रेजीमेंट।" ड्राइवर ने कोई खास भाव नहीं दिया। उसके इस व्यवहार से मैं ऊँची आवाज के साथ उस पर बरस पड़ा, "कौन सी यूनिट है तुम्हारी?" सामान्यत: एक सैनिक अपनी वरदी के साथ अपनी पहचान के लिए अपने कंधे पर ग्रुप एवं कोर का नाम और कैप-बैज पहनता है। उसने कुछ नहीं लगा रखा था और कहा, "माफ कीजिएगा, मैं आपको नहीं बता सकता।" उसकी बेचैनी उसके अनिच्छापूर्ण उत्तर का साथ नहीं दे रही थी। मैंने जोरदार आवाज में फिर से कहा, ताकि उसे मामले की गंभीरता में शक नहीं हो, "अपने

व्हिकल कमांडर को बुलाओ।" वह तुरंत गया और दोगुनी रफ्तार के साथ वापस आया। उसके साथ तीन फीताधारी एक हवलदार भी था। "जय हिंद, साब! आपका स्वागत है। कृपया अपना पहचान-पत्र दिखा दीजिए।" उसकी अजीब-सी, लेकिन उचित माँग ने मुझे हैरान कर दिया। अनुभवी हवलदार ने अपने चेहरे पर थोड़ी मुसकान लाते हुए जल्दी से कहा, "सुरक्षा के लिए यह जरूरी है।" मैंने सिविल कपड़े पहने थे और मेरा आई-कार्ड मेरे पास नहीं था, बल्कि मेरे सूटकेस में था। सुरक्षा निर्देशों में स्पष्ट रूप से हिदायत थी कि सिविल ड्रेस में यात्रा करते समय आपका आई-कार्ड आपके साथ होना चाहिए। अपनी पहचान साबित करने के लिए मुझे वापस प्लेटफॉर्म पर रखे अपने सूटकेस तक लंबी दूरी तय करनी पड़ी। अच्छी तरह से मेरा आई-कार्ड चेक करने के बाद वे मेरा सूटकेस गाड़ी में रखकर ऊबड़-खाबड़ सड़क से मुझे एक आर्टिलरी रेजीमेंट में ले गए।

रेजीमेंट में मेरी पहचान के लिए सुरक्षा से जुड़ी औपचारिकताएँ पूरी करने के बाद सुरक्षा के प्रति जागरूक हवलदार अब रास्ते में परिंदे की तरह गाता हुआ उसके रेजीमेंटल (R.H.Q.) में तैनात अधिकारी की ओर चल पड़ा। एक चुस्त युवा अफसर अपने सहयोगी के साथ कुछ बात करके तुरंत मुझे अपने ऑफिसर्स मेस में ले गया। रेजीमेंटल जीप के इंतजार के दौरान ड्रिंक्स के साथ आपसी परिचय हुआ। ड्रिंक्स के साथ आर्टिलरी जवानों के द्वारा मेरी 'सुरक्षा जाँच' का घटनाक्रम एक हँसी-मजाक का विषय था। हर कोई इस बात पर सहमत था कि हमारे सैनिक कुछ महीने पहले अजनबियों को स्वेच्छा से जो सूचना दे देते थे, आज हर कदम फूँक-फूँककर रखते हैं। टैंक रेजीमेंट की उपस्थिति से इनकार करना, वह भी यह जानते हुए कि उनकी यूनिट डायरेक्ट सपोर्ट (सीधे समर्थन करना) की भूमिका में थी, यह अज्ञानता के कारण नहीं था। यह सिक्योरिटी प्रशिक्षण और माहौल में आमूल-चूल परिवर्तन को दिखाता था। यह परिवर्तन स्पष्ट संकेत था कि फोर्ट विलियम में तैयार की जा रही युद्ध की योजनाएँ आनेवाले दिनों के लिए खतरनाक होने का पूर्वानुमान थीं। रेजीमेंटल जीप आ गई थी, लेकिन डायरेक्ट सपोर्ट के गनर्स ने बिना डिनर किए जाने नहीं दिया। हम फिर मिलेंगे, यह दलील ऐसा कहकर खारिज कर दी गई कि 'कोई नहीं जानता, कब जंग छिड़ जाए!'

"आपको स्क्वाड्रन में वापस देखकर अच्छा लगा। स्वागत है आपका!" स्क्वाड्रन कमांडर की खुशी से भरी प्रतिक्रिया खास थी। मेजर दलजीत सिंह नारंग एक बहुत ही दिलचस्प व्यक्तित्व थे। उनके स्क्वाड्रन सेकंड-इन कमांड के रूप में

मैंने पहले काम किया था और मैं उन्हें बहुत अच्छी तरह से जानता था। वह एक सिख थे, जिनका छोटा कद, चौड़े कंधे, भारी व मजबूत शरीर था। साथ ही उनका गोल चेहरा, जोशीली व चमक से भरी आँखें, करीने से सँवारी गई दाढ़ी-मूँछें उनका रुआब दिखाती थीं। अपने बरताव और साज-सज्जा पर उन्हें खासा गर्व था। वह एक उत्कृष्ट फुटबॉल खिलाड़ी थे और सन् 1953 में डूरंड कप फाइनल के दौरान राष्ट्रीय रक्षा एकेडमी (N.D.A.) का प्रतिनिधित्व कर चुके थे। यह एक ऐतिहासिक उपलब्धि थी और डेक्कन हॉर्म में कमीशन के लिए उनका नाम लगभग तय था। उनके चलने में लचक थी, जिसके लिए वे घुटने में नी-कैप पहनने लगे थे। वे किसी भी अन्य पेशेवर खिलाड़ी की अपेक्षा गेंद को काफी दूरी से ठोकर लगाने की अपनी कुशलता के लिए स्क्वाड्रन में मशहूर थे। वास्तव में, जब भी उन्होंने किसी को भी कोई नियम तोड़ते हुए पकड़ा या किसी ने उन्हें उकसाया हो तो यह निश्चित था कि उसे मेजर नारंग की लात पड़ने के साथ ही आनेवाले नतीजों की धमकी भी मिली होगी।

उनका जीवन और अपने कार्य व सेवा के प्रति दृष्टिकोण बड़ा सीधा व सरल था और उनका व्यवहार निष्पक्ष और न्याय की एक उल्लेखनीय भावना को प्रदर्शित करता था। उनके अंदर तीव्र व्यावहारिक समझ थी और उन्हें अपनी विरासत एवं अपने पेशे—दोनों पर बहुत गर्व था। उनके पास विभिन्न भाषाओं को सीखने की अदम्य दक्षता थी और वे विभिन्न भाषाएँ, जैसे—पंजाबी, पश्तो, तमिळ, तेलुगु, बँगला, मराठी और यहाँ तक कि गोरखाली भी लगभग अच्छी तरह बोल लेते थे। हालाँकि उन्होंने इन भाषाओं में दक्षता प्राप्त करने का कोई प्रयास नहीं किया था, किंतु वे आसानी से बातचीत करके अजनबियों से दोस्ती कर सकते थे और मानसिक तनाव से हताश महिलाओं को लुभा सकते थे। वह सामाजिक समारोह और पार्टियों में अपनी खाने-पीने की आदत के लिए जाने जाते थे। दूसरों की नकल करने की योग्यता के अलावा उनके अंदर सस्ते लोकगीतों, कहानियों और रोमांचक घटनाओं का भंडार था, जिनमें से कई किस्से उनके अपने स्वयं के जीवन से लिये गए थे। हथियारबंद कोर में वह एक अलग और लोकप्रिय व्यक्ति थे, जो अपनी विभिन्न शरारतों एवं अपने स्नेही व उदार हृदय के लिए जाने जाते थे।

चीफी की मौजूदगी के बिना मेस का कोई भी फंक्शन पूरा नहीं होता था। अकसर उनके साथ के अफसर उनका अपनी सिगरेट जलाने का इंतजार करते थे, यह संकेत था कि वे शाम का आनंद उठाने के लिए तैयार हैं। जल्द ही सभी उन्हें

उकसाते थे—उनकी ताजा हासिल की हुई जीत की दास्तान सुनाने के लिए या पहले के किसी गोलाबारी से भरे मिशन के बारे में दोबारा बताने के लिए। अनुशासन-पसंद एक कमांडेंट महोदय ने ऑफिसर्स मेस क्लब के अभद्र वातावरण पर विवश होते हुए केवल वाटर ट्रक को छोड़कर सभी जीप और गैर-जरूरी वाहनों की बेवजह आवाजाही बंद कर दी, ताकि हम में से कोई यूनिट एरिया से बाहर न जा सके। रात के खाने के लिए जाते समय कर्नल साहब ने चीफी की अनुपस्थिति को महसूस किया। हालाँकि उनके प्रश्नों का किसी ने उत्तर नहीं दिया, किंतु यह छुपा नहीं था कि चीफी ने स्क्वाड्रन से रम की एक बोतल ली थी और पास के गाँव से चिकन लाने का ऑर्डर दिया था, ताकि वह एक खुशनुमा शाम अपने किसी मित्र के साथ बिता सकें। अगले दिन लंच ब्रेक के दौरान हमने अर्दली रूम से कमांडेंट और उनकी बातचीत सुनी।

कमांडेंट : "मेजर नारंग, रात के खाने के दौरान आप कहाँ थे ?"

चीफी : "मैं एक दोस्त से मिलने गया था।"

कमांडेंट : "आप रात के खाने से गायब थे, जो कि एक परेड है।"

चीफी : "मैंने किसी को वचन दिया था, इसलिए अपने सहयोगी को बताने के बाद मैं डिनर से अनुपस्थित रहा।

कमांडेंट : "तो आप अपने दोस्त के घर चलकर गए, क्या यह सच है ?"

चीफी : "नहीं सर, क्योंकि मैं इतनी दूर चलकर नहीं जा सकता था।"

कमांडेंट : "तो आखिर तुम गए कैसे ?"

चीफी : "मैंने सेना के वाहन से लिफ्ट ली।"

कमांडेंट : "बिल्कुल ठीक। तो आपने एक यूनिट जीप का इस्तेमाल करके मेरे आदेशों की अवहेलना की।"

चीफी : "नहीं, सर, मैं तो स्क्वाड्रन वाटर ट्रक से गया था।"

जब मैंने ड्यूटी के लिए चीफी को रिपोर्ट किया तो उन्होंने थोड़े में ही मुझे वह सबकुछ बताया, जो मेरी अनुपस्थिति के दौरान 'सी' स्क्वाड्रन और रेजीमेंट में घटित हुआ था। उन्होंने मुझे समूह में प्रतिरोधी संघर्ष (combat grouping) और उससे जुड़े प्रोग्राम, जो पूरे हो चुके थे और अन्य, जो प्रगति पर थे, उनके बारे में बताया। जब हम स्क्वाड्रन प्रशिक्षण एरिया में घूमे, तब मुझे बाकी सभी टैंक कमांडर, ड्राइवर, गनर, रेडियोमैन से मिलने का मौका मिला, जिनसे मैं अच्छी तरह परिचित था। हर कोई सौंपे गए कार्यों को पूरा करने में व्यस्त था। सभी जवानों का

मनोबल काफी ऊँचा लग रहा था। हर काररवाई आला दरजे की भागीदारी और दृढ़ संकल्प से प्रेरित थी। कुल मिलाकर, यह प्रभाव पड़ता था कि अच्छी तरह से सुचालित और संरक्षित, अर्थात् तेल और ग्रीस के साथ अनुरक्षित की हुई एक बड़ी युद्धक मशीन एक आदेश 'हमला करो' (Go) पर निरंतर अपने लक्ष्य की ओर बढ़ने और अपने दुश्मन को बरबाद करने के लिए तैयार थी। हाँ, सेना के 'सशस्त्र बल' (Teeth Arm) को हर संभावित घटना के लिए तैयार किया गया था और मैं इस युद्धक मशीन का हिस्सा बनकर खुश था, जो हर एक सैनिक का घर-बार, दिल व प्यार और उसकी रेजीमेंट उसके लिए सबकुछ होती है।

एक बड़ा बदलाव यह था कि रेजीमेंट के वॉर एस्टेब्लिशमेंट (W.E.) को लाइट आर्मर्ड रेजीमेंट से स्टैंडर्ड आर्मर्ड रेजीमेंट में बदल दिया गया था। इसके अंतर्गत प्रत्येक तीनों स्क्वाड्रनों में अब दो राइफल ट्रूप को हटाकर तीन के बजाय चार-चार टैंक ट्रूप के अधिकार दिए जाएँगे। अब प्रत्येक स्क्वाड्रन के हक में 14 टैंक और रेजीमेंट का अधिकार 45 टैंक तक बढ़ाया गया था। एक लाइट आर्मर्ड रेजीमेंट की अवधारणा को अस्वीकार कर दिया गया था, क्योंकि राइफल ट्रूप को एक टन के वाहनों पर चढ़ाया जाता था, जो कि पदाति सेना (infantry) को सौंपी गई बुनियादी भूमिकाएँ निभाता था, जिसके लिए आमर्ड कोर में कोई स्थान नहीं था। इसी दौरान दो अन्य रेजीमेंट 7 कैवेलरी और 63 कैवेलरी को PT-76 से T-55 टैंकों में परिवर्तित किया गया, जिन्हें रूस से आयात किया गया था। इन यूनिटों के PT-76 टैंकों को दोनों की अधीनस्थ स्वतंत्र स्क्वाड्रनों और सिलीगुड़ी के पास स्थित 69 आर्मर्ड रेजीमेंट को सौंप दिया गया। चूँकि आर्मर्ड कोर ने हाल ही में आए B.T.R. आर्मर्ड जवान वाहक (A.P.C.S.) राइफल ट्रूप्स के लिए दावा नहीं किया, दरअसल, यही लाइट आर्मर्ड रेजीमेंट के अंत का कारण बनी। इस रूपांतरण का प्रभाव बाद में सन् 1971 के ऑपरेशनों के संचालन के दौरान खुलकर सामने आना था।

डिग्बी, कमांडेंट महोदय द्वारा एक और उल्लेखनीय बदलाव किया गया, वह यह कि सिर्फ PT-76 टैंक में चार लोगों का टैंक क्रू बनाया गया, जबकि यह टैंक तीन लोगों के क्रू के लिए डिजाइन किया गया था। पश्चिमी ब्लॉक के अधिकतर टैंकों में ड्राइवर, गनर, ऑपरेटर और कमांडर की ड्यूटी के लिए अलग-अलग क्रू मेंबर्स थे। प्रत्येक फंक्शन खास तरह का था, इसलिए ए.सी.सी. एवं एस. (ACC & S) में ट्रेडमैन के लिए प्रशिक्षण उसी हिसाब से प्लान की गई थी। प्रशिक्षण के तहत 'सवार' (टैंक मैन) को दो कार्य आवंटित किए जाते हैं—पहले और दूसरे चरण में

(primary and secondary), जो कि प्रवीणता और शिक्षा पर आधारित होते हैं। रंगरूट का प्रशिक्षण पूरा होने पर सवार प्राथमिक चरण में ग्रेड 4 से ग्रेड 3 तक श्रेणीबद्ध होगा, फिर उसे ए.सी.सी. एवं एस. (ACC & S) में नियतकालिक कार्य परीक्षा के साथ प्रशिक्षक (instructor) का कोर्स करना होगा, जिससे वह ग्रेड 1 में पहुँच जाएगा। इनमें से योग्यतापूर्ण अच्छी दक्षता हासिल करनेवाले ट्रेड्समैन टैंक कमांडर के रूप में स्नातक होते हैं। PT-76 क्रू के लिए कमांडर और गनर की ड्यूटी साझा थी। अन्य दो सदस्य बिना किसी बदलाव के बाकी की ड्यूटी पूरी करेंगे। तीन बनाम चार क्रू की गुण/अवगुण चर्चा के विषय नहीं थे, क्योंकि रेजीमेंट में यह बदलाव स्वीकार किया जा चुका था। चौथे क्रू मेंबर को समायोजित करने के लिए मूल टैंक गनर की सीट के पीछे के हिस्से को इस तरह से बदली किया गया कि टैंक कमांडर अब गनर की सीट से ऊपर उठते हुए थोड़ा ऊँचे प्लेटफॉर्म पर खड़ा हो सके। ऊँचा प्लेटफॉर्म कमांडर को लगातार खड़े रहने की स्थिति में विवश करता था, जिससे उसके कूल्हे, कंधे, गरदन एवं सिर बुर्ज (turret) के ऊपर रहते थे और कमांडर का कपोला खुला रहता था। यदि कमांडर के कपोला को बंद करने की जरूरत पड़ती है तो कमांडर गन रिकोइल मेकैनिज्म के पीछे प्रतिबंधित स्थान पर गनर और ऑपरेटर के बीच खड़ा होता है, जिससे कमांडर वस्तुतः अवांछित व्यक्ति की तरह गन को नॉन-ऑपरेशनल बना देता था। एक उभयचर टैंक होने के नाते यह स्पष्ट था कि टैंक के अंदर अतिरिक्त क्रू मेंबर की संख्या नदी पार करने के दौरान परिचालन में रुकावट डालेगी।

प्रशिक्षण पूरे जोर-शोर से जारी था। युद्ध अभ्यासों पर विशेष जोर दिया जाता था, जिनका इतनी बार अभ्यास किया जा चुका था कि हम आँखें बंद करके भी उनको कर सकते थे। हमारे दैनिक कार्यक्रम का दूसरा महत्त्वपूर्ण पहलू था—फील्ड मिनिएचर रेंज (F.M.R.) पर अभ्यास करना तथा गन और क्रू मेंबर्स के प्रशिक्षण को बढ़ावा देना। चूँकि हम में से हर कोई समान रूप से कड़ी मेहनत कर रहा था, इसलिए इसका अर्थ यह नहीं कि सिर्फ काम ही था, खेल-कूद नहीं। कुछ भाग्यशाली जवानों को कमांडेंट डिग्बी के साथ पास के गोल्फ कोर्स में जाने का अवसर मिल जाता था। ज्यादातर हम बास्केटबॉल कोर्ट में अफसर बनाम जे.सी.ओ. मैच या इंटर-ट्रूप या इंटर-स्क्वाड्रन टूर्नामेंट में पसीना बहाते थे। आत्मीयता और मित्रता के जो घनिष्ठ संबंध खेल के मैदान पर विकसित हुए, वे रैंक, सर्विस, वरिष्ठता से परे थे। ग्रुप एक्टिविटी ने व्यक्तिगत भावना को कम किया

और सभी को रेजीमेंट के लिए मजबूत व एकजुट होकर एक टीम के रूप में खड़ा किया। शाम में हम सभी ऑफिसर्स मेस में इकट्ठा होते थे, जहाँ सीमा की स्थिति और मुक्तिवाहिनी की गतिविधियों के बारे में जानकारी लेने के बाद अपने आप को 'व्हिस्की पानी' के साथ ताजादम करते थे। सप्ताहांत को हम आमतौर पर कलकत्ता में पुराने दोस्तों की तलाश में, डांस/डिनर या टर्फ क्लब में घोड़ों पर दाँव लगाने और कलकत्ता की नाइट लाइफ का आनंद उठाने में बिताते थे।

जबकि भारत बँगलादेश के शरणार्थियों की आवक से भर चुका था उस वक्त सैन्य और राजनीतिक नेता इसकी संप्रभुता की रक्षा के लिए एकजुट हो गए थे। सेना ने पाकिस्तान की क्षमता और हमारी प्रतिक्रिया का वास्तविक मूल्यांकन कर लिया था। सरकार की ओर से पी.एन. हक्सर द्वारा जारी निर्देशों के तहत आर.एन. काओ के अधीन अनुसंधान एवं विश्लेषण विंग (RAW) और महानिदेशक रुस्तमजी के अधीन सीमा सुरक्षा बल (B.S.F.) पूरी तत्परता के साथ लगे हुए थे। जन-प्रवाद के अनुसार, मुक्तिवाहिनी को प्रशिक्षण देने के लिए सीमा पर कैंप लगाए जा चुके थे। इसके अलावा, यह भी कि सेना ने पूर्वी पाकिस्तान राइफल्स (E.P.R.) के पूर्व सैनिकों के साथ तीन नए ब्रिगेड तैयार करने का लक्ष्य रखा था, ताकि उन्हें सेना के साथ रहकर युद्ध करने के लिए सिखाया जा सके और साथ ही 75,000 गुरिल्लाओं को भी प्रशिक्षण दिया जाए। यह उम्मीद थी कि बेसिक तकनीकों, जैसे घात लगाकर हमला करने (ambush), विध्वंस और संचार साधनों को तोड़ने में महारत हासिल कर ये गुरिल्ला सैनिक धीरे-धीरे पाकिस्तान की सेना को तहस-नहस कर देंगे। अगर मुक्तिवाहिनी छह महीने या उससे अधिक की अवधि तक संघर्ष को बनाए रख सके तो यह पाकिस्तानी सैनिकों के युद्ध के संकल्प को कुंठित और निरुत्साहित कर देगा।

मुक्तिवाहिनी ने अपने आप को मॉनसून के दौरान एक अविजित सेना के रूप में प्रशिक्षित और संगठित कर लिया। इसमें तत्कालीन ई.पी.आर. (E.P.R.) और अन्य बंगाली सैन्य यूनिटों के साथ अर्धसैनिक संगठनों के सैनिक केंद्र में थे और जिनमें पाकिस्तान के रक्षा बलों में सेवारत बंगाली सैनिक भी शामिल थे। कर्नल एम.ए.जी. (M.A.G.) उस्मानी, वरिष्ठतम अधिकारी, जिन पर आरोप लगाया गया था, उनको बँगलादेश सरकार (निर्वासन में) द्वारा कमांडर-इन-चीफ के रूप में नियुक्त किया गया था। शेख मुजीबुर रहमान द्वारा मुक्ति और आजादी के लिए किया गया आह्वान उन युवाओं में सच्ची देशभक्ति की आग जला गया, जो बड़ी

संख्या में सैन्य प्रशिक्षण लेने के लिए आगे आए। भारत द्वारा दिया गया हौसला, साजो-सामान, आर्थिक व सैन्य मदद तब भी कोई रहस्य नहीं था और न ही अब है। प्रशिक्षण ने उनकी देशभक्ति एवं आत्मविश्वास को बढ़ा दिया था और वे अब पूर्ण स्वतंत्रता पाने के लिए दृढ़ थे तथा कोई समझौता नहीं चाहते थे। इस उद्देश्य के साथ उन्होंने पाकिस्तानियों पर बड़ी संख्या में घात लगाकर हमले किए और भारी जन-हानि को अंजाम दिया। ये हमले, जो केवल हिट एंड रन हमलों के रूप में शुरू हुए थे, अब पूरी ताकत और आक्रामक क्षमता हासिल कर चुके थे, जैसे कि अक्तूबर 1971 के मध्य तक मोर्टार फायर द्वारा समर्थित हमले आम बात हो गई थी और यह पाकिस्तानी थल सेना के लिए एक निश्चित खतरा बनते जा रहे थे। जल्द ही पाकिस्तानियों ने भारी जान-माल के नुकसान से हताश होकर अपने अलग-थलग पड़े सैनिकों को वापस अपने तैयार डिफेंस और छावनियों में बुलाना शुरू कर दिया, जिससे सीमा का एक बड़ा हिस्सा असुरक्षित छूट गया था, जिस पर मुक्तिवाहिनी ने तुरंत कब्जा कर लिया और भारतीय तोपों की सहायता से नए हमलों को शुरू करने के लिए उन्हें नियमित ठिकानों में बदल दिया।

नवंबर के पहले सप्ताह तक समाचार एजेंसियाँ नियमित रूप से ब्लैकआउट और सीमा पर झड़पों के समाचार दे रही थीं। नई दिल्ली और कलकत्ता में दो ब्लैकआउट ने देशवासियों को खुले युद्ध के संभावित प्रकोप के लिए तैयार कर दिया था। ढाका में पूर्वी पाकिस्तानियों को अपने घरों में किसी भी आकस्मिक घटना का सामना करने के लिए बंकरों को खोदने के लिए प्रोत्साहित किया गया था। सीमा के दोनों ओर नियमित सैनिकों की तैनाती के साथ सीमा और हवाई उल्लंघन के साथ छिटपुट गोलाबारी आम हो गई थी। अमेरिकी विदेश विभाग के एक अफसर के अनुसार, "पलीता (fuse) लग चुका है और तेजी से बढ़ रहा है। विस्फोट होने की देर है।" राजनयिक प्रयास अब शरणार्थी बोझ को साझा करने तक सीमित नहीं थे, बल्कि ठोस समर्थन के लिए थे। इंदिरा गांधी की यूरोप यात्रा 'दो-टूक बातचीत के लिए थी, विनीत याचना के लिए नहीं थी।' भारत के लिए सहानुभूति रैली करने के लिए तीन सप्ताह की यात्रा के दौरान वे शरणार्थी राहत के लिए योगदान के साथ राजनयिक समर्थन जीतने के लिए फ्रांसीसी राष्ट्रपति जॉर्ज पॉम्पिडो और पश्चिम जर्मनी के चांसलर विली ब्रांट के साथ मुलाकात करने के लिए गईं। अमेरिका ने पहले घोषणा की थी कि वह पाकिस्तान को हथियारों की बिक्री पर प्रतिबंध लगाने के अलावा पाकिस्तान के लिए 36 लाख डॉलर मूल्य के हथियारों

का लाइसेंस रद्द कर रहा था। जुल्फिकार अली भुट्टो के नेतृत्व में चीन गए पाकिस्तानी प्रतिनिधिमंडल ने मॉस्को के साथ भारत की हाल ही में हस्ताक्षरित मैत्री संधि का विरोध करने का प्रयास किया, जबकि बीजिंग ने अप्रत्यक्ष रूप से मदद का दावा किया, "क्या पाकिस्तान को विदेशी विरोध का पात्र बनाया जाएगा?" इसने पाकिस्तानियों से पूर्वी पाकिस्तान में 'उचित समाधान' की माँग भी की। अब एक नए राष्ट्र के जन्म के लिए मंच तैयार किया जा चुका था।

मुक्तिवाहिनी ने हमें पाकिस्तानी यूनिटों की सैन्य संरचना और योजनाओं की अमूल्य खुफिया जानकारी दी। पर्याप्त ग्राउंड सपोर्ट की उम्मीद नहीं थी, क्योंकि पाकिस्तानी सैनिकों के किसी हमले से खुद को बचाने के लिए उनके पास इतने अच्छे हथियार नहीं थे। कितनी बार उन्हें अपने ठिकानों को खाली करना पड़ा और सुरक्षित जगह पर पहुँचने के लिए पीछे हटना पड़ा, क्योंकि वे पाकिस्तानियों के आगे नहीं टिक सकते थे। हालाँकि पूरे जुनून व जज्बे के साथ घात लगाकर और सीमित हमलों के द्वारा उनके संचार-तंत्र को नष्ट करके तथा उनके प्रशासनिक एवं रसद-आपूर्ति की समस्या को बढ़ाकर उन लोगों ने पाक सैनिकों का मनोबल तोड़ दिया था। युद्ध के शुरू होने पर मुक्तिवाहिनी को ही आगे चलकर भारतीय सैनिकों की आँख व कान बनकर एक महत्त्वपूर्ण भूमिका निभानी थी। याह्या खाँ और उसके जनरलों का गुट लगातार भारत को युद्ध की धमकी दे रहे थे कि अगर भारत ने मुक्तिवाहिनी को अपना समर्थन देना बंद नहीं किया तो वह युद्ध के लिए तैयार रहे। यह उनका दृढ़ विश्वास था कि भारत मुक्तिवाहिनी को हथियार, गोला-बारूद, रसद और आश्रय प्रदान कर रहा है। जैसा कि यह पर्याप्त नहीं था, उन्होंने आरोप लगाया कि भारत ने उनकी छोटी छावनियों पर भारी हमले किए और उनके जवानों को हताहत किया। उसी दौरान उन्होंने अपने 'पाकिस्तान के अजेय पुत्रों' (सैनिकों) का मनोबल बढ़ाना जारी रखा और कहा कि हम 'काफिरों' की उस जाति से ऊँचे हैं और उनको सबक सिखाना जरूरी है। इतिहास उनके सही होने का साक्षी था कि यह युद्ध सभी युद्धों को समाप्त करने के लिए होगा। इसलाम खतरे में था और जिहाद की चीख-पुकार तीखी होती जा रही थी। 'हेट इंडिया', 'क्रश इंडिया' की प्रेस रिपोर्ट और पोस्टर पाकिस्तान के सभी प्रमुख शहरों में दिखाई देना अब आम बात हो गई थी। हर किसी को यह विश्वास हो गया कि पाकिस्तान ने शांतिपूर्ण समाधान खोजने के लिए सभी प्रयास छोड़ दिए हैं और वह युद्ध करने पर उतारू है, जो कि उस समय टाला भी जा सकता था। दूसरी ओर, भारत शिष्टतापूर्वक

अन्य राष्ट्रों का तुष्टीकरण करता रहा। पाकिस्तान की सोच को रोकने के लिए सभी अनिवार्य कूटनीतिक कदम उठाए गए। भारत ने शरणार्थी समस्या को समझने और इसका एक निश्चित समाधान खोजने में उसकी सहायता के लिए विश्व की बड़ी शक्तियों से पुनः अपील की। उसी समय भारत ने पाकिस्तान को चेतावनी दी कि युद्ध से कुछ हासिल नहीं होगा और यह केवल अनावश्यक रक्तपात तथा मानव जीवन की हानि के अलावा हम जैसे विकासशील देशों की अर्थव्यवस्था को और बिगाड़ देगा, जिससे हमारे बीच संबंध और कड़वे हो जाएँगे। रक्षा मंत्री ने चेतावनी देते हुए कहा था कि भारत सभी शांतिपूर्ण विकल्पों के लिए तैयार था; किंतु अगर युद्ध की नौबत आती है तो यह युद्ध पाकिस्तानी धरती पर लड़ा जाएगा।

नवंबर के मध्य तक शरणार्थियों की संख्या 98,99,300 का आँकड़ा पार कर चुकी थी और उनकी सार-सँभाल के लिए 83 करोड़ डॉलर के बजट की आवश्यकता थी। वित्तीय लागत से परे, कई शरणार्थियों की उपस्थिति से सामाजिक उथल-पुथल की आशंका बढ़ रही थी और विशेषकर पश्चिम बंगाल में सांप्रदायिक तनाव बढ़ने की भी कठोर वास्तविकता यह थी कि कई स्थानीय लोगों को शरणार्थियों को दी जा रही मुफ्त भोजन, कपड़े और चिकित्सा देखभाल की सुविधा अखर रही थी; क्योंकि इस तरह की सुविधाएँ उनके लिए उपलब्ध नहीं थीं। इसी तरह, नौकरी के लिए बाजार में शरणार्थियों की अधिक माँग थी, क्योंकि वे स्थानीय निवासियों द्वारा माँगे गए वेतन के एक-तिहाई पर काम करने के लिए राजी हो जाते थे। सन् 1947 में सांप्रदायिक विभाजन के समय जब 7 लाख हिंदुओं को पश्चिम बंगाल से खदेड़ दिया गया था, की स्मृति ताजा हो रही थी। शांति के लिए प्रार्थना करना सिक्के का केवल एक पहलू था; किंतु यह भी स्पष्ट था कि सैन्य तैयारियों को नहीं रोका जाएगा।

उच्च मुख्यालयों द्वारा जारी किए गए प्रशिक्षण निर्देशों ने हमेशा जूनियर कमांडरों के प्रशिक्षण पर जोर दिया था। विगत वर्ष की कुछ रिपोर्टों को पढ़ने के बाद मैंने महसूस किया कि सेना में सभी प्रकार के प्रशिक्षण का मूल उद्देश्य सभी रैंकों को 'सुदृढ़ विवेक, संयमित संकल्प, धैर्य, दूरदर्शिता, मजबूती और कौशल' देना था। सैन्य व्यवस्था में चरित्र, आज्ञाकारिता, आत्म-बलिदान, टीम निर्माण और टीम भावना पर बहुत जोर दिया जाता है। अपने साथियों, सब-यूनिट व यूनिट के प्रति वफादारी अपने आप ही सेना और देश के प्रति बलिदान तथा वफादारी का जज्बा पैदा करती है। जिस भावना के साथ आप अपने स्कूल और घर से जुड़े

थे या एकेडमी में रहते हुए आपने अपनी स्क्वाड्रन/कंपनी के लिए जो प्रतिबद्धता दिखाई थी, वह आगे के प्रशिक्षण के साथ आपकी सैन्य यूनिट के प्रति वफादारी की वास्तविक अभिव्यक्ति बन जाती है। यूनिट का झंडा, रंग और ध्वजवाहक पारंपरिक रूप से पीढ़ियों के लिए वीरता के प्रतीक के रूप में महत्त्वपूर्ण रहे हैं। इस वेदी पर प्राण न्योछावर करनेवाले वीर ही राष्ट्रीय सम्मान से अलंकृत होते हैं। अब रेजीमेंट राष्ट्र के प्रति अपने कर्तव्य और दायित्व को निभाने के लिए तैयार दिखाई दे रही थी।

सुरक्षा बलों का मुख्य कार्य होता ही है युद्ध की तैयारी; जबकि सरकार राजनीतिक, कूटनीतिक एवं अन्य सभी पहलुओं पर अपना प्रयास जारी रखती है। कई बार कमांडिंग ऑफिसर एवं स्क्वाड्रन कमांडरों को डिवीजन और ब्रिगेड हेडक्वार्टर में बुलाया जाता था और कई बार जमीनी हरकतों की टोह लेने का काम जूनियर अफसर या जवानों पर होता था। रेजीमेंटल स्तर पर दुश्मन की हरकत की टोह बार-बार लेने के लिए लंबे और उबाऊ घंटों तक जी-तोड़ मेहनत करनी पड़ती थी। कमांडरों से लेकर ट्रूप स्तर तक कॉन्संट्रेशन एवं असेंबली एरिया तक जाना और महत्त्वपूर्ण लैंडमार्क तक जानेवाली सड़क, रास्ते, पुल, जंक्शन—इस सबकुछ को याद करना होता था। यह हमारे सीनियर अफसरों का एक पुराना विश्वास था कि 'टोह लेने में बिताया गया समय कभी व्यर्थ नहीं जाता है' और आनेवाले दिनों में उन्होंने इस पर पूरा जोर दिया। मैंने असंख्य टोही अभियानों को अंजाम दिया, किंतु रेजीमेंट के कॉन्संट्रेशन और फॉरवर्ड एरिया के आसपास के इलाके की टोह पर विशेष जोर दिया जाता था। चुने गए क्षेत्र सीमा के उस इलाके के करीब थे, जहाँ से यूनिटें लड़ाई में उतरने वाली थीं। अधीनस्थ यूनिटें और संबंधित यूनिटें युद्ध में जाने से पहले प्लानिंग में बेहतर तालमेल बनाने और एक-दूसरे को बेहतर तरीके से जानने के लिए सैन्य बोली में Marrying up Operations की काररवाई करती हैं। इन क्षेत्रों की गोपनीयता और सुरक्षा पहला महत्त्वपूर्ण कार्य है, क्योंकि दुश्मन के हस्तक्षेप या तोपों की गोलाबारी, लड़ाई की योजनाओं को जोखिम में डाल सकती है या काररवाई में देरी ला सकती है।

फिर, एक दिन जब हम उम्मीद ही नहीं कर रहे थे, उच्च मुख्यालय से हमें कॉन्संट्रेशन एरिया में जाने का ऑर्डर मिला। आदेश में निहित था कि रेजीमेंट की 'ए' स्क्वाड्रन मुख्यालय 4 इन्फेंटरी डिवीजन के अधीन रहेगी और उसी के अनुसार तैनाती होगी। 45 कैवेलरी 'ए' स्क्वाड्रन के बिना 9 इन्फैंट्री डिवीजन के ऑरबेट (ORBAT) में थी और उसे एक अलग चिह्नित कॉन्संट्रेशन एरिया में जाना था।

बार-बार ब्रीफिंग, मौखिक और लिखित ऑर्डर, रेडियो निर्देशों, प्रशासनिक एवं संभार-तंत्र के विवरणों की तैयारी से हमें ऐसी आकस्मिकताओं के लिए तैयार किए गए 'स्टैंडर्ड ऑपरेटिंग प्रोसीजर' (SOPs) के लाभों का अंदाजा हुआ। नियत दिन पर रेजीमेंट की हार्बर पार्टी को ब्रीफ किया गया और हमने सड़क मार्ग से कॉन्संट्रेशन एरिया के लिए प्रस्थान किया। पार्टी में प्रत्येक स्क्वाड्रन के हार्बर ट्रक और अन्य आवश्यक वाहनों का एक कारवाँ था, जिसमें लंगर, पी.ओ.एल. (पेट्रोल, ऑयल, लुब्रिकेंट्स), लॉरी और मेस शेल्टर शामिल थे। हार्बर ट्रकों को आवश्यक संख्या में यूनिट टैक्टिकल नंबर वाले साइन पोस्ट ले जाने और नाइट साइन के रूप में इस्तेमाल करने के लिए लालटेन (हरीकेन लैंप) वाले आयताकार व शंकु आकार के टिन कंटेनरों को ले जाने के लिए तैयार किया गया था। कंटेनरों के छेदों ने लालटेन की रोशनी को फैलाने में मदद की, ताकि सब-यूनिटों के जिओमेट्रिकल डिजाइन को देखकर उनके टैंक और बी व्हिकल को अँधेरी रात में गाइड कर सकें। प्रत्येक सब-यूनिट के सभी नाइट साइन पर एक अलग रंग कोड (Colour Code) बना होता है। 4 से 6 वर्ग कि.मी. में फैले इस कॉन्संट्रेशन एरिया में सभी तरह के लगभग 150 व्हिकल थे। सुरक्षा सबसे प्रमुख आवश्यक शर्त होती है, क्योंकि कॉन्संट्रेशन एरिया की अनदेखी करने से दुश्मन की आर्टिलरी से गंभीर नुकसान और व्यवधान हो सकता था। चीफी ने हार्बर पार्टी के साथ उन (culverts) पुलियों के डाइवर्जन मार्क किए, जो 9 ऐक्सिस किस्म के टैंकों का वजन सहन करने में सक्षम नहीं थीं। चीफी को दोपहर के बाद वापस आना था और रेजीमेंटल टैंक दल को इस क्षेत्र में आगे लेकर जाना था।

एक आर्मर्ड रेजीमेंट की दक्षता और सैन्य काररवाई संबंधी तैयारियाँ घनी अँधेरी रात में साइलेंट रेडियो के साथ हार्बर की सही मूवमेंट की क्षमता में दिखती हैं। रेजीमेंटल टैंक कॉलम को रिसीव करने के उद्देश्य से पूरी तैयारी के लिए स्क्वाड्रन ओहदेदारों के साथ एक मिनी कॉन्फ्रेंस आयोजित की गई। टैंक दल को रास्ते पर 90 कि.मी. की कुल दूरी को तय करना होगा। यह अनुमान लगाया गया था कि छह घंटे काफी नहीं होंगे, क्योंकि मार्ग में तीन कमजोर पुलियों के लिए घूमकर जानेवाले मार्गों पर भी चर्चा होनी थी। SOP के अनुसार, हार्बर पार्टी की ब्रीफिंग एवं संतरी जवानों को तैनात करने पर चर्चा हुई थी और निर्देश जारी किए गए थे। मार्गदर्शक टैंक लगभग आधी रात में निकलेगा। तनाव से भरपूर इस हलचल के बाद कुछ घंटों का आराम सुखदायक था।

"टैंक आ रहे हैं!" जीप ड्राइवर ने मुझे संदेश दिया। रात की चहलकदमी की तैयारी के लिए मैं मेकशिफ्ट हैमक से बाहर निकला। सीनियर जे.सी.ओ. वैंटेज पॉइंट पर इंतजार कर रहे थे। हाथ में हुड वाली टॉर्च थामे हुए रघुबीर चंद्र ने सूचित किया, "सभी संतरी अपनी पोस्ट पर हाजिर हैं। मैंने चेक कर लिया है, साब!"

"तो आपका क्या अनुमान है, पहला टैंक कब आएगा?"

"कम-से-कम और बीस मिनट लगेंगे, साब।" जे.सी.ओ. ने कहा।

"क्या वे समय से पीछे हैं? देरी से चले होंगे शायद।"

"संभव है, सर; किंतु यह रास्ता बदलने के कारण भी हो सकता है।"

"ऐसा नहीं हो सकता। उन पुलियों पर किए गए रास्ता-बदल (diversions) बहुत छोटे हैं।"

"हाँ, सर, आप सही कह रहे हैं। शायद दृश्य सीमा (visibility) कम हो।"

कुछ पल इंतजार करने के बाद—"मुझे लगता है कि वे अभी भी आगे बढ़ रहे हैं। टैंकों की आवाज अब मुश्किल से सुनाई दे रही थी।" मैं हैरान था।

रेजीमेंटल दफेदार मेजर, एक दूसरा फौजी टोप्पो अपने विश्लेषण के साथ वहाँ पहुँचा।

"साब, हवा का रुख बदल गया है।" टोप्पो ने विश्वसनीयता से कहा।

रघुबीर चंद्र ने टोकते हुए कहा, "हो सकता है कि वे अब सड़क के चौड़े मोड़ पर हों।"

"टैंकों का शोर भ्रमित भी कर सकता है। अभ्यास के दौरान हमने इस बात का अनुभव किया था।"

कुछ मिनटों बाद टैंकों की आवाज बिल्कुल स्पष्ट और नजदीक आ रही थी।

"बेहतर है कि इंतजार करने के बजाय लैंप जलाएँ।"

"हाँ, आप सही कह रहे हैं, साब। मैं रनर को स्क्वाड्रनों में भेजता हूँ।"

"क्या स्क्वाड्रन कमांडर ने आपको मार्च करने का आदेश दिया है? कौन-सा स्क्वाड्रन कॉलम का नेतृत्व कर रहा है?"

"पता नहीं, साब, लेकिन हमेशा की तरह अगुआई में अवश्य ही 'C' स्क्वाड्रन होगी।"

जाँच करना मुश्किल था, क्योंकि रेडियो को साइलेंस कर दिया गया था।

समय गुजरने के साथ टैंकों के इंजन का शोर अच्छा-खासा बढ़ गया था, हमें

यकीन दिलाते हुए कि जल्द ही वे कॉन्संट्रेशन एरिया में पहुँच जाएँगे। जिस तेजी से शोर बढ़ रहा था, उससे स्पष्ट था कि टैंक पूरी गति के साथ आ रहे थे। कुछ पल बाकी थे, उसके बाद ही पहले टैंक ने मुख्य पहचान (landmark) स्कूल भवन के पास बताए रास्ते पर मुड़ना था। शोर की तीव्रता बढ़ गई। यह तेज से और तेज होती गई और अंतिम रूप से चरम पर पहुँच गई। हमारे चारों ओर गतिमान टैंकों का शोर था और सड़क हमारी लोकेशन से कुछ दूरी पर थी और हम लीड कर रहे टैंक के इंतजार में थे। इंतजार के सेकंड अब मिनटों में बदल चुके थे। तभी अचानक टैंक इंजनों के शोर के बीच मैंने टोप्पो की चेतावनी भरी आवाज सुनी, "मुख्य सड़क से टर्न नहीं किया और टैंक आगे निकल गए हैं।" उसकी आवाज में चिंता, निराशा और संकट की चेतावनी झलक रही थी। रमेश चंद्र ने कहा, "आगे निकल गए टैंक!" टोप्पो झारखंडी आदिवासी और एक अनुभवी ड्राइवर था। सबसे पहले उसने महसूस किया कि पक्की सड़क को चीरते हुए टैंकों की आवाज उसके कानों तक नहीं पहुँच रही थी। जैसे ही टैंक मोड़ को पार करता है, तभी टैंक को धीमा करते हुए टैंक ड्राइवर ड्राइविंग स्टिक को खींचकर पूरी गति से दूसरे एक ट्रैक पर ले जाता है। अन्य टैंकों द्वारा सड़क पर चलने की भयंकर आवाजें अब सुनी जा सकती थीं। हालाँकि इंजन के शोर के कारण टोप्पो के तेज कान उस आवाज को सुनने से चूक गए, जिसका उसे इंतजार था और वह परेशान था। भारी चूक हुई थी। शोर के धीरे-धीरे कम होने से इस तथ्य की पुष्टि हो चुकी थी कि टैंक हमारी लोकेशन से आगे निकल गए थे और हवा के साथ आवाज हमसे दूर होती जा रही थी। रेजीमेंट के टैंकों के तेजी से आने की वह गर्जना सुनने का रोमांच और हार्बर पर उनके स्वागत में हाथ हिलाना—सब हवा हो चुका था। इस पूरे घटनाक्रम को देखकर हर कोई चिंतित, असहाय और मूर्ख के समान खड़ा था। ऐसा लगता था, जैसे कोई विवाह पार्टी प्लेटफॉर्म पर अपनी ट्रेन के आने का इंतजार कर रही हो। ट्रेन के आने की घरघराहट का स्वर और इंजन की सीटी, बैंड, बाजा एवं बारात के साथ दुलहन के पक्ष को हलचल से भर देता है। अच्छी तरह से रिहर्सल किए गए भव्य स्वागत के उत्साह और व्यस्त कार्यक्रम को तब झटका लगता है, जब अचानक इस हकीकत का अहसास होता है कि उस स्टॉप पर रुके बिना उत्साहित वधू पक्ष को निराश और हताश छोड़कर ट्रेन आगे निकल गई है।

जो भी टैंक कॉलम का नेतृत्व कर रहा था, वह सड़क और ट्रैक जंक्शन पर मुड़ने से चूक गया था। चीफी ने सड़क और ट्रैक जंक्शन पर संतरी पोस्ट करने के

सुझाव को सरसरी तौर पर खारिज कर दिया था, क्योंकि वह स्वयं टैंक कॉलम का नेतृत्व कर रहे थे।

"इस जंक्शन पर स्कूल की मुख्य इमारत है, इसे आप कैसे भूल सकते हैं?" उन्होंने पूरे आत्मविश्वास के साथ यह कहा था। एक अन्य टैंक कॉलम का नेतृत्व कर रहे अफसर ने उनका अनुमोदन किया था। कुछ किलोमीटर दूर पर डिवीजन का रणनीतिक मुख्यालय बना हुआ था। भगवान् ही रक्षक था कि यदि हमारे टैंक उस लोकेशन को पार कर जाते हैं। मन में एक बड़ी मुसीबत आने की संभावना उठी थी। मैं रघुबीर चंद्र पर चिल्लाया, "जल्दी रोवर लेकर आओ, तुरंत।" बोलने के तरीके और आवाज में तुरंत काररवाई करने पर जोर था। वहाँ पर आसपास खड़े लोग दंग रह गए। "गाड़ी में बैठो, टोप्पो।" मैंने जल्दी से ड्राइवर की खाली सीट पर बैठते हुए कहा। रघुबीर को-ड्राइवर की सीट पर बैठ चुका था। "क्या तमाशा कर दिया है टैंकों ने!" हम सड़क और ट्रैक जंक्शन की ओर चल पड़े। मुख्य सड़क पर हमने पहले जो टैंक दिखा, उसे रुकने का इशारा किया।

"आपके आगे कितने टैंक हैं?"

सतर्क कमांडर ने जवाब दिया, "सी स्क्वाड्रन और बी स्क्वाड्रन वन ट्रूप।"

"सभी टैंकों को रोककर इंजन बंद कर दो।" मेरे द्वारा सख्त लहजे में आदेश दिया गया।

टोप्पो छलाँग के साथ नीचे उतरा और जोंगा गाड़ी पर चढ़ गया। वह अच्छी तरह जानता था कि उसे अब क्या करना है।

डिवीजनल मुख्यालय की ओर जानेवाला टैंक कॉलम अब 200-300 गज आगे था। "साहब, आप डिप्पर पर ध्यान रखो, ओवरटेक करना है। ठीक है, साब। जो भी लीड में है, उसकी खैर नहीं।" रघुबीर बुद्धिमान थे और सहज रूप से जानते थे कि कुछ भी कहना उचित नहीं होगा। अब हम सबसे पीछेवाले टैंक से आगे निकलने का प्रयास कर रहे थे। रघुबीर ने कहा, "रफ्तार कम करो, रफ्तार कम करो, सर।" उनके पास कहने को और कुछ शेष नहीं था। "खामोश रहो और टैंक कमांडर का ध्यान खींचने के लिए अपनी टॉर्च से इशारा करो।" मैंने कहा। मेरे वाहन की गति लगभग 25 कि.मी. प्रति घंटा थी और मेरे पास गति तेज करने के अलावा कोई चारा नहीं बचा था। रघुबीर ने दोबारा थोड़ी ऊँची आवाज के साथ कहा, "सर, रफ्तार कम करो, रफ्तार कम करो।" बेशक इस बार रघुबीर मुझे सीधे देख रहे थे, किंतु उनकी बात को अनसुना करते हुए मैंने उनसे कहा, "आगे 5

कि.मी. पर डिवीजन मुख्यालय है। तमाशा हो जाएगा।" सबसे आगेवाले टैंक के नजदीक होने पर देखा तो पूरी सड़क पर टैंकों का कब्जा था। टॉर्च से बार-बार इशारा देना और अपनी जोंगा की हेडलाइट्स दिखाना काफी नहीं था। टैंक कॉलम द्वारा उठाए गए धूल के गुबार ने और तेज गति एवं डीजल इंजन के धुएँ के साथ कोहरे ने धुंध पैदा कर दी थी। पिछले छह घंटों से टैंक चला रहे और थके हुए ड्राइवर पर हमारी हरकतों का कोई असर नहीं हो रहा था। टैंक कमांडर, जो कपोला से सिर बाहर निकालकर सीधे खड़ा रहता है, कहीं भी दिखाई नहीं दे रहा था। लंबी यात्रा, शाम की ठंड, धूल व डीजल के धुएँ ने उसकी हिम्मत को शायद पस्त कर दिया था और वह टैंक के अंदर किसी कोने में आराम कर रहा था।

"इसके टैंक पर ध्यान दो। इस बंदे को ड्यूटी पर सतर्क रहना सिखाना जरूरी है।" मैंने गुस्से में कहा।

"हाँ, सर, यह बी स्क्वाड्रन से है।" खुली जगह मिलने से हम उस टैंक की हल प्लेट से बाल-बाल बचते हुए उससे आगे निकलने में कामयाब रहे। सौभाग्य से, ड्राइवर ने जवाब दिया और अपने टैंक को सही समय पर रोक दिया। पीछा करने की इस खतरनाक कारवाई में संतोष यही था कि हमने हॉर्न को छोड़कर हर एक साधन का इस्तेमाल कर लिया, जो हमारे पास था। टैंकों के बीच की दूरी में अब हमारी जोंगा पूरी स्पीड के साथ दौड़ रही थी। एक सतर्क कमांडर के संकेत देने पर टैंक को हमने बाईं ओर से ओवरटेक करने का जोखिम उठाया। मैं को-ड्राइवर की धीमी सीटी सुन सकता था। इस स्थिति में साहस और ड्राइविंग कौशल दोनों की जरूरत थी। अब हम जिस गति से जा रहे थे, यदि सामनेवाला टैंक तीखा मोड़ लेता तो एक छोटी सी चूक से जोंगा के दो टुकड़े होने में ज्यादा देर न लगती। जोंगा के सड़क के बाहर खाई में गिरने की आशंका एक अलग संभावना थी।

"कितने टैंक क्रॉस हो गए, साब?"

एक नीरस-सा उत्तर, "केवल छह, सर।" इससे पहले मैंने कभी भी एक सँकरी श्रेणी नं. 9 सड़क पर तेज टैंकों को ओवरटेक करने की कोशिश नहीं की थी और जब आप खुद यह अनुभव नहीं करते तो आप कल्पना भी नहीं कर सकते कि यह कितना भयानक अनुभव रहा होगा! सौभाग्य से मुझे पूरे कॉनवाय से आगे निकलने की जरूरत नहीं थी। आधे रास्ते में ही टैंक सैन्य दल (column) ने रफ्तार धीमी कर दी थी। हम देख रहे थे कि टैंकों को सड़क के बाईं ओर ठहराव (halt) के लिए ले जाया जा रहा था। मैं दाईं ओर से आगे निकलने के लिए बढ़ा,

किंतु अचानक रुक गया, क्योंकि टैंक ड्राइवर अपने हेडगियर को खोल रहा था, ताकि वह ड्राइवर कपोला से बाहर निकल सके। रघुबीर ने ड्राइवर का नाम पुकारते हुए हरियाणवी में पूछा, "इस टैंक सेना-दस्ते को कौन लीड कर रहा है ?"

उत्तर की कोई जरूरत नहीं थी, क्योंकि डिवीजन मुख्यालय की दिशा पर स्थिर टैंकों की लाइन के पीछे से निकलते हुए 'C' स्क्वाड्रन कमांडर के फ्लैग वाली जोंगा सामने थी। बेपरवाह और शांत चीफी शरारत से आँख झपकाते हुए संकोची मुसकराहट के साथ प्रकट हुए, "माफ करना बली, सड़क और ट्रैक जंक्शन से पहले मेरी आँख लग गई थी।" उन्होंने कहा, "चलने से पहले की एक ड्रिंक छल कर गई!" लंबी यात्रा के लिए कई नहीं, सिर्फ एक ही… ! वे मुसकराए और अपनी बाँह से मुझे घेर लिया। वे काफी थके हुए दीख रहे थे और स्वाभाविक रूप से काफी शर्मिंदा भी। उनके द्वारा स्पष्ट स्वीकार्यता ने नाराजगी की कोई गुंजाइश नहीं छोड़ी। सबसे बड़ी राहत की बात थी कि टैंकों को रोक लिया गया था और इस पर और चर्चा जरूरी नहीं थी। मैंने रघुबीर से कहा कि वह निकटतम टैंक पर चले और उन्हें कॉन्संट्रेशन एरिया में ले जाए, क्योंकि सूर्योदय से पहले तैनाती पूरी करनी थी। लंबित मुद्दों को सुलझाने के लिए कल का दिन है।

वापसी के दौरान चीफी की गद्देदार और आरामदायक जोंगा में मुझसे पूछे बिना रहा नहीं गया कि "आप कैसे रुक गए थे ?" और मुझे उनके जवाब से उनके असली व्यक्तित्व का पता चला। उनके ड्राइवर ने सड़क पर एक साइन बोर्ड देखकर जोंगा को रोका था, जिस पर लिखा था—'टी.सी.पी., ट्रैफिक चेक पोस्ट (TCP 500 MTR AHEAD) 500 मीटर आगे है।' उस पर डिवीजनल मुख्यालय का टैक्टिकल नंबर लिखा था और आगे कुछ पूछने की जरूरत नहीं थी। एक छोटी सी 'नेविगेशन की गलती' का रहस्य वहीं पर दफना दिया गया।

डिवीजनल मुख्यालय के किसी नुमाइंदे ने एडजुटेंट, इंदर, से डिवीजन ट्रैफिक चेकपोस्ट के पास हुई गड़बड़ी के बारे में पूछा था। टैंक के ट्रैक सबकुछ बयान कर रहे थे। चीफी ने डिग्बी के सामने इस बात को स्वीकार किया कि 'चलने से पहले की और एक ड्रिंक' कैसे 'नेविगेशन की भूल' को अंजाम दे गई। हमें बाद में पता चला कि इस पूरे घटनाक्रम के बाद डिग्बी ने सभी स्क्वाड्रन कमांडरों को भविष्य में ड्यूटी के दौरान ड्रिंक न करने की सलाह दी। चीफी ने इसे स्वीकार करते हुए डिग्बी के सामने एक अच्छा उदाहरण पेश किया। डिग्बी ने इस बात की पुष्टि करते

हुए कहा कि रेजीमेंट में कैवेलरी की भावना बनी रहनी चाहिए और आनेवाले वर्षों में यह इसी तरह और भी बढ़ती रहेगी।

अहमदनगर में यंग ऑफिसर्स (YO) कोर्स के दौरान दोहराया जानेवाला एक किस्सा मेरे जेहन में आता है। युद्धाभ्यासों के दौरान एक टैंक रेजीमेंट अपने ट्रैक से भटक गई और दिए गए समय पर नहीं पहुँच सकी। अभ्यास समाप्त होने के बाद मूल्यांकन करने के विचार पर जनरल ऑफिसर कमांडिंग (GOC) ने कहा, "यह मेरे स्टाफ अफसर की गलती थी।"

अभ्यास के डायरेक्टर ने टिप्पणी की, "जी.ओ.सी. ने अपने स्टाफ को दोषी ठहराया है। एक पल के लिए भी यह अनुमत नहीं हो सकता; इसका वह अकेले ही जिम्मेदार है।" उसी युद्धाभ्यास में एक कॉम्बेट टीम एक निश्चित कार्य को अंजाम देने के लिए ब्रिगेड से अलग की गई, किंतु वह पूरी तरह से गलत चली गई। अंत में, ब्रिगेड कमांडर से पूछा गया, "क्या कॉम्बेट टीम के लीडर ने आपके आदेशों का पालन किया?" ब्रिगेड कमांडर जानते थे कि उसने उनके आदेशों का पालन नहीं किया था; किंतु वे उसे अलग से सजा देना चाहते थे, सबके सामने नहीं। उन्होंने जवाब दिया, "पूरी तरह से। हाँ, पूरी तरह से।" यह चीजों को ठीक से करने का एक कैवेलरी अंदाज था।

"मानव-स्वभाव के हिसाब से पूछें तो आप किसके अधीन सर्विस करना चाहेंगे और क्या वरदी पहननेवालों के लिए इससे बेहतर कोई सबक हो सकता है?"

सुबह की पहली किरण के साथ कॉन्संट्रेशन एरिया में टैंकों को छद्म आवरण और छिपाव के लिए उनकी पोजीशन में बदलाव किए गए, क्योंकि हम सीमा के करीब बैठे थे। टैंक क्रू के चेहरे पर थकान पूरी तरह से हावी थी, किंतु तनाव के कोई संकेत नहीं थे। एक रात में काफी दूरी तय करने से टैंकों की नियमपूर्वक देखभाल, जैसे ईंधन (fuel) व लुब्रिकेंट डालना और सभी कल-पुरजों की जाँच जरूरी थी। नट-बोल्ट, ग्रीसिंग निपल्स, बोगी व्हील्स और ट्रैक्स की जाँच; क्योंकि लंबी यात्रा से उनमें टूट-फूट हो सकती थी। कुछ टैंकों में खराबी दूर करने के लिए रख-रखाव के कार्य को लाइट रिपेयर वर्कशॉप (L.R.W.) की मदद से पूरा किया गया। अफवाहें फैल रही थीं कि भारत अगले दिन मुसलिम त्योहार ईद पर हमला करेगा। कॉन्संट्रेशन एरिया में हमारे पहुँच जाने के कारण सच था कि इस अफवाह को नकारा भी नहीं जा सकता था; लेकिन एक विश्वास था कि भारत कभी भी पहले हमला नहीं करेगा और यह कदम सिर्फ एक चाल थी। पूरा वातावरण एक बड़े

पैमाने पर सैन्य अभ्यास की ओर संकेत कर रहा था। डिग्बी ने डिवीजन मुख्यालय से लौटने पर बताया कि कोर कमांडर जनरल टैप्पी रैना अगले दिन हमारी रेजीमेंट का दौरा करेंगे। इससे हमारा विश्वास और दृढ़ हो गया।

एड्जुटेंट/दंडपाल (adjutant) ने सभी अफसरों को कमांडेंट के कॉन्फ्रेंस के लिए ऑपरेशन रूम में इकट्ठा होने की सूचना दी। यंग ऑफिसर्स जैसे के हम अकसर परामर्श के दौरान डिग्बी को अपने प्रिय वाक्यांशों—'स्पिट एंड पॉलिश', 'बटनिंग अप' एवं 'पुल अप योर सॉक्स' को कितनी बार दोहराया, इसकी गिनती किया करते थे। आपसी बाजी में जो गिनती में सही होता, उसकी ड्रिंक बाकियों की तरफ से होती थी। यह कॉन्फ्रेंस इंटेलिजेंस ऑफिसर (I.O.), रवि बैंस द्वारा खुफिया संक्षिप्त समाचार (Intelligence summary) और (Topographical) भौगोलिक विशेषताओं की सूचनाएँ हम सब को बताने के साथ शुरू होती थीं। इसके बाद अंदर पिछले 24 घंटों के दौरान डिवीजन के एरिया में अपनी और शत्रु की हरकत की जानकारी हमें देते थे। डिग्बी के आने से पहले स्क्वाड्रन कमांडरों और स्टाफ अफसरों ने मैनपावर, इक्विपमेंट या कोर्डिनेशन से संबंधित डाटा को आपस में साझा किया। इंद्र एडजुटेंट के रूप में अपनी जिम्मेदारियों को निभाने में अपनी सतर्कता और ईमानदारी के लिए खासे जाने जाते थे। चक्रवर्ती, उनके करीबी दोस्त और विश्वासपात्र, एक अनुभवी टेक्निकल अफसर (T.O.) थे, जो सब टैंकों और व्हिकल्स की पैनी नजर से निगरानी कर रहे थे। वह रिपेयर-बे में टैंकों और वाहनों की जल्दी-जल्दी ओवरहालिंग करा रहे थे। डिग्बी एक हाथ में व्हिस्की का गिलास तथा दूसरे हाथ में अपनी नोटबुक के साथ आए और हमें रणनीतिक परिस्थिति और अपनी प्लानिंग पर की गई चर्चा के बारे में ब्योरा दिया। जब वे अपनी डायरी में लिखे हुए आँकड़ों की सूची पर चर्चा करते थे तो इसकी गंभीरता समझ में आती थी। कोर कमांडर का दौरा रेजीमेंट के लिए पहला था और अब 'तैयार रहो' की उलटी गिनती शुरू हो चुकी थी। जल्द ही वे सबके लिए ड्रिंक्स के एक दौर का आदेश देंगे और पहले की सभी शामों की तरह हमारी यह शाम भी एक 'हाई नोट' के साथ बीत जाएगी।

रात में रेजीमेंटल मुख्यालय (R.H.Q.) के निवास स्थान ऑपरेशन रूम के साथ ही लगाए गए थे, जहाँ टैक्टिकल मैप, डिस्टेंस चार्ट, सिचुएशन रिपोर्ट और टेलीफोन लॉग प्रदर्शित किए गए थे। रेजीमेंट से जुड़ी सिग्नल की एक छोटी टुकड़ी, स्क्वाड्रनों, ब्रिगेड, डिवीजन और टैक मुख्यालय (Tac HQ) के लिए फॉरवर्ड

और रियर के रेडियो लिंक स्थापित करने का काम करती थी। सिग्नल के नुमाइंदों ने उपर्युक्त नेटवर्क के लिए लैंड लाइनों को फंक्शनल करने में अपने आदर्श वाक्य 'तीव्र चौकस' को सार्थक बना दिया था। आर्मर्ड रेजीमेंटों से जुड़े सिग्नल के नुमाइंदों को काफी मुश्किलों का सामना करना पड़ता था, क्योंकि जमीन पर बिछाई जानेवाली लैंडलाइनें अकसर टैंकों की आवाजाही के कारण टूट जाती थीं। ट्रैक मार्किंग, साइन पोस्टिंग, छद्म आवरण (camouflage) और टैंकों को ढँकना-छुपाना, एयर अलर्ट शेल्टर, हथियार के लिए गड्ढे खोदना और अन्य गतिविधियों को दोपहर से पहले पूरा कर लिया गया। एस.ओ.पी. (SOPs) की अच्छी तरह से रिहर्सल की गई और उन्हें समझा दिया गया तथा यह सुनिश्चित किया कि वी.आई.पी. (VIP) के स्वागत से पहले की सभी तैयारियाँ पूरी कर ली गई थीं।

कोर कमांडर 'सबसे होशियार' (buttoned up) रेजीमेंट में अपने कमांडरों व स्टाफ अफसरों के काफिले के साथ दोपहर 3 बजे पहुँचे। डिग्बी का काररवाई करने का सार-संक्षेप स्क्वाड्रन कमांडरों और उनसे ऊपर के लोगों तक सीमित था। ब्रीफिंग होने के तुरंत बाद इंटेलिजेंस ऑफिसर रवि बैंस और बी स्क्वाड्रन के एक ट्रूप लीडर भंडारी फील्ड मेस की ओर जा रहे थे, जहाँ मैं भी उनके साथ शामिल हो गया। रवि बैंस उच्च मुख्यालयों से प्राप्त सिचुएशन रिपोर्ट और दूसरी ओर पर चल रही दुश्मन की हरकतों से पूरी तरह से वाकिफ थे, "क्या हो रहा है यह ?" उन्होंने कहा। भंडारी सुन रहे थे, "ऑल शो एंड नो गो।"

"हम सिर्फ इन फॉरवर्ड लोकेशनों पर पड़े रहेंगे।" जब हम चाय के साथ इन पंक्तियों पर मजाक कर रहे थे, तभी अचानक एयर अलर्ट सायरन बज गया। भंडारी ने कहा, "हे भगवान्! एक और एयर अलर्ट प्रैक्टिस!" जैसे ही हम सब अनिच्छापूर्वक गरम चाय से भरे कप को छोड़कर मेस से बाहर निकले, हमारी आँखों के सामने जो दृश्य था, उससे हम हैरान-परेशान हो गए। ऑपरेशन रूम में उपस्थित सभी कमांडर इधर-उधर अफरा-तफरी में दौड़ रहे थे, मानो जैसे हंगामा बरपा हो! सभी को यह सनसनीखेज अहसास हो चुका था कि पाकिस्तान वायु सेना (PAF) का हवाई हमला वास्तविक था। हम अभी भी सन्न खड़े थे, तभी एक स्क्वाड्रन कमांडर चिल्लाया, "पास के बंकर में जाओ।" वह आधा दर्जन सीनियर अफसरों को लीड करते हुए ऑपरेशन रूम के पास पड़े हेलमेट को पहनते हुए हमारी दिशा में बढ़ रहा था। बंकर में गिरते ही दो अफसर और हमारे ऊपर से फिसलकर गए। यह परिचय का समय नहीं था, क्योंकि अपनी सुरक्षा ने रैंक के अंतर को समाप्त कर

दिया था। एक परेशान ब्रिगेडियर महोदय के साथ कंधे सटाते हुए हमने अपनी आँखें आकाश में पूर्वी दिशा पर चार छोटे बिंदुओं पर जमा दीं। किसी अधिक जानकार ने पहचानने के बाद कहा, "एफ-86 सैबर्स। बाहर देखो।" इससे पहले कि हम 'जय गुरु देव' कहते, चार सैबर्स भारतीय हवाई क्षेत्र में उड़ान भरते हुए हमारे ऊपर से गुजर चुके थे। यह एक भयानक दृश्य था। जल्द ही एंटी एयर गनों और मशीनगनों के फायर ने वातावरण की शांति को भंग कर दिया था। थोड़ी ही देर बाद दो सैबर्स हमारे ऊपर एक चक्कर लगाने के साथ अपनी ऊँचाई कम करते हुए दिखे। तेजी से आ रहे विमान की अंडरस्लंग गन से देखे गए धुएँ ने हमें भीतर तक हिला दिया, क्योंकि फायर सीधा हम पर था। हवा में कॉर्डाइट की गंध हम तक पहुँच चुकी थी। दो विशाल विस्फोटों ने हमारे नीचे की धरती को कँपा डाला। सैबर्स द्वारा हवाई हमले के लिए चुने गए टारगेट हमारी लोकेशन से काफी दूर थे; लेकिन फिर भी, यह एक भयानक अनुभव था। आज उन चार सैबर्स पायलटों का दिन था, जो वे इतनी तबाही मचा रहे थे; क्योंकि हमारी एयरफोर्स अभी तक हरकत में नहीं आई थी और इसलिए वे जिंदा थे। अगले दो मिनट में सब शांत हो गया।

इसके तुरंत बाद विजिट पर आए सीनियर अफसरों ने अपने आप को सँभाला और धूल झाड़ते हुए भारी मेटल के हेलमेट को उतार फेंका। अलग-अलग रंगों के बैचधारी अफसर सैन्य अधिकृत लाल पट्टी के साथ दिखाई दे रहे थे। हवाई हमले की कारररवाई पर सभी बात कर रहे थे और रेडियो सेट चारों तरफ गूँज रहे थे। जनरल रैना तेज गति से फोर्ट विलियम से एक जरूरी संदेश के लिए ऑपरेशन रूम में चले गए। अधिकांश सीनियर अफसर सन् 1965 के युद्ध के अनुभवी थे और यह कहते हुए सुने जा सकते थे कि अब युद्ध नहीं टाला जा सकता। स्क्वाड्रनों से किसी के भी हताहत होने की सूचना नहीं थी (नथिंग टू रिपोर्ट)। ऐसा प्रतीत हुआ कि हमारी लोकेशन के आसपास के एरिया में गन पोजीशन पी.ए.एफ. उनका टारगेट थी। हमारे लिए यह वास्तविक खतरे की पहली चेतावनी थी। हम भाग्यशाली थे, जो सैबर्स के सीधे निशाने पर नहीं थे। पाकिस्तानी एयरक्राफ्ट का गगनभेदी शोर और उनके हमले के बीच हमारे जवानों की लाचारी यादों में बसकर रह गई थी।

डिग्बी कोर कमांडर और डिवीजन कमांडर के जाने के तुरंत बाद ही ऑपरेशन रूम में लौट आए। अंदर झाँकने पर पता चला कि वह उन्हीं ब्रिगेडियर महोदय के साथ गंभीर चर्चा में व्यस्त हैं, जो मेरे साथ बंकर में थे, जबकि सैबर्स हम पर मँडरा रहे थे।

"रवि, डिग्बी के साथ वह ब्रिगेडियर कौन है?"

"वही है, जिसके बारे में मैं आपको बता रहा था, जब अलर्ट सायरन बजा था, ब्रिगेडियर जे.एस. घराया, कमांडर 42 इन्फैंट्री ब्रिगेड।"

आर.एच.क्यू. के चारों ओर सामान्य जानकारी जुटाने के लिए एक चक्कर के बाद भंडारी भी हमारे बीच आ गए थे। वह एक अफवाह की पुष्टि करना चाहते थे कि कमांड मुख्यालय, फोर्ट विलियम से आदेश मिलने के साथ ही अब आगे की हरकत के लिए अधिकारियों में चर्चा चल रही है।

"किसी से हाथ मिलाए बिना कोर कमांडर क्यों चले गए?" उन्होंने अपनी प्रतिक्रिया को साबित करने के लिए एक और सवाल किया, "यहाँ तक कि नाइट विजन डिवाइसेज के डिमॉन्स्ट्रेशन भी रद्द कर दिए। क्यों?" किसी ने कोर C1 लिंक के रेडियो ऑपरेटर से संपर्क किया और यह अफवाह शुरू कर दी थी कि पाकिस्तान ने युद्ध की घोषणा कर दी है। इस अफवाह ने वातावरण में एक उत्साह और उम्मीद की लहर पैदा कर दी थी।

थोड़ी देर में इंदर ने रवि को निर्देश देने के लिए ऑपरेशन रूम से बाहर कदम रखा कि 'ओ' ग्रुप 20 मिनट में इकट्ठा होगा। वापस मुड़ते समय उन्होंने पलक झपकते हुए मुझसे कहा, "यह एक व्यस्त रात होने वाली है। बेहतर होगा, अपनी स्क्वाड्रन को होशियार रखो।" यह स्पष्ट संकेत था कि 'ओ' ग्रुप को उसी रात फॉरवर्ड असेंबली एरिया में जाने के आदेश मिलेंगे। काफी बाद में, हमें यह पता चला कि हमारी बॉर्डर पोस्ट्स पर गोलाबारी के कारण सेना मुख्यालय ने हमारे सैनिकों को पूर्वी पाकिस्तान में घुसने की अनुमति देने का फैसला कर दिया था। फोर्ट विलियम से कॉल हमारे लिए विशिष्ट क्षेत्रों को सुरक्षित करने के लिए ग्रीन सिग्नल (हरी झंडी) दिखाना था। ब्रिगेडियर जे.एस. घराया को गरीबपुर को सुरक्षित करने और आवश्यकता पड़ने पर चौगछा-अफरा रोड एक्सिस को कट करने का आदेश मिला था।

रेजीमेंटल हेड क्वार्टर (RHQ) के आदेशों के अनुसार, सी स्क्वाड्रन को दो हिस्सों में विभाजित किया जाना था। चीफी एक स्क्वाड्रन को दो ट्रूप के साथ संचालित करनेवाले थे। मेरे अधीन शेष दो टैंक ट्रूप को उसी रात को फॉरवर्ड कॉन्संट्रेशन एरिया में जाने का आदेश दिया गया था, जहाँ हमें मुख्यालय 42 इन्फैंट्री ब्रिगेड की 14 पंजाब का साथ देना था। तेज गतिवाले (स्पीडी) सिद्धू एक ट्रूप को लीड कर रहे थे, जबकि एक जूनियर कमीशंड ऑफिसर जे.सी.ओ. चक्रवर्ती

ने दूसरे टूप की कमान सँभाली थी। फॉरवर्ड कॉन्संट्रेशन एरिया हमारी लोकेशन से लगभग 20 कि.मी. दूर था, जिसे दो घंटे में टैंक कवर कर सकते थे। महतो के नेतृत्व में रेकी टूप के सेक्शन पहले से तय किए गए ट्रैक पर टैंक को गाइड करने वाले थे। यह कोई मुश्किल मूव नहीं था और 14 पंजाब के डिफेंस एरिया में टैंकों को आसानी से तैनात कर दिया गया।

टैंक टूप्स अपनी पोजीशन में थे और स्पीडी इस नई सब-यूनिट के कंपनी मुख्यालय में हमारे साथ शामिल हो गए। एक युवा मातहत, अमरजीत, जो कि स्पीडी के सहपाठी थे, ने हमारा स्वागत किया। अमरजीत से मैं हमारे राँची दौरे के दौरान मिला था। हम काफी समय बाद युद्ध की परिस्थितियों में मिल रहे थे। मौसम में तापमान के कम होने से शरीर और मन दोनों के लिए गरमी की जरूरत थी। हम नाभा अकाल बटालियन के साथ थे, जहाँ जीवन का अमृत जल्दबाजी में तैयार स्नैक्स के साथ रम की बोतल के रूप में दिखाई दिया। बातें राँची के हमारे विभिन्न कारनामों के इर्द-गिर्द केंद्रित थीं और हम एक-दूसरे की टाँग खींचने में लगे थे। यह अच्छे दोस्तों के साथ समय बिताने का गर्मजोशी भरा अहसास था। किसी ने सच कहा है, "कल की चिंता क्यों करें, जब आज इतना मजेदार हो।" गहरी यादों में खोए हुए हम सभी जानते थे कि हम युद्ध की दहलीज पर बैठे हैं। धीरे-धीरे बोतल के खाली होने के साथ ही चर्चा इस बात पर बदली, जो हमारे मन में सबसे ऊपर थी।

एक युद्ध जल्द ही शुरू होने वाला था और किसे पता था कि हमारे लिए नियति ने क्या छुपा रखा था! हौसला-अफजाई के लिए मैंने उन्हें बताया कि दुश्मन के साथ हमारी पहली मुठभेड़ एक बड़ी सफलता होगी। स्पीडी, अमरजीत और मैं इसके बीच साथ में होंगे। दोनों सहमत थे कि हमें इन पाकिस्तानियों को सबक सिखाना होगा। हमने जीत के लिए रम का एक पैग लिया और एक-दूसरे को शुभकामनाएँ दीं।

सूर्योदय से पहले टैंक क्रू छद्म आवरण (camouflage) बनाने में व्यस्त हो गए, क्योंकि टैंक ट्रैक्स के निशानों को मिटाना और टैंकों व क्रू की हलचल को कम करना जरूरी था, ताकि हवाई हमले का कोई अंदेशा न रहे। क्रू को अपने टैंक शेल्टरों के करीब रहने के लिए प्रशिक्षण दिया गया था। क्रू की कुकिंग और रसद का सामान सामान्य रूप से थे। सुबह होते ही अंतरराष्ट्रीय सीमा पर जो कुछ भी देखा गया, वह युद्ध का व्यापक दृश्य था। पहले इन लोकेशन की रेकी सामान्य तौर

पर की गई थी, किंतु अब बात गंभीर थी। इसलिए हाथ में दूरबीन लिये एक वॉनटेज पॉइंट से छोटी-से-छोटी लैंडमार्क की डिटेल्स, बाधा और रास्ते का विश्लेषण किया गया। फॉरवर्ड कॉन्संस्ट्रेशन एरिया से हम कबोदक नदी को अंतरराष्ट्रीय सीमा का सीमांकन करते हुए देख सकते थे। पाकिस्तानियों द्वारा रुक-रुककर गोलाबारी के कारण नागरिक आबादी गाँव को छोड़ चुकी थी। गाँव को काफी नुकसान हुआ था और केवल कुछ झोंपड़ियाँ ही बची थीं। बोयरा गाँव को घेरे हुए बड़ी संख्या में बाँस के झुरमुट और घने पत्ते थे, जो गाँव को अच्छा छिपाव देते थे। नदी के उस पार का इलाका लगभग 3 कि.मी. तक खुला व सपाट था, जहाँ बाँस की विभिन्न किस्में और झोपड़ियाँ थीं। कबोदक नदी बोयरा गाँव के पास से बहती है और उसके आगे यह उत्तर-पूर्व की ओर दिशा बदल लेती है। यह नदी एक प्राकृतिक अवरोधक थी। कई स्थानों पर इसकी चौड़ाई 300 फीट तक थी। PT-76 टैंक के लिए यह कोई दुर्जेय बाधा नहीं थी, क्योंकि वे उभयचर (amphibious) थे और इस तरह की बाधाओं को पार कर सकते थे। हमारी सैन्य जानकारी के अनुसार, हमला करनेवाले सैनिकों के द्वारा फॉरवर्ड कॉन्संट्रेशन एरिया में 24 घंटे से अधिक समय नहीं बिताया गया। कोर कमांडर के साथ मीटिंग के दौरान डिग्बी की चर्चाओं का और प्रमाण अब आवश्यक नहीं था। हालाँकि युद्ध की कोई औपचारिक घोषणा नहीं हुई थी और फिर युद्ध आरंभ हो गया था। आज तारीख थी—20 नवंबर, 1971।

□

टैंक युद्ध

आर्मर्ड रेजीमेंट का एडजुटेंट कमांडेंट के स्टाफ का एक प्रमुख अफसर होता है। वह सब यूनिटों और उच्च मुख्यालय के साथ फॉरवर्ड और रियर के कम्युनिकेशन लिंक के लिए जिम्मेदार होता है। रेजीमेंटल सिग्नल ऑफिसर (RSO) और इंटेलिजेंस ऑफिसर (IO) उसे ऑपरेशन रूम के कार्य में सहायता करते हैं और अलग-अलग ऑपरेशन से संबंधित, शामिल या कमान की अधीनस्थ यूनिटों के साथ संवाद स्थापित करते हैं। ऑपरेशन रूम में एक टेलीफोन कॉल या रेडियो संदेश शायद ही कभी अनुत्तरित छोड़ा जाता है, क्योंकि ऑपरेशन के दौरान ऑपरेशन रूम चौबीसों घंटे सक्रिय रहता है। दोपहर के लगभग मुझे रवि बैंस का फोन आया कि डिग्बी ने इन्फैंट्री ब्रिगेड मुख्यालय से मैसेज भेजा है और मुझे शीघ्र ही नए आदेशों के लिए तैयार रहना होगा। अधिक पूछने पर उन्होंने खुलासा किया कि खुफिया रिपोर्टों के अनुसार, पाकिस्तान बोयरा पर कब्जा करने के संभावित टारगेट के लिए सीमा पर भारी सेना की तैनाती कर रहा है। खतरा सामने था और 24 घंटे के भीतर हमले की आशंका थी। आखिर परिस्थितियाँ रोमांचक हो रही थीं। मुझे नए आदेशों के लिए अधिक इंतजार नहीं करना पड़ा और 42 इन्फैंट्री ब्रिगेड को पहले सौंपे गए टास्क के लिए 'C' स्क्वाड्रन को 14 पंजाब के अधीन रहने के आदेश जारी किए गए। मैंने आदेशों में बदलाव को स्पष्ट करने के लिए 20 नवंबर को दोपहर में रेजीमेंटल हेड क्वार्टर (RHQ) का दौरा किया, क्योंकि पंजाब बटालियन के कुछ लोग सुबह से पहले के ऑपरेशन में अंतरराष्ट्रीय सीमा पर चले गए थे। आगे बढ़ने से पहले मैंने स्पीडी को सावधान किया था कि वह दोपहर लगभग 2 बजे अंतरराष्ट्रीय सीमा पार करने के लिए तैयार रहें। इंदर ने मुझे सूचित किया कि मेरे दो सैनिकों को चीफी की कमांड में वापस जाना था, क्योंकि दूरी कम थी। इसलिए हम अंतरराष्ट्रीय सीमा को पार करेंगे और स्क्वाड्रन के साथ तुरंत संपर्क स्थापित करेंगे।

20 नवंबर, 1971 को अंतरराष्ट्रीय सीमा क्रॉस करने से पहले कैप्टन बी.एस. मेहता (घुटनों के बल झुके हुए, कैमरे की ओर पीठ) टैंक क्रू को ब्रीफ करते हुए। रिसालदार रघुबीर चंद्र, सीनियर जे.सी.ओ. 'सी' स्क्वाड्रन (दाईं ओर खड़े, हाथ में नक्शा है)

कबोदक नदी को पार करने की सोच ने क्षण भर के लिए उत्साह पैदा कर दिया था। यह कुछ ऐसा था, जिसका हमें लंबे समय से इंतजार था। हर किसी के मन में यही था कि 'आगे बढ़ो' (go ahead) के अंतिम आदेश पर वह कैसा महसूस करेगा? निजी चर्चाओं के दौरान हमने अंतरराष्ट्रीय सीमा को क्रॉस करने और भारतीय सेना के अग्रणी होने की कल्पना की थी, जिसके आर्मर्ड कॉलम दुश्मन के इलाके में तेजी से आगे बढ़ेंगे, जो एक ऐतिहासिक घटना होगी। यह भी वीर कथा के विस्तार के लिए एक यादगार अवसर होगा; किंतु हमारे लिए मात्र एक कल्पना था। यह कोई सनसनीखेज नाटक नहीं था और हर किसी को इसे किसी अन्य आदेश की तरह ही स्वीकार करना था। अंतरराष्ट्रीय सीमा क्रॉस करने की संभावना पर कोई खुशी या उत्तेजना की भावना नहीं थी। यह केवल हाथ में लिया हुआ एक और काम था, जिसे तुरंत और कुशलता से पूरा करने की जरूरत थी। क्रॉसिंग दिन के उजाले में होगी और कोई समस्या नहीं होनी चाहिए। दुश्मन के लड़ाकू विमान, जो हाल ही में बहुत सक्रिय थे, जल्द दोबारा बाधा नहीं डालेंगे; क्योंकि उन्होंने अभी-अभी हमारे एरिया पर पहला हमला किया था। कम-से-कम एक घंटे तक वे दोबारा नहीं आ सकेंगे। समय से लिंक-अप सबसे अनिवार्य था और प्राथमिकता पर था। मैंने कबोदक नदी के पार के

एरिया, विशेषकर टैंकों की क्रॉसिंग साइट, का सर्वेक्षण किया था। अपने हेड गियर को ठीक करते हुए मैंने अपने पहले संदेश को रेडियो पर भेजने के लिए प्रेसल स्विच को दबा दिया, जिसे रेजीमेंटल रेडियो नेट पर सभी कमांडरों ने सुना—

मेहता फॉर आर.पी. सिंह एंड स्पीडी, "ऑर्डर्स : एडवांस। ऑर्डर ऑफ मार्च, स्पीडी लीडिंग। ओवर।'

डेल्टा 1 : "विलको। ओवर।"

डेल्टा 3 : "विलको। ओवर।"

डेल्टा 40 : "मूव करो। लोडर।"

पलावुशी टैंका-76 (PT-76), नया नाम पीपा, 76 एम.एम. गन के साथ एक लाइट टैंक होता है। 'पलावुशी टैंका' एक रूसी शब्द है, जिसका अर्थ है—टैंक, जो तैरता है। पी.टी.-76 की अच्छी क्रॉस-कंट्री क्षमता को हासिल किया गया था, आर्मर प्लेटों की मोटाई को कम-से-कम 13 से 15 एम.एम. तक कम करके इस मोटाई की आर्मर प्लेट केवल छोटे हथियारों से सुरक्षा प्रदान कर सकती थी। इसकी मारक क्षमता और आर्मर की कमी की भरपाई के लिए टैंक के क्रॉस-कंट्री मोबिलिटी पर बहुत जोर दिया गया था। जमीनी अनुपात में कम वजन और पानी में तैरने की क्षमता के कारण वह नदी के इलाके के लिए एक आदर्श टैंक था। इन्हीं कारणों के चलते नदी के इलाके में अधिकतम सफलता हासिल करने के लिए रणनीतिक सिद्धांतों को संशोधित किया गया था। हम जहाँ तैनात थे, उन हालात में यह टैंक काफी हद तक उपयोगी था। पिप्पा अब भारत की सदियों पुरानी सुरक्षात्मक मानसिकता को त्यागकर, 45 कैवेलरी का झंडा लेकर पूर्वी पाकिस्तान में अंतरराष्ट्रीय सीमा को पार करने के लिए तैयार था।

नदी के हमारी तरफ के किनारे तक पहुँचने से पहले क्रॉसिंग के दौरान टैंक ट्रूप को आपसी फायर सपोर्ट के लिए तैनात किया गया। इंजीनियर जवानों की एक बड़ी टुकड़ी हालिया आयातित क्रुपमैन के सेतु निर्माण के उपकरणों को अनलोड कर रही थी। ब्रिज साइट का सर्वे किया गया और निर्माण कार्य को सुविधाजनक बनाने के लिए पूरे नदी-तट के क्षेत्र में रस्सियों व केबलों को रखा गया था। नदी 300 फीट से अधिक चौड़ी थी; हालाँकि जलमार्ग 100 फीट से अधिक नहीं था, जिसके ऊपर पुल बनाया जाना था। इंजीनियरों के मुताबिक, नदी का तल लगभग 40 फीट गहरा होगा और जल-प्रवाह 3 नॉट से अधिक नहीं होगा। ब्रिज की साइट से लगभग 70 मीटर नीचे 14 पंजाब बटालियन ने दूसरे तट के क्षेत्र को सुरक्षित

करने के बाद कुछ नौकाएँ तैयार कर रखी थीं। कुछ मिनट पहले एयर अलर्ट सीटी की आवाज सुनी गई थी। शाम होने के बाद पाकिस्तान वायु सेना द्वारा अधिक हरकत की संभावना कम थी, जिसने हमें नदी पार करने का काम शुरू करने के लिए प्रोत्साहित किया। दिए गए सिग्नल पर स्पीडी ने अपने टैंक को पानी में प्रवेश के लिए चुनी गई साइट की ओर बढ़ाया। उनकी पहली रिपोर्ट उत्साहजनक थी।

उथला पानी, नियमित ढलान : 'सही क्रॉसिंग साइट', उसके बाद 'अब चलें'। जैसे ही ड्राइवर ने गियर हैंडल को 'लैंड एंड वाटर' पोजीशन से 'ओनली वाटर' पोजीशन पर शिफ्ट किया, दोनों जुड़वाँ वाटर पंप स्टार्ट हो गए। हाई स्पीड वाटर पंप, जो अपने दो जेट आउटलेट से पानी फेंक रहे थे, उन्होंने टैंक को ज्वार के खिलाफ आगे बढ़ाया। इस तरह टैंक ने 2-3 नॉट की गति हासिल की और कुछ ही मिनटों में जल-बाधा को पार कर लिया। नदी के दूसरे किनारे पर स्पीडी ने टैंक को 200 मीटर पर चुने हुए ब्रिजहेड तक पहुँचा दिया। आगे बढ़ने और नदी में प्रवेश करने के लिए उसके ट्रूप के दूसरे टैंकों के लिए यह एक संकेत था।

"स्पीडी फॉर मेहता, इन लोकेशन। ओवर।"

"मेहता फॉर स्पीडी : पूर्वी पाकिस्तान में ऐतिहासिक भारतीय सेना को लीड करने के लिए बधाई।"

"स्पीडी फॉर मेहता : आपको बधाइयाँ और जश्न···"

□

बहुत लोग नहीं जानते, किंतु यह भारत के सैन्य इतिहास और इसकी मशीनी सेना (mechanised forces) के लिए एक ऐतिहासिक क्षण था। पिछली दस शताब्दियों से उत्साही आक्रमणकारियों द्वारा पराधीनता एवं अपमान के साथ भारत का इतिहास भरा पड़ा था। आजादी के बाद से भारत पर तीन बार पाकिस्तान और एक बार चीन द्वारा हमला किया गया था। प्रत्येक युद्ध में आक्रमणकारी ने बेहतर रणनीति और क्षमता का प्रदर्शन किया; जबकि हम रूढ़िवादी विचारों से ग्रसित थे। हमारे साधारण सैन्य नेतृत्व ने हमेशा आगे बढ़ते हुए अनिर्णायक युद्धों में गतिरोध पैदा किया। भुट्टो ने एक बार अपनी विशिष्ट लड़ाकू मुद्रा में कहा था, "भारत को अपने सदियों के इतिहास को नहीं भूलना चाहिए।" लेकिन अब ज्वार की दिशा बदल गई थी और 45 कैवेलरी के ओ.आई.सी. (OICs) एवं एस.आई.सी. (SICs) अब स्वतंत्र भारत का इतिहास लिखने के लिए पूर्वी पाकिस्तान में टैंक कॉलमों को लीड कर रहे थे। भारत के राजनीतिक नेतृत्व ने सैन्य काररवाई को स्वीकार किया था—

"हमला रक्षा का सबसे अच्छा तरीका है।" भारत द्वारा अघोषित साइलेंट अटैक जल्द ही विश्व को थर्राने वाले थे। खंडित पाकिस्तान दो भागों में विभाजित होगा, अपमानित होगा और उसकी सेना विजयी भारत के समक्ष आत्मसमर्पण के बाद अपयश प्राप्त करेगी।

मेरा टैंक नदी को पार कर चुका था, जबकि पाँचवाँ टैंक अब भी नदी में था। उसी समय 'बचाओ, बचाओ' की असामान्य चिल्लाने की आवाजें सुनाई दीं। सहज रूप से मैंने 14 पंजाब की बोट साइट की ओर देखा। जोर-जोर से रोने, चिल्लाने और मदद की पुकारें एक साथ ही नदी के बीचोबीच सुनाई दे रही थीं और पलटी हुई एक बोट आंशिक रूप से दिखाई दे रही थी। इसी के साथ दो-तीन सैन्य जवान मृत्यु से संघर्ष करते दिखाई दिए। बोट साइट के पास लोग नौका से छाती तक गहरे पानी में कूद रहे थे, ताकि बचाव दल संकट में फँसे लोगों तक पहुँच सके। साथी जवानों को बचाव के लिए प्रार्थना करते हुए देखा जा सकता था। ब्रिगेड, बटालियन और फील्ड रेजीमेंट कमांडर इस दुःखद घटना के गवाह थे। इस बहादुर यूनिट पर भाग्य की इस नृशंसता और उनको तबाही की असहाय स्थिति में देखकर हर कोई स्तब्ध था। नदी क्रॉस करने का विचार त्याग दिया गया और अब इंजीनियर गोताखोरों ने डूबे हुए सैनिकों के शवों की तलाश शुरू कर दी। पानी की गहराई और पानी के भीतर काई (शैवाल) के कारण शवों को ढूँढ़ने में देरी होने से बटालियन उदास और भारी दिलों के साथ अपने सैन्य मिशन को पूरा करने के लिए आगे बढ़ गई। रेजीमेंट के मेडिकल ऑफिसर (R.M.O.) और एंबुलेंस के आने से भी कोई उम्मीद या खुशी नहीं हुई। पीठ पर फील्ड सर्विस मार्चिंग ऑर्डर (F.S.M.O.) पैक और अपने हथियार के साथ पूरी तरह से युद्ध के लिए तैयार रणबाँकुरों के जीवित रहने की कोई संभावना नहीं थी। कुल 9 सैनिक और उनके साथ आर्टिलरी के एक युवा फील्ड ऑब्जर्वेशन ऑफिसर (F.O.O.), जो उसी नाव में सवार थे, सब नियति के क्रूर हाथों बलि चढ़ चुके थे। इस तरह की त्रासदी किसी भी सेना की सर्वश्रेष्ठ लड़ाकू यूनिट को कमजोर कर सकती है। ऑपरेशनल टास्क में रुकावट दुःखद और अपरिहार्य थी, किंतु नाभा अकाल यूनिट ने अपराजेयता के लंबे इतिहास की भावना से अपने दुःख को भुलाकर 'निश्चय कर अपनी जीत करौं' के मनोभाव और राष्ट्र के प्रति सेवा एवं विश्वास को बनाए रखा। युद्धक्षेत्र में इस तरह की दुर्भाग्यपूर्ण अप्रत्याशित घटनाएँ यूनिट के मनोबल और लड़ाकू क्षमता पर प्रभाव डालती हैं। जो बटालियन ऐसे हादसों की पीड़ा को भुलाकर उसे दिए गए सैन्य टास्क को पूरा करती है, वह इतिहास के पन्नों में अमर हो जाती है।

छह टैंक नदी के उस पार मोरचे (bridgehead) पर थे। दुश्मन की कोई हरकत दिखाई न देने से अंतरराष्ट्रीय सीमा को पार करते समय उभरनेवाले मनोवैज्ञानिक डर से क्रू को निजात दिला दी थी। सातवाँ टैंक सुदूर तट के करीब था, जब कमांडर ने बताया कि उसका टैंक किनारे की ढलान पर चढ़ने में असमर्थ है। यह एक अजीब बात थी, क्योंकि छह टैंक पहले इसी साइट पर नदी पार कर चुके थे। हम टैंक को केवल आधी ढलान तक चढ़ते, फिर वापस पीछे जाते हुए देख रहे थे; जबकि इसी के साथ इंजन की (rpm) तेजी से गिर जाती थी। अंत में, निराश होकर टैंक कमांडर सस्पेंशन चेक करने के लिए नीचे उतरा कि शायद टैंक ट्रैक और बोगी व्हील्स के बीच ढीली मिट्टी व रेत पैक हो गई हो, जिस वजह से कर्षण (traction) कम होने से इंजन धीमा हो जाता है। उसकी रिपोर्ट हास्यास्पद लग रही थी, क्योंकि कमांडर ने बताया कि कंसर्टिना वायर का एक बंडल टैंक स्प्रोकेट और ट्रैक के आसपास उलझ गया था। कंसर्टिना ने ट्रैक की गति को एक पॉइंट पर रोक दिया था, जिससे इंजन की पावर कम हो रही थी और टैंक वापस जा रहा था। पूरा क्रू नीचे उतरकर भारी हथौड़ा और कटिंग प्लायर के साथ टैंक स्प्रोकेट से कंसर्टिना वायर को अलग करने में जुट गया। स्प्रोकेट का काँटेदार तार में फँसना ड्राइवर की लापरवाही माना जा रहा था, जिसके लिए उसे क्रू के ताने सुनने पड़े। क्रू मेंबर्स के तानों से परेशान होकर ड्राइवर अपनी सीट पर बैठा और फॉरवर्ड के बजाय बैक गियर लगाकर एक्सेलरेटर दबा दिया। इस दाँव ने काम कर दिया, क्योंकि कंसर्टिना वायर की पकड़ ढीली हो चुकी थी। चिंतामुक्त ड्राइवर और एक उत्साहित क्रू जल्द ही हमारे साथ चुने हुए पूर्व निश्चित स्थान के लिए चल दिए।

मेकैनाइज्ड फोर्सेस के कमांडर के पास ब्रीफिंग ही एक ऐसी विधि थी, जिसके द्वारा लड़ाई की योजनाओं को सब-यूनिटों द्वारा कार्य रूप दिया जा सकता था। इसके लिए कोई कठोर प्रारूप नहीं होता, क्योंकि ये मौखिक आदेश होते हैं। यह प्रारूप आर्मर्ड कोर में सामान्य अभ्यास है, क्योंकि इसमें युद्ध की योजनाओं को सामने रखते हुए बातचीत और चर्चा की जरूरत होती है। स्पीडी और चक्रवर्ती अंतिम ब्रीफिंग के लिए 'ओ' ग्रुप में शामिल हुए। चीफी अपनी काली डाँगरी और अच्छी तरह से सँवारी गई मूँछों में शानदार लग रहे थे। उनकी पगड़ी पर लगा धूल रोकने का चश्मा, हाथ में छड़ी और युद्धक टीम को ब्रीफ करने के लिए टैंक की पेटी (hull) के एक तरफ युद्ध का नक्शा लटका हुआ था। नक्शे पर चाइना ग्राफ पेंसिल से बने नीले व लाल सर्कल थे, जो हमारी और शत्रु की पोजीशन का

आउटलाइन प्लान और रोड ब्लॉक साइट पर प्रस्तावित तैनाती दिखा रहे थे, जिसे हमने शीघ्र ही अपने-अपने नक्शे पर मार्क कर लिया। जिस तरह से चीफी ने 'ओ' ग्रुप को संबोधित किया, हमने महसूस किया कि यह सैनिकों के साथ अपने क्षेत्र में नियमित शांति-काल अभ्यास की तरह था। उनके तरीके और उठाए सवालों पर बार-बार 'टैली हो', 'नो प्रॉब्लम', 'हो जाएगा' जैसे वाक्यांशों का प्रयोग उन सभी के लिए नया नहीं था, जो उन्हें जानते थे। दुश्मन की स्थिति के संक्षिप्त विवरण के बाद उन्होंने टैंक ट्रूप को मार्च का आदेश दिया, जिसमें स्पीडी का टैंक लीड में था। उसके बाद चक्रवर्ती और फिर बाकी की स्क्वाड्रन। इन्फैंट्री को रणनीतिक ग्रुप्स में लीडिंग ट्रूप को छोड़कर सभी टैंकों पर बाँट दिया गया था। 14 पंजाब की दो कंपनियों को वर्तमान स्थान से 'C' स्क्वाड्रन के टैंकों में 10 कि.मी. दूर चौगछा-जेस्सोर रोड पर, रोड ब्लॉक साइट के पास, पूर्व निश्चित स्थान तक जाना था। बटालियन के बाकी बचे लोग पैदल मार्च करते हुए पूर्व निश्चत स्थान पर मिलाप करेंगे। खुफिया रिपोर्टों के अनुसार, चौगछा के पास दुश्मन का जमाव था। चीफी ने अपना संक्षिप्त कथन इन शब्दों के साथ समाप्त किया, "हम बीस मिनट में चलना शुरू करेंगे। गुड हंटिंग एंड टैली हो।"

चुनी गई रिपोर्ट लाइनें नक्शे पर चिह्नित पहचान योग्य लैंडमार्क्स या प्रमुख स्थानों पर आधारित थीं, जिन्हें क्रॉस करते ही लीडिंग ट्रूप के नेता को आगे रिपोर्ट करना था। यह रिपोर्ट उच्च मुख्यालय और सहायक सेना आर्म्स के साथ-साथ लड़ाकू टीम के साथ भी संपर्क रखने में सहायक थी। स्पीडी को चयनित रिपोर्ट लाइनों पर एक वास्तविक संदेह हो रहा था।

स्पीडी : "क्या मुझे फिर से रिपोर्ट लाइनें मिल सकती हैं? मैंने केवल दो ही नोट की हैं।"

चीफी : "बेशक।" उन्होंने सभी तीन की दोबारा गिनती करते हुए अपने नक्शे की ओर इशारा किया।

स्पीडी : "लेकिन दूसरा वाला आपके द्वारा बताए गए रास्ते पर नहीं है।"

चक्रवर्ती : "यह सच है, सर। कुछ भूल हुई है।"

चीफी : "तो इससे क्या! दुश्मन की गति के कारण हो सकता है, हमें रूट बदलना भी पड़े।"

स्पीडी : "तो मुझे केवल दो को क्रॉस करने की सूचना देनी है, यदि रूट में बदलाव नहीं होता।"

चीफी—थोड़ा परेशानी से : "मैं तुम्हारे लिए इसे आसान कर देता हूँ।" वह नक्शे के करीब पहुँचे और एक संक्षिप्त अंतराल के बाद, "रिपोर्ट लाइनों को भूल जाओ। मैं आपको रास्ते में पड़नेवाले महत्त्वपूर्ण गाँवों के लिए कोड नेम देता हूँ। आप सभी लोग नोट करें।"

उन्होंने चार प्रमुख गाँवों को बिना सोचे-समझे पाकिस्तानी शहरों के नाम पर कोड नेम दे दिए—लाहौर, रावलपिंडी, कराची, इस्लामाबाद। एक दबी हुई हँसी के साथ उन्होंने कहा, "यह पाकिस्तानियों को बुरी तरह डरा देगा। सत्यानाश हो उनका!"

जबकि 'ओ' ग्रुप के कुछ लोग मन-ही-मन में हँसे। स्पीडी ने ध्यान नहीं दिया, क्योंकि रिपोर्ट लाइनों के लिए फैंसी कोड की तुलना में पाक शहर के नामों को याद रखना ज्यादा आसान था।

रामपरीक्षण (अन्य ट्रूप लीडर) : "क्या हम वन-अप या टू-अप एडवांस करेंगे?"

चीफी : "मैं यह लीडिंग ट्रूप लीडर पर छोड़ता हूँ।"

कंपनी कमांडर : "हमारे पास मुक्तिवाहिनी का एक स्थानीय गाइड है। क्या हम उसे साथ ले जा सकते हैं?"

चीफी : "ठीक है, उसे लीडिंग टैंक ट्रूप के साथ रखो।"

चक्रवर्ती : "मैं अपने ट्रूप के बँगला भाषी एक जवान को भेजूँगा।"

कंपनी कमांडर : "क्या मुझे लीडिंग टैंक ट्रूप के साथ रहना होगा?"

चीफी : "नहीं, आप पांडे के ट्रूप के साथ रहेंगे।"

एफ.ओ.ओ. ऑपरेटर : "जैसा कि आदेश था, मेरा रेडियो सेट 2IC के टैंक पर फिट किया गया है।"

चीफी : "बहुत अच्छे। फील्ड ऑब्जर्वेशन ऑफिसर कहाँ हैं?"

एफ.ओ.ओ. ऑपरेटर : "वह ब्रिज साइट पर हैं और जल्द ही प्रवेश करेंगे।"

चीफी : "उन्हें ब्रीफिंग के लिए 2IC को रिपोर्ट करना चाहिए।"

पांडे : "किसके आदेश पर हम गोलाबारी शुरू कर सकते हैं?"

सभी चकरा गए थे। बिना एक भी गोली चलाए हम पूर्वी पाकिस्तान में 3 कि.मी. अंदर आ चुके थे। हमारे द्वारा अंतरराष्ट्रीय सीमा को पार कर लेने से पहले किसी ने भी इस तरह के बुनियादी, लेकिन सामयिक मुद्दे को उठाया नहीं था। वार्षिक प्रशिक्षण के दौरान अभ्यास की गई युद्ध-प्रक्रियाओं की वजह से मानसिक

रूप से तैयार और अवचेतन मन दुश्मन की हरकत की आहट पर खाली या लाल राउंड्स, बहुत लाइट पिस्टल फ्लेयर फायर करने के लिए तैयार था। सवाल-जवाब का दौर सच्चाई को स्वीकार करने के लिए मानसिक अस्वीकार के दबाव को समझ सकता था, जिसमें अंतरराष्ट्रीय सीमा को पार करने का मतलब था। बिना रुके सीधा युद्ध—जब गोलियाँ चलनी शुरू होती हैं, तब असली सिखलाई शुरू होती है।

कोई शंका किए बिना 'ओ' ग्रुप चला गया। रेडियो सेट को 'लिसनिंग वॉच' मोड पर स्विच किया गया और हम आगे बढ़ने के कार्यकारी आदेश के लिए इंतजार करने लगे। मैं अपनी पीठ टैंक बुर्ज के साथ सटाकर पास बैठे हुए इंदर को ब्रीफिंग और ऑर्डर ऑफ मार्च के बारे में बता रहा था। उसका मानना था कि सूरज के जल्दी छिपने के कारण हम दिए गए समय से पीछे चल रहे थे। आर.एच.क्यू. (R.H.Q.) शीघ्र ही फॉरवर्ड कॉन्संट्रेशन एरिया की ओर बढ़ रहा था और मध्य रात्रि तक पहुँच जाएगा। स्क्वाड्रन के लिए रेजीमेंटल हेडक्वार्टर (R.H.Q.) के रेडियो लिंक खुले रहेंगे, ताकि दुश्मन की कोई भी हरकत की रिपोर्ट दी जा सके। तभी टैंक डेक पर खड़े हुए किसी ने मेरी टाँग पर टैप किया। नीचे देखा तो वे 14 पंजाब बटालियन कमांडिंग ऑफिसर (C.O.) लेफ्टिनेंट कर्नल आर.के. सिंह थे। मैं उनसे कई महीने पहले तब मिला था, जब मैं अपनी पार्ट 'बी' परीक्षा दे रहा था, जहाँ वे एक निरीक्षक थे। मैं उन्हें एक खुशमिजाज और मददगार व्यक्ति के रूप में याद किया करता था, जो परीक्षा कक्ष में मार्गदर्शन की जरूरतवालों की सहायता करने में पीछे नहीं रहते थे। जिस गर्मजोशी और मधुरता के साथ मैंने जवाब दिया, उसने उन्हें अचंभित कर दिया, क्योंकि हमारी मुलाकातें बहुत कम हुई थीं। अमरजीत और स्पीडी जानते थे कि पिछली रात का मेरा पूर्वाभास वास्तविक कारण था। आर.के. सिंह कुछ हँसी-मजाक की बातों के बाद चले गए। इस मुलाकात ने मेरे अंतर्मन को प्रफुल्लित कर दिया।

मेरे पास आगे बढ़ने से पहले कुछ समय था, इसलिए मैं अपने क्रू से मिलने चला गया। वे सभी ठीक-ठाक थे और दुश्मन के इलाके में होने के बाद भी तनाव से परे थे। आत्मविश्वास उनके चेहरे पर साफ झलक रहा था; किंतु उनकी आँखों में मौजूदा हालात में खतरे से घिरे होने की आशंका को पढ़ा जा सकता था। मेरी खुद की हालत रिंग में उतरनेवाले मुक्केबाज की तरह थी, जिसके अंदर चिंता और खालीपन का थोड़ा-सा वह अहसास था, जो पहला मुक्का पड़ने पर होता है। उसकी याद भी तब सारी चिंता को उड़ा देती है और आपको आगे बढ़कर काररवाई करने की प्रेरणा देती है।

रेडियो संदेश 'डेल्टा फॉर ऑल स्टेशंस, डेल्टा वन चीफी रिपोर्ट माई सिग्नल ओवर', इसने सब चिंताओं से निजात दिला दी।

डेल्टा 1 : "ओ.के.। ओवर।" (आर.पी. सिंह)

डेल्टा 2 : "ओ.के.। ओवर।" (जे.सी. चक्रवर्ती)

डेल्टा 3 : "ओ.के.। ओवर।" (स्पीडी)

डेल्टा 4 : "ओ.के.। ओवर।" (पांडेय)

डेल्टा 40 : "ओ.के.। ओवर।" (मेहता)

डेल्टा फॉर ऑल स्टेशंस।

डेल्टा 1 : "अब आगे बढ़ो। आउट।"

वहाँ का ग्रामीण क्षेत्र पश्चिम बंगाल की तरह था। रास्ते पर आगे बढ़ने के साथ हमने बाइनॉक्यूलर्स से देखते हुए पाया कि सामने समतल जमीन और धान के खेतों का खुला इलाका था, जो बाँस के घने झुरमुट, खजूर के पेड़ों, घने पत्तों और अन्य छोटे गाँवों से घिरा था। इन छोटे-छोटे गाँवों के बीच की दूरी कुछ सौ गज से लेकर 1-2 कि.मी. थी। हर 3-4 कि.मी. पर हमें एक बहुत बड़े गाँव को क्रॉस करना था। प्रत्येक गाँव में मछली पालने के लिए तालाब थे। गाँव की आबादी और घरेलू पशुओं के लिए एक बड़ा सामुदायिक तालाब था। खुले इलाके में खेती की जमीन और पशुओं के चरागाह थे। टैंक कमांडर सुरक्षा एवं तेजी से मूवमेंट के बारे में चिंतित थे, क्योंकि गाँव के परे घने पत्तों में निगरानी मुश्किल थी। इसीलिए ट्रूप लीडर को और मुस्तैद रहने की जरूरत थी। यह जमीनी पैंतरेबाजी 'वन लेग ऑन द ग्राउंड' से संभव था, जिसमें एक या दो स्टेटिक टैंक छोटे गाँवों के इर्द-गिर्द सपोर्ट फायर में रखना जरूरी था। इस इलाके में हम तेजी से गतिविधि नहीं कर सकते थे, क्योंकि यहाँ बड़ी चतुराई और होशियारी की जरूरत थी। गाँवों के आसपास के तालाबों और दलदली व निचले इलाकों की अधिकता के कारण काररवाई की गति बनाए रखने के लिए कभी-कभी दिशा में बदलाव और यहाँ तक कि लीडिंग ट्रूप में भी बदलाव होता था।

लीडिंग ट्रूप लीडर स्पीडी सिद्धू ने 'टू अप' फॉरमेंशन रणनीति अपनाई थी, जबकि बाकी 'सिंगल लाइन अहेड' का अनुसरण कर रहे थे। जल्द ही क्षितिज पर धूल व धुएँ का एक गुबार-सा उड़ने लगा, क्योंकि खाजी पेड़ों (खजूर के पेड़) और बाँस के पेड़ों के झुरमुटों के बावजूद टैंक कॉलम एक बड़े क्षेत्र में फैल चुके थे, जो नवंबर की उतरती दोपहर में सरसों के फूलों को काटते हुए मार्च कर रहे थे।

हलके लाल व बिस्कुटी रंग की ध्वजा रेडियो एंटीना के ऊपर लहरा रही थी और असामान्य ध्वनि तथा इंजन की गड़गड़ाहट से घबराए पक्षी अपने घोंसलों से बाहर निकल आए थे। टैंकों पर बैठे इन्फैंट्री के सैनिक टैंक इंजनों की असामान्य आवाज और इंजन से निकलनेवाले डीजल से घुले धुएँ के साथ पानी एवं ऊबड़-खाबड़ जमीन पर टैंकों की आवा-जाही से अपरिचित थे और काफी असहज महसूस कर रहे थे। मुझे याद है, भूरे बालोंवाला एक हवलदार टैंक डेक पर अपनी पकड़ बनाए रखने के लिए कितनी मेहनत कर रहा था और अपने साथियों से ठेठ पंजाबी में कह रहा था, "ओए, फाड़ ती इन्हेन ताँ।" उनका साथी अपनी हँसी रोक नहीं पाया और ऐसी प्रतिकूल परिस्थितियों में भी मजाक में बोला, "ओए, लगदा पैलाँ भी तेरे नाल एहो हो चुकया।" चारों ओर हँसी के ठहाके फैल गए।

स्क्वाड्रन की आँख और कान बने रहने से स्पीडी काफी दबाव से गुजर रहा था। ऑर्डर ऑफ मार्च के अनुसार, मेरी पोजीशन सीधे चीफी के पीछे थी। दुश्मन के इलाके में काफी आगे बढ़ने पर स्पीडी की नजर 1,000 मीटर की दूरी पर एक छोटे से गाँव में शहरी आबादी की हलचल पर पड़ी और वह रुक गया।

डेल्टा 3 फॉर डेल्टा : "आगे लोगों की हलचल दिखाई दी है। ओवर।"

डेल्टा फॉर डेल्टा 3 : "क्या आपने फायर किया ? ओवर।"

डेल्टा 3 फॉर डेल्टा : "नहीं। रजाकार हो सकते हैं। ओवर।"

डेल्टा फॉर डेल्टा 3 : "दाईं तरफ हटकर निकालो। आउट।"

चीफी ने उसे पोजीशन से हटकर आगे चलते रहने को कहा। इस बात पर किसी ने ध्यान ही नहीं दिया कि पोजीशन से हटकर निकलने में अधिक समय लगता और एडवांस की गति भी प्रभावित होती। जब मेरा टैंक उस छोटे से गाँव से गुजरा तो मैंने महसूस किया कि टैंकों को देखने के लिए बड़ी संख्या में लोग अपनी झोंपड़ियों से बाहर निकले थे, लेकिन साथ ही आजादी दिलानेवालों के रूप में मुसकराहट के साथ हमारा अभिवादन और हाथ हिलाते हुए स्वागत कर रहे थे। चीफी और स्पीडी इस बात पर सहमत हुए कि नागरिकों की उपस्थिति से यह पक्की बात है कि यहाँ दुश्मन होने का अंदेशा बिल्कुल भी नहीं है। इसलिए गाँव से हटकर निकलना निरर्थक था। सावधानी की आवश्यकता सर्वोपरि थी; किंतु इस विचार ने हमारे एडवांस को गति प्रदान की। यह भी पता चला कि प्रशिक्षित सैनिकों को हवाई फायर से खुशी नहीं होती और युद्ध के लिए उकसाए जाने से पहले समय व घटनाओं का एक कालचक्र होता है।

स्वनाम धन्य स्पीडी अच्छी प्रगति कर रहा था। लगभग आधी दूरी तय करने के बाद चीफी ने उसे दिशा बदलने और 'लाहौर' की ओर बढ़ने का निर्देश दिया।

डेल्टा फॉर डेल्टा 3 : "प्रोसीड टुवर्ड लाहौर, रिपीट, लाहौर। ओवर।"

डेल्टा 3 फॉर डेल्टा : "लाहौर, विल्को। आउट।"

डेल्टा 3 फॉर डेल्टा 3(ए) एंड डेल्टा 3(बी) : "एडवांस फॉर लाहौर।"

आगे बढ़ने में एक संक्षिप्त ठहराव आया, जबकि लीड कर रहे दो टैंक कमांडरों ने अपने टैंक और सेमी-जाइरोस कंपास को बताई गई दिशा की ओर कर दिया।

दोबारा आगे चलना शुरू होते ही स्क्वाड्रन रेडियो नेट पर भ्रम की स्थिति पैदा हो गई, क्योंकि स्पीडी जिस दिशा की ओर बढ़ रहा था, वह चीफी द्वारा बताई हुई नहीं थी। चीफी ने गलतफहमी को दूर करते हुए कहा, "डेल्टा फॉर डेल्टा 3 : स्पीडी, गो फॉर लाहौर नॉट रावलपिंडी।" जैसे ही अधीनस्थ टैंक कमांडरों ने अपने स्क्वाड्रन कमांडर की आवाज को पहचाना, वे स्पीडी से नए आदेश की उम्मीद करते हुए धीमे हो गए। निराश होकर गलतफहमी को दूर करने के लिए स्पीडी खुद लीड में आ गए। इससे पहले कि स्पीडी कुछ कहते, चीफी चिल्लाकर बोले, "डेल्टा फॉर डेल्टा 3 : तुम 'कराची' की ओर जा रहे हो, लाहौर नहीं, मैं दोहराता हूँ, लाहौर, ओवर।" दोनों के बीच रेडियो संदेशों का यह सिलसिला तब तक जारी रहा, जब तक कि स्पीडी ने अपने टैंक की गति रोक नहीं दी। स्पीडी जिस भी दिशा में एडवांस का प्रयास कर रहा था, वह गलत प्रतीत हो रहा था। जो कोई इस संवाद को ध्यान से सुन रहा था, उसने कार्डिनल पॉइंट की मदद से आगे बढ़ने की दिशा-निर्धारण का सुझाव दिया। अबूझ की स्थिति जल्द ही समाप्त हो गई और फिर से आगे बढ़ने की कारवाई शुरू हुई। मैं 'ओ' ग्रुप में था और साथ ही स्क्वाड्रन नेट पर होने से इस घटना की वास्तविकता का साक्षी था। इस्तेमाल किए गए कोड वर्ड्स वास्तविक थे। हम दुश्मन को भ्रमित नहीं कर सकते थे, यदि वे रेडियो पर इस बातचीत को सुन रहे होंगे। किंतु टैंक कमांडरों में यह एक हँसी-मजाक का विषय बन गया था। टैंक कमांडरों ने ब्रीफिंग के दौरान दिए गए कोड वर्ड्स को जल्दी-जल्दी लिखा था, इसलिए सभी स्पीडी के प्रति सहानुभूतिपूर्ण थे। चीफी ने इस घटना को याद रखा, जैसे ही तनाव बढ़ता है, याददाश्त फीकी पड़ जाती है। मानव स्वभाव इसी तरह का होता है।

जब तक हम अपने टारगेट के आसपास पहुँचे, तब तक सूर्य अस्त हो चुका था। ब्रिगेड मुख्यालय के आदेश पर आगे की कारवाई रोक दी गई और आर.के.

सिंह को उसी इलाके में तैनात होने का आदेश मिला। दो इन्फैंट्री कंपनियों को वहीं उतार दिया गया और जल्द ही शुरुआती टोह (Recci) के बाद बटालियन द्वारा एक हेस्टी डिफेंस अख्तियार किया गया। रात के लिए टैंकों को उसी स्थान पर रोक दिया गया। हमें अपनी दिशा-निर्धारण और एक शत्रु देश में अपनी उपस्थिति की उत्तेजना से सँभलने के लिए कुछ प्रयास करने पड़े, जिसमें कुछ समय लगा। टैंकों को हार्बर में नहीं खड़ा किया गया, बल्कि आर.के. सिंह और उनकी कंपनियों के कंपनी कमांडरों द्वारा कंपनी मुख्यालय के चिह्नित क्षेत्र में दल के अनुक्रम में तैनात किया गया था। दुश्मन के इलाके में हमारी इस छोटी-सी बढ़त ने हमें ऐनुअल एक्सरसाइज सिंड्रोम से स्नातक होने में मदद की थी और अब हम सीधे एक युद्ध की दहलीज पर खड़े थे।

बढ़ते अँधेरे के साथ शत्रु के देश में होने का भय सताने लगा था। इसने हमें कर्तव्यों और जिम्मेदारियों के बारे में दोगुना जागरूक किया। रात्रि में दुश्मन की हरकत पर कड़ी नजर रखने के लिए पहरा जरूरी था, क्योंकि हम असावधानी में इसे अनदेखा नहीं कर सकते थे। जवानों को कुछ इलाकों में गश्त के लिए भेजा गया और सुनने के लिए चौकी (listening post) भी बनाई गई। ऐसी सभी गतिविधियाँ बटालियन और कंपनी मुख्यालय के साथ संपर्क में थीं। यह सच था कि हम खुले हार्बर में थे, इसलिए सुरक्षा की आवश्यकता बढ़ गई थी। टैंक क्रू को वर्तमान तैनाती और पूरे प्लान के औचित्य के बारे में बताया गया था। ट्रूप लीडर मैनपावर और उपकरणों की रिपोर्ट देने के लिए नियत समय पर पहुँच गए। यह एक स्टैंडर्ड ड्रिल थी और एडवांस के दौरान आनेवाली समस्याओं का जायजा लेने तथा उठाए गए मुद्दों को हल करने का अवसर देती थी। बदली हुई स्थिति को ध्यान में रखते हुए ऑपरेशनल कोर्डिनेशन, रसद और सुरक्षा आदेशों को पूरा किया गया। रेडियो संपर्क महत्त्वपूर्ण था, ताकि रेजीमेंटल मुख्यालय से प्राप्त निर्देशों को साझा किया जा सके। हर ट्रूप का एक टैंक 'गार्ड टैंक' के रूप में था, जिसका रेडियो पूरी रात लगातार सूचना (listening watch) मोड पर था। मेरे समाप्त करने के बाद चीफी ने सभी को संबोधित किया और सतर्कता पर विशेष जोर दिया तथा सुबह की पहली किरण से पहले टैंकों को पुनः इकट्ठा करने के लिए कहा। जब यह ब्रीफिंग चल रही थी, तब पंजाब बटालियन की शेष दो कंपनियों के कुछ लोग, जो पैदल चले थे, पहुँचने लगे। ये कॉलम किसी बड़े पैमाने की प्रशिक्षण एक्सरसाइज से भटके सैनिकों के रूप में पहुँचे। एक संरक्षित इलाके में उन्होंने जो भी प्रशिक्षण हासिल किया था, वह वर्तमान में असंगत था। कटु सत्य यह था कि जब तक उनके अधीनस्थ कमांडरों ने सैनिकों

को ब्रीफ नहीं किया, तब तक उन्हें यह जानकारी नहीं थी कि सामरिक परिस्थिति की क्या माँग थी? मेरे विचार में, यह इन्फैंट्री की एक मूलभूत कमी थी कि वे अपने सैनिकों के साथ सूचनाओं को बहुत कम साझा करते थे। अधिक व्यावहारिक कारण यह भी था कि दोनों ही पक्षों ने अभी तक एक भी गोली नहीं चलाई थी।

अँधेरी काली रात में जब कोई लैंडमार्क दिखाई नहीं दे रहा था, इन्फैंट्री जल्द ही अपने लिए गड्ढे व ट्रेंच खोदने में और टैंकों को स्थापित करने में व्यस्त हो गई। अपने टैंक के ऊपर बैठकर मैं अपने पास की टुकड़ी को पंजाबी में दबी आवाज से बात करते हुए सुन सकता था। जो बोट डूब गई थी, उसके गाँव का एक दोस्त भी मरनेवालों में था। वे अपने एक साथी के डूब जाने पर आश्चर्यचकित थे, क्योंकि वह एक उत्कृष्ट एथलीट और एक कमांड स्तर का तैराक था। उसी समय इस ठंडी सर्द रात में पिकैक्स हैंडल को पोजीशन में करने के लिए हथौड़े की चोट या पखाल (पानी का कंटेनर) को गाड़ी से उतारने की आवाज सुनाई दी। जाहिर तौर पर, बटालियन के गोला-बारूद, माइंस और फील्ड स्टोर्स की 'एफ' युद्धक (fighting) टोली आ चुकी थी। बीच-बीच में कोई सिगरेट पीनेवाला जवान अपनी सिगरेट की तलब दूर करने के लिए माचिस जलाता और तुरंत बुझा देता। यह एक कड़क ठंडी रात थी, इसलिए मैंने अपने कोट और एक कंबल (जो मैं साथ लेकर चल रहा था) को बदन से लपेट लिया, ताकि कड़ाके की ठंड से बचा जा सके। थोड़ी राहत पाते ही मैंने भी एक सिगरेट जलाई और अपने ओवरकोट के अंदर उसकी लौ को छुपाकर कश लेने लगा।

लगभग डेढ़ घंटा बीता होगा, जब मैंने अपने कंधे से लटके रिसीवर से बहुत जरूरी (urgent) संदेश सुना। यह एक जे.सी.ओ., रिसालदार रामपरीक्षण (आर. पी.) सिंह, नंबर 1 ट्रूप लीडर था। शांत लहजे में उत्साह और चिंता को दबाते हुए वह रेडियो पर फुसफुसाया—

"डेल्टा 1 फॉर डेल्टा 40 : दुश्मन की गाड़ियों की हलचल देखी गई। ओवर।"

"डेल्टा 40 फॉर डेल्टा 1 : टैंक्स या वाहन, स्पष्ट करो।"

"निश्चित नहीं। ओवर।"

"आपने जो देखा, रिपोर्ट करो। ओवर।"

"व्हिकल्स की सात हेडलाइट्स जेस्सोर-चौगछा रोड पर हिलती हुई देखी गईं।"

"क्या आप अभी भी उनमें मूवमेंट देख सकते हैं?"

"नहीं, उनमें हलचल नहीं दिख रही। शायद हेडलाइट्स बंद हो गई हैं।"

"उस जगह को इंगित करें, जहाँ आपने उन्हें देखा। आपको कैसे लगा कि वे टैंक हैं?"

"संभवतः मूवमेंट की गति और इंजन की आवाज से।"

"कितने समय तक आपको वह रोशनी दिखाई दी?"

"लगभग एक मिनट, मुख्य सड़क के मोड़ के पास।"

"इलाके पर निगरानी रखें। आउट।"

इस जानकारी के बाद अपने उत्साह को रोक पाना मुश्किल था। वाहन किस प्रकार के थे, इसकी पुष्टि आवश्यक थी। आर.पी. सिंह ने बताया कि उन्होंने कुछ दूरी पर इन रोशनियों को देखा था, जबकि शायद वे लगभग 2 मील की दूरी से रोड पर एक मोड़ से निकल रहे होंगे। इंजन के शोर से व्हिकल्स के प्रकार को समझना मुश्किल था। वे 3-टन लॉरी हो सकते थे या शायद टैंक भी हो सकते थे।

मैंने उसे अपने रेडियो सेट के साथ उनकी निगरानी करने के लिए आगे बढ़ने और कंपनी को जानकारी देते रहने का आदेश दिया। मैंने अब चीफी को सूचित किया—

"डेल्टा 40 फॉर डेल्टा : अत्यावश्यक संदेश। ओवर।"

डेल्टा : "ठीक है, बोलो। ओवर।"

"डेल्टा 40 फॉर डेल्टा : व्हिकल्स की मूवमेंट देखी गई। हमारी लोकेशन के दूसरी ओर, मुख्य जगह पर। टैंक होने का अंदेशा है।"

"डेल्टा 40 फॉर डेल्टा : दो पेट्रोल्स गश्त करते हुए नजर रख रही हैं। रेजीमेंटल हेड क्वार्टर (R.H.Q.) को सूचित कर दिया है। ओवर।"

स्क्वाड्रन कमांडर और रेजीमेंटल मुख्यालय को सूचित करने के अलावा मैंने टैंक ट्रूप्स को आगे के इलाके पर कड़ी निगरानी रखने के लिए खबरदार किया। चिंता से भरे लगभग 20 मिनट के बाद आर.पी. सिंह ने फिर सूचना दी। उन्होंने अपनी पहले दी हुई जानकारी को ठीक किया और कहा कि हेडलाइट्स कुल आठ थीं, न कि सात। किसी भी तरह उसके लिए यह कहना मुश्किल था कि इंजन का शोर टैंकों का था। जो भी हो, यह 3-टन लॉरी के इंजन की आवाज से बिल्कुल अलग था। इन सभी व्हिकल्स को हमारी लोकेशन के ठीक सामने लाकर धीमा कर दिया गया था और बाद में हेडलाइट्स एवं इंजन बंद कर दिए गए थे। मैं अपने टैंक के कपोला को बंद करते हुए मैप को बारीकी से जाँचने के लिए टैंक में घुस गया।

नक्शे का तुरंत अध्ययन करने से और आर.पी. सिंह की रिपोर्ट से परिस्थिति के तार जुड़ने लगे। यह अचानक लगा कि दुश्मन के ये व्हिकल्स या फिर टैंक, जो भी हैं, हमारी पोजीशन से 3 कि.मी. से अधिक दूर नहीं थे। दुश्मन की वहाँ उपस्थिति एक महत्त्वपूर्ण मामला था और यदि ये टैंक हैं, जिनसे हमें भिड़ना है तो यह एक गंभीर आशंका और अनिश्चितता की स्थिति थी। मैंने एम-47 और एम-48 पाकिस्तानी टैंकों के बारे में सुना था। ये मीडियम टैंक थे। इस इलाके में उनकी तैनाती की संभावना संदिग्ध थी; लेकिन पूरी तरह से इनकार भी नहीं किया जा सकता था। वे चैफी या ए.एम.एक्स. (Chaffee or AMX) टैंक हो सकते थे। मैं अभी भी नक्शे को जाँच रहा था और सही नतीजे पर पहुँचने की कोशिश कर रहा था। टैंक के अंदर घुसकर बैठना, नक्शे को पढ़ने के लिए पलटना या मोड़ना, प्लास्टिक टेल्क शीट पर पड़ती लाइट की चमक से बचकर नक्शे को देखना मेरे लिए थोड़ा असहज हो रहा था। सिगरेट की तलब बहुत ज्यादा बढ़ गई थी, क्योंकि जो समस्या सामने थी, उसका कोई समाधान नहीं मिल पा रहा था। खुद को कपोला से बाहर निकालते हुए सर्दी की ठंडी हवा ने तुरंत राहत दी। जब मैंने अपनी चारमीनार सिगरेट के लिए जेब में हाथ डाला तो मुझे सेना की एक पुरानी उक्ति याद हो आई, 'दुश्मन की सभी पहली रिपोर्ट अतिरंजित होती हैं।' इस सैन्य ज्ञान के साथ सिगरेट के कश लेते हुए मन में कौतूहल-सा था। तभी ईयरफोन पर फिर से कुछ आवाजें आईं—

"डेल्टा 2 फॉर डेल्टा 40 : मेसेज। ओवर।" उसकी आवाज में जो उत्तेजना थी, उसका तुरंत अनुसरण जरूरी था।

"डेल्टा 40 : ओ.के.। ओवर।"

"मैंने स्वयं सड़क के निचली तरफ से आती पाँच हेडलाइट्स देखी हैं।"

"मूवमेंट की दिशा बताओ। ओवर।"

"जी हाँ, दोहराता हूँ। मेरे बाईं ओर से दाईं ओर।"

"आपका मतलब चौगछा से जेस्सोर की ओर। ओवर।"

"येस, रिपीट, येस। ओवर।"

"कन्फर्म करो, पाँच या सात लाइट्स। ओवर।"

"कनफर्म्ड, केवल पाँच। ओवर।"

"वे अब कहाँ हैं? क्या आप उन्हें देख सकते हैं?"

"अब नहीं। शायद हेडलाइट्स बंद कर दी गई हैं।"

"क्या ये वही हैं, जिनके बारे में आर.पी.एस. ने रिपोर्ट किया था?"

"नहीं, रिपीट, नहीं। वे उलटी दिशा से आए हैं।"

"आप क्या कहते हैं—टैंक या लॉरी?"

"टैंक ही होने चाहिए। ओवर।"

"डेल्टा 40 फॉर डेल्टा 2 : स्टैंडबाय।"

डेल्टा 40 फॉर डेल्टा 1 : क्या आपको मेसेज मिला? ओवर (कोई उत्तर नहीं) मैं दोहराता हूँ, डेल्टा 1, क्या आपको मेसेज मिला? ओवर।"

रेडियो ऑपरेटर की दबी हुई आवाज, "डेल्टा 1 अभी रेकी पर हैं। ओवर।"

"डेल्टा 40 फॉर डेल्टा 1 : आउट टू यू।"

"डेल्टा 40 फॉर डेल्टा 2 : मीट इन फिगर 5, ओवर।"

"डेल्टा 2 फॉर डेल्टा 40 : विल्को। आउट।"

चक्रवर्ती के आने से पहले मेरे पास हाल ही में दी गई रिपोर्टों पर दोबारा सोचने के लिए थोड़ा समय था। स्क्वाड्रन मुख्यालय को बीच में रखते हुए टैंकों को सेमी-सर्कल में तैनात किया गया था। आधा बायाँ हिस्सा ट्रूप 1 व 3 ने तथा दायाँ हिस्सा ट्रूप 2 और 4 ने कवर किया हुआ था। जमीनी शक्ल दोनों सेगमेंट के बीच के गैप को बताती थी। चीफी ने जिम्मेदारी बाँट रखी थी, जिसमें मेरे लिए बाएँ आधे हिस्से को सौंपा गया था। इसी तरह सेमी-सर्कुलर डिफेंसिव पैरीमीटर था, जिसमें सबसे बाएँ आर.पी. सिंह थे और उनके बाद फिर स्पीडी। दाईं ओर से सबसे दाएँ चक्रवर्ती और उनके दाईं ओर पांडेय था। क्रिकेट की भाषा में बात करें तो पांडेय जेस्सोर छोर पर थे, जबकि आर.पी. सिंह चौगछा छोर पर थे। बीच की दूरी और पीछे की देख-रेख के लिए स्क्वाड्रन मुख्यालय था। आर.पी. सिंह द्वारा देखी गई हरकत जेस्सोर छोर से चौगछा (यानी दाएँ से बाएँ) की ओर थी, जबकि चक्रवर्ती ने विपरीत दिशा में मूवमेंट की सूचना दी थी (बाएँ से दाएँ)। उन लोगों ने एक-दूसरे के द्वारा बताई गई मूवमेंट नहीं देखी थी और दोनों ने हेडलाइट्स ऑफ होने या गायब होने की सूचना दी थी। पांडेय व स्पीडी ने इस मूवमेंट की सूचना नहीं दी थी। इसके लिए ग्राउंड लेआउट, व्यू कवर और कई अन्य अप्रत्यक्ष कारण जिम्मेदार हो सकते थे। एक अनुभवी जे.सी.ओ. के रूप में यह उनका अपना व्यक्तिगत मूल्यांकन था। कोई भी निश्चित रूप से हाँ या ना नहीं कह सकता था। दोनों के द्वारा देखी गई हेडलाइट्स की बात समान थी। रात का समय, पारस्परिक (inter-se) दृष्टि-सीमा, सुनी गई ध्वनि की प्रकृति, जिस अवधि में यह हरकत देखी गई और निर्णय लेने को प्रभावित

करने के लिए व्यक्तिगत पूर्वानुमान प्रासंगिक कारक थे। उच्च मुख्यालय को किसी भी गंभीर रिपोर्टिंग से पहले दुश्मन के टैंकों की उपस्थिति को प्रमाणित करनेवाले अतिरिक्त साक्ष्य निकालने के लिए दोनों को डिब्रीफ करना अनिवार्य था।

रिपोर्ट की गई प्रत्येक सूचना पर विस्तार से पूछताछ की बात मेरे मन में सबसे जरूरी थी। हेडलाइट्स के बीच की आपसी दूरी क्या थी? टैंक कॉलम 'बी' व्हिकल्स के विपरीत, जिनका 'व्हिकल्स टू ए किलोमीटर' (VTKM) कम होता है, पास-पास एक झुंड की तरह होता है। कोई भी असामान्य विशेषता—लाइट/फिटमेंट आइटम/साइज/हाइट—एक स्पष्ट पहचान के लिए काफी होता है। उदाहरण के लिए, टैंकों पर अतिरिक्त डीजल बैरल हवा की पहचान के लिए या एक टुरेट लाइट या इयर क्राफ्ट गन या टुरेट के गिर्द क्रू का इकट्ठा होना। एक खाली अनुमान था। हेडलाइट्स की मूवमेंट बंद होने और इंजन के स्विच ऑफ होने के बीच के अंतराल पर दोनों से पूछताछ की गई। इस बिंदु पर दोनों के विचार अलग-अलग थे। चक्रवर्ती के स्पष्टीकरण से पता चला कि वे 'सहज बोध' से नतीजे पर पहुँचे कि गतिमान व्हिकल्स टैंक थे। आर.पी. सिंह ने स्वीकार किया कि उनका आकलन इंजन के शोर और ध्वनि की तीव्रता से प्रभावित था। मेरा मन उस एक ठोस सुराग की तलाश में दौड़ रहा था, जो इस पहेली को हल कर दे। मैंने तर्क दिया कि चक्रवर्ती पेशे से ड्राइवर था। अपने 'सहज बोध' से उन्होंने जो कुछ देखा था, वह एक टैंक ड्राइवर के रूप में उनका वर्षों का व्यावहारिक अनुभव था। क्यों नहीं उसने अपने सहज ज्ञान से उन्हें 'बी' व्हिकल्स माना?

कमांडर का टैंक से उतरकर हाथ के संकेतों के माध्यम से ड्राइवर को रिवर्स करने के लिए गाइड करना या टैंक को अगली सुबह के लिए फिर से भरने या छद्म आवरण (camouflage) से छिपाव के लिए पोजीशन करना, यह एक प्रक्रिया थी, जिसमें उसके दिमाग में अंकित समय अंतराल शामिल था। क्या मानसिक प्रतिक्रिया बुद्धिसंगत हो सकती थी? मैंने महसूस किया कि चक्रवर्ती आँखें बंद करके उसी निष्कर्ष पर पहुँचे होंगे। उनके द्वारा बताए गए पाँचों व्हिकल्स संभवत: टैंक थे। आर.पी. सिंह का बेसिक ट्रेड तोपखाना (gunnery) था। उनकी मानसिक अवस्था, प्रशिक्षण और अनुभव अपने लक्ष्य को नष्ट करने तथा दूरी, रफ्तार व गतिविधि का अनुमान लगाने की ओर इशारा करते हैं। 'सहज बोध' सभी इंद्रियों व अनुभवों को मिलाकर एक समय में प्रस्तुत करता है और यह मूल्यांकन के लिए एक विश्वसनीय तरीका है। आर.पी. सिंह का फैसला भी उतना ही मूल्यवान् था। अपने

शुरुआती बयान में उन्होंने सड़क के मोड़ पर वाहनों की गति और अपनी पोजीशन से हेडलाइट्स की दूरी का उल्लेख किया था। यदि दोनों ने टैंकों को देखा था तो आँकड़ा 13 टैंकों तक पहुँच रहा था, यानी कि लगभग एक स्क्वाड्रन की संख्या के बराबर। यदि दोनों सही थे तो हम दोनों के बीच टैंक बनाम टैंक बराबरी की टक्कर थी। समय 21 नवंबर, 1971 को 2:30 बजे के लगभग था। सर्वोच्च आत्मविश्वास को प्रदर्शित करने के प्रयास में मैंने टैंक क्रू को अलर्ट किया और कहा कि कल एक बहुत बड़ी विजय का दिन है। चक्रवर्ती ने मजाक करते हुए अंग्रेजी में कहा, "डायरेक्ट सिग्नल फ्रॉम गॉड!"

"यस!" यही कारण है कि पाकिस्तानी अपनी हेडलाइट्स ऑफ करना ही भूल गए। मुझे यकीन हो गया था कि रेजीमेंटल हेड क्वार्टर (R.H.Q.) को हमारे इलाके में दुश्मन टैंकों की उपस्थिति के बारे में सूचित करने का समय आ गया था।

चीफी गणना की गई हेडलाइट्स के बारे में जानकारी मिलने के तुरंत बाद टैंक से जुड़े अपने अस्थायी शेल्टर में जा चुके थे। उनका ऑपरेटर स्क्वाड्रन कमांडर के रोवर पर ही था और उसने स्क्वाड्रन रेडियो नेट पर रेडियो सेट को 'लिसनिंग वॉच' मोड पर कर दिया था। इमरजेंसी होने पर ही चीफी को डिस्टर्ब किया जाता था। यह सामान्य ऑर्डर थे, क्योंकि स्क्वाड्रन 2IC रेजीमेंट के साथ स्क्वाड्रन रियर लिंक को ऑपरेट करता था। रीजनल हेड क्वार्टर में डिवीजनल हेड क्वार्टर के साथ रियर लिंक के लिए एडजुटेंट या आई.ओ. जिम्मेदार थे। मैंने इंदर से संपर्क किया और पिछले एक घंटे की प्रगति की जानकारी दी। हम इस बात पर सहमत थे कि स्थिति गंभीर थी और हाई अलर्ट की जरूरत थी। इंदर ने बताया कि इन्फैंट्री बटालियन कमांडर को ब्रिगेड मुख्यालय से निर्देश मिले थे कि दुश्मन की ताकत, लोकेशन और टैंकों की उपस्थिति की पुष्टि करने के लिए एक अफसर की अगुआई में गश्त लगाने के लिए भेजें।

अब हमें कुछ भी नहीं करना था, केवल दुश्मन के हाथ दिखाने तक का इंतजार करना था। हमारी पेरीमीटर गश्ती टोलियाँ और लिसनिंग पोस्ट सतर्क थीं। मेरा अपना क्रू गहरी नींद में था, क्योंकि मैंने अपने इलाके में दुश्मन की गतिविधि के मद्देनजर स्वयं रेडियो सेट ऑपरेट करने का फैसला किया था। ऑपरेटर शिबे लाल को 3 बजे मुझे रिलीव करना था। ड्राइवर रामपाल बैकरेस्ट को पूरा पीछे धकेलकर ड्राइवर सीट पर ही फैला हुआ था। वह लग्जरी सीट के हकदार थे, क्योंकि पिछले दो दिन शारीरिक रूप से चुनौतीपूर्ण थे। कपोला बंद करके नाइट विजन डिवाइस के साथ

चलना काफी तनावपूर्ण था। गनर हरीश चंदर आर.पी. सिंह के साथ लिसनिंग पोस्ट की ओर बढ़े। चंद्रमा बादलों के पीछे से निकलकर अपनी नरम रोशनी चारों ओर के इलाके में बिखेर रहा था। कंपनी के इलाके में सैनिकों की आवाजाही कोई भी महसूस कर सकता था; किंतु 50 गज की दूरी के बाद अँधेरे में अनुमान लगाना मुश्किल था। छोटे ट्रेंचों और हथियारों के लिए गड्ढों की खुदाई की आवाज रुक-रुककर सुनाई देती थी। मैंने अपने जवानों के चेहरों को देखा और सहानुभूति भरी कसक महसूस की। इस तरह की ठंडी रात में इतनी अच्छी नींद लेने का मतलब था कि जवान थके हुए थे। एकाएक चारों ओर सन्नाटा छा गया था। केवल रेडियो सेट की आवाज लगातार बाधा डाल रही थी। रात के सन्नाटे में मन में जल्दी ही विचारों का घुमड़ना शुरू हो गया। ये आकाश में तैरते बादल की तरह थे, जो कभी एक दृढ़ विचार की ओर मँडराते और कभी दूसरी ओर डोलने लगते, जैसे इनका अभिप्राय यही हो, मात्र बहते रहना। मैंने इन पर काबू पाने की कोई कोशिश नहीं की, जिससे किसी सार्थक विवेचन पर पहुँच पाऊँ। धीरे-धीरे मैं गहरे ध्यान में खो-सा गया—एक ऐसी आभासी प्रफुल्लता की अनुभूति करते हुए, जो मनुष्य को उस दुनिया का अनुभव कराती है, जहाँ पर गुरुत्वाकर्षण के नियम लागू नहीं होते। इसी मनोदशा में बंधा हुआ मैं अपने जीवन के शुरुआती बचपन के दिनों की यादों में डूब गया। मेरे पिता की मृत्यु की सूचना उस भयंकर व ठंडी दिसंबर माह की रात में आई थी—भारी बारिश के दौरान आसमान में बिजली की तेज चमक के साथ, जैसे कि वह मेरी चिंता को प्रकट कर रही थी। हमारे परिवार को इस सूचना ने दुःख और पीड़ा से भर दिया था—वर्षों तक संघर्ष करने के लिए। उस माँ के संकट, दुःख और मानसिक पीड़ा को कोई नहीं महसूस कर सकता, जिसके चारों बेटे युद्ध की दहलीज पर खड़े थे और शायद वे वापस लौटकर भी न आएँ। मेरे सबसे छोटे एक भाई व बहन युद्ध के भँवर में फँसे थे और दुविधा एवं आशंका से भयभीत थे कि युद्ध-काल में कहीं डाकिया टेलीग्राम द्वारा सूचना लेकर तो नहीं आया है! फिर से मेरी बहन की शादी स्थगित होना दोनों परिवारों के लिए निराशापूर्ण होगा। अचानक यह अहसास उभरा कि मैं एक बहुत ही अकेला इनसान था। मुझे किसी ऐसे व्यक्ति की जरूरत थी, जिससे मैं बात कर सकूँ और किसी के साथ अपने मन का बोझ हलका कर सकूँ। मैंने हर तरफ इस उम्मीद के साथ देखा कि शायद कोई मिल जाए! एक अजीब सी सजगता ने मुझे कफन की तरह लपेट लिया और रेडियो रिसीवर से आनेवाली ध्वनि से मेरे अंदर के विचारों का समंदर शांत-सा हो गया। मैंने अनिच्छा से प्रेसल स्विच को खोजकर उसे दबाते हुए

आदत से मजबूर होकर डेल्टा 25 को बुलाया। मुझे रेडियो पर बेंस की तेज व स्पष्ट तथा भरोसेवाली आवाज सुनाई दी—

"डेल्टा 25 फॉर डेल्टा 40 : ओ.के.। ओवर।"

"डेल्टा 40 फॉर डेल्टा 25 : आप कैसे हैं? ओवर।"

"डेल्टा 25 फॉर 40 : फाइन। तुम कैसे हो? ओवर।"

"डेल्टा 40 फॉर 25 : ठंड लग रही है और जोर की भूख भी। ओवर।"

"डेल्टा 25 फॉर 40 : भूखे या उत्तेजित या फिर दोनों? ओवर।"

"डेल्टा 40 फॉर 25 : कल के नाश्ते में चबाने के लिए बहुत कुछ है। ओवर।"

"डेल्टा 25 फॉर 40 : गिनती में कितने हैं? ओवर।"

"डेल्टा 40 फॉर 25 : 13 और अभी तक गिनती जारी है। ओवर।"

"डेल्टा 25 फॉर डेल्टा 40 : दिलखुश नाश्ता, हैप्पी हंटिंग। आउट।"

सुबह लगभग 5 बजे टैंक ऑपरेटर शिबे लाल ने मुझे रेडियो लिंक पर इंदर की उपस्थिति के बारे में बताया। एक छोटी-सी झपकी से कुछ खास राहत नहीं मिली थी और मैंने अपने कंबल की गरमी को अनिच्छा से छोड़ा। इंदर ने बताया कि अन्य सूत्रों से शत्रु के बिल्ड-अप के बारे में रिपोर्ट की पुष्टि हो चुकी है और हमें संभावित हमले के खिलाफ हरसंभव सावधानी बरतनी चाहिए। यह सुस्ती को दूर करने और वास्तविकता की दुनिया में लौटने के लिए पर्याप्त था। मैं इंदर के प्रति आभारी था, क्योंकि समय पर उनकी रिपोर्ट से अब हम अपनी गतिविधि की योजना को और पुख्ता कर सकते थे। सुबह की प्रार्थना के पूरा होने के साथ सभी ट्रूप लीडर्स को आर्क ऑफ फायर और जिम्मेदारी के इलाके के बारे में ब्रीफ किया गया और उन्हें याद दिलाया गया कि एक बार फिर से अपने टैंकों का रुख उसी ओर कर लें, जिस ओर दुश्मन के व्हिकल्स की हेडलाइट्स स्विच ऑफ हुई थीं। कोई उपयुक्त हल डाउन पोजीशन नहीं मिलने पर, जिससे कि टैंकों को दुश्मन की निगरानी और फायर से बचाया जा सके, सभी टैंक कमांडरों ने टैंकों को मात्र व्यू-कवर देते हुए पोजीशन किया। टैंकों को पोजीशन करते ही ट्रूप लीडर्स को इंजन के स्विच ऑफ करने थे।

टैंक दल ने लगभग 5 बजे संयोजन (adjustment) की कारवाई शुरू की थी। इस दौरान मैंने अपने टैंक को आगे बढ़ाया और सेमी-सर्कल के बाएँ आधे भाग में नंबर 1 और नंबर 3 ट्रूप के साथ ले आया। जैसे ही टैंक फिर से सुयोजित (re-align) हो गए, इंजन बंद कर दिए गए और सभी उनके छुपाव में व्यस्त

हो गए। लगभग 5.45 बजे तक टैंक ट्रूप्स पूरी तरह से तैयार थे और अपनी छुपाव वाली पोजीशन के पीछे चाय बना रहे थे। स्पीडी, जिन्होंने मुझे अपनी पोजीशन के करीब आते देखा था, मेरे टैंक पर आ गए और मुझे सूचित किया कि उनके सैनिक हमले के लिए तैयार थे। जल्द ही हम बीती रात और जो हेडलाइट्स हमने देखी थीं, उनके बारे में बातचीत करने लगे। स्पीडी ने दुश्मन के हमले की बात को यह कहते हुए नकार दिया कि बहुत जल्द सुबह होने वाली थी और अभी तक दुश्मन की कोई आवाज या हरकत सामने नहीं आई थी। हमारी बातचीत इन्फैंट्री के एक जवान की उपस्थिति से अधूरी रह गई, जब उस जवान ने बटालियन कमांडर द्वारा कागज के एक टुकड़े पर लिखित संदेश मुझे सौंपा, जिसके तहत मुझे तुरंत ब्रिगेड मुख्यालय से रेडियो पर बात करनी थी और अपने दो ट्रूप्स के साथ एक नई लोकेशन पर तैनात होना था। मैंने स्पीडी को दिखाने के बाद कागज के उस टुकड़े को जेब में डाला। स्पीडी की खिली हुई मुसकान ने उनके आकलन को पक्का कर दिया कि अभी कोई हमला नहीं होना है। हमने तय किया कि चीफी को सूचित करना सबसे अच्छा होगा और हम उनके टैंक की ओर चल दिए।

यह सर्दियों के घने कुहरेवाली एक ठंडी सुबह थी। खराब दृश्यता के कारण हम 50 मीटर आगे बाँस के झुरमुटों को बमुश्किल देख सकते थे। हमारी नाक का सिरा, कान की कनखी और हाथों ने कड़ाके की ठंड की गंभीरता को महसूस किया था। हथेलियों को आपस में रगड़कर उनमें मुँह से गरम साँसें छोड़ना कुछ राहत भरा था। सुबह की ओस ने इस सर्द सुबह को और कठोर बना दिया था। लगता था, ठंड अंदर तक घुसती जा रही है। फेफड़ों से निकलते ही गरम साँसें बाहर बादल की तरह वातावरण में मिल जाती थीं। हम मजबूती से ठंड के साथ लड़ रहे थे; किंतु ठंड को दरकिनार करते हुए दो ट्रूप्स को मूव कराना हमारी तत्कालीन चिंता थी, क्योंकि हम चीफी के टैंक की ओर बढ़े थे। स्क्वाड्रन कमांडर का टैंक कुछ दूरी पर था, क्योंकि सुबह इसे दोबारा नियोजित नहीं किया गया था। उनका क्रू टैंक शेल्टर को खोलकर बुर्ज (turret) पर लोड करने में व्यस्त था। यह तीसरी बार था, जब पिछले 24 घंटों में तैनाती के आदेश बदले गए थे। ये आला अफसर एक बार में ही अपना मन क्यों नहीं बना लेते? आर्मर्ड कोर में हमें कॉम्बैट टीम की जवाबदेही और कार्यों में लगातार बदलावों को शांति से स्वीकार करने के लिए प्रशिक्षण दिया जाता है; किंतु निश्चित रूप से जिसने भी 'दिमाग के लचीलेपन' (Flexibility of Mind) वाक्यांश को गढ़ा है, वह आला अफसरों के पूर्व विचार और अवधारणा

से रहित दिमाग को नहीं समझता होगा। इन परिस्थितियों में वे आगे बढ़ने के आदेश देने के बजाय कम-से-कम घने कुहरे के छँटने और बेहतर दृश्यता के लिए इंतजार कर सकते थे। चीफी ने प्राप्त संदेश को पढ़ा और साथ ही रात की गश्त पार्टी की रिपोर्टों के बारे में भी बताया। उन्होंने रेडियो पर डिग्बी से संपर्क साधने की कोशिश की, किंतु दूसरी ओर से कोई उत्तर नहीं मिला। इस संदेश के लिए कमांड चैनल पर पुष्टि की जरूरत थी। वे केवल स्टाफ से मिली सूचना पर निर्भर नहीं रह सकते थे। इस नजरिए से वे बिल्कुल सही थे और हम पूरे दिल से उनसे सहमत थे। उन्होंने हमें अपने ट्रूप्स में लौटने के आदेश दिए और कहा कि एक बार रेजीमेंटल हेडक्वार्टर से पुष्टि के आदेश प्राप्त हो जाएँ, तब तक आप (टैंक) अलग करने (delink) की तैयारी कीजिए। वापस लौटने से पहले हमने चीफी से कुछ सिगरेटें उधार लीं, क्योंकि पिछली लंबी रात में मेरे पास जितनी थीं, सब खत्म हो गई थीं।

हमारी वापसी काफी इत्मीनान से भरी थी, क्योंकि जब तक आदेश स्पष्ट होते, हमारे पास यही कुछ पल थे। सुबह की कड़ाके की ठंड और खराब दृश्यता में यह स्पष्ट देख पाना मुश्किल था कि हम कहाँ थे, ग्राउंड फोर्सेस के डिफेंस कहाँ थे और हमारे टैंक ट्रूप की लोकेशन कहाँ थी? लड़ाई के मैदान के इस निस्तेज दृश्य से कोई भी प्रकृति के विश्वासघात के प्रति आशंकित हो जाता। अपने डिफेंस और टैंकों की तैनाती के ले-आउट को देखने की असमर्थता ने हमें थोड़ा तनावग्रस्त कर दिया था। जैसे ही हम नंबर 2 ट्रूप के पास से गुजरे, हमने रिसालदार चक्रवर्ती को अपने टैंक के किनारे हजामत (shaving) बनाते हुए पाया। टैंक के पीछे उनका क्रू केरोसीन स्टोव पर चाय बनाने में व्यस्त था। स्टोव टैंक क्रू द्वारा खरीदे गए स्टैंडर्ड इक्विपमेंट होते हैं, जो ऑर्डिनेंस डिपो द्वारा जारी किए गए सामान का हिस्सा नहीं होते। हमें 'गुड मॉर्निंग' बोलते हुए उन्होंने हमें भी गरम चाय के दो गिलास थमा दिए। सर्दी की ठंडी व कँपकँपानेवाली सुबह में चाय के पहले कप के लिए कौन मना करता है! चाय, पूरे दिन, सैनिकों को सतर्क और ऊर्जावान् बनाए रखती है। टैंक क्रू कर्मी युद्ध के मैदान में भी चाय बनाने में माहिर और सक्षम होते हैं, जबकि इन्फैंट्री जवान लाइन-ऑफ-मार्च (कवायद) के दौरान भी आपको इस अमृत का स्वाद चखा सकता है। पास के बंकर से इन्फैंट्री का एक लंबा व आकर्षक सिख जवान कुछ और चाय ले आया। दोनों यूनिट्स एक-दूसरे से मिलकर एक कॉम्बैट फोर्स के रूप में आपसी मेल-मिलाप के साथ कार्य कर रही थीं। कुछ हलके-फुलके परिहास के बाद पूछे गए एक सवाल के जवाब में इन्फैंट्री जवान ने उत्तर

दिया कि वह कभी भी टैंक की सवारी के लिए दोबारा नहीं पूछेगा, क्योंकि यह बहुत मेहनत का काम है। उसने पंजाबी में कहा, "लक तोड़ दिता।" वह थोड़ा नाखुश दिखाई दे रहा था, क्योंकि कंपनी कमांडर ने सभी को रात भर हथियार के लिए गड्ढे व बंकर खोदने में लगाए रखा और अब कमांडिंग ऑफिसर (C.O.) ने कंपनी को जगह बदलने के आदेश दे दिए। हमारे पास उसके साथ सहानुभूति रखने का कारण था, किंतु उसे यह नहीं बता सकते थे कि हमारी हालत भी उसके जैसी ही थी। कुहरा धीरे-धीरे छँट रहा था और दृष्टि-क्षमता में कुछ सुधार हुआ था। वातावरण अभी भी शांत और निर्मल था और असमय चेतावनी का कोई कारण नहीं लग रहा था। शायद हमने जिन रहस्यमयी रोशनियों पर ध्यान दिया था, यह मुद्दा इतना भी गंभीर नहीं था। हो सकता है कि यह दिन भी शांति से भरे एक दिन की तरह बीत जाए।

मैंने अपनी सिगरेट के कुछ ही कश खींचे थे और गरम चाय के एक-दो घूँट ही पिए थे कि अचानक कान के परदे फाड़ देनेवाले एक जोरदार विस्फोट ने सारी खामोशी, शांति और दोस्ताना बातचीत को भंग कर दिया। इस जोरदार विस्फोट का उद्गम स्पष्ट रूप से हमारे नजदीक की लोकेशन थी।

हमारी पहली प्रतिक्रिया यह थी कि किसी अति उत्साही गनर ने गलती से किसी संदिग्ध दिखनेवाले टारगेट पर एक राउंड फायर कर दिया होगा या संभवत: यह किसी घबराहट का नतीजा होगा; जबकि मैं अभी भी उस बेनाम व्यस्त व्यक्ति को कोस रहा था। मैं स्पीडी सिद्धू की ओर मुड़ा, जो तेजी से अपने टैंक की ओर भाग गया था। धीमे तथा सावधानी भरे कदमों के साथ मैं अपने टैंक की बगल से गुजरा और टैंक डेक पर चाय का आधा भरा गिलास रखते हुए उसी धीमी चाल से टैंक पर चढ़ गया। मैं अपने हेडगेयर की गरदन की स्ट्रिप को एडजस्ट कर रहा था, तभी मैंने एक छोटा-सा अस्पष्ट संदेश सुना, जो रेडियो पर भेजा जा रहा था। मेरे कानों में पड़नेवाले पहले शब्द थे, "दुश्मन के टैंक आ रहे हैं।" इसके बाद टैंक के गोले बरसने की आवाजें आईं। मैंने सामने के इलाके का सर्वे किया और निश्चित रूप से लगभग 300 गज की दूरी पर धुंध व कुहरे के बादलों के बीच दुश्मन के टैंकों की धुँधली मूवमेंट सामने आई। जल्द ही वातावरण विस्फोटक एवं कवचभेदी गोलों के विस्फोट और तेज आवाज से भर उठा। दुश्मन के टैंक आग के गोलों से मौत का कहर बरपाते हुए, अपने रास्ते में आनेवाली हर चीज को नष्ट करते हुए घने कोहरे से बाहर आकर आगे बढ़ रहे थे। चारों तरफ उड़ती आग के लाल गोलों के साथ कॉर्डाइट की गंध हवा में भर चुकी थी।

"उस बड़े टैंक को देखो। उस पापी दुष्ट को जल्दी खतम करो!" मैंने

इंटरकॉम पर गनर को बताया। क्रू ने बिजली की गति के साथ हरकत की और लगातार तीन राउंड फायर करने के लिए पूरी तत्परता के साथ काररवाई की। गन से भयानक स्पीड से निकले गोले और गन रिकॉइल से उठी धूल व धुएँ के साथ आगे का मंजर देखना असंभव था। फिर अचानक गनर की आवाज आई, "ठोक दिया साले को, सर! मैंने उसे खत्म कर दिया है।" निश्चित रूप से, दुश्मन का एक टैंक जमींदोज हो चुका था। टैंक में आग लगने के बाद क्रू के जवान भाग खड़े हुए। पूरा नतीजा पाने, जो टैंक उसका शिकार है, उसे भी दिखाने के लिए, गनर ने एक और गोला दाग दिया, जिससे टैंक से उतर आए जवानों के चीथड़े उड़ गए।

रेडियो पर मची अफरा-तफरी और कोलाहल से लड़ाई के दृश्य को या युद्ध के शुरुआती कुछ क्षणों के दौरान दुश्मन की संभावित ताकत या हमले की योजना को समझना मुश्किल था। हर टैंक कमांडर, जिसने भी पहला शॉट सुना होगा, उसने उसी तरीके से प्रतिक्रिया दी और टैंक को देखते ही या मूवमेंट करते ही उसका संदेह था कि यह प्रत्यक्ष हमला उसी पर है। अनियंत्रित और गंभीर गतिविधि के इस तीव्र चरण ने प्रशिक्षण के दौरान हासिल प्रभावी कमांड और नियंत्रण को प्रमाणित कर दिया। इन दोनों के बीच बदलाव का समय युद्ध की सफलता या विफलता को निर्धारित करता है। युद्ध के अनुभवी दिग्गजों और अच्छी तरह से प्रशिक्षित सैनिकों को 'युद्ध के कोहरे' से तुरंत ही उबरने के लिए और एक उत्तरदायी नेतृत्व में अच्छी तरह से सहयोगी और प्रभावी टीम के रूप में प्रदर्शन करने के लिए ढाला जाता है।

इस खलबली में टैंक कमांडर एवं क्रू के द्वारा फायर और दिशा बदलने के लिए 'चेंज पोजीशन', 'ट्रैवर्स', 'करेक्शंस', 'फायरिंग नाउ', 'डेस्ट्रॉयड' जैसे वाक्यांश चारों ओर सुनाई दे रहे थे। यह जानना थोड़ा मुश्किल था कि वास्तव में हो क्या रहा था, या यहाँ तक कि कौन इस टैंक युद्ध को जीत रहा था? अचानक मैंने स्पीडी की आवाज को दावा करते हुए सुना कि "एक दुश्मन टैंक बरबाद हो गया!" और फिर दूसरी आवाज आई, "एक टैंक बरबाद कर दिया, साब।"

स्क्वाड्रन रेडियो नेट पर यह सब सुनते हुए मैं गनर हरीश को निर्देश भी दे रहा था, "रेफरेंस लास्ट किल, 2 ओ'क्लॉक, टैंक।" अपने आदेश के साथ ही मैं गन बैरल को बताई गई दिशा में घूमते हुए देख रहा था। सबसे ज्यादा ठीक-ठीक मार (hit accuracy) को सुनिश्चित करने के लिए गन को फाइनल एलिवेशन देते हुए हरीश ने पूरे उत्साह के साथ कहा, "फायरिंग नाउ।" युद्धभूमि के गहरे उत्साह में हरीश ने कवचभेदी ट्रेसर शेल को इंटरकॉम पर मेरे 'फायर' चिल्लाने के साथ

ही बैरल से आउट कर दिया। धुएँ के गुबार के बावजूद मैं ट्रेसर को टैंक बैरल से उड़ान भरते और टारगेट की ओर जाता हुआ देख सकता था। टैंक से धुएँ का एक गुबार लाल लपटों के साथ आसमान में उड़ता नजर आया। पूरे जोश और जुनून के साथ हरीश ने दावा किया, "टैंक बरबाद कर दिया।" मैंने भी बिना कोई देरी किए, "शाबाश! वेल डन!" के साथ उसके हौसलों को बरकरार रखा। उसी समय रेडियो नेट पर दो अन्य टैंक कमांडरों द्वारा भी टैंक बरबाद करने का दावा किया गया।

यह महत्त्वपूर्ण नहीं था कि बरबाद किए गए टैंक अलग-अलग थे या दोनों एक ही टैंक का दावा कर रहे थे। बस, हर कोई टैंक हिट की सफलता का आनंद ले रहा था। शीबे लाल गन चेंबर में अगले राउंड के लिए भरी हुई गन के साथ और अपनी गोद में दूसरा राउंड रखे चेहरे पर एक चौड़ी मुसकान लिये तैयार था। ड्राइवर ने अपनी हरियाणवी सुर में कुछ पंक्तियों के साथ अपनी खुशी का इजहार किया। इससे पहले कि हम दुश्मन का निशाना बन जाते, रामफल क्लच व गियर पर अपना पैर टिकाए हुए अपनी पोजीशन बदलने के लिए तैयार था। अचानक एक झटके के साथ टैंक आगे बढ़ गया। नई टैंक पोजीशन के रास्ते में शिबे लाल और हरीश ने कम-से-कम चार टैंकों को जलते हुए देखा। टैंकों द्वारा छिटपुट गोलाबारी जारी रखते हुए यह स्पष्ट था कि दुश्मन के टैंक हमले का पहला प्रयास असफल हो चुका था।

अफरा-तफरी का माहौल समाप्त हो चुका था और रेडियो नेट पर नियमितता की झलक मिल रही थी। डर हर दिमाग को काबू में कर लेता है, क्योंकि व्यक्ति की यह सामान्य मानवीय प्रतिक्रिया होती है। अच्छी तरह से प्रशिक्षित सैनिक या यूनिट की कार्य-कुशलता का अंदाजा उसके डर और आशंका पर नियंत्रण-दक्षता के साथ मन, शरीर व आत्मा पर जल्द-से-जल्द काबू पाकर सामने आई परिस्थिति में एक प्रशिक्षित और क्रमबद्ध तरीके से मुँहतोड़ जवाब देने की योग्यता से लगाया जाता है। अच्छी तरह से प्रशिक्षित यूनिट की समग्र और प्रभावी युद्ध-कौशल दक्षता बढ़ जाती है और वह आसानी से सफलता हासिल कर सकती है। स्क्वाड्रन ने शुरुआती धक्के को झेलकर तुरंत ही अपने आंतरिक संतुलन को दुरुस्त कर लिया था, जैसा कि रेडियो नियमितता-अनुशासन से स्पष्ट था। रेजीमेंटल मुख्यालय से संदेश भी तेजी से आने शुरू हो गए थे। मेरे द्वारा दर्ज की गई रिपोर्ट, इंदर द्वारा की गई गिनती और रेजीमेंटल हेडक्वार्टर द्वारा नेटवर्क पर सुने गए रेडियो संदेशों के आधार पर पाँच टैंकों को बरबाद करने की पुष्टि कर दी गई थी। डिग्बी बार-बार चीफी से बात करने की कोशिश कर

रहे थे, लेकिन उनके टैंक से कोई जवाब नहीं आ रहा था। रोवर ऑपरेटर चीफी की लोकेशन नहीं बता सकता था, क्योंकि उसके पास कोई नक्शा नहीं था और न ही वह आगे बढ़ने की स्थिति में था कि चीफी से संपर्क कर सके, क्योंकि टैंक युद्ध जारी था। यह कभी-कभी स्क्रीनिंग या कम एंटीना आउटपुट के प्रभाव के कारण होता है कि एक टैंक स्टेशन से बात या संपर्क न कर पाए। मैंने रामपरीक्षण, जो चीफी की लोकेशन के सबसे नजदीक था, को उनसे संपर्क करने और उनको रेजीमेंटल हेडक्वार्टर (RHQ) से जल्द-से-जल्द बात करने के लिए कहा।

युद्ध के मैदान में सामने के उस इलाके का, जहाँ टैंक क्रू ने दुश्मन के टैंकों को बरबाद किया था, धुएँ व धुँधलके की वजह से निरीक्षण असंभव था। तोप की भारी गोलाबारी के बाद धुएँ व धूल का गुबार जो रह जाता है, वह कभी-कभी जान या एक अंग के नुकसान का कारण बन जाता है। ग्राउंड फायर विशेष रूप से रिकॉइललेस (RCL) गन के बैक ब्लास्ट से (spotting) टारगेट का पता लगाना थोड़ा मुश्किल था। गनरी प्रशिक्षण के दौरान हमें पता चला था कि जो टैंक पहले फायर करता है, दुश्मन आसानी से उस टैंक को निशाना बना सकता है। दूसरा राउंड फायर करने के साथ ही लोकेशन बदली करना व्यावहारिक समझदारी थी, ताकि आप दुश्मन के लिए आसान निशाना न बनें। जैसे ही हमने एक और टारगेट को निशाने पर लिया, मैंने ड्राइवर रामफल को लगभग 100 गज की दूरी पर एक छोटे टीले तक चलने का आदेश दिया, जो हमारी नई 'हल डाउन पोजीशन' थी। अपने गले पर माइक को दुरुस्त करते हुए मैंने ड्राइवर से कहा, "रिवर्स, फुल राइट।" ड्राइवर ने क्लच को छोड़ा और जमीन तक लटक रही पेड़ों की छोटी टहनियों को तोड़ते हुए टैंक पीछे की ओर खिसकने लगा। पीछे एक लंबा खजूर (palm) का पेड़ था, जिसके कारण और आगे जाना असंभव था। "आगे बढ़ो। राइट स्टिक। राइट, अब जल्दी से पीछे पलटो। लेफ्ट स्टिक, लेफ्ट, लेफ्ट, एडवांस, फुल राइट, 100 गज पर झाड़ियों में पोजीशन ले लो।" रामफल ने आदेशों की बौछार का पालन करने की पूरी कोशिश की। मुझे शक था कि दुश्मन के टैंकों को हमारी जगह का पता गोलाबारी या हलचल के कारण लगा। यह हमें अंदाजा नहीं था, किंतु हमारे टैंक के ठीक सामने तेजी से दो गोले आकर फट गए, जिसने जमीन में दो गहरे गड्ढे बनाते हुए टैंक और क्रू को धूल व किरचियों से भर दिया था। तीसरा गोला सीधे हमारे सिर के ऊपर से गया और हमारे पीछे खजूर के पेड़ को दो बराबर हिस्सों में फाड़ दिया। वह जो कोई भी शैतान था, उसने हमें अपने निशाने पर

ले लिया था! निश्चित रूप से, अगला राउंड अब हमारे भाग्य का फैसला करेगा।

"गनर, ट्रैवर्स लेफ्ट, 600, स्टेडी, ऑन। फायर!" 'फायर, फायर' दोहराने तक मैंने गनर के इलेक्ट्रिक ट्रिगर को दबाने के लिए काफी इंतजार किया, किंतु कोई हरकत नहीं हुई। मैं फिर चिल्लाया, "भगवान् के लिए मेकैनिकल ट्रिगर का इस्तेमाल करो! गोला दागो।" जबकि मैं अभी आदेश दे रहा था, मैंने दुश्मन के टैंक को डगमगाते हुए पाया और वह अचानक रुक गया। टैंक के बुर्ज से निकलता घना धुआँ एक निश्चित संकेत था कि टैंक नष्ट हो चुका है। स्क्वाड्रन के तीन अन्य टैंकों ने मेरी नई 'हल डाउन पोजीशन' पर मुझे कवर किया और दुश्मन के टैंक से निकलते फायर से उत्पन्न गन फ्लैश को देखा और तुरंत हरकत के साथ उस टैंक पर हाई एक्सप्लोसिव टैंकभेदी गोलाबारी कर दी। दुश्मन टैंक के कपोला नहीं खुलने से यह निश्चित था कि दुश्मन क्रू के शरीर अब तक आग में भुन गए थे, क्योंकि समूचा टैंक आग की लपटों में घिर चुका था। हालाँकि हम मौत के मुँह से बच निकले थे, किंतु दुश्मन का अगला गोला शायद खराब निशानेबाजी के बावजूद अपना लक्ष्य हासिल कर लेता।

मैंने अपने गनर हरीश चंद्र को देखने के लिए टैंक में झाँका तो देखा कि लोडर/ऑपरेटर शिबे लाल झुककर ब्रीच ब्लॉक हैंड लीवर को इजेक्ट पोजीशन में लाने की कोशिश कर रहा था, क्योंकि गन चैंबर में हीट राउंड जाम हो गया था। प्रशिक्षण के दौरान इस तरह की एक घटना सामने आई थी, जिसने मिसफायर ड्रिल को जन्म दिया था। हालाँकि चैंबर में जाम हुए राउंड को निकालने के लिए एक्सट्रैकटिंग टूल के बार-बार उपयोग से हमारी समस्याएँ और जटिल हो रही थीं। हो सकता है कि ब्रास केस से जुड़ा प्रोजेक्टाइल क्रिम्प्ड अलग हो गया हो, जो इस रूसी (टैंक के) गोला-बारूद में एक सामान्य त्रुटि थी। एकमात्र दूसरी संभावना यह थी कि दुश्मन के दो टैंकों द्वारा की गई गोलाबारी से हमारे टैंक के सामने गिरे बम के टुकड़े और किरचों नाल-मुख (muzzle) के सिरे से गन ट्यूब में घुसकर ब्रीच ब्लॉक हाउसिंग में फँस गए हों! इससे बदतर स्थिति की कल्पना टैंक क्रू के लिए नहीं की जा सकती थी। उस समय मैं यह कल्पना भी नहीं कर सकता था कि इससे बुरा भी कुछ हो सकता था! क्रू ने फँसे हुए राउंड को निकालने के लिए अपने प्रयास दोगुने कर दिए थे और पास से गुजर रहे टैंक पर सवार हमारे आर्टिलरी ओ.पी. ऑफिसर (Artillery Observation Post Officer) सैगल की सहायता ले रहे थे।

बुरी तरह से जाम राउंड मेरे दिमाग को एक संभावित समाधान खोजने के लिए उकसा रहा था। खराब रूसी टैंक के गोला-बारूद से उत्पन्न समस्या

से निपटने के लिए गन मेकैनिज्म का मेरा अपना ज्ञान बेअसर रहा और केवल प्रैक्टिकल एक्सट्रेक्शन पर ही एकमात्र समाधान निर्भर था। जिस तरह का मानसिक आघात और घबराहट थी, उसे समझ पाना मुश्किल था; क्योंकि दुश्मन के इलाके में गन-फायर करना आसान था, किंतु गन रिपेयर करना मुश्किल था। चूँकि रियर के साथ लिंक साधने की जिम्मेदारी भी स्क्वाड्रन 2IC के होती है, इसलिए मैंने रेजीमेंटल हेडक्वार्टर के साथ संचार-संपर्क करना जारी रखा, जहाँ से सवाल तेज बौछार की तरह आते थे। कभी-कभी यह महसूस होता था कि जिंदा रहने की ज्यादा बड़ी लड़ाई संभवत: डिवीजन और रेजीमेंटल स्तर पर ही चल रही थी। हालाँकि, इन विचारों ने मुझे हमारी वर्तमान स्थिति की भयानकता में डूबने नहीं दिया, किंतु 'डिफीट इनटू विक्टरी' पुस्तक के एक किस्से से उत्पन्न एक विचार मेरे दिमाग में घर कर गया था, जिसे मैंने अपने क्रू के साथ भी साझा किया था। जब बर्मा (म्याँमार) में पीछे हटते सैनिकों ने पूछा था कि हार से भी बदतर क्या हो सकता था? तब जनरल स्लिम (General Slim) ने जवाब दिया था, "बारिश हो सकती थी।" इन परिस्थितियों में बारिश हमारी वर्तमान निराशा को राहत दे सकती थी। क्या इससे भी बुरा कुछ हो सकता है? यह अब मेरी समझ में आया कि उसी खराबी ने टैंक बनाम टैंक लड़ाई के प्रारंभिक चरण में टैंक की बेकार हो चुकी गन के साथ हमें दुश्मन का सामना करने के लिए छोड़ दिया था। निश्चित रूप से, कुछ भी इससे बदतर नहीं हो सकता। जो भी हो, क्या आगे कुछ और भी बदतर हो सकता है?

ईश्वर हमारी शक्ति, भाग्य, ज्ञान एवं बुद्धिमत्ता और साहस की परीक्षा लेने के लिए चुनौतियाँ खड़ी करता रहता है। इस सबके बावजूद आप हिम्मत हार सकते हैं, जब तक कि उस अलौकिक ईश्वरीय शक्ति का हस्तक्षेप न हो। परमात्मा ने ऐसे अनुभव से गुजरने के लिए मंच निर्धारित कर रखा है। रेडियो टेलीफोनी प्रोसीजर के अनुसार, रेडियो नेट पर नियंत्रक स्टेशन को कॉल स्टेशन के लिए कॉल साइन से पहचान देना अनिवार्य था। तुरंत कुछ हुआ तो था, क्योंकि मेरे कॉल साइन के साथ रेडियो नेट पर कॉल थी—

"डेल्टा 40, आपके लिए मेसेज है। ओवर।"

"डेल्टा 40 फॉर डेल्टा। ओ.के.। ओवर।"

यह चीफी के टैंक क्रू गनर लांस दफेदार दानेश्वर नाथ की आवाज थी। मैं उत्सुकतापूर्वक प्रतीक्षा में था कि चीफी क्या कहने वाले थे? एक असामान्य रूप से

लंबे विराम के बाद दानेश्वर की गंभीर और दुखःभरी आवाज सुनाई दी—

"डेल्टा 40 : साब अब नहीं रहे। ओवर!" ('Delta 40 : Sqn Cdr is no more. Over.')

मैं इस मैसेज को सुनकर उलझन में डूब गया। दानेश्वर नाथ एक प्रतिभाशाली व्यक्ति और असम का बाशिंदा था, जो बेहद पेशेवर था। उसने सभी इंस्ट्रक्टर कोर्सों में उत्कृष्ट ग्रेड प्राप्त किया था। वह सतर्क और जिम्मेदार था; लेकिन उसकी योग्यता के बावजूद संदेश अभी भी बेतुका-सा लग रहा था। एन.सी.ओ. दानेश्वर स्पष्ट जानकारी नहीं दे रहा था और वह खुद भी आश्वस्त नहीं लग रहा था। उसकी दबी हुई आवाज और लंबी चुप्पी किसी गंभीर घटना की ओर संकेत कर रहे थे। निराशा की भावना इस टैंक युद्ध में एक बड़ी विपत्ति की ओर इशारा कर रही थी, जो युद्ध अब प्रचंड हो रहा था और शायद एक संकटपूर्ण चरण में पहुँच चुका था। वाकई विश्वास नहीं हो रहा था—नहीं, ऐसा संभव नहीं हो सकता। यह हो सकता था कि वे घायल हों और उन्हें मदद की जरूरत हो। रेडियो को छोड़कर इस बात का पता लगाने का कोई साधन नहीं था, इसलिए मैंने दानेश्वर से अपना संदेश दोहराने को कहा।

"डेल्टा 40 फॉर डेल्टा : रिपीट। मैं कहता हूँ कि अपना मैसेज रिपीट करें। ओवर।"

"डेल्टा 40 : मैं फिर से कहता हूँ, मेजर साब अब इस दुनिया में नहीं हैं। ओवर।"

यह एक ऐसा संदेश था, जिसे आप दुःख की टीस और व्यक्तिगत क्षति को महसूस किए बिना मान नहीं सकते थे।

अगले कुछ क्षणों तक मैं अपनी बंदूक के बारे में सबकुछ भूल चुका था, जो अभी भी बेकार थी। इस संदेश पर अविश्वास करते हुए मैंने अपने हेडसेट को कान से हटा दिया। मैंने महसूस किया, जैसे रेडियो नेट पर अचानक सन्नाटा छा गया हो। स्क्वाड्रन के हर जवान ने इस संदेश को अवश्य सुना था और सभी सदमे में थे। इसके सिवा, रेडियो पर मौत की यह पहली सूचना थी। दुःखद मौत या इस विपदा ने हर एक मन को भर दिया। क्रू में प्रत्येक जवान अपने कमांडर के नुकसान से निष्क्रिय-सा हो चुका था। मेरा भी हाल कुछ ऐसा ही था और अचानक मुझे अहसास हुआ, जैसे स्क्वाड्रन दुश्मन से अपनी टक्कर भूल चुकी हो। यह संकट भरा समय था, क्योंकि शत्रु के टैंक अभी भी आसपास ही थे। मैंने अपनी निष्क्रियता और तुरंत जिम्मेदारी नहीं लेने तथा इस गंभीर स्थिति में तुरंत काररवाई न करने के

लिए खुद को दोषी ठहराया, क्योंकि यह हर किसी के लिए संकट का कारण बन सकता था। यह दु:ख व्यक्त करने का समय नहीं था और न ही किसी सेनापति के नुकसान (मृत्यु) की भरपाई करने का, बल्कि जिम्मेदारी उठाने और स्क्वाड्रन के जोश को दोबारा जिंदा करने का था। शत्रु का पूरी तरह से सफाया करने के लिए किसी एक को नेतृत्व सँभालने और कॉर्डिनेट करने की जरूरत थी। किसी एक को सैनिकों के मार्गदर्शन और उन्हें यह बताने के लिए कि क्या करना है और उसे कैसे अच्छी तरह से करना है, इस सब के प्रति निर्णय लेने थे। मैं इस संकट की घड़ी में अपने साथियों को निराश नहीं कर सकता था। यह मेरे आत्मविश्वास, जज्बे और सकारात्मक सोच को दिखाने का समय था। मुझे अभी-अभी प्राप्त अंतिम मैसेज को स्वीकार करना था और भाग्य द्वारा सौंपी गई इस जिम्मेदारी को पूरा करने के लिए खुद को मजबूत करना था। कमांड और उसकी स्वीकार्यता एक साधारण रेडियो आदेश के माध्यम से बदल गई थी—

"डेल्टा 40 फॉर डेल्टा : रोजर। अभी रेजीमेंटल सहायता चौकी पर पहुँचो और मुझे खबर दो। ओवर।"

"डेल्टा फॉर डेल्टा 40 : विल्को, रिपीट, विल्को, आउट।"

"डेल्टा 40 फॉर ऑल स्टेशंस डेल्टा : मैं कमान सँभाल रहा हूँ, रिपीट कमांड सँभाल रहा हूँ, रोजर। ओवर।"

"डेल्टा 1 : रोजर। ओवर।"

"डेल्टा 2 : रोजर। ओवर।"

"डेल्टा 3 : रोजर। ओवर।"

"डेल्टा 4 : रोजर। ओवर।"

"डेल्टा 40 : फॉर ऑल स्टेशंस डेल्टा, मैंने कमान सँभाल ली है। आउट।"

कीमती लम्हे बीत गए थे, जब मैंने एल.डी. धिनेश्वर नाथ, चीफी के ऑपरेटर को कहा कि "मुझे आपका मैसेज समझ आ चुका है।" उसके लिए अब आदेश थे कि रात के दौरान हासिल की गई पोजीशन को छोड़कर रेजीमेंटल एड पोस्ट (आर.ए.पी.) में पहुँचें। मैंने तब सभी को सूचित किया कि जो कुछ हुआ, उसे देखते हुए मैं कमान सँभाल रहा था। मेरे द्वारा दिया गया मैसेज संक्षिप्त था, किंतु जरूरी था कि निष्क्रियता की हालत को तोड़ने के लिए इसका आवश्यक मनोवैज्ञानिक प्रभाव हो। मैंने इस संदेश को बहुत थोड़े में या बिना किसी हिचकिचाहट के दिया था। मैंने

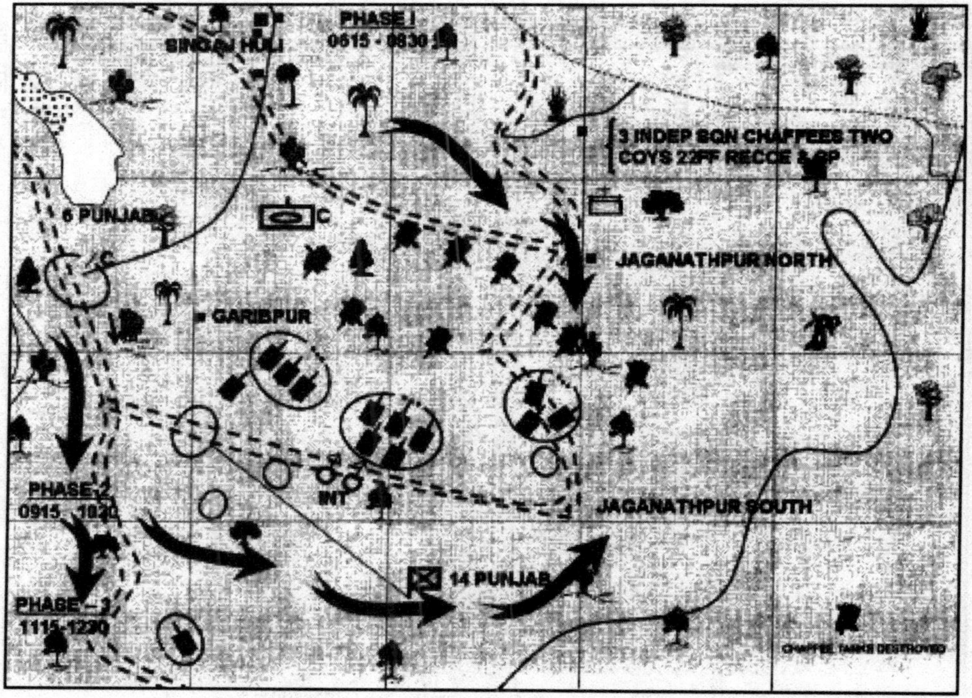

21 नवंबर, 1971 को टैंक बनाम टैंक युद्ध के बाद 14 पंजाब की ओर से मोटे तौर पर बनाया गया युद्धक्षेत्र (पैमाने पर नहीं)

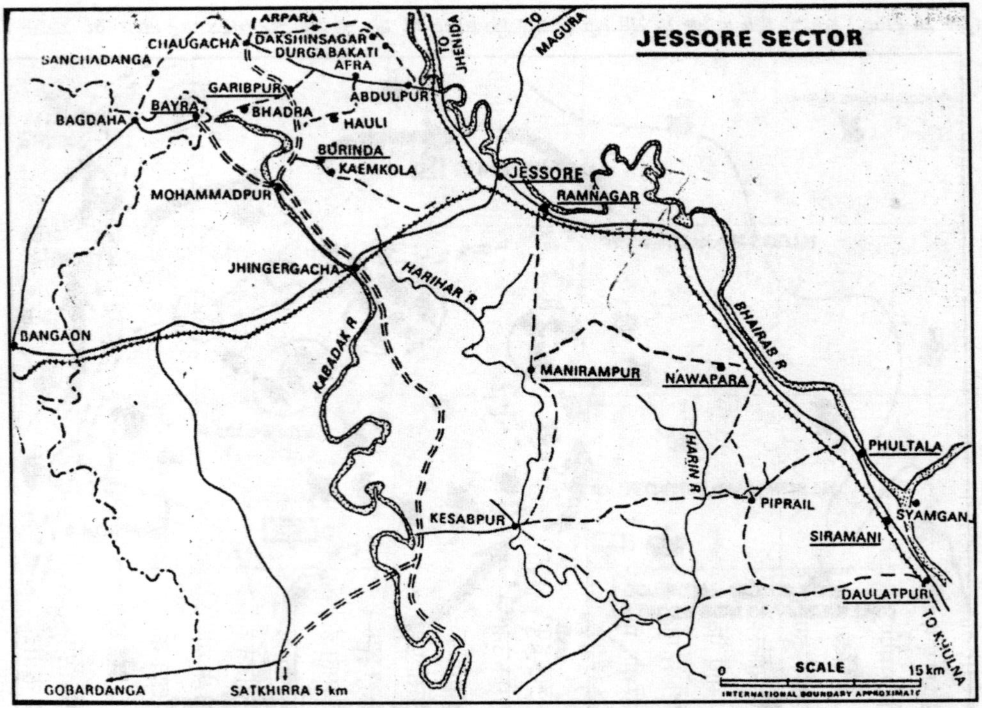

संचार क्षेत्र, जेसोर सेक्टर

अपने अंदर शक्ति व आत्मविश्वास को महसूस किया और भले ही जब परिस्थितियाँ प्रतिकूल थीं, उस समय मेरे कंधों पर बड़ी जिम्मेदारी आ पड़ी थी। पर मैं इस चुनौती का सामना करने को तैयार था। शांति, आत्मविश्वास और अनोखी जागरूकता की लहर मेरे अंदर प्रवाहित हो चुकी थी। मैंने खुद को विश्वास से भरते हुए प्रेरित किया कि भाग्य ने मुझे एक जिम्मेदारी सौंपी है, जिसको अब मुझे अवश्य ही पूरी लगन और समर्पण के साथ निभाना है।

संदेश देने के बाद मैंने अपनी सिगरेट का पैकेट निकाला और एक सिगरेट जलाई। दुश्मन के पहले हमले में उनके टैंकों को बरबाद किया जा चुका था। मैंने आर्टिलरी (OP) ऑफिसर सैगल को उसी सुबह चीफी से माँगी हुई सिगरेट के आधे पैकेट से एक सिगरेट की पेशकश की; किंतु उसने मना कर दिया। वर्षों पहले, कमांडो प्रशिक्षण के दौरान, हमारे इंस्ट्रक्टर ने हमें सलाह दी थी कि प्रतिकूल परिस्थिति में व्यक्ति को ठहरकर शांत मन से समस्या पर विचार करना चाहिए। मैं अपने टैंक के बुर्ज (turret) पर बैठे हुए देख रहा था कि ऑपरेटर और गनर अभी भी जाम हुए राउंड को निकालने में लगे थे। अपनी सिगरेट से एक लंबा कश खींचते हुए मैंने उन्हें नीचे उतरकर मजल से लंबी क्लीनिंग रॉड का इस्तेमाल करने के लिए कहा, ताकि राउंड को बाहर धकेला जा सके। राउंड अब खुले ब्रीच ब्लॉक के आधे में फँसा पड़ा था। ताजे उत्साह के साथ चारों ने अपनी पूरी ताकत से राउंड और ब्रास केस को बाहर निकाल फेंका। गनर ने गन कंट्रोल एवं सिस्टम की तुरंत जाँच की और सही होने की पुष्टि की। हालाँकि, मिस फायर ड्रिल के अनुसार अब क्षतिग्रस्त राउंड को एक गड्ढे में दबाना था। यद्यपि हमने इसे दुश्मन की दिशा की ओर जमीन पर छोड़ने का व्यावहारिक शॉर्टकट लिया। हम चाहते थे कि हथौड़े की इतनी चोटें खाने के बाद क्षतिग्रस्त यह हठीला नमूना अपनी प्रोजेक्टाइल से अधमरी हालत में भी तोपखाने की इस कहावत 'एक गोला एक दुश्मन' को साबित करे।

इस सर्जिकल ऑपरेशन को पूरा करने में क्रू को 3 मिनट से थोड़ा अधिक समय लगा होगा। इस दौरान मैं ट्रूप लीडरों से बातचीत कर रहा था, ताकि मेरे पास युद्ध के मैदान की पूरी तसवीर हो। उनकी रिपोर्टों से यह स्पष्ट हो गया कि चार से पाँच दुश्मन टैंक नष्ट हो चुके थे। ट्रूप लीडरों ने इलाके में चौराहों पर फैले बाँस और खजूर के झुरमुटों में इन्फैंट्री की बड़ी हरकत के साथ जीप पर लगी रिकॉइललेस (RCL) गन और मोर्टार गोलाबारी की भी सूचना दी। दुश्मन की लगभग आधी स्क्वाड्रन अभी भी सक्रिय थी और हमारी स्क्वाड्रन की लोकेशन के विपरीत सड़क

की धुरी (axis) की ओर पीछे हट रही थी। दोबारा बैटल पोजीशन हासिल करने के बाद मेरे गनर ने हमें आश्वस्त करने के लिए दो राउंड फायर किए। हालाँकि दृश्यता में सुधार हुआ था, किंतु दुश्मन के टैंकों को स्पॉट करना अभी भी मुश्किल था; क्योंकि यह हमारी लोकेशन से 1,000 गज से भी ज्यादा की दूरी पर खजूर के झुरमुटों में पीछे हट रहे थे। दोनों ओर से आर्टिलरी द्वारा दागे गए हाई एक्सप्लोसिव, धुआँ और आग उगलते गोले हमारे लिए लक्ष्य हासिल करने में कठिनाई पैदा कर रहे थे।

डिग्बी ने दुश्मन की स्थिति का पता लगाने के लिए कहा। यह कहते हुए कि चीफी से संपर्क करने के उनके बार-बार किए गए प्रयास विफल हो गए थे, इसलिए उनका पारा चढ़ गया था। मैंने उन्हें सूचित किया कि दुश्मन के शैफी टैंकों की एक स्क्वाड्रन ने हमारी लोकेशन पर हमला किया था। सात टैंकों की पहली लहर में से शत्रु के टैंक निश्चित रूप से पाँच या छह नष्ट किए जा चुके थे। सैनिकों ने इन्फैंट्री की भारी सरगर्मी की सूचना दी है। कल रात की ट्रूप कॉन्संट्रेशन की रिपोर्टों के अनुसार ऐसा प्रतीत हो रहा था कि हम दुश्मन के सुनियोजित और कॉर्डिनेटेड हमले की जकड़ में थे। फिर मैंने उन हालात के बारे में बताया, जिनके चलते मुझे कमान लेनी पड़ी। उनका रेडियो रिसेप्शन कमजोर था, जिसके कारण वे मुझे लगातार रिपीट करने के लिए कह रहे थे।

"डेल्टा फॉर डेल्टा 40 : चीफी कहाँ हैं? ओवर।"

"डेल्टा 40 फॉर डेल्टा : वे मर चुके हैं। ओवर।"

"डेल्टा फॉर डेल्टा 40 : क्या बकवास कर रहे हो! ठीक से बताओ। ओवर।"

"डेल्टा 40 फॉर डेल्टा : मैं फिर से कहता हूँ। वे नहीं रहे। मारे गए, रिपीट, युद्ध में शहीद हो चुके हैं। ओवर।"

मैं कुछ समय तक यह सोचकर इंतजार करता रहा कि डिग्बी फिर से कुछ कहेंगे, लेकिन उधर चुप्पी छा गई थी। यह स्पष्ट था कि आखिर वे समझ गए थे, अब चीफी की आवाज फिर से रेडियो पर नहीं सुनाई देगी।

हाल ही में बनाई गई और कोर में सबसे नई रेजीमेंट, 45 कैवेलरी युद्ध में रक्त रंजित हो चुकी थी। 21 नवंबर, 1971 को गरीबपुर में टैंक बनाम टैंक युद्ध में 'C' स्क्वाड्रन को कमांड करते हुए मेजर दलजीत सिंह नारंग की शहादत और बलिदान 45 कैवेलरी के इतिहास में सुनहरे अक्षरों में लिखी जाएगी। एक कृतज्ञ राष्ट्र जल्द ही उस ऑफिसर के अनुकरणीय साहस व समर्पण की गाथा सुनेगा और राष्ट्रपति द्वारा इस उत्कृष्ट ऑफिसर को मरणोपरांत देश के दूसरे सर्वोच्च वीरता पुरस्कार

'महावीर चक्र' से सम्मानित किया जाएगा।

दुश्मन के टैंकों की गतिविधि का, स्पीडी द्वारा पहले की गई रिपोर्ट का अन्य टैंक कमांडरों ने भी समर्थन किया था। इलाके के नक्शे को फिर से देखकर और टेरेन के ज्ञान एवं दुश्मन की तैनाती का आकलन करके हम इस निष्कर्ष पर पहुँचे कि पूर्वी फ्लैंक अधिक खतरे में था। सी.ओ. 14 पंजाब के साथ चर्चा ने इस आकलन को सही माना। उनकी कंपनी के कमांडरों ने पूर्वी फ्लैंक में व्हिकल्स का भारी जमावड़ा और बड़ी संख्या में इन्फैंट्री होने की सूचना दी थी। उन्होंने अपने ब्रिगेड मुख्यालय को इस फौज के खुले भाग (flank) पर अपनी एक कंपनी को ट्रांसफर करने की प्लानिंग की जानकारी दी थी। अब मैंने कर्नल आर.के. सिंह को अपने निर्णय के बारे में बताया कि हम खजूर के झुरमुटों में छिपे दुश्मन को एक तरफ से छोड़ते हुए पूर्व की ओर आगे खुले में उन्हें घेरेंगे। कॉर्डिनेशन के रूप में यह जरूरी था कि सैनिकों को स्वयं के टैंकों की गतिविधि के बारे में सूचित किया जाए, ताकि हमारी फायरिंग में अपना कोई फौजी हताहत न हो। यह देखते हुए कि दुश्मन पहले से ही हरकत में था, हमारे लिए यह अनिवार्य था कि हम जल्द-से-जल्द अपनी नई लोकेशन हासिल कर लें, अन्यथा दुश्मन हमें ढूँढ़ लेगा। मैंने तुरंत चालाकी से काम करने का फैसला लिया—

"डेल्टा 40 फॉर डेल्टा 1 एंड डेल्टा 3 : ऑर्डर्स। ओवर।"

"डेल्टा 1 : ओ के। ओवर।"

"डेल्टा 3 : ओ के। ओवर।"

"डेल्टा 3 : शत्रु की लोकेशन से हटकर 1,000 गज की दूरी पर उत्तर-पूर्व में डिप्लाय। डेल्टा 1 : कवरिंग फायर देने के लिए पूर्व में 500 गज एडवांस। डेल्टा 3 लीड। ओवर।"

रेडियो पर सुना गया अगला मैसेज स्पीडी का था—

"डेल्टा 40 फॉर डेल्टा 3 : विल्को, आउट।"

"ऑल स्टेशन डेल्टा 3 फॉलो मी, आउट।" स्पीडी हमेशा की तरह सतर्क और चुस्त, कैवेलरी की भावना को उजागर करते हुए सबसे पहले बोले, "फॉलो मी।" अन्य ट्रूप लीडरों ने स्वयं को नए टास्क के लिए उनके साथ मिलने में थोड़ा समय लिया। स्पीडी ने अपनी आउटफ्लैंकिंग मूवमेंट का आगाज किया; किंतु उनके ट्रूप का केवल एक ही टैंक उन्हें फॉलो कर रहा था। अपने तीसरे टैंक को पोजीशन में लाने की उनकी बार-बार की गई कोशिश विफल रही। यह अति आवश्यक था

कि टैंक जल्द-से जल्द अपनी पोजीशन ले लें, क्योंकि पेड़ों की पंक्ति से ऊपर आकाश में उड़ती धूल और धुएँ के गुबार से दुश्मन की हरकत की पुष्टि की जा सकती थी।

ट्रूप लीडर रामपरीक्षण और उनका टैंक कमांडर गोगोई मेरे पश्चिम में चुनी हुई टैंक पोजीशन पर पहुँच चुके थे। जैसा कि हम एक फायर पोजीशन से दूसरी फायर पोजीशन को लाँघते जा रहे थे, रामफल के लिए यह स्पष्ट संकेत था कि वह गियर को हरकत में लाए और टैंक को गति प्रदान करे, ताकि हम जल्दी से लगभग 70 गज पर पहले से चुनी हुई फायरिंग पोजीशन पर पहुँच सकें। बुनियादी टैंक रणनीति और पूरी तरह से 'एक पैर जमीन पर' के सिद्धांत का अनुसरण करते हुए हमारी गतिविधि को अब अन्य दो टैंकों द्वारा निगरानी और फायर पोजीशन से कवर प्रदान किया गया। मेरे टैंक ने अगले बाउंड की लगभग आधे से अधिक दूरी तय कर ली थी कि तभी दुश्मन के चार शैफी टैंक हमारी लोकेशन के ठीक सामने लगभग 250 गज की दूरी पर झाड़ियों के बीच से निकले। कम दृश्यता, झाड़ियों और घने पत्तों के कारण दुश्मन सैनिकों को मालूम ही नहीं था कि वे हमारे कितने करीब आ चुके थे। दोनों ही ओर निगरानी करने और खोजबीन का समय नहीं होने के परिणामस्वरूप दुश्मन के टैंकों की निकटता ने हमें पूरी तरह चौंका दिया था। द्वितीय विश्व युद्ध के बाद से टैंक से टैंक की लड़ाई काफी अधिक दूरी पर लड़ी गई थी। हमारे रणनीतिक सिद्धांतों ने युद्ध की इस प्रकार की परिस्थितियों की कल्पना भी नहीं की थी, जिसमें आर्मर्ड फाइटिंग व्हिकल्स नजदीक से युद्ध में भिड़ते दिखेंगे। स्थिति कुछ पाश्चात्य फिल्मों की तरह थी, जहाँ एक छोटे टाउन में प्रतिद्वंद्वी गिरोह के काउबॉय घोड़ों पर एक-दूसरे से भिड़ने के लिए स्थानीय तालाब के बाहर पहुँचते हैं। फिल्मों की ही तरह विजेता वही होता था, जो फिजूल की बातों में समय बरबाद किए बिना सटीक निशाने पर पहले फायर करता था। अब आगे जो होना था, वह कुछ अलग नहीं था।

अपनी गतिविधि के दौरान किसी सामरिक पोजीशन पर अकस्मात् दुश्मन का सामना होना दोनों ओर के लिए अचंभित करनेवाला एक जबरदस्त झटका था। दुश्मन की नजदीकी और उसकी संख्या ने उनको भयभीत करके उनके होश गुम कर दिए थे। एक तरह से इन हालात में, जब आपके पास 'घातक पकड़ से छुटकारा पाने की इच्छा के अलावा जीवित रहने का और कोई रास्ता नहीं बचता है'। चार सूमो पहलवानों की तरह आगे बढ़नेवाले शैफी टैंकों ने अपनी युद्ध-

संरचना को तोड़ते हुए अपनी गति बढ़ा दी थी। उन्हें करीब आते देख मैंने अपने ड्राइवर को बाएँ मुड़ने और रुकने का आदेश दिया। एक ही साँस में मैं इंटरकॉम पर चिल्लाया, "दुश्मन टैंक सामने, फायर, फायर!" मेरी नजर दुश्मन के टैंक पर टिकी हुई थी, जो तेजी से मेरी पोजीशन की ओर बढ़ रहा था। दुश्मन का टैंक, जो मेरी नजर में था, मेरे टैंक को निशाना बनाने के लिए अपनी गन को ट्रैवर्स करते हुए बैरल को फायर करने से पहले अच्छी तरह ठीक कर रहा था। यह स्पष्ट था कि एक क्षण बाद दुश्मन का गनर फायरिंग स्विच दबा देगा और अपना लक्ष्य हासिल कर लेगा। मैं दुश्मन के निशाने पर था और अपना दम निकलता महसूस कर रहा था। दुश्मन के टैंक अभी भी आगे बढ़ रहे थे और अब खतरनाक रूप से करीब आ रहे थे। गन को नीचे करने की गतिविधि अब रुक गई थी। मैं अब गनर को देख सकता था, जो हमें अपने निशाने पर लेकर बैठा हुआ अपने कमांडर के 'फायर' के अंतिम आदेश की प्रतीक्षा कर रहा था। मेरे अपना गनर, जो उसी तरह से दुश्मन टैंक को निशाने पर रखे था, को मैंने 'फायर' का आदेश दिया, जिसे मैंने पुनः कान फाड़ देनेवाली चिल्लाहट के साथ दोहराया, "जीरो रेंज फायर; फायर!" परमेश्वर ही जानता था कि क्या यह फायर ऑर्डर रेजीमेंट के इतिहास में 'मरणोपरांत सैनिक के प्रसिद्ध अंतिम शब्द' के रूप में अंकित होंगे; क्योंकि अब यह निर्भर करता था कि कौन सा गनर पहले ट्रिगर दबाता है? अचानक कानफोड़ू आवाज में एक साथ हुए दो विस्फोटों ने हवा को चीरकर रख दिया। मेरा अपना टैंक एक झटके के साथ हिल गया और एक क्षण के लिए मुझे लगा कि 'यही अंत था' और इसी अहसास के साथ मैंने अपनी आँखें अचानक बंद कर लीं।

मुझे याद नहीं है कि इस मानसिक उन्माद से मैं कब तक घिरा रहा या मेरी इंद्रियों द्वारा खतरे से बचने के लिए आँखों को अनजाने ही बंद करने में दिमाग को कितना समय लगा! हालाँकि यह क्षणिक था, किंतु लंबा और गहरा प्रतीत हुआ। कॉर्डाइट और धुएँ के बादल से भरी हवा में से बाहर निकलने का अनुभव शरीर को हुआ। रबड़ के जलने की तीखी गंध जल्द ही मेरी नाक तक पहुँच चुकी थी। जरूर मेरे टैंक में आग लग गई है! जैसे ही इसकी पुष्टि करने के लिए मैंने अपनी आँखों को खोला तो देखा कि मेरे सामने धुएँ और धूल का एक भारी बादल उठ रहा था। मैंने चारों ओर देखा, लेकिन कोई आग नहीं लगी थी। धीरे-धीरे अहसास हुआ कि मैं अभी भी अपने पैरों पर खड़ा था। मैंने नीचे देखा और गनर व लोडर दोनों को अपने स्थान पर पाया। एक सौम्य हवा जल्द ही उपस्थित धुएँ और धूल

को अपने साथ ले उड़ी थी। 30 गज की दूरी पर शैफी जल रहा था। मैंने चैन की एक गहरी साँस ली, जिसने मुझमें जान फूँक दी थी। मैंने राहत पाकर अपना हाथ बढ़ाया और अपनी आँखों को मलते हुए यह सुनिश्चित किया कि जो मैं देख रहा था, वह वास्तविक था, न कि कोई स्वप्न। आनंद, खुशी और राहत की भावना मेरे अंदर कौंध-सी गई थी और सख्त हुई मेरी नसें अब कुछ आराम महसूस कर रही थीं। मेरे चेहरे पर एक फीकी-सी मुसकराहट की झलक थी, जब मैंने अपने गनर को शानदार शूटिंग के लिए बधाई दी। ठीक तभी दुश्मन टैंक के ड्राइवर ने अपना कपोला खोला और अपने टैंक के डेक पर खड़ा हो गया। वह क्षण भर के लिए वहीं पर खड़ा रहा, जो कि मेरे गनर के लिए एक आसान लक्ष्य था और निशाने पर था। केवल ट्रिगर पर रखा अँगूठा दबाने की देर थी और काम तमाम। किंतु ऐसा प्रतीत हो रहा था, जैसे गनर मुझसे मशीनगन के एक फायर देने का आग्रह कर रहा हो। मुझे नहीं लगता कि यह तरस खाने या दया की भावना दिखाने का सही समय था, जिसने मुझे 'फायर' ऑर्डर देने से रोका था। शायद यह कृतज्ञता थी, जीवन के उत्सव का प्रतीक। मैं अच्छी तरह से देख रहा था कि टैंक के डेक पर खड़ा वह आकार अब दूसरी तरफ कूदकर भागने के लिए तैयार था; हालाँकि उस समय उसके जीवित रहने की कोई उम्मीद नहीं थी और उसका जीवन मेरे हाथों में था। मैंने इस अवसर को निकल जाने दिया, इसलिए कि मैं अभी भी मृत्यु के चेहरे को देखने और जीवित रहने के अनुभव का जश्न मना रहा था।

इस मुठभेड़ के परिणाम में 'एक पैर जमीन पर' सिद्धांत का सामरिक लाभ महत्त्वपूर्ण था। रामपरीक्षण और गोगोई के टैंक पहले से ही पोजीशन पर खड़े थे, जब हेज लाइन से निकलकर शैफी उनके सामने आ गया। एक स्थिर टैंक से लोडिंग, एमिंग व फायरिंग के लिए लिया गया समय और परीक्षण से दुश्मन के टैंकों का बचना असंभव था। यह कहना कोई अतिशयोक्ति नहीं होगी कि एक स्थिर गन शायद आधा दर्जन मूविंग टैंकों को बरबाद करने के लिए काफी होती है। जल्द ही आर.पी. सिंह और गोगोई दोनों ने 'एक और टैंक बरबाद' की घोषणा के साथ फायर कर दिया। मैंने उस दिशा में देखा, जहाँ से शैफी झाड़ियों में धमाके के साथ बरबाद हो चुका था। दो और टैंकों को नष्ट कर दिया गया था; जबकि तीसरे से धीरे-धीरे धुआँ निकल रहा था। हमारी पोजीशन से कुछ ही दूरी पर उनके क्रू मेंबर्स में से एक बुरी तरह से जख्मी, बिना एक हाथ के पड़ा था। काले रंग की डाँगरी में उसका शव, जो बुरी तरह से मिट्टी व खून से सना हुआ और आग में झुलस रहा

था। मांस जलने की बदबूदार गंध हवा में भर चुकी थी। मैंने अपनी नजरें पीछे सबसे पासवाले टैंक की ओर घुमाईं। बुर्ज (turret) के बीचोबीच एक साफ गोल छेद दिखाई दिया। पेट्रोल फैलने से टैंक आग की लपटों में बदल चुका था। लपटों के नारंगी व नीले रंग का एक सम्मोहक प्रभाव था। आग की आकाश को छूती हुई लपटें टैंक को पूरी तरह से ढँके हुए थीं। लपटों की गरमी को सहन करना मुश्किल हो रहा था, क्योंकि जल रहा शैफी हमारी पोजीशन से 30 गज से भी कम दूरी पर था। ड्राइवर ने अब टैंक को रिवर्स गियर में डाला और अगली पोजीशन पर ले जाने के लिए दाएँ टर्न लिया। मैंने जलते हुए टैंकों को मुड़कर देखा और मन में सोचा, 'भगवान् की कृपा से मैं बाल-बाल बच गया!' ('There, but for the grace of God, go I')

टैंक का यह परस्पर युद्ध क्षणिक, तीव्र और पूरी तन्मयता से हुआ था—अन्य कमांड के लिए कोई अवसर दिए बिना। अभी नई लोकेशन पर जाते समय भी मैंने स्पीडी की प्रगति को जाँचा। ऑर्डर्स मिलने के तुरंत बाद उन्हें महसूस हुआ कि दुश्मन की दखलअंदाजी के कारण उसकी पोजीशन से हटकर एक लंबा चक्कर लगाते हुए निकलना भरोसे के लायक नहीं था। परिस्थितियों के मद्देनजर उसने विचार किया कि पेड़ों के झुंडवाले बाहरी इलाके के साथ चलकर 'फायर एंड मूव' की रणनीति को अपनाते हुए जितना संभव हो, उतनी तेजी से निर्धारित जगह पर पहुँचने का सबसे अच्छा रास्ता था। जैसे ही वह पहले बाउंड की ओर बढ़े और अपनी पोजीशन ली कि दुश्मन के एक टैंक ने उन पर फायर झोंक दिया। गन फ्लैश से उन्होंने दुश्मन टैंक को ढूँढ़ा और एक ही राउंड में उसे नष्ट कर दिया। उनके क्रू के बाकी दो टैंक उनको ज्वॉइन करने के लिए तेजी से आगे बढ़ रहे थे, किंतु दुश्मन ने एक टैंक को खदेड़ दिया। इसकी वजह से दूसरे टैंक का कमांडर आगे बढ़ने में थोड़ा हिचक गया। इस दौरान स्पीडी का टैंक दुश्मन के सीधे निशाने पर था, जबकि अभी भी वह कमांडर को आगे बढ़ने के लिए उत्साहित कर रहा था। एक कवच-भेदी गोले ने उनके टैंक के कंगूरे (turret) को नष्ट कर दिया, जिससे उनके गनर की तुरंत मौत हो गई। हालाँकि स्पीडी घायल हो चुके थे, किंतु किसी तरह उनकी जान बच गई। गनर की छाती को चीरते हुए गोला उसकी टाँगों के बीच से सौभाग्यवश उसके टेस्टिकल्स की एक तरफ से निकल गया। किरचियाँ और बम के छोटे-छोटे टुकड़े उसकी जाँघों व नितंबों में घुस गए थे। अपने क्रू को वहाँ से निकलने का ऑर्डर देने के बाद वह टैंक के किनारे से फिसला और वहाँ से रेंगते हुए वह सीधे हमारे डिफेंस में पहुँचने में तो

कामयाब रहा, किंतु थकान और अत्यधिक खून बह जाने के कारण बेहोश हो गया। इन्फैंट्री के सिख एन.सी.ओ. में से एक ने अपनी पोजीशन के सामने उसकी मूवमेंट पर दुश्मन समझकर संदेह किया, किंतु सिर की पगड़ी की किनारी से उसने स्पीडी को पहचान लिया। पहचान होने के बाद उस एन.सी.ओ. ने अपनी प्लाटून को लोकल युद्ध-विराम का ऑर्डर दिया और खुद तेजी से स्पीडी को अपने शेल्टर तक लाने के लिए आगे बढ़ा, जहाँ से उन्हें रेजीमेंटल एड पोस्ट तक ले जाया गया।

चक्रवर्ती, जिन्होंने युद्ध से पहले हमें एक शानदार चाय पार्टी दी थी, को अब एक बड़ा आश्चर्य हुआ। वह स्क्वाड्रन के फायरबेस के रूप में अच्छा कमांड और कंट्रोल कर रहा था। टैंक युद्ध के दौरान, जिसमें मैं भी शामिल था, उसने दुश्मन के एक ध्वस्त टैंक में से क्रू मेंबर्स को नजदीक की बाड़ की ओर भागते देखा। चक्रवर्ती ने अपने ड्राइवर को उनकी हरकत पर निगरानी रखने के आदेश दिए। 1965 के युद्ध का अनुभवी सैनिक होने के नाते, जैसा कि उसने बाद में हमें बताया कि युद्ध के शुरुआती चरणों में दुश्मन सैनिकों को युद्ध-बंदी के रूप में पकड़ना कितना मूल्यवान् हो सकता है। उच्च मुख्यालयों द्वारा भी इसकी खूब सराहना की गई। दो इन्फैंट्री जवानों और ANPRC-25 रेडियो सेट सहित अपने ऑपरेटर के साथ वह अपने टैंक से उतरे और निहत्थे दुश्मन सैनिकों को पकड़ने के लिए निकल पड़े। फील्ड क्राफ्ट की जानकारी का प्रयोग करते हुए वे अपने शिकार पर झपटे और आसानी से उन्हें दबोच लिया। रेडियो सेट साथ ले जाना कई मायनों में फायदेमंद रहता है। संयोगवश, आसपास बाँस के झुरमुट में उन्हें पता चला कि दुश्मन की एक इन्फैंट्री बटालियन अपने असेंबली एरिया से हमले की प्लानिंग कर रही थी। चक्रवर्ती ने अपने टैंकों को उस एरिया में एम.एम.जी. फायर खोलने के आदेश दिए और ओ.पी. (OP) ऑफिसर को ग्रिड रेफरेंस देते हुए निर्देश दिए। हतोत्साहित दुश्मन की सेना, जो अचानक हमला करने के लिए उस झुरमुट में बैठी थी, टैंकों को करीब आते देख भाग खड़ी हुई। यह एक सीधा और हानि-रहित टारगेट था, इसलिए टैंकों ने पूरे एरिया में मशीनगन फायर और हाई एक्सप्लोसिव (H.E.) फायर की झड़ी से कहर बरपा दिया। यहाँ जूनियर लेवल की पहल का एक अच्छा उदाहरण देखने को मिला था।

चक्रवर्ती स्क्वाड्रन मुख्यालय (SHQ) में एक इन्फैंट्री अफसर और दो जवानों के साथ पहुँचे। उनके बीच में एक बहुत हताश, असहाय और अस्त-व्यस्त व्यक्ति ऐसे खड़ा था, जैसे उसका सबकुछ लुट चुका हो। उसे किसी परिचय की

आवश्यकता नहीं थी, क्योंकि उसकी शक्ल और वेशभूषा ने युद्धबंदी होने की पुष्टि कर दी थी। उस व्यक्ति में मेरी दिलचस्पी तब बढ़ी, जब मैंने उसके काले रंग के ऊपरी कपड़ों को देखा, जो आमतौर पर आर्मर्ड कोर द्वारा पहने जाते थे। वह पाकिस्तान की 3 इंडिपेंडेंट आर्मर्ड स्क्वाड्रन का था। वे एक बड़े आर्मी बेस जेस्सोर से होकर अंदर घुसे थे और खुर्द सिंघझुली में एकत्र हुए थे, जहाँ चौगछा से एक सैन्य टुकड़ी ने उनसे लिंकअप किया था। उन्हें आगे बढ़ते जाने के और बोयरा पर कब्जा करने के आदेश दिए गए थे। एक स्क्वाड्रन, जिसमें दो ट्रूप्स कम थे, उसका हमारी पोजीशन पर हमले का प्लान था, बाकी दो ट्रूप्स का काम सपोर्ट फायर देना था। उन्हें बताया गया था कि टैंक सैन्य टुकड़ी के साथ केवल एक कमजोर इन्फैंट्री बटालियन पोजीशन पर है। उत्सुकता से भरकर मैंने उसे लड़ाई के मैदान में उसके टैंक की तरफ इशारा करने के लिए कहा। उसने 30 मीटर की दूरी पर मेरे क्रू द्वारा नष्ट किए गए टैंक की ओर इशारा किया। उसने बताया कि वह उस टैंक का ड्राइवर था। इससे पहले कि वे महसूस करते कि क्या हो रहा था, दो और लीडिंग टैंकों को आग के हवाले किया जा चुका था; जबकि उसके टैंक कमांडर ने उसे रुकने के लिए बार-बार कहा था। किंतु उसे मालूम हो गया था कि भागने में ही भलाई है। उसके गनर का डायरेक्ट हिट का प्रयास असफल रहा, क्योंकि ड्राइवर भयभीत हो गया था और उसने रुकने से इनकार कर दिया। शैफी टैंक में एक स्थिर गन नहीं है, जिससे गनर के सफलतापूर्वक टारगेट को हिट करने की संभावना बहुत कम थी। उस ड्राइवर के कायरतापूर्ण कार्य ने हमें एक और दिन लड़ने तथा जीने का अवसर दिया था। आगे की स्थिति उसके द्वारा अपने अफसरों को दोषी ठहराने से स्पष्ट हो रही थी। कायरतापूर्ण था या नहीं, किंतु उसका फैसला हमारे लिए जीवनदागी सिद्ध हुआ था। इस दौरान उसके साथ हमने बहुत अच्छा बरताव किया और जब उसे चाय व नाश्ता दिया गया तो वह अचंभित रह गया। इस अनुभव से मुझे यह पता चला कि पाकिस्तानी अफसर यह नहीं समझते थे कि वफादारी दोतरफा वचनबद्धता है। मातहतों (subordinates) के लिए वफादारी का अर्थ है—उनकी भलाई और अच्छी देख-रेख, प्रशिक्षण, अपने सैनिकों को सही सूचना देना और उनसे जानकारी लेना भी। युद्ध के मैदान में दो दिन से भूखा यह ड्राइवर अभी भी अनिश्चय में था कि यह लड़ाई या एक एक्सरसाइज या आंतरिक सुरक्षा के कर्तव्य का एक भाग है; और कुछ नहीं तो मैं इस युद्धबंदी को बटालियन मुख्यालय तक अपने टैंक पर लिफ्ट दे सकता था, जहाँ से वह पूछताछ के लिए

विभिन्न मुख्यालयों से गुजरते हुए युद्धबंदी शिविर तक पहुँचेगा।

अब तक यह स्पष्ट हो चुका था कि दुश्मन के बख्तरबंद (armoured) हमलों की कमर टूट गई थी। दुश्मन के छिटपुट हमले जारी थे, पर उनसे हमें कोई खतरा नहीं था। इधर बिखरे हुए (stray) टैंकों, आर.सी.एल. गनों और इन्फैंट्री की री-ग्रुपिंग एवं री-ऑर्गेनाइजेशन की काररवाई जारी थी, जबकि युद्धक्षेत्र के अलग-अलग एरिया से छिटपुट गोलीबारी जारी थी। युद्धक्षेत्र जलते हुए टैंकों और शवों से अटा पड़ा था। दुश्मन की तोपें हमारी पोजीशन पर गोलाबारी करतीं और फिर शांत हो जातीं, जिसके तुरंत बाद हमारी तोपें जवाबी हमले की ताबड़तोड़ फायरिंग करती थीं। स्क्वाड्रन में रेडियो ट्रांसमिशन बिल्कुल नहीं के बराबर था। डिग्बी ने रेडियो पर बताया कि दुश्मन के हमलों के खिलाफ हमारी पोजीशन को मजबूत करने के लिए लेफ्टिनेंट दुबे के अधीन 63 कैवेलरी के एक टी-55 टैंक ट्रूप को भेज दिया गया है। टी-55 टैंक में 100 मि.मी. गन थी, जो बहुत शक्तिशाली और प्रभावी थी। यहाँ आने पर इन टैंकों को पूर्वी हिस्से को घेरने के लिए तैनात किया जाना था। इस समय में हमारे सैनिकों ने खर्च हुए गोला-बारूद और पेट्रोलियम, तेल, लुब्रिकेंट्स (P.O.L.) की आपूर्ति का काम किया। दुश्मन को पूरी तरह से नष्ट करने से पहले तक मेंटेनेंस, रिपेयर और आराम करने का समय नहीं था।

ये सब होने के बाद मैं नजदीकी बटालियन मुख्यालय में चला गया, जहाँ आर.ए.पी. थी। आर.ए.पी. में मिलनेवालों में स्पीडी पहले शख्स थे। वह एक स्ट्रेचर पर लेटे थे और उनकी टाँगें एक सफेद चादर से ढकी हुई थीं। जैसे ही मैं उनके नजदीक गया, एक मुसकान उनके चेहरे पर सहज ही आ गई। कुछ घंटों पहले ही हम साथ खड़े थे और आराम से बैठकर चाय की चुस्कियाँ ले रहे थे। फुरती के साथ स्पीडी का भागकर अपने टैंक पर चढ़ने का दृश्य अभी भी मेरी आँखों के सामने नाच रहा था। उनके तेज और स्पष्ट रेडियो संदेश, उनकी खुशदिल आवाज, आउटफ्लैंक की जवाबी काररवाई के दौरान उसकी तेज हरकत मेरे जेहन में बिजली की तरह कौंध रही थी। उन्होंने बताया कि एक टैंक को नष्ट करने के बाद वह दूसरे टैंक पर निशाना साध ही रहे थे कि टैंक एक झटके के साथ हिल गया था। अगले ही पल उन्हें लगा, जैसे किसी ने उनकी जाँघों की तरफ अंदर एक छर्रा फायर किया हो। परिणाम था—तेज दर्द और उनकी टाँगों में होनेवाली जलन। वह दहशत से भर उठा था। यद्यपि उनकी टाँगें लड़खड़ाने लगी थीं, किंतु उन्होंने तुरंत अपने शरीर का निरीक्षण किया। जब उसने टैंक-बुर्ज पर खड़े-खड़े हाथ से अपनी

जाँघों के जोड़ को छुआ तो उनको पता चला कि उनकी पतलून पर खून लगा था। अचानक उन्हें कमजोरी व चक्कर आने जैसा महसूस हुआ और आँखों के आगे अँधेरा छा गया। अपने इस ब्लैकआउट से उबरते हुए उन्होंने अपने बेजान पड़े गनर को देखा, जिसके सीने में एक बड़ा छेद हो गया था। टैंक ड्राइवर रेंगते हुए ऊपर चढ़ आया था और स्पीडी को अपने पैरों पर खड़े होने में मदद कर रहा था। स्पीडी आखिरकार खुद को टैंक से बाहर खींचकर बुर्ज पर से फिसलते हुए दुश्मन की नजर से ओझल एक तरफ जमीन पर गिर गया। जब वह वापस पीछे रेंगने के लिए अपनी साँसों को नियंत्रित करते हुए छुपाव में लेटे थे, तभी 14 पंजाब के जे.सी.ओ. ने उन्हें देखा और सुरक्षा दी। जे.सी.ओ. उन्हें बोतल से पानी पिलाने के बाद फर्स्ट-एड किट तलाशने में व्यस्त हो गया। जब स्पीडी ने अपने शरीर की बीच में ही रुक गई जाँच फिर से की तो उन्हें खुशी तो नहीं, पर राहत मिली। उनके कीमती पत्थर अनछुए थे। अस्पताल से लौटने के हफ्तों बाद उन्होंने बताया कि वाकई 'चाचा का चाची बन जाना' सच में बहुत ही डरावना था। उन्होंने ड्रिंक्स के दौरान मजाक में दोस्तों को बताया कि यह सेना का प्रशिक्षण नहीं था, बल्कि उनका पुश्तैनी खून था, जिसने उनकी जान बचाई थी। उन्होंने अपनी 6 फीट 1 इंच की लंबाई से 2-3 इंच छोटे कद के एक युवा अधिकारी की ओर इशारा करते हुए बड़े गर्व से एक पहेली पूछी, "आप उन अंकल को क्या कहोगे, जिनका अंडकोष ही नहीं है?" वह युवा अफसर एकदम से हक्का-बक्का, निरुत्तर और खुद को असहाय समझ रहा था, जबकि बाकी सभी ठहाका मार के एक साथ बोले, "आंटी, ऑफ कोर्स।"

14 पंजाब में अटैच डॉ. कैप्टन एच.सी. विश्वकर्मा एक हँसमुख स्वभाव के व्यक्ति थे। अपने काम को पूरी निष्ठा के साथ निभाते हुए वह एक स्ट्रेचर से दूसरे स्ट्रेचर पर घायलों की सेवा में लगे रहते थे। रेजीमेंटल मेडिकल ऑफिसर (R.M.O.) होने की वजह से वह उचित फर्स्ट-एड, प्रमाणन करने (documentation) और सैनिकों के शव हटाने की जिम्मेदारी सँभाले हुए थे। भारी गोलाबारी से कई सैनिक बुरी तरह से घायल हुए थे, जिससे उन्हें फर्स्ट-एड देने या अस्पताल ले जाने की आवश्यकता थी। कोई सुरक्षित स्थान (dug-out) नहीं था, इसलिए घायलों को प्राथमिक चिकित्सा खुले में ही दी जा रही थी। मॉर्फीन सबसे कारगर दवाई साबित हुई थी। इतने सारे घायल सैनिक ज्यादातर सफेद चादर या पट्टियों में लिपटे हुए इधर-उधर देखे जा सकते थे कि पहचान करना भी कठिन था। स्क्वाड्रन का एक एन.सी.ओ., जिसके घाव के लिए केवल प्राथमिक चिकित्सा

की जरूरत थी और जिसे 'चलता-फिरता घायल' कहा जा रहा था, वह स्वेच्छा से मेरे साथ आया था। एक टैंक गनर एस.के. बारो, जिसे गंभीर रूप से जलने के जख्म थे और गरदन के पास कॉलरबोन के नीचे एक पॉइंट 30 ब्राउनिंग बुलेट लगी थी। एक बंगाली सैनिक, जो कि ब्लास्ट की फ्लैश के कारण अपनी नेत्र-दृष्टि खो चुका था। कष्ट और पीड़ा का अहसास इन युवा सैनिकों के चेहरे पर देखा जा सकता था। एक अन्य घायल आर.के. पेगू गंभीर रूप से घायलों की सूची में था। उन्हें यह आश्वासन दिया गया कि उनकी बहादुरी व्यर्थ नहीं जाएगी और उनके परिवारजन सुरक्षित रहेंगे, जिससे उनकी इच्छाशक्ति तथा उनके इरादे और मजबूत हुए। आश्चर्यजनक तो यह था कि इतने कष्ट व पीड़ा में भी वे अपने क्रू और टैंक की सुरक्षा के बारे में पूछते थे। यदि उनका ट्रूप लीडर अधिकारी यहाँ होता तो उसके लिए अवश्य ही एक सैनिक का संदेश था—"मेरी चिंता न करें।" (Please do not worry about me) फौजी प्रशिक्षण, फाइटिंग-45 की परिवार भावना के लिए समर्पण और रेजीमेंट से जुड़ाव की बातें इन युद्ध परिस्थितियों में भी उनके मुँह से सुनी जा सकती थीं। धरमपाल और ओमप्रकाश शहीद हो चुके थे। दाह-संस्कार के लिए उनके शवों को एक स्थान पर लाया गया।

छोटे हथियारों से फायरिंग की आवाजें लगातार जारी थीं। विवशता की इन परिस्थितियों में हर कोई इस अनजान भय से ग्रसित था कि वह कल का सूरज देखने के लिए जिंदा रहेगा या नहीं; और इस सब के बीच हलका-फुलका मजाक भी चलता रहता था। प्रत्येक व्यक्ति ने संतुलन व शिष्टता की एक स्पष्ट भावना प्रदर्शित की और अपने दर्द तथा निजी आशंकाओं को छिपाने की पूरी कोशिश की। जब मैं रेजीमेंटल एड पोस्ट (R.A.P.) से लौटने की योजना बना रहा था, तभी मैंने देखा कि मरीजों को उनके स्ट्रेचर से एंबुलेंस में स्थानांतरित किया जा रहा था। मैं घायलों को आश्वासन के साथ कभी-कभी हाथ मिलाकर या पीठ पर मैत्रीपूर्ण थपकी देकर उनके शीघ्र स्वस्थ होने की कामना कर रहा था। जैसे ही एक एंबुलेंस चलने वाली थी, तभी हमारे एक टैंक कमांडर दफादार रामेश्वर ने चेहरे पर तीव्र पीड़ा लिये अचानक मेरा हाथ पकड़ लिया और जबरन मुसकराते हुए बोला, "मैंने ठीक किया न, सर?" यह कितना विचित्र था कि उनमें से कितनों ने इस तरह के सवाल आपसे किए थे, विशेषकर वे, जिन लोगों ने अपनी क्षमता से बढ़कर अपने फर्ज को अंजाम दिया था! एक तरीके से इस बात की मंजूरी मिलना ही उनके जीवन में सबसे ज्यादा जरूरी था।

"बेशक, आपने अच्छा काम किया। बहुत बढ़िया! शाबाश!" कुछ ही क्षणों के बाद एंबुलेंस चली गई। दफादार रामेश्वर स्क्वाड्रन में फिर कभी वापस नहीं आए।

मैंने डॉक्टर से आर.ए.पी. में चीफी के बारे में पूछताछ की। मैं यह जानकर काफी व्यथित था कि उसे इसके बारे में कोई जानकारी नहीं थी। टैंक-युद्ध की शुरुआत के बाद से मैंने खुद चीफी को नहीं देखा था। यह तर्कसंगत नहीं लग रहा था कि जब उनकी मृत्यु का संदेश उनके गनर धनेश्वर द्वारा दिया गया था, तब से अब तक लगभग छह घंटे बीत चुके थे। मुझे देरी का कोई औचित्य नहीं लग रहा था। मेरा पूरा ध्यान इस पर केंद्रित था कि टैंक क्रू आर.ए.पी. में रिपोर्ट करने में असफल कैसे हो गया? यह भी चिंता का विषय था कि क्रू ने उसके बाद कोई रेडियो संदेश क्यों नहीं भेजा? आर.ए.पी. के रास्ते में टैंक के क्षतिग्रस्त होने या नष्ट होने की संभावना से इनकार नहीं किया जा सकता था। अपने मन में इन विचारों के साथ मैं अपने क्रू में शामिल होने के लिए अपने टैंक की ओर चल दिया।

मेरा टैंक अभी भी आर.ए.पी. के पीछे खजूर के पेड़ों के एक छोटे से झुरमुट में खड़ा था। चीफी के बारे में इन सभी अंधकारमय विचारों से छुटकारा पाने के लिए मैंने शिबे लाल और हरीश चंद्र को चीफी के टैंक क्रू या स्क्वाड्रन रोवर से संपर्क करने का निर्देश दिया; किंतु सब व्यर्थ। अन्य टैंकों से मिली 'अंतिम रिपोर्ट' को ध्यान में रखते हुए मैंने तुरंत अपने क्रू के दो सदस्यों रामपाल और हरीश चंद्र को स्क्वाड्रन कमांडर के टैंक की खोज करने के लिए भेजा। युद्ध अब तक बंद हो चुका था और छिटपुट फायर को छोड़कर रिऑर्गेनाइजेशन के दौरान कोई बड़ी हरकत नहीं हुई थी। यदि क्रू मेंबर्स दूर भी हैं तो मेरे लिए कोई चिंता का विषय नहीं था, क्योंकि मेरे टैंक को युद्ध के लिए तैयार करने के लिए जल्दी की कोई जरूरत नहीं थी। मेरी जिम्मेदारी थी शहीद सैनिकों की निकासी की व्यवस्था करना। अचानक मेरे दिमाग में एक डरावना विचार कौंध गया कि मुझे कैसे पता चला कि चीफी मर चुके थे? रेडियो नेट पर दूसरों की तरह मैंने भी केवल संदेश ही सुना और जवाब में क्रू को आर.ए.पी. की तरफ जाने का निर्देश दिया था। उनका शव नहीं देखा था, इसके अलावा, मैं किसी को मृत घोषित कैसे कर सकता हूँ? यह डॉक्टर का कार्य है। हो सकता है कि वे बेहोश हो गए हों और बाद में जीवित हो उठे हों! यह संभव है, पर चीफी न तो दिखाई दिए और न कमान सँभाली। जो भी हो, किंतु टैंक क्रू था कहाँ? गड़बड़ी से थोड़ा परेशान होकर फिर आश्वस्त हुआ कि कोई भारी गलती नहीं हुई है। मैं ऑपरेटर पर चिल्लाया, "टैंक क्रू को ट्रेस करो!"

और “वह दुष्ट उपाध्याय, उसने पूरे युद्ध के दौरान एक भी संदेश नहीं भेजा।” इन विचारों में डूबा मैं अपने गुस्से को स्वयं जाकर दिखाने के लिए टैंक पर सवार हो गया। हताशा और चिंता मुझे संपर्क स्थापित करने में मदद करने वाली नहीं थी। अपने अंदर बढ़ते हुए संदेहों को कम करने के लिए मैंने एक और सिगरेट जलाई।

ऑपरेटर अपने कान रेडियो पर लगाए था, ताकि वह मुझे आनेवाले किसी भी महत्त्वपूर्ण संदेश के बारे में बता सके। उसके थके हुए चेहरे को देखते हुए मैंने उसे वॉल्यूम बढ़ाने के लिए कहा। फिर मैंने हेडफोन निकाल दिए और हम दोनों के बीच बुर्ज (turret) के साथ लटका दिया, ताकि हम एक साथ संदेश सुन सकें। रेडियो पर निरंतर प्रसारण सुनते रहना ऑपरेटर के लिए थकाऊ हो सकता है। उसने सहमति में क्लांत मुसकान के साथ सिर हिलाया। कुछ ही मिनटों के बाद टैंक के पास एक धमाकेदार विस्फोट हुआ। यह काफी नजदीक से हुआ था। धूल, धुआँ और मलबा—सब हम पर था। कोई मूर्ख (शत्रु) रॉकेट लॉन्चर से हमारे टैंक को ध्वस्त करने की फिराक में था।

ऐसे क्षणों में जान बचाने का सहज बोध हावी हो जाता है—भय, खतरे और मृत्यु के सभी विचारों के ऊपर। अपनी जान पर बने इस अचानक खतरे से खुद को बचाने के लिए हमें तुरंत दुश्मन के लाइन ऑफ फायर से हटना जरूरी था। ऑपरेटर भी खतरे को उसी वक्त भाँप गया। हम दोनों टैंक से बाहर कूद गए और जहाँ से धमाका हुआ था, उस दिशा से दूसरी ओर पनाह लेने भागे। मुझे एक मेकशिफ्ट बंकर दिखाई दिया, जिसे इन्फैंट्री ने आर.ए.पी. को सुरक्षा देने के लिए कब्जा कर के रखा था। शिबे लाल के साथ मैं जान बचाने के लिए उसी तरफ दौड़ पड़ा। हम दोनों काले रंग की डांगरियों में एक सिख सैनिक के ट्रेंच की ओर भाग रहे थे। जैसे ही हम ट्रेंच में घुसे, एक और धमाके की आवाज ने हमारे कान सुन्न कर दिए। जब हम ट्रेंच की सुरक्षा में आगे रेंगते हुए घुसे कि सिख सैनिक ने कैवेलरी के आने की सूचना देने के लिए अपनी एल.एम.जी. से फायर खोल दिया था। हमें अपनी साँसों पर काबू पाने में कुछ समय लगा। मौत जैसे हमको छूकर निकल गई थी। जब बेतहाशा गोलियाँ चल रही हों तो आदमी बहुत जल्दी सीख जाता है। इससे मैंने झूठी वाहवाही और बहादुरी के बीच के अंतर को समझ लिया था। आखिरकार, वह आदमी ही क्या, जो सचमुच वीर होते हुए भी बिल्कुल अचेतन हो! आपको एक अवसर का चयन करना होता है, जिसमें अनायास जोखिम मोल लेने के बजाय साहसी आक्रामक काररवाई और विवेकशीलता चाहिए होती है।

जब हम ट्रेंच में घुसे थे तो वह सिख सैनिक, जो एक हवलदार था, अपनी पंजाबी में दुश्मन को चुनी हुई गालियाँ देकर कोसते हुए बोला, "दुष्टों ने टैंक पर 106 आर.सी.एल. गन फायर कर दी।"

"भाग्यशाली रहे साहबजी, बहुत भाग्यशाली।"

"अगला राउंड फायर करने से पहले वह निश्चित रूप से अपनी पोजीशन बदली करेगा।" इससे पहले कि मेरे अंदर का कौतूहल शांत होता, हमने उससे विनती की, "फायर ए लॉन्ग बर्स्ट। मेरा क्रू अभी दूर है।" उत्साही सिख जल्दी ही हमारी बुरी हालत को समझ गया और उसने अपनी लाइट मशीनगन से दुश्मन की आर.सी.एल. लोकेशन पर बर्स्ट फायर किया। दुश्मन आर.सी.एल. की निकटता ने मेरे रोंगटे खड़े कर दिए थे। टैंक क्रू को दूर भेजने की मेरी बेमतलब मूर्खता के कारण अब हमें एक ट्रेंच में बैठना पड़ रहा था और दुश्मन मेरे टैंक को निशानेबाजी के लिए इस्तेमाल कर रहा था। हम असल में धोखे से फँस गए थे और मैं यही कर सकता था कि उस NCO की अच्छी खुशामद करूँ कि जब तक मेरा क्रू वापस नहीं आ जाता, वह लंबे बर्स्ट फायर करता रहे।

दुश्मन का निडर रिकॉइललेस (R.C.L.) गन का गनर पूरी निर्दयता के साथ अपने चुने गए लक्ष्य को बरबाद करने के निश्चय पर अड़ा हुआ था। आर.सी.एल. के अगले फायर ने टैंक के साथ खड़े एक खजूर के पेड़ को बीच से भेद दिया। पेड़ के तने का ऊपरी आधा हिस्सा अब टैंक के साथ पड़ा था। सिख हवलदार रेडियो पर अपने प्लाटून कमांडर से बात कर रहा था। तभी उठते हुए धुएँ और धूल के गुबार में मैंने काली डांगरियों में दो आकृतियाँ देखीं। अनायास मैंने शिबे लाल की तरफ देखा। उसने मेरे विचार पढ़ लिये थे। "आओ, हम टैंक पर चलते हैं।" बेधड़क और चारों ओर के खतरे को जानते हुए गोलीबारी की परवाह किए बिना हम टैंक की ओर भागे, जो अब हमारी पहचान से जुड़ा था। अपने टैंक के नष्ट हो जाने के डर ने हमें बिना कोई शब्द बोले हरकत के लिए एकजुट कर दिया। यह जानते हुए भी कि उस टैंक पर फिर से चढ़ना निश्चित मृत्यु थी, फिर भी क्रू बिजली की गति से टैंक पर चढ़ने के लिए आगे बढ़ रहा था। हर कोई जानता था, इससे पहले कि दुश्मन का आर.सी.एल. गनर निशाना साधे और ट्रिगर दबाए, हमें टैंक तक पहुँचने, उस पर चढ़ने, फायर और चलने की गति ही जिंदा रख सकती थी। ड्राइवर और गनर पहले टैंक पर पहुँचे, इसके बाद ऑपरेटर और फिर मैं। गनर ने सीट पर बैठने से पहले ही आर.सी.एल. की अनुमानित दिशा में गन को सीधी लाइन

में करना शुरू कर दिया। ऑपरेटर ने, जिसे लोडर का काम भी करना होता था, एक HE राउंड चैंबर में भरा और जरूरत पड़ने पर दूसरे राउंड के साथ तैयार हो गया। इस सबके दौरान ड्राइवर ने टैंक को चालू किया और जैसे ही क्लच को दबाते हुए गियर एडजस्ट किया कि हमने एक राउंड फायर कर दिया। इस पूरी काररवाई में हमें कुछ सेकंड से ज्यादा नहीं लगे, किंतु मौत के भय ने इसे अविश्वसनीय रूप से लंबा बना दिया था। ऑपरेटर से 'लोड' शब्द सुनने का इंतजार करते हुए मैंने रेडियो सेट को ऑन किया और अपना हेडगियर दुरुस्त करने के साथ ही मेरी आँखें अपने सबसे महत्त्वपूर्ण टारगेट की खोज में लग गई थीं। मैं इस सबके लिए इतना उत्सुक था कि मैंने ऑपरेटर की 'राउंड लोडेड' इस घोषणा का इंतजार करना भी जरूरी नहीं समझा, क्योंकि मैं निरंतर अंदर बैठे क्रू की हरकत देख रहा था। 'फायर' की कमांड के साथ ही गनर ने ट्रिगर दबा दिया। उसी क्षण टैंक भी चल दिया था। टैंक ने तुरंत बाईं ओर टर्न लिया, ताकि वह दुश्मन टैंक के एक तरफ काफी दूरी पर रहे। धूल, धुएँ और टैंक की मूवमेंट के दौरान अपनी पोजीशन की हिफाजत करने के लिए गनर ने अपनी गन को फिर से आड़ा-तिरछा घुमाते हुए दूसरे राउंड को फायर करने के लिए तैयार किया। हम तेजी से अपनी उस फंदेवाली पोजीशन से दूर भाग रहे थे तो अब निश्चित था कि हमने सब बाधाओं को पार कर लिया था। हमें बाद में पता चला कि एंबुलेंस और एफ1 एक्लोन के अन्य वाहनों के आगमन ने दुश्मन का ध्यान उधर खींच लिया था। दुश्मन ने लगातार हारकर पीछे हटने के बावजूद आर.सी.एल. और एम.एम.जी. दस्ते के साथ हमारी आर.ए.पी. पर एक छोटे से हठी, लेकिन असफल हमले की प्लानिंग की थी—अपनी R.S.C. (Reconnaissance and Support Company) कंपनी के साथ।

स्क्वाड्रन कमांडर के टैंक की खोज समाप्त हो चुकी थी। मेरे सामने सूखे खून से सनी डांगरी में गनर एल.डी. धनेश्वर अपने क्रू के साथ हताश और मायूस खड़ा था। उन्होंने बताया कि स्क्वाड्रन कमांडर से मिलकर आपके और स्पीडी के जाने के बाद हमने टैंक की पोजीशन को दोबारा एडजस्ट किया। चीफी ने बाद में टैंक पर चढ़कर दो टैंक ट्रूप्स की गतिविधि के बारे में डिग्बी से रेडियो पर वार्त्तालाप किया। कुछ ही क्षणों के बाद हमने टैंक फायर की आवाजें सुनीं। शुरू में हमने सोचा कि यह अचानक फायर का मामला हो सकता है, किंतु तुरंत ही आवाजें आर्टिलरी और टैंक फायर में बदल गईं। चीफी ने अपने टैंक को भारी कुहरे के कारण बिल्कुल कम दिखाई पड़ने के बावजूद आगे बढ़ने का आदेश दिया। आगे बढ़ने पर चीफी

ने एक दुश्मन टैंक को देखा और फायर करने को कहा। पहले एक HE राउंड फायर किया गया, जो ड्रिल के अनुसार गन चैंबर में पहले से लोड था। दूसरा राउंड सीधा अपने टारगेट पर लगा, किंतु टैंक टरेट (turret) से टकराकर छिटक गया। तब उन्होंने हीट, हाई एक्सप्लोसिव राउंड फायर किया। जैसा कि दुश्मन के टैंक से निकलते धुएँ से संदेह की कोई गुंजाइश नहीं बची थी कि यह भी निशाने पर लगा था, खुशी और उत्साह के साथ चीफी ने "शाबाश, मारो, मारो" दोहराते हुए गनर को इंटरकॉम पर बधाई दी। उल्लास के उन पलों में उनसे रेडियो नेट स्विच दबा रह गया और यह प्रसारण रेडियो नेटवर्क पर उपस्थित सभी ने सुना था। गनर और लोडर के बीच अगला राउंड लोड किया गया, जबकि चीफी गन को ट्रैवर्स करने के आदेश के साथ दूरबीन से नए टारगेट की तलाश में जुट गए थे। "ट्रैवर्स लेफ्ट, रेफरेंस लास्ट किल 11 ओ'क्लॉक, टैंक।" गनर को उसकी गन साइट पर टारगेट मिल चुका था। टारगेट की हरकत को ट्रैक करते हुए गन बैरेल को एलिवेशन देकर अँगूठा इलेक्ट्रिक ट्रिगर पर टिकाते हुए गनर बोला, "ऑन टारगेट फायरिंग नाऊ!" और 'फायर' की कमांड का इंतजार करने लगा। तभी उसने अचानक अपने कंधों और पीठ पर भारी वजन महसूस किया। न चाहकर भी जैसे ही उसने अपने बाएँ हाथ को ऊपर उठाया, वह गरम खून के स्पर्श से घबरा गया। उसी पल वह ऑपरेटर पर चिल्लाया, पर कोई उत्तर नहीं मिला। धनेश्वर ने अनिच्छा से लोडर तक पहुँचने के लिए ट्रिगर से अपना दायाँ हाथ उठाया, जिसने जल्दी से अपनी गोद में रखे राउंड को एम्युनिशन बिन में रख दिया। ड्राइवर रेंगते हुए क्रू तक पहुँचा। धनेश्वर ने उसे वापस लौटने और कमांडर कपोला पर जाकर चीफी को ऊपर उठाने का आदेश दिया। इंजन कंपार्टमेंट और एम्युनिशन बे के बीच चीफी को रखने में तीनों को काफी मेहनत करनी पड़ी। जब इस टैंक के बाहर एक शूटिंग युद्ध चल रहा था, उस समय यह क्रू टैंक के अंदर दिल तोड़नेवाली लड़ाई में शामिल था। उन्होंने चीफी की नब्ज और दिल की धड़कन को महसूस करने का प्रयास किया; लेकिन अफसोस! एम.एम.जी. ब्रस्ट ने चीफी के ऊपरी हिस्से को बुरी तरह से छलनी कर दिया था, जिससे उनकी मौत हो चुकी थी। उनके अंतिम कमांड के शब्द अभी भी उनके कानों में गूँज रहे थे, "शाबाश, मारो, मारो!"

हमारी रेजीमेंट द्वारा तीन क्रू मेंबर्स के लिए डिजाइन किए गए टैंक में चार मेंबर्स को बैठाने के लिए की गई लोकल मोडिफिकेशन (जगह बनाने) के लिए बड़ी भारी कीमत चुकाई थी। आर्मर्ड रेजीमेंटों में पारंपरिक रूप से एक चालक,

गनर, लोडर/ऑपरेटर और एक कमांडर शामिल थे, जो टैंक के भीतर ही समा जाते थे। 45 कैवेलरी ने अपनी इच्छा से गनर की सीट को रेजीमेंटल कारपेंटर की सहायता से उसमें सुधार किया, जिससे टैंक कमांडर को टैंक के अंदर अपनी सीट खोनी पड़ी और अब उसे ठीक उसके ऊपर खड़ा होना था, जिससे उसके शरीर का ऊपरी हिस्सा दुश्मन के छोटे आर्म फायर के लिए एक अच्छा टारगेट था। अतिरिक्त क्रू मेंबर के शामिल होने के कारण मोडिफाइड सीट का नुकसान यह था कि गोलाबारी, हवाई हमले या फ्लोटेशन के दौरान कमांडर के कपोला को बंद नहीं कर सकते थे; क्योंकि टैंक के अंदर सभी चार क्रू मेंबर्स के लिए पर्याप्त जगह नहीं थी। इस पीटी-76 रेजीमेंट के सभी टैंक कमांडरों ने दुश्मन के छोटे हथियार की मार के सामने सीधे खड़े होकर युद्ध लड़ा था, जिसमें उनका धड़ और सिर सीधे टारगेट बनते थे, जबकि बाकी क्रू टैंक की मोटी प्लेट के अंदर लगभग सुरक्षित रहता था।

एल.डी. धनेश्वर को फर्स्ट-एड के लिए टैंक लेकर आर.ए.पी. में रिपोर्ट करने के आदेश मिले थे, जो उसने क्रू के साथ साझा किए। रेजीमेंटल एड पोस्ट (R.A.P.) की लोकेशन ज्ञात नहीं होने और युद्ध की तीव्रता को भाँपते हुए उन्होंने वापस लौटने से मना कर दिया और दुश्मन को टक्कर देना जारी रखा। यह उनकी ओर से अपने दिवंगत स्क्वाड्रन कमांडर को दी गई अतुलनीय श्रद्धांजलि थी। आखिरकार, उन क्रू मेंबर्स को चीफी ने उनकी निष्ठा, दृढ़ता और साहस जैसे गुणों के लिए चुना था, जिन्हें उन्होंने स्वयं पूरे जीवन भर खुद निभाया था। निष्क्रियता का दूसरा कारण था कि उनके शवों को टरेट कंपार्टमेंट से निकालने के लिए ज्यादा लोग चाहिए थे। मैं क्रू द्वारा दिए गए स्पष्टीकरण को समझने के लिए चीफी के टैंक पर चढ़ गया और साथ ही शव को बाहर निकालने के लिए आवश्यक प्रयास का भी निरीक्षण किया। गन कंट्रोल और कमांडर के कपोला के अंदर खून फैला पड़ा था। सूखे खून के छोटे धब्बे हेडगियर और रेडियो सेट पर दिखाई दे रहे थे। गनर और लोडर की घूमनेवाली सीटों के बीच बॉडी सीधे गन चैंबर के नीचे पड़ी थी। मरने के बाद अकड़ा हुआ शरीर टैंक फ्लोर पर था और वहाँ खून-ही-खून पड़ा था। यह एक भयावह दृश्य था। क्रू अपने कमांडर के खून से सने शव के टैंक में अंदर गिरने के दुःस्वप्न में खोया था, जबकि बाहर एक भयानक, उग्र और डरावना टैंक युद्ध अपने चरम पर था। शव को ऊपर खींचने के लिए रस्सी और पुली के साथ अतिरिक्त क्रू मेंबर्स की जरूरत पड़नी थी। रोवर क्रू, जो टैंक के नाइट हार्बर के बगल वाली लोकेशन में पड़ा था, उसको सहायता के लिए बोला गया। जब क्रू मेंबर्स कार्य-व्यस्त हो गए, मैंने

पास में एक खुले जमीनी भाग पर तिरपाल और कंबल बिछाने के लिए कहा, ताकि शव को दाह-संस्कार के लिए रेजीमेंटल हेडक्वार्टर भेजा जा सके।

शाम होने से पहले टैंकों को दोबारा इकट्ठा करना और हथियारों का तुरंत निरीक्षण करना अनिवार्य था। हमेशा से ही विचारशील और कुशल इंदर एम्युनिशन भेजने के लिए मैप रेफरेंस प्राप्त करने के लिए रेडियो लाइन पर था। भरी हुई गाड़ियाँ एडम एरिया से रवाना हो चुकी थीं और हथियारों को सीधे टैंक पर लोड करनेवाली गाड़ियों को लीड करने के लिए गाइड तैयार थे। एक टैंक के अंदर एम्युनिशन बिन में सही तरीके से प्रत्येक राउंड को रखना बहुत थकाऊ काम होता है, ताकि युद्ध की सभी परिस्थितियों में एम्युनिशन को आसानी से पहचाना जा सके। इसमें टैंक के साथ एम्युनिशन से भरी गाड़ियों की पार्किंग, टैंक डेक पर क्रेट्स को चढ़ाना, निर्दिष्ट डिब्बे में सही से ढुलाई व लदान करना और फायर किए गए शेल की वापसी—ये सब शामिल था। PT-76 को विभिन्न प्रकार के एम्युनिशन HE, HEAT, AP (T) की आवश्यकता थी। इसके अलावा, को-एक्सियली माउंटेड विवरण और टरेट पर चढ़ाई गई ack ack गन थी। जवानों के अपने हथियारों में पिस्टल, कार्बाइन, पाइरोटेक्निक्स, ग्रेनेड्स शामिल थे। इंदर ने हर एम्युनिशन गाड़ी में स्पेयर क्रू मेंबर्स भेजने की कोशिश की थी, ताकि टैंक क्रू कुछ आराम कर सकें। रेजीमेंटल हेडक्वार्टर स्टाफ विशेषकर Chaks, टेक्निकल ऑफिसर, रेडियो पर स्पेयर पाट्‌र्स की डिमांड की पुष्टि कर रहा था; जबकि इंदर और डिग्बी नष्ट हुए दुश्मन के टैंकों की संख्या, दुश्मन यूनिटों और युद्धबंदियों का विवरण चाहते थे। इन सभी प्रश्नों का तुरंत जवाब देना अनिवार्य था, क्योंकि यह उनके द्वारा उच्च मुख्यालय को रोज के हालात की सूचना-तालिका में भेजना होता था।

मौजूदा SOPs के अनुसार, युद्ध जोन की सभी यूनिटों को हर सुबह और शाम को एक निश्चित समय पर अपने उच्च मुख्यालय को रोज के हालात की सूचना देना अनिवार्य था। रेजीमेंटल हेडक्वार्टर को अपनी पहली सूची में मैंने दुश्मन की 3 (I) आर्मर्ड स्क्वाड्रन के पूर्ण विनाश की सूचना दी थी। दुश्मन की दो इन्फैंट्री बटालियन के साथ उसकी रैकी एंड सपोर्ट बटालियन के आर.सी.एल. और एच.एम.जी. टुकड़ियों को नष्ट कर दिया गया था। दुश्मन के छह टैंक आग के हवाले किए जा चुके थे, जिनमें लगी आग का धुआँ मीलों तक दिखाई देता था। अन्य टैंकों में से चार खुले में ध्वस्त हालत में पड़े थे। कोई भी गतिविधि करने में असमर्थ तीन टैंक सिंगल फाइल में पड़े थे, जिनकी गनें झुककर मानो अपने निराश व हतोत्साहित सैनिकों की ओर

से 45 कैवेलरी के गनरी कौशल को सलाम कर रही हों! दुश्मन ने अपने कमांडर ब्रिगेडियर मोहम्मद हयात के नेतृत्व में टैंक और आर्टिलरी, रैकी एंड सपोर्ट बटालियन की टुकड़ियों के साथ एक सुनियोजित हमला किया था। सन् 1971 के युद्ध के दौरान पूर्वी पाकिस्तान में पाकिस्तानी सेना द्वारा नियोजित यह सबसे बड़ा हमला था। बड़ी संख्या में मृतक और घायल युद्ध के मैदान में इधर-उधर पड़े थे। अँधेरा घिरने के साथ छिटपुट गोलाबारी और फायरिंग रात भर जारी रही, क्योंकि दुश्मन मृतकों को वहीं छोड़कर सिर्फ घायलों को निकालने का प्रयास कर रहा था।

डिग्बी ने मुझे बताया कि कबोदक नदी के पार क्रुप्पमान पुल का काम पूरा हो चुका था और उनकी कमांड के अधीन टी-55 टैंकों की एक सैन्य टुकड़ी को इसे पार करने की मंजूरी मिल गई थी। 63 कैवेलरी के टूप लीडर लेफ्टिनेंट दुबे ने अपने आने की रिपोर्ट देते हुए बताया कि आगे युद्ध करने के लिए एक और टूप स्क्वाड्रन 2IC, मेजर केवलरमानी के नेतृत्व में चल चुका है और कुछ समय में पहुँचता ही होगा। यह टूप 'C' स्क्वाड्रन के अधीन रहेगा। एक साहसी और उत्साही उच्च कमान ने उसी रात को वीरान जेस्सोर किले में प्रवेश करने के लिए पुनर्गठित 'C' स्क्वाड्रन को तैयार किया, ताकि युद्ध की घोषणा होने से पहले ही युद्ध का अंत कर दिया जाए। यह एक आदर्श अभियान के लिए सही प्लानिंग थी, जो कभी किसी कमांड/AHQ, बल्कि कोर और डिवीजन स्तर पर भी नहीं देखी गई थी। यह छूट गए अवसर के लिए एक अच्छा उदाहरण था। आर्मर्ड कमांडरों को जरूरत थी लॉन्गफेलो की इस कविता को याद करने की—'be bold, be bold, always be bold, better the more than the less.' इसके बजाय हम नए आए T-55 टैंकों को युद्धक्षेत्र में फैले M-24 शैफी टैंकों के मलबे पर उनकी गनों को खाली करने के लिए जमा करें। डिग्बी जाहिर तौर पर स्क्वाड्रन के प्रदर्शन से खुश थे और वे चाहते थे कि इन नष्ट हुए टैंकों पर कुछ और गोले दागे जाएँ।

जब तक मैंने रीजनल हेडक्वार्टर की लंबी पूछताछ के जवाब देना समाप्त किया, तब तक चीफी के शव को टैंक से हटाकर चयनित स्थान में कंबल पर रखा गया था। चीफी अब अपनी खून से सनी डांगरी में लिपटे, हेडगियर और अपनी टैंक डस्ट गॉगल्स के साथ अचल पड़े थे। उनके दोनों हाथ सामने की ओर खिंचे हुए, उनकी मुट्ठी आधी बंद, जैसे वह अभी भी मोडिफाइड गनर की सीट पर खड़े होकर टैंक के कमांडर कपोला को पकड़े हुए हैं और टैंक युद्ध को देख रहे हैं। उनके चेहरे का एक हिस्सा खून से सना हुआ था, जो अब सूखकर पतली परत बन

चुका था। उनके पेट में एक तरफ एक बड़ा छेद बना हुआ था, जहाँ दुश्मन की पॉइंट 50 एम.एम.जी. गोलियाँ लगी थीं। उनके चेहरे पर कष्ट या पीड़ा का कोई निशान नहीं था और उनका चेहरा देखकर यह लगता था कि ये अभी उठ खड़े होंगे। स्पष्ट रूप से मृत्यु तत्काल हो गई थी। अपने पुराने दोस्त और साथी को इस तरह पड़ा देखकर मेरी आँखों में आँसू छलक आए। मैंने खुद पर नियंत्रण किया और मुझे अनायास यह अहसास हुआ कि यह आँसुओं की सही जगह नहीं थी। इसके बजाय मैंने आसपास के टैंक क्रू को इकट्ठा करने का आदेश दिया, ताकि हम अपने प्यारे स्क्वाड्रन कमांडर को पूरी तरह से सैन्य विदाई दे सकें। सीनियर जे.सी.ओ. रघुबीर चंद्र 'एफ' एक्लोन के व्हिकल्स के साथ आए और युद्धक्षेत्र से शव की अंतिम यात्रा में शामिल हुए—"साब एक बहुत ही साहसी ट्रूप लीडर थे। जवान उनसे बहुत प्यार करते थे।" चक्रवर्ती, जिन्होंने अपने टैंक को फिर से तैयार करने के बाद अपना रास्ता पकड़ लिया था, ने कहा, "हम हमेशा उनकी बुद्धि और हास्य-विनोद के लिए उन्हें याद करेंगे।" आर.पी. सिंह ने बीच में कहा, "वे हमारे लिए एक दोस्त की तरह थे, अब 'तूतक तूतक तूतियाँ' कौन गाएगा हमारे साथ ?" (पंजाब का एक लोकगीत)। एन.सी.ओ. में से एक, जिसने पैरेंट रेजीमेंट डेक्कन हॉर्स में उनके साथ काम किया था, उसने एक फुटबॉलर के रूप में उनके कारनामों का उल्लेख किया। इन विचारों की जकड़न और भावनाओं के बढ़ते ज्वार से बचने के लिए मैंने शब्दों का सहारा लिया—"वह एक सैनिक की तरह रहते थे और एक सैनिक की तरह ही शहीद हुए हैं। उनकी वीरता और बलिदान आनेवाली पीढ़ियों को सदैव प्रेरित करता रहेगा। चीफी ने सर्वोच्च बलिदान दिया है। हमारे बहादुर और साहसी साथी ने अपनी स्क्वाड्रन, रेजीमेंट, सेना या यह कहें कि राष्ट्र के लिए अपना परम कर्तव्य निभाया है। वे एक सैनिक की मौत मरे हैं। याद रखिए, वे अकसर कहा करते थे, 'good man the lantern.' वह गुड मैन हमेशा के लिए हमें छोड़कर चला गया है। किंतु आनेवाले वर्षों तक वे हमारे साथ एक मार्गदर्शक रोशनी (लालटेन) की तरह रहेंगे।" बोलने से उन आँसुओं को रोकने में मदद नहीं मिली, जो मेरी आँखों में उमड़ आए थे। उसके बाद हमने अपनी पिस्तौलें भरीं और अपने शहीद नायक की सलामी के रूप में 21 राउंड फायर किए। तभी दुश्मन के फायर के जोरदार धमाके हुए। ऐसा लगा, जैसे वे भी इस बहादुर सैनिक को श्रद्धांजलि देने में पीछे नहीं थे। मैंने चीफी के मृत शरीर को उठाने में मदद की और उसे एम्युनिशन गाड़ी में रखा। क्रू ने बड़ी समझदारी के साथ उनका काले रेशम का स्कार्फ, कलाई घड़ी, काला चश्मा और

चमड़े के दस्ताने, जो उनको बहुत पसंद थे, उनके कंधे के पास रख दिए। मैंने उनके दस्ताने उठाए और उन्हें स्मृति-चिह्न के रूप में उनके हताश खड़े टैंक क्रू को सौंप दिया। अन्य टैंक क्रू वाहन के आगे लाइन में खड़े थे। जैसे ही वाहन आगे बड़ा, धूल भरे ट्रैक के दोनों ओर इंतजार कर रहे जवानों ने सैन्य सलामी में अपने हाथ ऊपर उठाए। यह थी चीफी को उनकी सम्मानित अंतिम विदाई! 'Dust unto dust, under dust to lie, sans wine, sans singer, sans end.' जब मैं वाहन को गति पकड़ते देख रहा था, क्रू मेंबर्स अपनी-अपनी दिशा में जा रहे थे और वाहन धूल के एक छोटे से बादल को ऊपर उठाता हुआ अस्त हो रहे सूर्य के साथ घुल-मिल गया था। जैसे ही मैं अपने टैंक में वापस जाने के लिए मुड़ा, मुझे लगा कि आँसू भीतर से उमड़ रहे थे और बाहर निकलने के लिए आकुल थे। मेरे आत्म-संयम का बाँध अंत में टूट गया और आँसू मेरे गालों पर लुढ़कते हुए नीचे धरती में गुम हो गए।

बटालियन कमांडर अपनी बटालियन के मोर्चे में पड़े नष्ट किए हुए दुश्मन टैंकों को देखकर बेहद खुशी और गर्व महसूस कर रहे थे। हुआ क्या था कि रात के दौरान बटालियन ने दो गश्ती दल भेजे थे, जो पूरी तरह से खाली हाथ, बिना किसी बहुमूल्य जानकारी के, वापस आ गए थे। एरिया में टैंकों की उपस्थिति के बारे में हमारी रिपोर्ट के आधार पर ब्रिगेड मुख्यालय ने 14 पंजाब को इस रिपोर्ट की पुख्ता जाँच करने के लिए एक ऑफिसर के नेतृत्व में दूसरे गश्ती दल को रवाना करने का निर्देश दिया था। कैप्टन जी.एस. गिल, कमांडो प्लाटून कमांडर और 6 फील्ड रेजीमेंट के FOO कैप्टन आर.पी. चतुर्वेदी को लगभग 3 बजे इस एरिया में गश्त करने का कार्य सौंपा गया था। सुबह के धुँधले प्रकाश में गश्ती दल ने जो देखा, उससे उनका कलेजा मुँह को आ गया। उन्होंने दुश्मन इन्फैंट्री के जमावड़े को टैंकों के साथ सब-यूनिट्स में आक्रमण करने को तैयार देखा। इसके तुरंत बाद गश्ती दल के लीडर ने इस महत्त्वपूर्ण जानकारी को एडजुटेंट को बताया। पता लगने के बाद उन पर गोलीबारी की गई, जिससे कुछ सैनिक गोलियों की बौछार की चपेट में आ गए थे। 'बी' कंपनी की एक टुकड़ी ने गरीबपुर के उत्तर-पश्चिम में एक सुरक्षित पोजीशन ले रखी थी, जिसके पीछे बटालियन की मुख्य उपस्थिति थी। घने कोहरे और भारी आर्टिलरी फायर की आड़ में दुश्मन बिना किसी की नजर में आए आगे बढ़ रहा था। दृश्यता (visibility) 50 गज से अधिक नहीं थी। जल्द ही दुश्मन 'बी' कंपनी की टुकड़ी के पास था, जिसके पास रेगुलर डिफेंस की तैयारी का कोई समय नहीं था। परिणामस्वरूप दुश्मन को देखते ही वे मुख्य लोकेशन

की तरफ अफरा-तफरी में भागे। हमारी 'बी' कंपनी की लोकेशन की जानकारी दुश्मन को पीछा करने के लिए प्रोत्साहित कर रही थी। अनजाने में दुश्मन ट्रैप में फँस गया और 'बी' कंपनी की मुख्य लोकेशन की सीधी गोलाबारी ने उन्हें हताहत कर दिया। उनके हमले की तीव्रता को कम नहीं किया जा सका, जिसका परिणाम था—मुठभेड़। दोनों पक्षों को भारी जान-माल का नुकसान हुआ। हमारी सेना ने आखिरकार सभी प्रतिरोधों पर काबू पा लिया। जब यह लड़ाई चल रही थी, आधी स्क्वाड्रन के टैंक अगुवाई करते हुए सामने आए। आगे बढ़त करने का यह प्रयास भी असफल रहा और जल्द ही उसे निष्क्रिय कर दिया गया। टैंकों की दूसरी लहर जगन्नाथपुर के उत्तर में 'सी' और 'डी' कंपनियों के कब्जे वाली पोजीशन से आगे निकलने के लिए इकट्ठा हुई। टैंकों ने हमला शुरू कर दिया था; किंतु वे हमारे दो ट्रूप्स के फायर की चपेट में आ गए, जबकि इन्फैंट्री को हमले शुरू करने के लिए सिग्नल का इंतजार था। हमारी स्क्वाड्रन के एक ट्रूप (चक्रवर्ती का ट्रूप) ने उनकी पंक्ति तोड़ने के फैसले की जल्दबाजी करा दी और हड़बड़ी में भागने की वजह से वे हमारी मशीनगन एवं टैंक रोधी (HE) बम के धारा-प्रवाह विस्फोटों का आसान निशाना बन गए। हमारी इस कारवाई से दुश्मन के हमले की रीढ़ टूट गई थी और उनका आत्मविश्वास व आस्था दोनों ही पूरी तरह से चूर-चूर हो गए।

युद्ध के बाद 14 पंजाब की विजयी मोर्टार प्लाटून, पीछे का एरिया जहाँ टैंक युद्ध लड़ा गया था, उसकी ज्वलंत झलक देते हुए सुदूर चौगछा से जेस्सोर जानेवाली सड़क दिखाई दे रही है

बटालियन कमांडर बिल्कुल निश्चिंत थे कि अब किसी बड़े हमले का अंदेशा नहीं था, हो सकता था कि टैंक खोजी छोटे दल सुबह के समय तक छिटपुट हमला करें। बटालियन कमांडर कर्नल आर.के. सिंह और मैं इस बात से सहमत थे कि सबसे ज्यादा खतरा पूर्वी हिस्से पर है। उसी तरह से मैं खतरे को भाँपते हुए इस एरिया में T-55 टैंक ट्रूप के आने पर तैनाती करने के लिए सहमत हुआ, जबकि वह अपनी 'सी' और 'डी' कंपनियों को उस जगह पर संयोजित करेंगे। आगे के समायोजन व निर्देशन की जिम्मेदारी 'डी' कंपनी के पास थी, जिसके स्थान पर T-55 ट्रूप को तैनात करना था। T-55 ट्रूप को तैनात करने का कारण यह था कि वे रात को गोलाबारी के लिए प्रभावी इन्फ्रा-रेड डिवाइस (I.R.D.) से लैस थे, जबकि इसके उलट पी.टी.-76 में केवल ड्राइविंग के लिए (I.R.D.) थी। रात के दौरान हमारा मुख्य काम मोर्चा लिये हुए एरिया को सुरक्षा प्रदान करना था। इन्फैंट्री प्रारंभिक चेतावनी देने और स्थानिक सुरक्षा प्रदान करने के अलावा एरिया के घेरे में आक्रामक गश्त करेगी। आर.के. सिंह को डिवीजन से ऑर्डर मिले थे आगे न बढ़ने के, अन्यथा उसी दिन हम जेस्सोर की स्ट्राइकिंग रेंज में पहुँच जाते। टैंकों की तैनाती के कोऑर्डिनेशन के बाद मैं अपने स्क्वाड्रन मुख्यालय में लौट आया। ट्रूप लीडरों को उन पोजीशंस के बारे में सूचित कर दिया गया था, जहाँ पर मुझसे कोड वर्ड 'पिप्पा' लेने के बाद उनको जाना था और अपनी लोकेशन की इन्फैंट्री कंपनियों के साथ मिलकर काम करने की जरूरत थी।

सूर्यास्त के आधे घंटे बाद हार्बर में जाने के लिए कोडवर्ड 'पिप्पा' जारी किया गया। जब टैंक रवाना हो रहे थे, तब मेरे पास सोच-विचार का समय था। युद्ध में लहू बहाने और शानदार जीत हासिल करने के लिए टैंक क्रू में बदलाव का विचार मेरे मन में सर्वोपरि था। कुछ साथियों ने अपने प्राणों की आहुति दे दी थी और दूसरों को चोटों के कारण अस्पतालों में भेज दिया गया था। गन फायर की गड़गड़ाहट, गोलाबारी और दूसरे दिन लड़ने के लिए जीवित रहने की खुशी को कैसे बयान किया जाए! फाइटिंग फोर्टी-फाइव (F.F.F.) के OIC वर्ग द्वारा हासिल यह जीत निरंतर गर्व की अनुभूति करती रहेगी।

पुरानी रेजीमेंटों के विपरीत, जहाँ जवानों का स्क्वाड्रन के अंदर समूहन किया गया था, एकल शुद्ध संवर्ग रचना के आधार पर 'सी' स्क्वाड्रन की पहचान अलग थी। 45 कैवेलरी को दो S.I.C. स्क्वाड्रन और एक O.I.C. स्क्वाड्रन की एक वर्ग रचना के साथ स्थापित किया गया था। OIC (Other Indian Classes) का अर्थ

था 'अन्य भारतीय वर्ग'। शब्दों में इसका ठीक अनुवाद यह है कि 'सी' स्क्वाड्रन सभी भारतीय वर्गों और समुदायों से (जवान लेकर) बनी थी, जिसका ऐतिहासिक रूप से देश की सशस्त्र सेनाओं में कोई निरूपण नहीं था। बहुत से जवान सात पूर्वोत्तर राज्यों, जम्मू व कश्मीर, प. बंगाल, उड़ीसा के दूर-दराज के क्षेत्रों से आए थे; जबकि अन्य भारत के अनुसूचित जाति एवं जनजाति या भारत के भीतर घोषित सांप्रदायिक या भाषायी समूहों से संबंधित थे। यह कई मायनों में भारत के उभरते हुए चेहरे का एक विशेष अंश मात्र था। सैनिक भरती प्रक्रियाओं में खामियों के कारण सामान्य वर्गों के एक छोटे प्रतिशत ने झूठे नामों से भी O.I.C. कोटे के तहत भरती की गई हो सकती है। स्वतंत्रता के बाद स्थापित की गई यह पहली O.I.C. स्क्वाड्रन थी, जो भारत की डिफेंस फोर्सस में सभी नई यूनिटों के लिए 'ऑल इंडिया ऑल क्लास' की रचना प्रणेता थी। इस OIC स्क्वाड्रन में उपनिवेशी रीति-रिवाज, परंपरा, इतिहास और विदेशियों के झंडे तले सेवा में अर्जित किए गए युद्ध सम्मान नहीं थे। यह उप-इकाई (sub-unit) एक समाकलित युद्धक मशीन के रूप में अपने उच्च स्तर के प्रशिक्षण, सामंजस्य और दक्षता पर गर्व कर सकती थी। इसने युद्ध के लिए मजबूत बनानेवाले अभ्यासों या पौराणिक शूरता को मार्शल वर्गों के संरक्षण के दायरे की आड़ में नहीं रखा था। हर एक व्यक्ति अपनी बोली, रहन-सहन, आदतों, भाषा एवं शारीरिक विशेषताओं में दूसरे से इतना अलग था और हो भी सकता था। यह (अन्य भारतीय वर्ग) O.I.C. स्क्वाड्रन एक जीता-जागता उदाहरण थी कि गैर-प्रतिनिधित्व वाले वर्गों की सेवा और देशभक्ति को जब समावेशन के संगठित रूप में जोड़कर काम में लिया जाता है तो यह भारत के लिए विविधता में एकता की अवधारणा को सुदृढ़ बना सकता है। सेना की ऑलिव ग्रीन (जैतूनी हरा रंग) वरदी नागरिकों के लिए 'इंडिया फर्स्ट' (भारत प्रथम) का प्रतीक है। सैन्य अनुशासन और यूनिट के आदर्श वाक्य 'वीर भोग्या वसुंधरा' के साथ यह रेजीमेंटल झंडे के हलके लाल व धूसर भूरे रंगों में (dull cherry and beige drab) उभरते भारत की डिफेंस फोर्सेस के लिए एक नए आदर्श के रूप में काम करेगी।

शांतिकाल में प्रशिक्षण के दौरान बहाए गए पसीने और कठिन परिश्रम की बदौलत ही आज का दिन भारत के इतिहास के पन्नों में गौरव की वीरगाथा के रूप में लिखा जाएगा। टैंकों से उतरते क्रू को देखते हुए मैंने महसूस किया कि उनके शरीर का पुरजा-पुरजा ढीला हो चुका था। वे थके हुए थे। कोई और व्यक्ति मदद नहीं कर सकता था; किंतु उनके चेहरे पर गर्व और सर्वोच्च आत्मविश्वास को ध्यान

से देख सकता था। वे शांत रहकर, बिना हड़बड़ाहट के जिस पेशेवर तरीके से अपने पिप्पा टैंकों का रख-रखाव, मामूली मरम्मत और खुद को दोबारा तैयार कर रहे थे, वह किसी भी श्रेष्ठ व गौरवशाली यूनिट के लिए ईर्ष्या का विषय बन सकता था। आज उन लोगों के द्वारा न केवल भारत के बदलते चेहरे का, बल्कि अग्रणी और एकीकरण के सजीव उदाहरणों का प्रदर्शन किया गया था। एक अन्य स्तर पर उन्होंने 'विविधता में एकता' के 'प्रकृति का नियम', प्रतिनिधित्व किया। ये मेरे व्यक्तिगत विचार थे और हमारे लंबे जुड़ाव के कारण वे इस बात को जानते थे। शायद विधाता ने हमें ये बातें कहने का अवसर प्रदान किया था।

जब हम कबोदक नदी को पार कर रहे थे, उस समय मीडियम आर्टिलरी की निरीक्षण चौकी के अफसर (OP) टैंक कॉलम के साथ नहीं थे। हालाँकि उनका सहायक आ चुका था और उसने अपना रेडियो उपकरण एक टैंक पर चढ़ा दिया था। ऑफिसर, कैप्टन सैगल ने रात के दौरान रेडियो नेट पर रिपोर्ट दी कि वह आ चुके हैं। जिस दिन मैं कांचरापाड़ा में आया था, उस दिन हमारी मुलाकात एक मीटिंग के दौरान हुई थी। FOO के रूप में उन्होंने लड़ाई के दौरान मेरे टैंक के डेक पर सवारी की थी। वह वस्तुत: एक क्रू मेंबर बन चुके थे और महत्त्वपूर्ण क्षणों में वह काफी सहायक साबित हुए थे। अब उन्हें हतोत्साहित और खामोश देखकर मुझे लगा, जैसे उन्हें कुछ परेशान कर रहा हो। पूछताछ करने पर मैंने पाया कि टैंक बनाम टैंक की इस लड़ाई के उन महत्त्वपूर्ण क्षणों के दौरान दुश्मन के टैंकों पर मीडियम गन से डायरेक्ट फायर डालने की उनकी असमर्थता के लिए उन्हें कमांडिंग ऑफिसर से 'बम्बू' मिला था, जिससे वह बुरी तरह घबरा गए थे और उनका मनोबल अब गिर चुका था। मुझे उनके द्वारा गन के सिरे को सीधी गोलाबारी करने के लिए किए गए हताश प्रयासों के बारे में पता था; किंतु उनका रेडियो बंद हो चुका था। उन्होंने रेडियो फ्रीक्वेंसी को स्विच करते हुए टैंक ANPRC-25 का उपयोग करके बार-बार प्रयास किए थे। जब तक वह गन पोजीशन पर पहुँचे, तब तक गोलाबारी तेज हो चुकी थी। मैंने यह कहकर उन्हें खुश करने की कोशिश की कि मैं उनकी कठिनाइयों का गवाह था और आनेवाले दिनों में उन्हें अपनी क्षमताओं को दिखाने के कई अवसर मिलेंगे। पीछे बैठे किसी भी शख्स के लिए किसी की क्षमता को आँकना बहुत मुश्किल होता है, जब तक कि वह स्वयं गोलाबारी के बीच न हो, जबकि इन्फैंट्री और आर्मर ओट में होते हैं। एक OP अफसर को दुश्मन के डायरेक्ट आर्टी, आर्मर्ड और टैंक गोलाबारी के सामने खुले स्थान पर रहना

होता है और सबसे बड़ी बात, हाथ में रेडियो सेट और निजी हथियार के साथ वह पलटकर फायर भी नहीं कर सकता। सैगल ने भीषण गोलाबारी के दौरान खुले में बैठकर अपनी गन पोजीशन के साथ रेडियो संपर्क स्थापित करने की पूरी कोशिश की; किंतु सब बेकार गया। जहाँ तक मेरा सवाल था, उनकी ईमानदारी संदेह से परे थी। जैसे ही सभी टैंक कमांडर मेरी ब्रीफिंग के लिए पहुँचने लगे, वह अपने नकारात्मक विचारों और अपने वर्तमान अवसाद से बाहर निकल आया था।

स्क्वाड्रन मुख्यालय के रास्ते में एकाएक मुझे कुछ मिनटों के लिए एकांत में बैठने की इच्छा हुई। टैंकों के इंजन की आवाज, खड़खड़ाहट और शोरगुल से दूर, खजूर के पेड़ के साथ कमर टिकाकर बैठे हुए हाथ में सिगरेट के साथ मेरा मन पिछले कुछ घंटों में हुई मौतों, रक्तपात और विनाश के मंजर में डूबा हुआ था। कुछ दूरी पर मैं टैंक के क्रू को नीचे उतरते हुए देख सकता था, जो जल्द ही अगली मुठभेड़ की तैयारी के लिए आवश्यक रख-रखाव, मरम्मत और गन की सफाई में लगा हुआ था। 'ओ' ग्रुप का हिस्सा होने के नाते ट्रूप लीडर जल्द ही आदेश लेने के लिए इकट्ठा हो रहे थे। स्क्वाड्रन कमांडर होने की जिम्मेदारी अब मेरे ऊपर थी। लड़ाई के दौरान कार्यभार का ग्रहण मुझ पर स्वाभाविक रूप से और निश्चितता से आया था। अब अतिरिक्त जिम्मेदारी का सत्य सामने आने लगा था। मैं अभी तक एक स्थायी लेफ्टिनेंट था, केवल कार्यकारी रैंक कैप्टन का था। डिग्बी जल्द ही रेजीमेंट में उपलब्ध दर्जन भर अफसरों में से एक सीनियर अफसर की नियुक्ति करेगा, इस बात से चिंतन गायब हो गया। लेकिन जब तक ऐसा नहीं होता है, मैं बैठ कैसे सकता था, जबकि मेरा मुख्य कर्तव्य ट्रूप्स के साथ था! किसी को अभी भी कमांड जारी रखनी थी, लीडरशिप आवश्यक थी और यह सुनिश्चित करना था कि स्क्वाड्रन अगली मुठभेड़ होने से पहले ही तैयार थी। अभी भी आधी सिगरेट बाकी थी, लेकिन अनिच्छा से मैं उठ खड़ा हुआ और एक लंबे कश के बाद बूट के नीचे सिगरेट को मसल दिया।

SOPs की हार्बर ड्रिल ने उन प्रक्रियाओं को निर्दिष्ट किया था, जिन्हें टैंक कमांडरों को पूरा करना था और ब्रीफिंग के लिए स्क्वाड्रन कमांडर के टैंक के पास इकट्ठा होना था। वे अब टोली बनाकर चले आ रहे थे। जैसे ही वे आ पहुँचे, गर्मजोशी और बड़ी शाबाशी से उनका स्वागत किया गया। प्रत्येक के पास बताने के लिए एक कहानी थी। आर.पी. सिंह पहले थे, अधिक सहज और अर्थपूर्ण।

"मैंने बताया था, वे हेडलाइट्स टैंक थे।"

"हाँ, यह हमारी पहली जानकारी थी। वेल डन।"

"वे हमारे लिए चार्ज कर रहे थे। बेवकूफ, हमारे लिए भाग्यशाली।"

"मेरे ट्रूप ने दो टैंकों को ध्वस्त किया।"

"वेल डन। आपने उन्हें कितनी रेंज पर स्पॉट किया?"

"पहला टैंक 400 मीटर। दूसरा बहुत करीब था।"

चक्रवर्ती ने बताया कि कुछ टैंकों को साथ-साथ में दो या अधिक टैंकों द्वारा निशाना बनाया गया था।

"हाँ, यह सच है। महत्त्वपूर्ण जो है, वह यह कि हमने दुष्टों को आड़े हाथों लिया।"

चक्रवर्ती : "हमने आपके आदेश के बाद 80 मीटर पर एक टैंक को नष्ट कर दिया।"

"हाँ, यह वास्तव में बहुत भाग्यशाली था। भगवान् की कृपा समझें।"

"उसे नष्ट करने के बाद हमने इन्फैंट्री को 'डी' कंपनी लोकेशन पर हमले के लिए तैयार अपने (FUP) में देखा।"

दुबे, जो ग्रुप में अभी शामिल हुआ था, बीच में बोला, "हड़बड़ी में इधर-उधर दौड़े होंगे!"

"उन्हें HE, MG और ack-ack मशीनगन के साथ धराशायी कर दिया।"

"बेचारे मूर्ख, पूरी रात अपने मृतकों की गिनती करते रहेंगे।"

पांडेय से सवाल किया गया कि क्या तुमने उसी समय दुश्मन टैंक के ड्राइवर को पकड़ा था?

"हाँ, हमने उसे आग लगने पर टैंक से कूदते देखा था। बेचारे ने हमारे टैंक की ओर रेंगते हुए लाचारी में समर्पण कर दिया।"

"जब तुमने उसे चाय और बिस्कुट पेश किए तो वह रोने लगा।"

"हाँ। उसके खराब प्रशिक्षण ने संभवत: मेरे क्रू की जान बचाई।"

"वह अपने अफसरों को व्यभिचारी और शराबी कह रहा था। उनमें से एक ने टैंक के अंदर ही एक महिला से जबरदस्ती की और फिर उसे गोली मार दी थी।"

मैंने स्क्वाड्रन के उत्कृष्ट प्रदर्शन के लिए उपस्थित सभी लोगों की सराहना की। मेरी जानकारी के मुताबिक, पहले कभी एक स्क्वाड्रन ने टैंक बनाम टैंक युद्ध में दुश्मन की एक स्क्वाड्रन को पूरी तरह से नष्ट नहीं किया था। इससे भी महत्त्वपूर्ण बात यह थी कि अन्य भारतीय वर्ग (O.I.C.) स्क्वाड्रन ने देश के गौरवशाली इतिहास में अपनी जगह बनाई थी और सदियों से चले आ रहे शूरवीर

वर्गों के बारे में बने मिथक को झुठला दिया था। 45 कैवेलरी ने पूर्वी पाकिस्तान में किए गए भारत के आक्रमण का नेतृत्व किया, 3 स्वतंत्र आर्मर्ड स्क्वाड्रन और 2 इन्फैंट्री बटालियनों को नष्ट कर दिया, जिसने पाकिस्तान की नाक काट दी और विश्व में बँगलादेश के जन्म का स्पष्ट संदेश दिया।

हमारे बहादुर सैनिकों की शहादत के लिए एक मिनट का मौन और घायलों के शीघ्र स्वस्थ होने के लिए एक छोटी प्रार्थना की घोषणा के आदेश लेकर 'ओ' ग्रुप आया था। रीजनल हेडक्वार्टर को फॉरवर्ड करने के लिए ऑप्स और लॉजिस्टिक डेटा की विस्तृत रिपोर्टें इकट्ठा की गई थीं। यह नीरस गतिविधि ऑप्स के लिए फिटनेस को उच्च स्तर पर बनाए रखने का आधार थी। घोड़े की नाल की एक कील के अभाव में एक राज्य कैसे पराजित हो गया, ऐसी लोककथाएँ आज भी प्रासंगिक हैं और रेजीमेंटल स्तर पर मिथक नहीं समझी जातीं। सूक्ष्म डेटा का संग्रह भी जरूरी है और यही सेना की प्लानिंग के लिए मजबूत आधार बनता है। मेन गन, को-एक्सियल गन, ack-ack गन या टैंक क्रू के निजी शस्त्र पिस्टल/स्टेन मशीनगन, कार्बाइन या हैंड ग्रेनेड या स्मोक बॉम्ब से फायर किए हुए गोला-बारूद के खर्च, गिनती और किस्म का ब्योरा जरूरी होता है। इस डेटा को सप्लाई चेन में यह सुनिश्चित करने के लिए लिया जाता है, ताकि दी गई निश्चित समय-सीमा के भीतर A1, A2 और B एक्लोन से सही मात्रा, प्रकार, कैटेगरी का एम्युनिशन दिया गया या नहीं! वहीं पेट्रोल, ऑयल, लुब्रिकेंट्स (P.O.L.) और टैंकों में खराब या नष्ट सैकड़ों वस्तुओं के बदले जाने को भी सुनिश्चित करना होता है। मरम्मत व रिकवरी एक और महत्त्वपूर्ण पहलू था, जिसे प्राथमिकता पर किया जाना था। खराबियों की दी गई रिपोर्टें ऐसी थीं, जो लाइट रिपेयर वर्कशॉप की टुकड़ी, जिसमें सब-यूनिटों के E.M.E. के तकनीशियन शामिल थे, की क्षमता से परे थीं। इस स्तर पर (अतिरिक्त दल) स्पेयर क्रू की आवश्यकता वांछनीय थी, ताकि टैंक क्रू को उच्च युद्ध-दक्षता बनाए रखने के लिए कुछ आराम और राहत मिल सके। युद्ध में थकावट रहने का परिणाम होगा—अनर्थकारी विफलता। भोजन और हर एक के कपड़े, अस्त्र-उपकरण या आपातकालीन राशन, अलग-अलग जरूरतों की पूर्ति के लिए लंबी लिस्ट फौजी मशीन को बनाए रखने के लिए अनिवार्य है। गरम भोजन और दूसरी फौजी आराम की वस्तुओं के आने से टैंक कमांडरों ने भी कुछ समय के लिए ब्रेक लिया।

लेफ्टिनेंट दुबे के गनर इन्फ्रा रेड से लैस T-55 टैंकों को पूरी रात पास

के पूर्वी भाग की मुस्तैदी के साथ निगरानी की जिम्मेदारी दी गई, क्योंकि दुश्मन के खोजी दल की रात में ही अपने छूट गए टैंकों या शवों को ले जाने के लिए गोलाबारी करने की संभावना थी। दूसरा बड़ा डर सुबह के समय हवाई हमले का था, जिसके लिए योजना और तैनाती का अभी संयोजन किया जाना था। अभी ही क्षितिज पर उदय हो रहे चंद्रमा ने इकट्ठे हुए ट्रूप लीडरों पर अपनी चाँदनी बिखेरी थी। सीमित रोशनी में मैंने अपने ट्रूप लीडरों के चेहरों का जायजा लिया। वे सभी अच्छी तरह तैयार लग रहे थे। विजय के साथ उनकी नसों में उत्तेजक की तरह प्रभाव पड़ता है। वे दुश्मन की किसी भी चुनौती का सामना करने के लिए पूरी तरह आश्वस्त थे और जल्द ही अपनी ताकत के बारे में जागरूक हो गए थे। कॉन्फ्रेंस खत्म करने से पहले मैंने ब्रांडी की एक बोतल ली, जिसमें से स्पीडी ने पहले एक घूँट लिया था, जब वह आर.ए.पी. में स्ट्रेचर पर लेटे थे। बिना पानी के ब्रांडी ने गले के नीचे उतरते ही एक अजीब सी गरमाहट और ऊर्जा का अहसास दिलाया। अपने चेहरे पर उत्तेजना भरी चमक लिये हम उठ खड़े हुए।

बंगाल में शाम जल्दी ढलती है, जिसने युद्धक्षेत्र को पूर्णतया परिवर्तित कर दिया था। रात होने के साथ ही लड़ाई का शोर और हंगामा शांत हो गया। युद्धक्षेत्र को अब एक कब्रिस्तान के जैसे एकांत ने अपने आगोश में ले लिया था, जो अब टूटता था, रुक-रुककर गन के फायर से यह याद दिलाने को कि युद्ध अभी जारी था। हैमर से पीटने की आवाजों से पता चलता था कि कोई अपने क्षतिग्रस्त टैंक ट्रैक की मरम्मत कर रहा था। मैं अपने टैंक पर बैठा था। मेरे पैर सामने फैले हुए थे और पीठ बुर्ज के साथ टिका रखी थी। मेरे सामने जिस इलाके में टैंक युद्ध हुआ था, वहाँ से कई जगहों पर अभी भी आग की लपटें उठ रही थीं। वे टैंक अभी भी धू-धू कर जल रहे थे। आग की लपटें अब नारंगी चमक छोड़ रही थीं, जो हलकी हवा में तेज दिखाई दे रही थीं। इन उठती हुई लपटों में एक अजनबी-सा सम्मोहक आकर्षण जुड़ा लगता था, क्योंकि मुझे महसूस हुआ कि मेरी आँखें नारंगी और नीली लपटों से बनते हुए चटकीले रंग पर जड़ गई थीं। अपने आसपास से बेखबर मैं उन्हें काफी देर तक देखता रहा। मेरे मन में जो विचार उमड़ रहे थे, उनका सही से वर्णन करना मुश्किल था। खुशी और संतोष की भावना थी कि दुश्मन के टैंक सामने जल रहे थे। शायद आज की कारवाई में मारे गए या घायल हुए लोगों में से कई अभी भी उनके अंदर ही पड़े थे। मेरा अपना भाग्य उससे अलग नहीं हो सकता था, जिसको मैं साक्षी होकर देख रहा था। क्या स्वर्ग में बैठे देवताओं

ने ही मेरे लिए एक सुरक्षित छाया का बंदोबस्त नहीं कर रखा था? आग की ये लपटें हाल ही में लड़ी गई लड़ाइयों के एकमात्र दृश्यमान अनुस्मारक थे। गरम होती लोहे की प्लेटों और जलती हुई रबड़ से पिघले हुए मोम के जलने की तीखी गंध ने वातावरण कसैला बना दिया था। जलते हुए कई टैंकों के बीच एक हमारा टैंक भी था। गनर का शव बरामद नहीं किया जा सका था, क्योंकि टैंक आग की लपटों में घिर चुका था। इस सैनिक की जिम्मेदारी मेरी थी और मुझे अपने अंदर एक विरक्ति-सी महसूस हुई, जो जलती हुई चिता के लिए कुछ समर्थन खोजने की कोशिश कर रही थी। जल्द ही यह भाव न्याय की भावना में बदल गया। क्या किसी कवि ने नहीं कहा कि प्रेम और युद्ध में सब जायज है? यह युद्ध था। मैंने उठती हुई लपटों को पुनः देखा, क्योंकि सबकुछ के बाद भी एक सुंदर दृश्य था यह। विचार, जो मेरे चारों ओर एक बैलून की तरह तिरते जा रहे थे, उँगलियों में सिगरेट के आने से अचानक गायब हो गए।

मैंने अपने ओवरकोट को अपने कंधों के ऊपर सही किया। मेरे मन में मौत का खयाल आया। मैं उस दिन कई बार मौत का सामना कर चुका था; किंतु जब भी मैं इससे रू-बरू होने वाला होता था, इसने मुझे धोखा ही दिया। क्या ईश्वर की कृपा ने मुझे एक और दिन के लिए बचा लिया था? यह एक दिन आएगा, निश्चित रूप से, निस्संदेह। मुझे इस बात की विशेष रूप से खुशी थी कि मौत का चेहरा कोई खास डरावना नहीं होता। किसी भी तरह से यह उन सभी कवियों, चित्रकारों और पुजारियों की व्याख्या जैसा आतंकित करनेवाला और भयानक नहीं था। युद्ध के शुरुआती चरण में मौत से सामना भय की उत्पत्ति का कारण बनता है। यह वही डर होता है, जो बॉक्सिंग रिंग में प्रवेश करने से पहले किसी को भी महसूस होता है। यह अनहोनी का भय था, जो अंदर गहरे में बैठकर उसे शून्य कर चुका था। किंतु कुछ पहले धमाकों के साथ ही खत्म भी हो गया। मौत का भय पहले कुछ गन फायर के समय भी रहता है। जब भी मन और शरीर किसी खतरनाक स्थिति में होते हैं, यह डर फिर से उठ जाता है। हालाँकि मन पहले इस पर व्याकुल होता था, किंतु अब यह दबाव में भी बहुत अच्छे से इसे स्वीकार करना सीख लेता है। इसलिए मृत्यु से जब आप एक बार आँख-मिचौली कर लेते हैं तो इसे सामने देखकर हँसी आ जाती है, या ऐसा लगता है कि यह तो आपके खिलाफ ही है, तो फिर कोई घबराहट नहीं होती। यह जीवन का एक तरीका बन जाता है। मुझे भी ऐसी घबराहट महसूस हुई थी, जब मैंने पहली बार दुश्मन के टैंक के बैरल को देखा था, जिसे बाद में

30 मीटर पर हमने उड़ा दिया। तब भी मैंने ऐसा खालीपन महसूस किया था। यही अहसास थोड़ी देर बाद दोबारा आया, जब टैंक के क्रू के साथ हम अपने टैंक की सुरक्षा के लिए नीचे चार्ज करने के लिए गए। हम सभी इस युद्ध के दौरान मौत के बारे में विचार कर रहे थे, जिसके तुरंत बाद हमने टैंक को बचाया था। हमें यकीन था कि आर.सी.एल. गन का दूसरा फायर हमारे टैंक को नष्ट कर देगा। तब भी हमने अपने जीवन को जोखिम में डाला, क्योंकि यह हमारे गौरव का प्रतीक बन चुका था, जिसके बिना हमारा जीवन तड़पानेवाला होता। हम क्यों मौत के मुँह में घुसे, इसलिए नहीं कि एक टैंक की कीमत हमारे जीवन की तुलना में कहीं अधिक थी, बल्कि इस कारण कि इसके साथ ही हमारा सम्मान और प्रतिष्ठा भी टुकड़ों में उड़ा दी गई थी। ये वे पल थे, जब जीवन का वास्तविक महत्त्व, अनुशासन, निष्ठा, गर्व, सम्मान, बलिदान और देशभक्ति आप पर हावी हो जाते हैं। व्यक्ति के निजी अनुभवों और परिणामी व्याख्याओं पर आधारित जीवन का एक नया पैटर्न विकसित होता है। यह जीवन के अर्थ का स्वतंत्र ज्ञान और व्यक्ति की अपने साथियों के प्रति प्रशंसात्मक समझ होती है। संभावित मृत्यु के चिंतन की अपेक्षा जीवन अधिक सुखद और अधिक फायदेमंद दिखाई पड़ता है।

इस असहज अनुभूति के साथ मुझे याद आया कि मैं स्क्वाड्रन में बचे एकमात्र अन्य अफसर से नहीं मिला था और न उससे बात की थी। वह एक अधीनस्थ अधिकारी था—नरेन। वह ऑफिसर, एक युवा तगड़ा राजस्थानी था, जो पिछले तीन या चार महीनों से रेजीमेंट के साथ था। इस दौरान उसने टैंक ट्रूप का मार्गदर्शन करने के बारे में और युद्धक कवायद (ड्रिल) के बारे में पढ़कर जानकारी हासिल की थी। इसके अलावा ड्राइविंग, गनरी और रेडियो—तीनों के दायरे में आनेवाले उपलब्ध साज-सामान की व्यावहारिक सार-सँभाल का निर्देशन प्राप्त किया था। नरेन ने उस विनाशक दिन खुद को क्रू मेंबर के रूप में पाया। यह लड़ाई उसके लिए बिल्कुल एक अनुभव रही होगी, क्योंकि उसने कभी खुली सीमा पर टैंक गन भी नहीं दागी थी। उसने सैंड मॉडल, जल्दबाजी में कागज पर बनाए गए नक्शों या ग्राउंड शीट पर चॉक से बनाए चित्रों पर अपने क्रू मेंबर्स से अपनी ड्रिल के बारे में सीखा था। मैं उसकी कोई मदद नहीं कर सकता था, लेकिन उसके लिए सहानुभूति महसूस कर रहा था। सीधे युद्ध के शुरू होने पर वह बहुत जल्दी सीख गया और मुझे भरोसा था कि आनेवाले समय में वह एक सफल और बेहतरीन टैंक कमांडर/ट्रूप लीडर बनेगा। अपनी रेजीमेंट के साथ फिर

से शामिल होने के बाद मुझे सामान्य परिचय से परे जाकर इस रिश्ते को और आगे विकसित करने का समय नहीं मिला।

वह बेसिक यंग ऑफिसर्स कोर्स भी नहीं कर पाया था, क्योंकि युद्ध सिर पर था। इस कोर्स का सफल समापन न हो जाने तक ऐसे अफसरों को उनके रैंक के साथ भी संबोधित नहीं किया जाता है, क्योंकि उनको सैन्य और रेजीमेंटल गतिविधियों की कम जानकारी होती है। इसलिए उन्हें जूनियर सोल्जर ही समझा जाता है। प्रत्येक ऑफिसर इस परिस्थिति से गुजरता है। हालाँकि उसके कंधे पर एक पिप, उसके ओहदे का निशान यह सुनिश्चित करता है कि उसके आदेशों का पालन किया जाता है, किंतु सम्मान जैसी चीज की माँग वह नहीं कर सकता। इसके लिए उसे पेशेवर दक्षता और चरित्र के आधार पर अपने नेतृत्व की छाप बनाने के लिए कड़ी मेहनत करनी होगी। इस अवधि के दौरान जब वह अपनी पहचान स्थापित करने के लिए प्रयासरत रहता है, तब एक लीडर के रूप में मान्य होने से पहले उसकी हर गतिविधि और कार्य की जाँच तथा अवलोकन किया जाता है। यह सच है कि भारत के राष्ट्रपति आपको एक कर्मचारी कमीशन प्रदान करते हैं, किंतु वह आपको लीडर नहीं बना सकते। यह आपकी अपनी व्यक्तिगत लड़ाई और आपके सैन्य कॅरियर के दौरान चलनेवाली एक अंतहीन प्रक्रिया है।

युद्धक्षेत्र में मौत का सामना और खतरा केवल दुश्मन की हरकत के दौरान तक ही सीमित नहीं होता है। जवानों की लापरवाही और सब-यूनिटों के बीच खराब समन्वय भी कभी-कभी अनचाहे दुःख और अफसोस करने का कारण बन सकता है। रात के दो हादसों ने हमें सजग कर दिया। पहला शाम के शुरुआती समय में हुआ और इसमें फ्लैप के सभी एलिमेंट मौजूद थे। टैंक गनरों में से एक के द्वारा को-एक्सियल मशीनगन पर फिट 7.62 मि.मी. मशीनगन की एम्युनिशन बेल्ट (गोला-बारूद की पेटी) को हटाते हुए मेटल प्लेट को ऊपर उठा दिया गया, जबकि एक राउंड अभी चैंबर में ही था। जैसे ही उसने मशीनगन से बेल्ट को झटका दिया, रोके गए ट्रेसर राउंड से फायर हो गया और उसे पंजाब बटालियन के जवानों के एक ग्रुप की दिशा में तेजी से जाते हुए देखा जा सकता था। हार्बर में गोली चलने की आवाज ने सभी को चौंका दिया। अगर वह गोली किसी भी सैनिक को लगती तो स्थिति प्रतिहिंसा को भड़का सकती थी। कैसे और क्यों की प्रतीक्षा किए बिना मैंने जल्दी से रेडियो पर चिंतित बटालियन कमांडर से संपर्क किया, जबकि मैं समझ रहा था कि मशीनगन के ओवरहीट होने की वजह से किस तरह आकस्मिक राउंड फायर हो गया। मैं

जान गया था कि कुछ भयानक घटित नहीं हुआ, क्योंकि बहुधा पलटवार शीघ्रता से आता है। रख-रखाव के दौरान गनर भूल गया था कि ऐसी स्थिति में गन बैरल को एलिवेटेड और दुश्मन की ओर रखते हैं, ताकि इस तरह की किसी दुर्घटना की स्थिति में अपने नुकसान का कोई खतरा न हो। गोली की आवाज से हमारी सेना के जवानों में खलबली मच गई और एक कंपनी जे.सी.ओ. ने बहुत ही उत्तेजित होकर ऊँची आवाज में पंजाबी के अपशब्दों का भंडार खोल दिया। इस तरह की घटनाएँ कभी-कभी एक बदसूरत मोड़ ले लेती हैं, जिसका परिणाम दोस्ताना सैनिकों द्वारा एक-दूसरे पर की गई गोलीबारी होता है। इसके बाद रात के दौरान मुझे कहीं अधिक संवेदनशील परिस्थिति को सँभालना पड़ा।

63 कैवेलरी ('डी' स्क्वाड्रन) के दो ट्रूप 'सी' स्क्वाड्रन के अधीन तैनात किए गए थे। कैप्टन पी.एफ. केवलरमानी के साथ एक तैनात था और एक T-55 ट्रूप, जो मूव पर था और अगली सुबह लिंक करने वाला था। लेफ्टिनेंट दुबे के अधीन 63 कैवेलरी के T-55 टैंकों को पूर्वी फ्लैंक पर सख्त निगरानी रखने का काम सौंपा गया था, क्योंकि पीछे हटनेवाले सैनिकों/टैंक-हंटिंग (खोजी) दुश्मन की पार्टियों के बचे हुए जवान हमारे डिफेंस एरिया में घुसपैठ कर सकते थे। उन्हें एक धनुष के आकार (आर्च) में रखा गया था, जिसके भीतर उन्हें दुश्मन की किसी भी गतिविधि को देखते ही फायर खोलने की अनुमति थी। गनर की इन्फ्रा-रेड डिवाइस की हरी-पीली रोशनी में लगभग 500-600 मीटर की दूरी पर कम रोशनी में एक गतिशील टारगेट को मार्क करना संभव था; किंतु चीजों को पहचानना मुश्किल था। आधी रात के आसपास एक T-55 टैंक का गनर उस आर्च के एरिया पर नजर रखे हुए था, जब अचानक दो संदिग्ध आकार-वस्तुओं की धुँधली छवि इन्फ्रा-रेड डिवाइस की स्क्रीन पर दिखाई दी। गनर ने तुरंत बाकी क्रू को सतर्क किया और अपनी गन साइट से उन दो परछाइयों को खोजना शुरू कर दिया। जिम्मेदारी की इस आर्च के भीतर होनेवाली किसी भी गतिविधि पर टैंक कमांडर अपने ट्रूप लीडर या कंपनी कमांडर की अनुमति के बिना भी फायर खोल सकता था। सतर्क कमांडर ने यह देखते हुए कि घुसपैठिए दक्षिण से उत्तर दिशा में आगे बढ़ रहे थे, गोली चलाने से पहले उनको चेतावनी दी, "रुक जाओ! अपने हाथ ऊपर करो, नहीं तो मैं गोली मार दूँगा!" रात की शांति और खामोशी अचानक इस कथन 'हाथ ऊपर करो' के धमकी भरे स्वर से टूट गई, जो उनके लिए आकस्मिक घटना थी। परिस्थिति का आकलन करने में एक पल

का भी इंतजार किए बिना उन दोनों ने दौड़ लगा दी, इस उम्मीद से कि अंधकार की ओट में संकट से बचकर निकल जाएँ। टैंक कमांडर के आदेश पर गनर ने, जो दोनों 'परछाइयों' को चुस्ती से निशाने पर रखे बैठा था, ट्रिगर दबाया और दो छोटे बर्स्ट फायर किए। इससे पहले कि फायर धीमा होता, तभी सबसे करीबी इन्फैंट्री कंपनी में हड़कंप मच गया और पंजाबी में कोसने की आवाजें आने लगीं, "बंदा मार दित्ता! साड्डा बंदा मार दित्ता!" टैंक कमांडर अपने टारगेट को शून्य करने के बाद दोनों 'परछाइयों' को अपनी पोजीशन और राइफल कंपनी के बीच में पड़े हुए देख सकता था। उसने तुरंत ही यह महसूस किया कि 'परछाईं' मैत्री दल के सैनिक थे, किंतु उन्हें उनकी पहचान बताने की आवश्यकता थी, क्योंकि वे बिना किसी सूचना के प्रतिबंधित क्षेत्र में आ गए थे। अपने गनर को फायर न करने के लिए निर्देशित करने के बाद टैंक कमांडर ने 'परछाइयों' को अपने हाथ ऊपर करके हमारी तरफ आगे बढ़ने का आदेश दिया। इस बीच राइफल कंपनी का एक नुमाइंदा उनकी पहचान करने के लिए आया। 'पटका' पहने हुए सिख सैनिक थे, इसलिए पहचान जरूरी नहीं थी। वे राइफल कंपनी की एक प्रारंभिक चेतावनी टुकड़ी का हिस्सा थे, जो लिसनिंग पोस्ट (listening post) पर भेजे गए थे। उनके निकटतम कमांडर, एक एन.सी.ओ. ने उन्हें चेतावनी दी थी कि वे टैंक की आर्च ऑफ फायर को क्रॉस न करें। इससे उन्हें जान का खतरा हो सकता था। जिन जवानों के पास सुबह से कुछ भी खाने को नहीं था, खाली पेट लिये रात में कड़ाके की ठंड सहन करना उनके लिए मुश्किल हो रहा था। संतरी ड्यूटी से छूटने के बाद उन्होंने अपने लिए और बाकी प्लाटून के लिए कुछ खाने का सामान लाने का जोखिम उठाया था। टैंकों के पीछे सुरक्षित लंबे रास्ते से जाने के बजाय वे टैंकों से सुरक्षित रेंज पर आर्च ऑफ फायर को पार करने लगे। वे पूरी तरह से आश्वस्त थे कि घनी अँधेरी रात में टैंक क्रू उनकी गतिविधि को भाँप नहीं पाएँगे। उन्हें किसी ने नहीं बताया कि टैंक क्रू इन्फ्रा-रेड डिवाइस से लैस थे। हम सभी के लिए सौभाग्य की बात थी कि गोलियाँ केवल एक को उसके नितंबों को छूती हुई और दूसरे की OG जर्सी में छेद करती हुई निकल गई थीं। उन्होंने अपने चेहरे पर एक चौड़ी मुसकान के साथ पिछले कुछ मिनटों की दुःखद घटना को स्वीकार किया कि वे अपने भाग्य को चुनौती देने के कितने करीब आ गए थे।

बाकी रात बिना किसी अप्रिय घटना के शांतिपूर्वक गुजर गई। ड्राइवर की सीट पर ओवरकोट में लिपटे हुए, तकिए के रूप में पैक 08 को रखकर दो घंटे

की नींद लेने से कुछ राहत मिली। एकेडमी के दिनों से शौच, शेव, शैंपू जैसी सुबह की पड़ी आदत और जिसे 'सुबह की प्रार्थना' कहा जाता था, समाप्त हो गई थी। द्वितीय विश्व युद्ध के पुराने पखाल या जरीकेन से निकाला गया ठंडा पानी उतना ही ताजा होता है, जितना कि युद्ध की परिस्थितियों में गुलाबजल। तिरपाल की छागल या पानी की बोतल में पीने के लिए और दाँतों को ब्रश करने के लिए पानी ले जाया जाता था। मुझे इसकी विशेष रूप से आवश्यकता थी, क्योंकि अधिक धूम्रपान करने से मेरा मुँह पंछियों के पिंजरे की तरह दुर्गंध मार रहा था। टैंक क्रू मेंबर्स को अल्प सूचना पर चाय बनाने और सर्वाइवल राशन जैसे नमकीन एवं मीठे शकरपारे खाने का प्रशिक्षण और आदत होती है। सीधे-सादे भारतीय (जवान) संभार-तंत्र (logistics) से थोड़ी-सी माँग करते हैं और यदि उनकी ये छोटी जरूरतें सही समय पर पूरी हो जाती हैं तो वे जवान दूसरे दिन के मुकाबले के लिए चुस्त-दुरुस्त हो जाते हैं।

ऑपरेटर शिबे लाल पहले से ही अपने ANPRC-25 सेट को लेकर मेरी तरफ आ रहे थे। मेरा अनुमान सही था, क्योंकि बैंस रेडियो सेट पर था—

मैं (मेहता) : "अपना मैसेज दो। ओवर।"

बैंस : "क्या आप एक और अच्छे नाश्ते की योजना बना रहे हैं? ओवर।"

मैं (मेहता) : "नहीं, मैं आज असली तले हुए अंडों का नाश्ता पसंद करूँगा। ओवर।"

बैंस : "रेडियो पाकिस्तान ने समाचार बुलेटिन में गरीबपुर लड़ाई को बढ़ा-चढ़ाकर बताया है। ओवर।"

मैं (मेहता) : "पूरा समाचार बताओ, प्लजी। ओवर।"

बैंस : "पाकिस्तान रेडियो ने जेस्सोर सेक्टर में भारतीय बख्तरबंद सेना (armoured brigade) द्वारा हमले की घोषणा की। ओवर।"

मैं (मेहता) : "आगे बोलो, मुझे और बताओ, मेरे पास ट्रांजिस्टर नहीं है। ओवर।"

बैंस : "45 कैवेलरी रेजीमेंट के 28 टैंक और 10 अन्य आर्मर्ड सैन्य वाहन पूरी तरह से नष्ट किए गए। ओवर।"

मैं (मेहता) : "जब पाकिस्तानियों को सच पता चलेगा तो वे हक्के-बक्के रह जाएँगे। ओवर।"

बैंस : "याह्या ने पाकिस्तान में राष्ट्रीय आपातकाल की घोषणा की है।"

मैं (मेहता) : "ओह, यह तो हास्यास्पद है!"

बैंस : "आज याह्या एक चीनी प्रतिनिधिमंडल से मिल रहा है। कुछ बड़ा करने वाला है। ओवर।"

मैं (मेहता) : "चीनी कभी किसी दूसरे की तरफ से लड़ाई नहीं लड़ेंगे।"

बैंस : "ऐसी खबरें भी हैं कि भुट्टो संयुक्त राष्ट्र सभा को संबोधित करने के लिए न्यूयॉर्क जा रहा है।"

मैं (मेहता) : "और उन दुष्ट अमेरिकियों का क्या?"

बैंस : "उन्होंने भारत और पाकिस्तान दोनों को सैन्य सहायता देना रोक दिया है।"

मैं (मेहता) : "यह तो हमारे लिए अच्छा है। ओवर!"

बैंस : "मैं इसे उनकी चतुराई, बुद्धिमत्तापूर्ण काररवाई कहूँगा। वे अब मध्य-पूर्व के मुल्लाओं को पाक को हथियार देने के लिए बढ़ावा देंगे।"

मैं (मेहता) : "लेकिन रूसियों के बारे में क्या?"

बैंस : "वे तटस्थ हैं। रूसी जानते हैं कि मौन रहना सबसे अच्छा है। आज सतर्क रहें, हवाई हमले की उम्मीद है।"

मैं (मेहता) : "धन्यवाद। आउट।"

घने कोहरे ने क्षेत्र में दृश्यता (visibility) को मुश्किल से 50 गज तक सीमित कर दिया था। टैंकों की तैनाती का पैटर्न अनिवार्य रूप से हवाई हमले के खिलाफ था। जमीनी खतरा कम था और रि-इन्फोर्समेंट के आने की संभावना न के बराबर थी। हवाई हमले के खतरे को ध्यान में रखते हुए हमने टैंकों को इस प्रकार तैनात किया, ताकि अधिक-से-अधिक कवर मिल सके, भले ही तैनाती असामरिक थी। इस वक्त की पहली जरूरत थी—हवाई हमले से बचाव। इन पोजीशन को हासिल करने की ड्रिल वास्तव में बिल्कुल सरल, लेकिन मेहनतवाली थी। टैंक पहले से निर्धारित पोजीशन पर लाए गए और उनके इंजन बंद कर दिए गए। छिपाव नेट चढ़ा दिए गए और सभी टैंक ट्रैक्स के निशानों को 100 गज के दायरे तक मिटा दिया गया था। मेरा अपना क्रू जब इस कार्य को पूरा कर चुका था, उसके तुरंत बाद मैं ट्रूप लीडरों से मिलने और उनकी 'आर्च ऑफ फायर' को संयोजित करने तथा यह जाँचने के लिए चल पड़ा कि क्या वे उन क्षेत्रों में सुरक्षित हैं, जो उन्हें बाँटे गए थे? इसी बीच इन्फैंट्री अपने बंकरों एवं डगआउट के लिए ओवरहेड कवर तैयार करने और खुले एरिया को कवर करने के लिए एंटी-टैंक

और एंटी-पर्सनल माइंस बिछाकर अपने बचाववाले क्षेत्र को सुदृढ़ कर रही थी। 'सत श्री अकाल' के अभिवादन का जवाब देते हुए मैंने सिख टुकड़ी के कमांडर से पूछा कि जब इस लोकेशन में कैवेलरी है तो माइंस क्यों बिछाई जा रही हैं?

"हम आपसे प्यार करते हैं, किंतु हम आप पर भरोसा नहीं कर सकते। एक रेडियो संदेश आएगा और हमें बेसहारा छोड़कर कैवेलरी गायब हो जाएगी।" उनका सरल उत्तर तार्किक व उचित था और माइन-लेइंग पार्टी के लिए बहुत अधिक मनोरंजक भी।

अन्य टैंक सैन्य टुकड़ियों के छद्म आवरण (camouflage) की जाँच करने के बाद मैं अंत में रामपरीक्षण की लोकेशन पर पहुँचा और पाया कि दो टैंक एक-दूसरे के बहुत पास खड़े थे। एक सामरिक दृष्टि से सक्षम ट्रूप लीडर के लिए यह मौलिक रूप से गलत और अप्रत्याशित था। पूछताछ में पता चला कि उनके टैंक कमांडरों में से एक दफादार दुबे ने इस पोजीशन से हटने से इनकार कर दिया था। मेरी पहली प्रतिक्रिया यह थी कि दुबे जैसा नरम N.C.O. अपने सीनियर के आदेशों का जवाबी विरोध नहीं कर सकता था, क्योंकि दोनों बिहार से थे। शायद कुछ निजी मतभेदों की वजह से उनके पद के बरताव का मामला हो। जैसा कि मैं जल्द ही जान गया कि इस मामले में कलह का कारण कहीं अधिक गंभीर था। रामपरीक्षण ने स्वीकार किया कि पहली टैंक लड़ाई के दौरान, जब आउटफ्लैंकिंग मूव के आदेश दिए, तब दुबे उसका साथ देने में विफल रहे थे। उन्होंने कोई आधिकारिक रिपोर्ट भी नहीं बनाई थी, क्योंकि इसके बहुत गंभीर परिणाम हो सकते थे।

"गंभीर परिणामों से आपका क्या मतलब? यह एक कोर्ट-मार्शल वाला अपराध था!" मैंने गरजकर कहा।

"मुझे पता था कि आप सख्ती से प्रतिक्रिया देंगे और मुझे रिपोर्टिंग से पहले सभी कारणों की भी जाँच करनी थी।"

"क्या आपने कारणों को सच पाया है?"

"वह कहता है कि वह आदेश का पालन इसलिए नहीं कर सका, क्योंकि उसका टैंक स्टार्ट नहीं हो रहा था।"

"आपको टैंक क्रू से पूछना चाहिए था। वे क्या कहते हैं?"

"बताने के लिए माफी चाहता हूँ, सर; लेकिन वे सभी इस मुद्दे पर चुप्पी साधे बैठे हैं।"

"उस बदतमीज को जल्दी से यहाँ लाओ!"

दफादार दुबे तुरंत पहुँचा। उसने सावधान होकर मुस्तैदी से पारंपरिक 'जय हिंद' के साथ सैल्यूट किया। उसकी शक्ल से यह साफ जाहिर था कि वह सवाल-जवाब के लिए तैयार था।

मैं (मेहता) : "दुबे, तो कल तुमने कितने टैंक ध्वस्त किए?"

दुबे : "दो टैंक, सर। हमारे हाथ दो टैंक लगे।"

मैं (मेहता) : "किस लोकेशन से?"

दुबे : "सर, उसी लोकेशन से, जो वर्तमान में है।"

मैं (मेहता) : "लेकिन दुबे, रामपरीक्षण का कहना है कि कल आउट फ्लैंक मूव में उसका साथ नहीं दिया।"

दुबे : "नहीं, सर, मैंने ट्रूप लीडर को सूचित किया था कि मेरा टैंक स्टार्ट नहीं हो रहा है।"

मैं (मेहता) : "दुबे, जब तुम्हारा टैंक स्टार्ट नहीं हुआ तो तुमने क्या काररवाई की?"

दुबे : "कुछ नहीं, सर, हमने दुश्मन को उसी वर्तमान लोकेशन से निशाने पर लिया।"

मैं (मेहता) : "यह सब बकवास है! तुम्हारे ट्रूप के पास जंप लीड थी, जिसका उपयोग टैंक इंजन को स्टार्ट करने के लिए किया जा सकता था।"

दुबे : "लेकिन नजदीक में कोई दूसरा टैंक नहीं था।"

मैं (मेहता) : "अपने ट्रूप लीडर को सूचित करने के लिए तुम्हारे पास सभी कारण थे। क्या तुमने उसे सूचित किया?"

दुबे : "मैंने कोशिश की, किंतु उनसे संपर्क नहीं हो पाया।"

मैं (मेहता) : "क्या कोई अन्य समस्या है, जिसे तुम हमें नहीं बता पा रहे हो?"

दुबे : "नहीं, सर, सब ठीक है।"

मैं (मेहता) : "दुबे, तुमने कल कितने राउंड फायर किए?"

दुबे : "दस राउंड, सर।"

मैं (मेहता) : "और कितने AP(T) राउंड फायर किए?"

दुबे : "सात, सर।"

रामपरीक्षण : "गलत, सर। मैंने जाँच की, केवल चार फायर किए गए थे।"

मैं (मेहता) : "मुझे बताओ, क्या सभी राउंड एक ही लोकेशन से फायर किए गए थे, जहाँ अब तुम्हारा टैंक खड़ा है?"

दुबे : "हाँ, सर, इसी लोकेशन से।"

मैं (मेहता) : "तुमने दुश्मन टैंकों से भिड़ते हुए अपने टैंक को किसी अन्य पोजीशन पर कभी मूव नहीं किया था।"

दुबे : "नहीं, सर।"

मैं (मेहता) : "क्योंकि तुम जानते थे कि तुम्हारे टैंक में स्टार्ट न होने की समस्या थी!"

दुबे के अस्पष्ट जवाब और हाव-भाव में कुछ अजीब-सी घबराहट पैदा होने लगी थी, जिसे मैं अब पूरी तरह समझ सकता था। क्या यह घटना उसके चरित्र के संदेहपूर्ण पक्ष का सबूत थी? मैं यह मानने के लिए तैयार था कि सच जानने के लिए पूरी जाँच करनी आवश्यक थी। फायर किए राउंड की संख्या, टैंक का स्टार्ट नहीं होना, टैंक को स्टार्ट करने के लिए जंप लीड का इस्तेमाल नहीं करना, आदेशों का पालन न करना और ट्रूप लीडर के टैंक का अनुसरण नहीं करना—इन जैसे कारणों की वजह से रामपरीक्षण का दुबे के अजीब व्यवहार के बारे में संदेह करना स्वाभाविक था। ग्रामीण पृष्ठभूमि से आनेवाले सैनिकों के मन में भ्रांतियाँ अधिक होती हैं। अंधविश्वास अपने खुद की जिंदगी के लिए एक दुर्जेय शत्रु हो सकता है, क्योंकि यह अकसर अच्छी समझ और तर्क के विपरीत होता है। अगर इस टैंक कमांडर ने विभ्रम में आकर खुद को आश्वस्त कर लिया कि उसकी वर्तमान पोजीशन कुछ झोंपड़ियों के करीब स्थित है तो उसे एक अदृश्य सुरक्षात्मक ओट मिल सकती है, जो उसके टैंक की, साथ ही उसके जीवन की सुरक्षा करेगी। तो क्या उसने अंधविश्वास में घिरकर सामरिक निर्णय को विफल कर दिया कि अपने टैंक की उस लोकेशन को चुना, जो विवेकी होने के बजाय मंगलकारी थी? हालाँकि उसके ट्रूप लीडर द्वारा दिए गए बहिर्गामी कदम में आगे बढ़ने में उसकी विफलता को बाद में विचार-विमर्श करने की आवश्यकता थी; किंतु आदेश स्पष्ट था कि वह अपने टैंक को रामपरीक्षण के आदेशों के अनुसार चलाएगा।

"मुझे कभी नहीं लगा कि दुबे, तुम मुझसे झूठ भी बोल सकते हो। तुम्हें तो मैं बाद में देखूँगा, इससे पहले कि दुश्मन की नजर पड़े, तुम अपने टैंकों को उस झोंपड़ी से दूर ले जाओ।"

"और तुम रामपरीक्षण सुनिश्चित करो कि मेरे ये आदेश लागू हों।"

दुबे के आचरण को ध्यान में रखकर मैं कर्नल आर.के. सिंह से मिलने के

लिए बटालियन मुख्यालय चला गया। सुबह की ठंड, जिसने सभी को जकड़ दिया था, उसकी पकड़ अब कम होने लगी थी। दिन की रोशनी और देखने की क्षमता में सुधार होने लगा था। सूरज सर्दियों के बादलों के बीच से दिख रहा था और अब पूर्वी आकाश में तेजी से चमक रहा था। उन सैनिकों के लिए यह राहत भरा था, जिन्होंने खुले में रात बिताई थी और जिसे ओस ने बदतर बना दिया था; क्योंकि सूरज निकलने से ठंड कम हो गई थी और आसपास नजर दौड़ाकर कोई भी समझ सकता था कि टैंक क्रू के सैनिक सूरज की गरमाहट के लिए अपनी जर्सी और ओवरकोट खोल रहे हैं। कहीं से भी हवाई हमले की कोई चेतावनी नहीं दी गई थी। अत: यह भी चीजों को हलके में लेने का एक कारण था। अगर हवाई हमला हो तो क्या हमारी अपनी वायुसेना हमारा बचाव करेगी? पर उच्च मुख्यालय से इस सवाल का कोई जवाब नहीं आया।

मैंने कर्नल आर.के. सिंह के साथ बटालियन मुख्यालय में पिछले दिन की घटनाओं की चर्चा में कुछ समय बिताया। टैंक बनाम टैंक युद्ध की शुरुआत से कुछ मिनट पहले हटाए गए आधे स्क्वाड्रन का रहस्य मेरे मन में अभी भी ताजा था। उन्होंने डिवीजन मुख्यालय के खराब कार्य को जिम्मेदार ठहराया। जबकि इस विषय पर उनके सहयोगी ने कहा, "सर, डिवीजन मुख्यालय नष्ट किए गए शत्रु के टैंकों के सिक्स-फिगर ग्रिड रेफरेंस जानना चाहता है।" यह बोलते हुए वह वास्तव में उत्तेजित हो गया था, क्योंकि बटालियन ने कल ही इस विषय पर एक विस्तृत रिपोर्ट भेजी थी। पिछले कुछ दिनों का दबाव उस पर जाहिर हो रहा था, क्योंकि वह अकेला ही मुसीबत में पड़ गया था।

"स्टाफ सैनिकों के लिए मौजूद है, न कि उनके बिना। उनसे कहो कि कमांडिंग ऑफिसर की कड़ी निगरानी करना बंद करें। यह अब ज्यादा बढ़ती जा रही है।" अपनी बटालियन के उच्च मुख्यालय में खड़े होकर उन्होंने कई मिनटों तक काररवाई के क्रम का अनुमान किया, जब बाद में उच्चतर मुख्यालय ने दुश्मन के हमले की प्रारंभिक रिपोर्टों को फिल्टर किया था।

"दुश्मन से जूझना इन स्टाफ मेंबर्स द्वारा उठाए गए तीव्र सवालों के जवाब देने से ज्यादा आसान था।" मैंने सहानुभूति व्यक्त करते हुए कहा, "ठीक है, उन्हें कमांडरों के लिए अपना संक्षिप्त विवरण तैयार करना होगा।" कर्नल आर.के. सिंह सख्त मूड में थे, "नष्ट किए दुश्मन के टैंकों के सिक्स-फिगर ग्रिड विवरण का कमांडर क्या करेगा? इसे उसकी पत्नी को भेज दो या इसे कहीं पर रद्दी में

डाल दो¨।" एडजुटेंट ने एक आसान विकल्प सुझाया, "सर, हम इसके बजाय वर्ग-क्षेत्र के निर्देश अंक, कोऑर्डिनेट्स भेज देते हैं।"

"नहीं, फिर से विचार कर उन्हें बताएँ कि आर्मर्ड स्क्वाड्रन को ग्रिड रेफरेंस देने का काम सौंपा गया है।"

मेरी तुरंत प्रतिक्रिया थी, "सर, उनकी समस्या है विश्वास। उन्हें लगता है कि आप झूठ बोल रहे हैं। अच्छा होता, उन्हें दिखाकर यकीन दिलाया जाता।" सभी हँसने लगे। आर.के. सिंह शांत-सम थे और अब अपने हथियारबंद जवानों के बारे में जोशीले शब्दों में बात कर रहे थे, जबकि उनका स्टाफ अन्य रेडियो संदेशों में व्यस्त हो गया था। उनको यह आश्वासन मिला था कि कोर कमांडर एवं आर्मी कमांडर काफी खुश थे और शीघ्र ही दिल्ली से अनुमति मिलने पर युद्ध-स्थल का दौरा करेंगे।

किसी भी कार्य की सफलता के लिए एक अच्छा स्टाफ होना आवश्यक घटक है। 'परिस्थिति की जानकारी' और 'समस्या की समझ' कमांडरों के तत्काल निर्णय लेने के लिए महत्त्वपूर्ण होती हैं। इससे कमांडरों में भागीदारी की भावना उत्पन्न होती है। जो पहले से अनुमान लगाकर आगे की योजना बना सकता है, वह प्रत्येक अवसर को भुनाने के लिए तैयार रहता है और हार को जीत में बदलते हुए दुश्मन की घोर पराजय करता है। स्टाफ अफसर के लिए युद्ध में ठहराव एक छोटा, पर खुशनुमा संक्षिप्त अंतराल प्रदान करता है और वह इस तरह के कार्यों की पहचान करने के लिए पूर्ण समर्थ बन जाता है। भले ही बाद में रद्दी की टोकरी उनके सूचना-पत्रों का ठिकाना बने, क्योंकि इससे अधिक महत्त्व की घटनाएँ हो सकती हैं। यह मान लेना सुरक्षित था कि वर्तमान प्रश्न, जो कथित रूप से उच्च स्तरों से आए थे, इसलिए एक वास्तविकता थे और नामहीन स्टाफ अफसर के मन में जल्द-से-जल्द इस कार्य को खत्म करने की उत्सुकता रहती है। आर.के. सिंह ने हालाँकि इस बात पर सहमति जताई कि स्टाफ ऑफिसरों और कमांडरों की अपनी मजबूरी रही होगी। आखिरकार, हम अकेले ही नहीं लड़ रहे थे और सूचनाओं के फीडबैक देना फ्रंटलाइन सैनिकों की जिम्मेदारी बनती थी।

हम मुश्किल से बटालियन मुख्यालय से बाहर निकले ही थे कि रेडियो पर एक जरूरी संदेश आया। सुबह से अब तक जिस बात का हमें संदेह था, रेडियो संदेश से उसकी पुष्टि हो चुकी थी। तभी छोटी-छोटी व्हिसिल की आवाजें आने लगीं, जिसका अर्थ था 'हवाई हमले की चेतावनी'। इस प्रारंभिक चेतावनी

से अचानक हड़कंप मच गया। सैनिक अपने शेल्टरों की सुरक्षा के लिए त्वरित गतिविधियों में व्यस्त हो गए। टैंक क्रू, जिनमें से कई टैंक से निकल आए थे, उन्होंने वापस टैंक में जाकर अपनी एंटी-एयरक्राफ्ट गन चलाने के लिए सँभाल ली थी। जो जवान खुले एरिया में अपने टैंकों या शेल्टरों से दूर थे, वे जो कुछ भी निकटतम था, उसी में छुप गए। यह सारी काररवाई इतनी तेजी से हुई कि पता ही नहीं चला, यह कब शुरू हुई और कब खत्म हो गई; क्योंकि तभी पूरब की ओर स्वच्छ आकाश में ऊँचाई पर चार धुँधले बिंदु-से दिखाई दिए, जो हमारी तरफ तेजी से बढ़ रहे थे—प्रतिशोध लेने के लिए।

मैंने बटालियन मुख्यालय के करीब वाले ट्रेंच में कुहनियों के बल प्रवेश किया, क्योंकि टैंक तक पहुँचना नामुमकिन था। ट्रेंच, जो केवल तीन जवानों के लिए होता है, एक छोटा जर्जर शेल्टर था, जिसमें सुरक्षा के लिए मिट्टी से कवर किए गए खजूर के छोटे पत्ते और सूखी टहनियाँ बिछाई गई थीं। ट्रेंच के एक तरफ एक छोटा छेद खुला रखा जाता है, जिसमें से दुश्मन पर फायर किया जा सके। इससे पहले कि मैं अपने पैरों पर टिक पाता, कोई अंदर से चिल्ला रहा था, "दुश्मन के हवाई जहाज आ रहे हैं!" चार काले बिंदु अब बहुत बड़े हो गए थे तथा उनका आकार और अधिक भयावह दिख रहा था। जल्द ही वे हमारे ऊपर मँडराने लगे और हमारी रक्षा परिधि को निर्धारित करने लगे, जिसके अंदर वे मौत और तबाही के लिए अपने लक्ष्य का चयन करेंगे। उनका मुख्य प्रयास टैंकों को नष्ट करना था। ट्रेंच के अंदर सार्डीन मछलियों की तरह झुंड में बैठे हुए हम केवल लड़ाकू जहाजों को देखने के सिवा कुछ नहीं कर सकते थे, जिनको अब हमने जाना कि वे कुख्यात सैबर्स लड़ाकू विमान थे।

हमने इन विमानों के बारे में पर्याप्त सुना और पढ़ा था, लेकिन उस सारे ज्ञान का कोई लाभ नहीं हुआ, क्योंकि इसने हमें केवल विमान की भौतिक और तकनीकी विशेषताओं से परिचित कराया था। अगले 10 मिनट में हमें जो जानकारी मिलने वाली थी, वह विनाश की और थल सेना के बीच तबाही मचाने की उनकी क्षमता की होगी। अपनी राक्षस जैसी उपस्थिति का प्रभाव डालते हुए सुपरसोनिक गति से चारों ओर घूम रहे जेट इंजनों की गूँज दिल को दहला-सी जाती थी। ऊपर घूमते लड़ाकू विमानों को गिनने के लिए मैंने कोशिश की। वे एक बार फिर से ऊँचाई हासिल कर रहे थे, क्योंकि अब तक वे एक ड्राइ रन पूरा कर चुके थे। अब यह केवल कुछ ही क्षणों की बात होगी, जब वे एक के बाद एक झपट्टा

मारते हुए अपने बमों, तोपों, मशीनगनों की गोलियों को पहले से ही निशाने पर रखे टारगेट पर फेंकेंगे। मैं अभी भी एक छोटे छेद में से झाँक रहा था, जब लीड कर रहे विमान ने आकाश में गोता लगाया और मुझे अपनी रीढ़ में एक सिहरन का अहसास हुआ, क्योंकि मुझे लग रहा था कि हमला हमारे कब्जे वाली लोकेशन पर ही होगा। गोता लगाते हुए विमान से मैं सफेद धुएँ के दो गुबारों को देख सकता था, जिसके तुरंत बाद एक कान-फोड़ू विस्फोट हुआ, क्योंकि उनको अपना टारगेट मिल चुका था। धमाके के साथ हमारे शेल्टर की नींव काँपने लगी थी और हमारे चारों ओर कीचड़ एवं उड़ती हुई धूल नजर आ रही थी। हमारे आसपास निरंतर तेज गोलाबारी से धरती काँपने लगी थी। हवा जल्द ही धूल, मलबे, धुएँ और जलते हुए कॉर्डाइट की गंध से भर गई थी। पेड़ों के ऊपर आकाश में उड़ते लड़ाकू विमानों की गूँजती आवाजें, गोलियों की निरंतर बौछार और तीव्र विस्फोट से उत्पन्न शोर का प्रभाव शरीर व मन पर एक चिंताजनक प्रभाव डाल रहा था। जब उस ध्वनि की भयावहता समाप्त हो गई, तब भी मशीनगन फायर की आवाज सुनी जा सकती थी। फायर की चपेट में आनेवाले जवानों की पीड़ा और चीखों से उनके दुःख को महसूस किया जा सकता था। मानव-दुःख और मानसिक पीड़ा की गहराई को शब्दों में बयान करना मुश्किल था। आखिरी लड़ाकू विमान ने हमारी लोकेशन का चक्कर पूरा कर लिया था और अब उसे अपना दूसरा रन पूरा करने के लिए ऊँचाई हासिल करते देखा जा सकता था। पहले विमान द्वारा ऊँचाई हासिल करते हुए कुछ पलों का विराम था, ताकि वह अपनी कारवाई को दोहरा सके। कष्ट और पीड़ा से भरी चीखें अचानक बढ़ रही थीं। चारों ओर सबकुछ धूल व धुएँ से ढँक गया था। ऐसा प्रतीत हो रहा था कि जब तक लड़ाकू विमान अपनी उड़ानें पूरी करेंगे, तब तक वे सबकुछ मिट्टी में मिला चुके होंगे। हमारे शेल्टर के नजदीक एक शव गिरा था, जो कभी जीवित प्राणी था। धुएँ और धूल के छँटने से देखा कि पाँच सैनिक अपने रक्त-रंजित घायल साथियों को सुरक्षित स्थान पर ले जा रहे थे। अब तक पहले से ही दूसरा हमला शुरू हो गया था।

मेरे विचार अब तक मानव निराशा और तबाही तक ही सीमित थे, जिन्हें मैं शेल्टर के बाहर देख सकता था। अचानक एक आवाज ने मेरा ध्यान भंग किया और मैंने अपने सामने जो कुछ देखा, उससे मेरा दिल दहल उठा। एक युवा सैनिक, जो 19 साल से अधिक का नहीं था, उसके चारों ओर के मौत और विनाश के मंजर ने उसे अंदर तक तोड़ दिया था। उसका मानसिक मनोबल और

सैन्य प्रशिक्षण पूरी तरह से इस अनुभव को समावेशित करने के लिए अपर्याप्त थे। उसके भीतर कुछ टूट चुका था। यह कुछ मिनटों तक रहता है, जिसके दौरान एक व्यक्ति अपनी इंद्रियों पर पूर्ण नियंत्रण खो देता है। या तो वह मौन में डूब जाता है या रोना और चिल्लाना शुरू कर देता है, पूरी तरह से उन्मादपूर्ण हो जाता है। वह युवक स्पष्ट रूप से उन्मत्त हो चुका था और बाकियों पर प्रतिकूल प्रभाव डाल रहा था, जो धैर्य और बहादुरी के साथ इस अग्नि-परीक्षा का सामना कर रहे थे। एक सीनियर एन.सी.ओ. ने उसे शांत करने की कोशिश करते हुए पहले से ही असहनीय माहौल में पीड़ा को और बढ़ा दिया। कुछ अधिक आस्तिक मंत्रों का जाप कर रहे थे, जो तबाही को रोकने के लिए एक सर्वोच्च शक्ति के प्रति एक आह्वान था। जिस भक्ति के साथ वे प्रार्थना कर रहे थे, शायद उसी ने हमें बम और गोलियों से दूर रखा था, क्योंकि हम इस सब के बहुत करीब थे। यह सब निश्चित रूप से हमारे मन को जलते हुए मांस की तीखी गंध, हवाई हमले की आवाज और रोष से दूर रखने में मदद करता है। अन्य लोग भगवान् से विनती करने में इतने व्यस्त तो नहीं थे, किंतु मूक प्रार्थना हर एक जवान कर रहा था।

हवाई हमला दस मिनट से ज्यादा नहीं चला। हालाँकि यह एक वास्तविक जीवन जैसा लगता था। फाइटर विमानों ने टी.वी. पर रोजाना दिखनेवाले रील लाइफ ड्रामा में 'कमर्शियल ब्रेक के बाद' वापसी का अहसास दिलाते हुए हर एक राउंड में हमारी लोकेशन पर बार-बार रन बनाए थे। इस लंबे ब्रेक से यह अहसास हो गया था कि लड़ाकू विमानों का ध्यान हम पर से हट चुका था। अपने बचे हुए बमों को गिराते हुए लड़ाकू विमान उसी दिशा में गायब हो गए, जिस दिशा से आए थे। सीटी बजने के साथ सभी अपनी खाइयों से बाहर निकले। प्लाटून कमांडर शीघ्र ही अपने आदेशों में हवाई हमले से जान-माल के नुकसान के बारे में बताने लगे। कमांड और कंट्रोल को जल्द-से-जल्द प्रभावी होना था, ताकि क्रमबद्ध तरीके से इस हमले के व्यापक प्रभावों से उबरा जा सके। हताहतों की निकासी, घायलों के लिए प्राथमिक चिकित्सा, अपने डिफेंस एरिया को दुरुस्त करना, फील्ड में तारबंदी, जो कि हजारों पाउंड उच्च विस्फोटक की बौछार से तहस-नहस हो चुकी थी—ये सभी कार्य दोगुनी तेजी से पूरे किए जाने थे। अगले हवाई हमले से बचाव की तैयारी करनी थी, क्योंकि कोई नहीं जानता था कि यह कब होगा! मैंने अपने टैंक से दूर खुले एरिया में फँसने के लिए अपनी किस्मत को कोसते हुए शेल्टर से बाहर कदम रखा। मैं अब धूल और मलबे के बीच से रास्ता ढूँढ़ता हुआ अपने

टैंक की ओर तेजी से बढ़ रहा था। आगे दाईं ओर कुछ झोंपड़ियों में आग लगी थी। आसमान की ओर घने काले धुएँ का गुबार उन झोंपड़ियों से उठता हुआ दिख रहा था। सूखी टहनियों के आग पकड़कर चटकने की आवाज और बढ़ते काले धुएँ की दिशा से आनेवाले विस्फोटों की आवाज अभी भी संदिग्ध आभास करा रही थी। एक एन.सी.ओ. ने पानी लाने के लिए पीछे भागते हुए देखा और बताया कि एक टैंक हिट हुआ था। मैं दोहरे त्वरित वेग से काले धुएँ को चीरते हुए भागा। टैंक को देखते ही सभी संदेह दूर हो गए। यह दुबे का टैंक था, जिसे मैंने एक अलग लोकेशन में ले जाने का आदेश दिया था। मुझे अचानक अपने आप पर दुःख और बढ़ते क्षोभ की एक आहट महसूस हुई। यदि केवल मैं यह सुनिश्चित करने के लिए थोड़ी देर तक और रुका होता कि उसने अपना टैंक वहाँ से हटा लिया है, तो वे लोग बच जाते। दुबे और टैंक क्रू ने अपनी मूर्खतापूर्ण हरकत का खामियाजा अपनी जान गँवाकर पूरा किया था। उन्होंने झोपड़ियों के आसपास के क्षेत्र में लोकेशन के सबसे प्रमुख लैंडमार्क को शामिल करते हुए छुपने के पहले सिद्धांतों में से एक को तोड़ दिया था। यह कुछ ऐसा था, जिस पर हमने अकसर अभ्यास और उसके दौरान चर्चा व सहमति व्यक्त की थी। अंधविश्वास ने उसे अपने सीनियर की अवज्ञा करने के लिए विवश किया था। उसका सैन्य प्रशिक्षण, लंबे समय तक सैन्य सेवा, उसकी खुद की बुद्धि और उसके सामान्य ज्ञान ने मिलकर उसके मन में भरे इस मजबूत अंधविश्वास के खिलाफ उसकी रक्षा करने में असफल रहे थे। मैं नुकसान का आकलन करने के लिए टैंक के पास चला गया। विमान ने अपने एक रॉकेट से टारगेट को पूरी ताकत से हिट किया था। 13 मि.मी. मोटी हल प्लेट रॉकेट हिट की जगह पर टूटकर बिखर चुकी थी। विस्फोट के प्रभाव से दुबे कमांडर सीट से चमत्कारी रूप से निकलने में सफल हो गया था। उसे कुछ दूसरी डिग्री के जलने के घाव और कुछ टूटी हुई हड्डियों के साथ जीवन बचाने का मौका मिला था; लेकिन जो गलती उसने की थी, उसका पछतावा उसे जीवन भर रहेगा। ड्राइवर, जो इंजन और फाइटिंग कंपार्टमेंट में जगह ले चुका था, उसने याद किया कि हवाई हमले के दौरान टैंक पूरी तरह से थरथरा उठा था। फिर वह बेहोश हो गया था। क्रू मेंबर्स को इंटरकॉम पर संपर्क साधने के लिए बार-बार कोशिश करने की याद दिलाता रहा, लेकिन असफल रहा। बाद में होश आने पर उसने कपोला खोला और बाहर देखा कि टैंक ट्रैक के पास कमांडर घायल अवस्था में पड़ा था। टैंक से कूदते समय उसने टैंक के पीछे से उठनेवाले धुएँ को नोटिस किया। हवाई हमले के समय क्रू

के अन्य दो मेंबर्स पास ही चाय पी रहे थे। उनका टैंक तक पहुँचना मुश्किल था, इसलिए वे पास की झोंपड़ियों में छुप गए, जहाँ वे गोलियों के छर्रे लगने से जख्मी अवश्य हुए थे, किंतु कोई गंभीर बात नहीं हुई थी।

डीजल के आग पकड़ने से टैंक को ज्यादा नुकसान से बचाने के लिए हम कुछ नहीं कर सकते थे। आग की लपटों ने आसपास के इलाके को तबाह कर दिया था। अनियमित अंतराल पर टैंक में मौजूद हथियारों की वजह से विस्फोट हो रहे थे। बगल के टैंक से आकर रामपरीक्षण ने बताया कि स्क्वाड्रन के अन्य टैंक और क्रू सुरक्षित थे। कुछ टैंकों पर हमला हुआ था, लेकिन नुकसान की गुंजाइश नहीं है। अगले कुछ मिनटों में उन्होंने इस घटना की त्रासदी का आकलन किया, जिसमें टैंक बरबाद हुआ था। जब लड़ाकू जेट अपने टारगेट ढूँढ़ रहे थे, उस समय पायलट ने बिना लक्ष्य के एक रॉकेट फायर किया, जो दुबे और रामपरीक्षण के टैंक के बीच गिरा। पायलट ने झोंपड़ी को दुबे के टैंक की निशानदेही के लिए चुना था, जब उसने अपनी एंटी-एयर क्राफ्ट गन से फायर कर दिया। अगले रन के दौरान दुश्मन पायलट ने दुबे के टैंक पर अपनी गन से निशाना साध लिया था।

अफसोस और निराशा की छटपटाहट का अंधकार मुझ पर छा चुका था, जिससे मुझमें अपराध-बोध की भावना भर गई। मेरी अंतरात्मा मुझे कोस रही थी, क्यों मैं दूबे के टैंक को झोंपड़ीवाली लोकेशन से मूव कराने में असफल रहा, कि मैंने रामपरीक्षण को उसका टूप लीडर बनाया था, जो मेरे आदेशों को उससे लागू नहीं करा पाया। यह सब मेरे विवेक पर हावी हो रहा था। एक अफसर और कमांडर के रूप में जिम्मेदारी बेहतर रूप से निभाई जाती, यदि लोकेशन में बदलाव मेरी उपस्थिति में होता। मैंने यह जिम्मेदारी एक जूनियर को सौंपी, जबकि मुझे पता था कि दोनों के संबंध तनावपूर्ण थे। क्या मैं अपनी जिम्मेदारी और अधिकार से पीछे हट गया था? क्या मैं अति-संवेदनशील हो रहा था या यह घटना भविष्य के लिए एक सबक थी? थोड़ा संतुलित होने पर मुझे समझ आ गया था कि नेतृत्व की जिम्मेदारी दृढ़ता और सख्ती से सँभालनी चाहिए। सभी की तरह मुझे भी अपनी गलतियों से सीखने की जरूरत थी।

दूसरा हवाई हमला सुबह 10.30 बजे हुआ। मैंने निरीक्षण के अपने दौरे को समाप्त कर लिया था, जिसके दौरान टैंक क्रू को सीधे टारगेट मिलने पर ही एंटी-टैंक गन का फायर खोलने का आदेश था; क्योंकि समय से पहले फायर खोलने से फाइटर जेट टैंक की लोकेशन भाँप जाएँगे। हवाई चेतावनी के बाद आसमान

में दुश्मन के लड़ाकू विमान चार काले बिंदुओं की तरह दिखाई दिए, जो हमारी जगह की ओर आ रहे थे। कुछ ही पलों में वे हमारी लोकेशन के ऊपर होंगे, जो हमारे लिए घातक साबित हो सकता था। अपने टैंक में कदम रखने के दौरान मैंने आसपास के इलाके का सर्वेक्षण किया और महसूस किया कि मेरी जगह से निकटतम बाँस का झुरमुट 400 गज से अधिक दूर नहीं था। खजूर के पेड़ों से ढँके इलाके में से एक शॉर्टकट था। मैंने ड्राइवर को उसी तरफ से जाने को कहा। खुली जगह में बाँस के झुरमुट तक तेजी से पहुँचना जरूरी था, क्योंकि मैं फाइटर जेट को करीब आते देख रहा था। हमने पायलटों को खुले क्षेत्र में आसान टारगेट दे दिया था, जिसे वे एक ही रॉकेट से हिट कर सकते थे। आधे रास्ते में पहुँचते ही मुझे महसूस हुआ कि इस रास्ते के चयन में गलती हो गई थी, क्योंकि खजूर के पेड़ों ने हमारी गति धीमी कर दी थी। रामफल अच्छे डील-डौल का हरियाणवी जवान और एक भरोसेमंद तथा कुशल ड्राइवर था। खतरे को भाँपते हुए उससे बचने के लिए उसने तुरंत एक्सेलरेटर पैडल को पूरी तरह से दबाया; किंतु टैंक आपस में 10 फीट दूरी पर स्थित दो खजूर के पेड़ों के बीच फँस गया था। उसकी अनुभवी नजर बता रही थी कि टैंक फँस चुका था और आगे नहीं बढ़ सकता था और ऊपर दुश्मन के लड़ाकू विमान मँडरा रहे थे। अब टैंक दो खजूर के पेड़ों के बीच में शांत खड़ा था।

कुशल और अच्छी तरह से प्रशिक्षित ड्राइवर ने बेकार की सफाई देने में समय नहीं गँवाया। कठोर पेड़ों द्वारा दिए गए झटके से उबरने के बाद उसने तुरंत इंजन स्टार्ट किया और रिवर्स गियर लगाकर बाहर निकलने की कोशिश की। शायद ट्रैक खजूर के पेड़ों के रसदार तने में फँस गया था, क्योंकि वह हिला तक नहीं। अपने प्रयास की निरर्थकता को महसूस करते हुए रामफल हाथ में कुल्हाड़ी लिये हुए एक पेड़ को काटने के लिए डेक से कूद गया। इन्फैंट्री के दो जवान हमें देख रहे थे। वे भी टैंक क्रू के साथ टैंक को निकालने में जुट गए। दुश्मन के विमान अब हमले की ताक में थे। उनमें से एक ने हमें निशाने पर ले लिया था। सफेद धुआँ रॉकेटों के छोड़े जाने का संकेत था। विस्फोट की तेज आवाज की जकड़ में होने के बावजूद टैंक को गति प्रदान कर दी थी। टैंक को जकड़ से हराने का काम जोरों पर था, जबकि (दुश्मन) जेट अपने दूसरे रन के लिए ऊँचाई हासिल कर रहा था। जब ड्राइवर सीट पर वापस आया तो जोरदार और चुस्त प्रयास की बदौलत पेड़ का आधे से ज्यादा तना कट चुका था। मेरी नजर अभी भी जेट पर टिकी थी, जिसने हमें

निशाना बनाया था। इस बीच रामफल ने इंजन को फिर से स्टार्ट किया और टैंक को उस पेड़ की दिशा में घुमा दिया, जिसे उसने काटा था। टैंक और पेड़ के बीच जीवित रहने की लड़ाई शुरू हो चुकी थी, क्योंकि नीचे की ओर झपटते हुए उस जेट ने हमें देख लिया था। टैंक का इंजन पूरी गति पर था और प्रति मिनट टैंक को तेज झटके के साथ गति प्रदान करने की कोशिश कर रहा था। इस जीवन-मरण की जंग का संगीतप्रिय संचालक जब अपने ऑर्केस्ट्रा के ग्रैंड फिनाले के दृश्यों में झाँझ की झंकार की तरह विमोचित रॉकेट को टैंक की आर्मर प्लेट से टकराएगा, तब बहरा कर देनेवाली आवाज के साथ पर हुए जोरदार विस्फोट से परदे के साथ छत भी गिर जाएगी। यह उन प्रदर्शनों में से एक होगा, जिसमें दर्शक दोहराने की माँग भी नहीं कर पाएँगे, क्योंकि इसका समापन मंच और कलाकार दोनों को नष्ट कर देगा। उम्मीद अभी भी बाकी थी। तभी अचानक एक बाँध फटने की तरह टैंक ट्रैक पेड़ की पकड़ से छूट गया, क्योंकि पेड़ धराशायी हो चुका था। जिस गति के साथ ड्राइवर ने लॉक स्टिक को हटाया, वह काबिलेतारीफ था और तुरंत उसने टैंक को नजदीकी खजूर के पेड़ों के झुरमुट में पहुँचा दिया। हालाँकि हमारी समस्याएँ खत्म नहीं हुई थीं, क्योंकि अन्य लड़ाकू विमान रिलीज पॉइंट पर पहुँच चुके थे। लेकिन यह आशंका कि हमें निशाना बनाया जा रहा था, उसने ड्राइवर को जिगजैग रूट अपनाने के लिए मजबूर कर दिया और पायलट को निशाना लगाने का मौका नहीं था। इसमें टैंक ड्राइवर को वैकल्पिक रूप से बाएँ/दाएँ ड्राइविंग स्टिक्स को लॉक करना और एक्सेलरेटर पँडल को दबाना और छोड़ना शामिल था। एक पायलट ने रॉकेट छोड़े लेकिन एक स्थिर टारगेट नहीं पाकर निशाने से चूक गया। इस बार जब सैबर जेट का निचला हिस्सा हमारे ऊपर से गया तो हम समझ चुके थे कि हमने आज की जंग जीत ली है, क्योंकि जब वह लड़ाकू विमान ऊपर को उठा, तब हम बाँस के एक बड़े झुरमुट की सुरक्षा में प्रवेश कर चुके थे।

दूसरे हवाई हमले ने जान व माल की अपनी गिनती पूरी कर ली थी। व्यापक फैलाव और बेहतर छिपाव के कारण टैंकों को कोई नुकसान नहीं हुआ था। रेजीमेंटल सहायता पोस्ट की ओर ले जाए गए या मार्ग बताए गए सैनिकों की संख्या से इन्फैंट्री का नुकसान स्पष्ट था। वह प्रश्न, जो अब हर कोई पूछ रहा था, वह था—हमारे लड़ाकू विमान ने सैबर्स को रोका क्यों नहीं? क्या इसलिए कि हमारे मिग व जैट दुश्मन को टक्कर देने में विफल रहे थे या आधिकारिक नीति के कारण पाकिस्तानी वायु सीमा को पार करने की अनुमति नहीं दी गई? दो जबरदस्त हवाई

हमलों ने जवानों के मनोबल पर भारी प्रभाव डाला था। इसके अलावा, भारी क्षति भी हुई थी। जवानों को यह समझाना मुश्किल था कि वायु सेना ने हमारे सैनिकों की जमीनी लड़ाई में शामिल होने से क्यों मना कर दिया। मैं इस बात से पूरी तरह से सहमत था कि सेना/वायु सेना के आला अफसरों को न केवल जमीनी सैनिकों की सुरक्षा करने के लिए, बल्कि इस सेक्टर में पूर्ण हवाई सुविधा प्राप्त कराने के लिए वायु सेना को तैनात करने पर गंभीरता से विचार करना होगा। ट्रूप लीडरों को मैंने समझाया कि दुश्मन के लड़ाकू विमान हमें परेशान नहीं करेंगे, अगर हम अच्छी तरह से ढँके-छुपे हों, जिसका प्रमाण था दूसरा हवाई हमला, जिसमें दुश्मन अपना टारगेट हासिल नहीं कर पाया। थोड़ा-बहुत जो वे जान पाए, वह था कि मैं भी उनके साथ पूरी तरह सहमत था; क्योंकि असल बात यह कि मैं भी डिग्बी से वही सवाल पूछ रहा था, लेकिन जिसका मुझे जवाब नहीं मिल रहा था। इन परिस्थितियों में मैं जो सर्वाधिक कर सकता था, वह यह कि मोर्चे पर साहसिक बना रहूँ, ताकि अन्य सभी मेरा अनुसरण करें।

युद्धक्षेत्र में आम सैनिकों की तरह जान जोखिम में डालकर उच्च कमांडरों के आने से सैनिकों का मनोबल बढ़ता है। एक अनुभवी और चतुर सैन्य लीडर इस तरह के दौरे का इस्तेमाल फीडबैक लेने और अधीनस्थ कमांडरों द्वारा उनके आदेश कहाँ तक लागू कराए गए, आदि का निरीक्षण करने के लिए करते हैं। यदि उच्च कमांडर खुले विचारोंवाला और विवेकपूर्ण हो तो वह विचारों व सुझावों के आदान-प्रदान के अलावा खुद को उन लोगों की सलाह और आलोचना दोनों के लिए तैयार रखता है। वह इंटर-आर्म/सर्विस को-ऑपरेशन के द्वारा उनके आहत अभिमान को सहज व शांत कर सकता है। आखिरकार दाँत के दर्द से परेशान कोई व्यक्ति अपने दर्द की अधिक परवाह करेगा, न कि उसके कमांडर द्वारा दिए गए सामरिक ज्ञान की। मुख्यालय से 42 इन्फैंट्री ब्रिगेड के कमांडर ब्रिगेडियर घराया और डिग्बी ने हमारी लोकेशन का दौरा किया। उनकी हृदय से की गई प्रशंसा और शांत-स्थिरता ने जल्द ही उन्हें सैनिकों के बीच प्रिय बना दिया। घराया एक अनुभवी योद्धा होने के नाते नए परिवेश में आसानी के साथ घुल-मिल गए थे। वे एक ओर से सभी के साथ हाथ मिलाते हुए और बधाई देते हुए चलते गए और उन्होंने सभी के साथ ऑर्डिनेंस द्वारा जारी मग में चाय का आनंद उठाया। वे दोनों शैफी टैंक देखने के लिए उत्सुक थे, जिन्हें हमने नष्ट करने का दावा किया था। उनके लिए यह एक बड़ा आश्चर्य था कि हमने कुछ भी बढ़ा-चढ़ाकर नहीं

कहा था। युद्ध के मैदान में शैफी टैंक चारों ओर बिखरे हुए थे। टारगेट इंडिकेट करने की जटिल प्रक्रिया के बजाय एल.एम.जी. के बर्स्ट फायर से प्रत्येक टैंक को इंडिकेट किया गया। उनकी आँखें उत्साह से भरी थीं, जब उन्होंने कुल 13 टैंक गिने। दूसरा तथ्य, जिसने काफी हद तक उनके दिल को छुआ, वह था इतनी क्लोज-रेंज पर दुश्मन के टैंकों को नष्ट कर देना। पूरा युद्ध 300 से 500 गज की दूरी पर लड़ा गया और निकटतम टैंक 30 गज की दूरी पर धराशायी था! एक प्रश्न सैनिकों द्वारा बार-बार उठाया गया कि हमारी वायु सेना को अब तक सक्रिय क्यों नहीं किया गया था? ताजा हवाई हमलों का डर अभी भी सभी के मन में था। यह देखते हुए कि पहले और दूसरे हवाई हमले के बीच का समय ढाई घंटे का था, इसलिए अगले 30-40 मिनट में एक और हवाई हमले की उम्मीद थी। दुश्मन किसी भी तरह, निश्चित रूप से शाम होने से पहले, एक और धावा बोलेगा। दोनों आगंतुकों ने सरकारी नीति को समझाने की कोशिश की, लेकिन यह खोखला और अविश्वसनीय रहा था। सैनिक आहत हुए थे और अपनी निराशा में मुखर हो रहे थे तथा इस संबंध में दृढ़ प्रतिबद्धता चाहते थे।

जब तक डिग्बी और कमांडर अपने मुख्यालय पहुँचे होंगे, तब तक एयर अलर्ट फिर से बज चुका था। इस बार मैं स्क्वाड्रन रोवर में था, जो हाइबरनेशन की लंबी अवधि के बाद ए-1 एक्लोन वाहनों के साथ आया था। एक पहिएदार वाहन में होने के कारण मैंने अपने टैंक की ओर जानेवाले प्रमुख ट्रैक का अनुसरण किया और पहले लिये गए शॉर्ट-कट का जोखिम नहीं उठाया। अपने टैंक पर चढ़ने के बाद मुझे अहसास हुआ कि स्क्वाड्रन रोवर के ड्राइवर उपाध्याय और सिग्नल एन.सी.ओ. आर.एन. सिंह मेरा पीछा कर रहे थे। इसने मुझे काफी आश्चर्यचकित किया और मैंने उनके वाहन को पीछे झाड़ियों में छद्म आवरण से ढँकने का आदेश दिया। वाहन के साथ बने रहने की उनकी अनिच्छा कई मायनों में उस कठिनाई का संकेत थी, जो हमें टैंक युद्ध के दौरान और बाद में दोनों के साथ संपर्क स्थापित करने में हुई थी। मैंने उनके डर को कम करने की ठानी और उन्हें जोंगा में वापस जाने का आदेश दिया। दुश्मन के लड़ाकू विमान ने अपने बम छोड़ने के लिए डुबकी लगा दी थी। मैंने पीछे मुड़कर देखा और ड्राइवर को एक बार फिर जोंगा से उछलकर भागते हुए देखा।

"अरे बेवकूफ, तुम जा कहाँ रहे हो?" मैं चिल्लाया। ड्राइवर जहाँ था, वहीं खड़ा हो गया। वह मेरे और हमलावर जेट के भय से लगभग पंगु हो चुका था। मैं

उसकी ओर जैसे ही आगे बढ़ा, वह मेरे डर से तुरंत जोंगा में लौट गया।

एक शब्द और कहे बिना मैंने पहले जोंगा की ओर इशारा किया और फिर 50 गज की दूरी पर उन झाड़ियों की ओर, जहाँ उसे तैनात करना चाहता था। उनके शुरुआती डर और हिचकिचाहट को दूर करने से युद्ध में उनका प्रदर्शन काफी हद तक सुधर चुका था। बाद में मुझे पता चला कि एक गोली विंडस्क्रीन से टकराने के बाद उनके माथे को छीलते हुए गई थी, जिसने लड़ाई के पहले दिन से ही उपाध्याय के उत्साह को कमजोर कर दिया था।

चार लड़ाकू विमान एक बार फिर क्षितिज पर, हमारे डिफेंस के साथ खतरनाक खेल के लिए, दिखाई दिए। प्रारंभिक आतंक और खतरे, जो उनकी उपस्थिति से बने थे, अब कुछ हद तक दूर हो गए थे। हम उनके हमले के पैटर्न को समझ चुके थे। सैबर्स जेट के 10 मिनट अंतर से लक्ष्य पर (TOT—Time over Target) की जो जानकारी हुई थी, उसने हमें शांतिपूर्वक और धैर्य के साथ उनकी उपस्थिति को सहन करने के लिए प्रेरित किया। TOT (Time over Target) समाप्त होने से बहुत पहले उनकी रुचि हमारी लोकेशन से लगभग 2 कि.मी उत्तर-पश्चिम में चौगछा की ओर मुड़ने में लग रही थी, क्योंकि हमारे FOO कैप्टन सैगल ने जान-बूझकर दुश्मन की गन पोजीशन की ओर स्मोक-शेल दागे थे। पायलटों ने इसे एक संकेत के रूप में गलत समझा कि वहाँ एक अधिक आसान टारगेट मौजूद था, जैसा कि उनके जमीनी सैनिकों द्वारा इंगित किया गया था। उनका ध्यान हमारे ऊपर से हट गया और हमें एक बड़ी राहत मिली। लाइन ऑफ फायर में नहीं होने के कारण हम अब कमांडर के कपोला को पूरी तरह से खोलकर खड़े हो सकते थे, ताकि दुश्मन के सैबर्स जेट्स को अपनी ही गन पोजीशन पर बमबारी करते देख सकें। एक तरफ मैं सैबर्स जेट्स द्वारा अपनी ही आर्टिलरी गनों की एक फील्ड बैटरी और एयर डिफेंस ट्रूप्स के साथ खेलते हुए देख रहा था और दूसरी ओर मेरा ध्यान (TOT) लक्ष्य पर आने के समय पर भी था। विस्फोटों व धमाकों की आवाज हमारे चारों ओर की हवा को भेदती रही। सैगल जल्द ही घोषणा करनेवाले थे कि अंतिम 60 सेकंड के लिए उलटी गिनती शुरू हो चुकी थी। उन्होंने हमारी लोकेशन के ऊपर से एक चक्कर और लगाया और फिर वे जेस्सोर स्थित अपने बेस में वापस चले गए। दसवें मिनट के बाद ग्यारहवाँ मिनट शुरू हो चुका था; किंतु हम आश्चर्यचकित थे, जब वे अपने हमले को बारहवें मिनट तक ले गए। अपने टैंकों पर बैठे हम केवल इस बरबादी

(या यह अहंकार था) को साकार करने के लिए कह सकते थे कि वे वायु सीमा के भीतर थे और आश्वस्त थे कि भारतीय वायु सेना कारवाई में हस्तक्षेप नहीं करेगी। हमारी नाराजगी और घृणा तब बढ़ गई, जब हमारी घड़ियों ने हमें बताया कि सैबर्स तेरहवें मिनट में प्रवेश कर चुके थे। वे निस्संदेह इतने लंबे समय तक हमारे वायु क्षेत्र में मेहमान बने रहे थे।

तेरहवाँ मिनट समाप्त हो चुका था और सैबर्स कम ऊँचाई तथा धीमी गति के साथ बेफिक्री से अपने टारगेट चुनते हुए ऊपर मँडरा रहे थे। अभी वे नए टारगेट्स पर निशाना लगाने के लिए नीचे आने की तैयारी कर रहे थे, तभी जाने कहाँ से दो सफेद बिंदु उनके ऊपर आते हुए दिखाई दिए। इससे पहले कि कोई 'जोय बाँग्ला' कहता, वे सफेद बिंदु दो नैट्स में तब्दील हो चुके थे और दुश्मन के जेट्स के पीछे थे। अगले ही पल दुश्मन के दोनों सैबर्स घने काले धुएँ की लकीर छोड़ते हुए जमीन की ओर जाते दिखे। गिरते जेट्स और काले धुएँ में से दो पैराशूट बाहर निकले। निश्चित रूप से वे पायलट रहे होंगे।

भारतीय वायुसेना के नैट्स लड़ाकू विमान आसमान से बिजली की तरह चमके थे। अपना टारगेट हासिल करने के बाद पहले दो नैट विमानों को अधिक ऊँचाई हासिल करते हुए देखा जा सकता था और अन्य दो नीचे की ओर गोता लगाते हुए आए। दुश्मन के जेट्स, जिन्होंने तबाही का मंजर दिखाया था, अब अपनी असली अग्नि-परीक्षा में फँस चुके थे। नवंबर माह के साफ आसमान में नैट्स विमान को दुश्मन के जेट्स के ऊपर देखा जा सकता था। तभी एक नैट विमान ने अपने टारगेट पर रॉकेट दागा और पीछे सफेद धुएँ का गुबार छोड़ा था। रॉकेट अपने निशाने पर था और नीचे इस मंजर को देख रही हजारों आँखों ने जैसे मिली-जुली आवाज में कहा, "एक और गया, देखो!"

इससे पहले कि गूँज कानों तक पहुँच पाती, एक तेजी से गिरते दुश्मन जेट से गाढ़ा काला धुआँ उठता दिखाई दिया, जो जल्द ही आकाश में फटा और गुरुत्वाकर्षण के नियमों का पालन करते हुए नीचे गिर गया। यह कल्पना करना कठिन था कि पायलट इस अग्नि-परीक्षा से बचा या नहीं, क्योंकि पैराशूट भी किसी ने नहीं देखा। जब हम नीचे उतर रहे दो पैराशूट को देख रहे थे, तभी सैगल ने पूर्वी आकाश की ओर मेरा ध्यान आकर्षित किया, जहाँ दुश्मन का एक जेट था, जिसकी पूँछ पर आग लगी हुई थी और हमारे नैट लड़ाकू विमान उसके पीछे थे।

जैसे ही दुश्मन का लड़ाकू विमान धराशायी हुआ, पूरे युद्धक्षेत्र में खुशी

और उल्लास की लहर दौड़ गई। अब युद्धक्षेत्र पूरी तरह से रूपांतरित हो चुका था। चक्रवर्ती जैसे कई सैनिकों ने खुले में इस युद्ध को देखने के लिए अपने टैंक शेल्टर की सुरक्षा को छोड़ दिया था। इन्फैंट्री भाँगड़ा करने के लिए खाइयों से बाहर निकल चुकी थी। उनमें से कई अब चारों ओर भाँगड़ा कर रहे थे और अपने दोस्तों से पूछ रहे थे कि क्या उन्होंने दुश्मन के जेट्स को भारतीय वायु सेना द्वारा धराशायी करने का नजारा देखा या नहीं? पहले हमारी वायु सेना का इस्तेमाल नहीं करने का जो क्रोध और घृणा उनमें थी, उसने अब उनकी तीव्र गतिवाली मशीनों के लिए प्रशंसा के शब्द चुन लिये थे। एक-दूसरे की पीठ थपथपाते हुए वे एक-दूसरे को भारतीय वायु सेना के इस असाधारण प्रदर्शन के लिए बधाई दे रहे थे। अब उनका मनोबल और बुलंद हौसला सातवें आसमान पर था।

वायु सेना की सावधानीपूर्वक योजना और रणनीति कई मायनों में उल्लेखनीय थी। समय और विधि का सही नियोजन करके दुश्मन को कैसे बेवकूफ बनाया था! बाद में यह सामने आया कि पूरा ऑपरेशन कलाइकुंडा एयरफोर्स बेस में मास्टरमाइंड किया गया था। कलकत्ता के आसपास स्थापित राडार नेटवर्क ने अपने पहले मिशन पर जेस्सोर एयर बेस से उड़ान भरने के बाद दुश्मन के जेट्स की आवा-जाही, उड़ान पथ, विशेषताओं और व्यक्तिगत हस्ताक्षर की जानकारी हासिल की थी। अन्य प्रदर्शन मापदंडों, जैसे कि एक्शन की रेडियस, ईंधन क्षमता आदि ने टारगेट एरिया में दुश्मन के लड़ाकू विमानों की उपस्थिति की समय-सीमा बताने में मदद की थी। पहले दो हवाई हमलों के व्यापक मापदंडों और रणनीति का विस्तार से अध्ययन व विश्लेषण किया गया था। काउंटर स्ट्राइक के लिए नैट विमानों की उपयुक्तता का मूल्यांकन किया गया और तुलनात्मक प्रदर्शन तालिकाओं को तैयार किया गया था। जैसे ही हमले आगे बढ़े, दुश्मन पायलट आश्वस्त हो गए कि भारतीय वायु सेना हस्तक्षेप नहीं करेगी। अपनी इसी गलती का बहुत बड़ा खामियाजा उन्हें भुगतना पड़ा। जब दुश्मन के लड़ाकू विमान ने जेस्सोर से उड़ान भरी थी, उसी समय भारतीय नैट्स ने कलाइकुंडा से उड़ान भरी थी। उड़ान के समय और ऊँचाई, जिस पर उन्हें दुश्मन के राडार से बचना था, यह सब पहले से योजनाबद्ध था। नैट्स विमानों ने दुश्मन के राडार से बचने के लिए ट्री-टॉप लेवल पर उड़ान भरने में अतिरिक्त सावधानी बरती और फिर आसमान में अधिक ऊँचाई पर बादलों के ऊपर मँडराने लगे; जबकि दुश्मन के लड़ाकू विमान 'टाइम ओवर टारगेट' को बढ़ाते हुए टारगेट एरिया में अधिक देर तक रुके रहे थे।

इसका निहितार्थ यह था कि उनके पास बेस में लौटने के लिए ही केवल पर्याप्त ईंधन होगा, जिससे डॉगफाइट में भाग लेने की उनकी क्षमता कम हो जाएगी। इसलिए जब दुश्मन के लड़ाकू विमान विस्तारित TOT के दौरान ग्राउंड फोर्सेस के साथ खिलवाड़ कर रहे थे, हमारे पायलट तेरहवें मिनट के शुरू होते ही बाज की तरह नजर टिकाए उन्हें नष्ट करने के लिए तैयार थे।

पाठकों को कभी-कभी ऐसा आभास हो सकता है कि 'बलवान ही श्रेष्ठ' होता है; हालाँकि ऊपर बताई गई समीक्षा उस बुद्धिमत्ता को दरशाती है, जो विजय दिलाती है। अनुभवी और जानकार पुरुष लड़ाई के हर पहलू की समीक्षा करते हैं। तथ्यों को समेटा जाता है, उनका विश्लेषण किया जाता है और निष्कर्ष निकाले जाते हैं। एक कमांडर को सैन्य काररवाई की योजना को अंतिम रूप देने के लिए प्राप्त विभिन्न निवेश-सूचनाओं (inputs) को ध्यान में रखने की आवश्यकता होती है। फिर वह हमले की एक विस्तृत योजना को यथार्थ में लागू करता है। लाइन ऑफिसर तब इसे सही तरीके से अंजाम देते हैं। युद्ध को खुफिया तंत्रों, ताकत और हौसले से जीता जाता है, केवल दृष्टिकोण ही काफी नहीं होता। योजना बनाना और जमीनी स्तर पर उसे लागू करना—दो ऐसे पहलू हैं, जो वरदी में मौजूद देश-सेवा के लिए तत्पर जाँबाजों की सार्थकता सिद्ध करते हैं और देश के अन्य लोग तो इन रणबाँकुरों के सर्वोच्च बलिदान के कारण अपनी स्वतंत्रता का आनंद लेते हैं।

इस आमने-सामने के हवाई युद्ध के तीन दशक से अधिक समय बाद मैं विंग कमांडर एम.जे. बागची से दमदम एयर बेस पर मिला, जिन्होंने इस युद्ध के बारे में बहुत विस्तार से बताया था। उनका कहना था कि वायु सेना के इस्तेमाल पर लगा प्रतिबंध बहुत पहले हटा दिया गया था। जेस्सोर एयरफील्ड हमारे राडार की सीमा के भीतर थी और हर टेक-ऑफ व लैंडिंग की बारीकी से निगरानी भी की गई। जब दुश्मन के विमानों ने पहली बार मिशन के लिए टेक-ऑफ किया, तब 'स्क्रैम्बल' का आदेश दिया गया था और एक ग्रुप कैप्टन के नेतृत्व में चार नैट्स को टेक-ऑफ करना था, किंतु हाइड्रोलिक फेल होने के कारण मिशन को रोकना पड़ा था। जब दुश्मन के जेट्स दूसरी बार आए तो नैट विमान को फिर से 'स्क्रैम्बल' किया गया। मिशन लीडर ने टेक-ऑफ के तुरंत बाद रेडियो सेट में खराबी की सूचना दी, जिससे अन्य तीन पायलट गणपति, मैसी एवं लजारस को बहुत निराशा हुई थी। मिशन के एक बार फिर रुक जाने से नए पायलटों की निराशा जग-जाहिर थी। इस सेक्टर के एयर ट्रैफिक कंट्रोलर बागची, साथ ही

ग्राउंड स्टाफ व तकनीशियनों को पता था कि समस्या कहाँ थी; लेकिन अच्छे परिपक्व अफसरों की तरह उन्होंने भी अपना मुँह बंद रखा। दुश्मन के विनाशक सैबर जेट्स ने तीसरी बार उड़ान भरी और इस बार गणपति को मिशन लीडर चुना गया था। सौभाग्य से, हाइड्रोलिक्स, रेडियो सेट और अन्य सभी प्रणालियाँ ठीक से काम कर रही थीं। बाकी सब तो अब इतिहास बन चुका है। बागची के अनुसार, लजारस सबसे पहले थे, जिन्होंने दुश्मन जेट्स को स्पॉट किया था। उसके बाद मैसी ने एक को सामने से घेरा और दूसरा उसके पीछे से आ गया था। गणपति ने उसे ब्रेक करने के लिए कहा। गणपति ने फायर किया और उनकी उँगली अभी फायरिंग बटन पर ही थी कि दुश्मन जेट के परखच्चे उड़ चुके थे। दुश्मन जेट के मलबे ने उनके विमान और ईंधन टैंक को नुकसान पहुँचाया था, जिससे उन्हें बेस में वापस लौटना पड़ा था। मैसी के निशाने पर जो दुश्मन जेट था, वह क्षतिग्रस्त था, किंतु जेस्सोर लौटने में सफल रहा। दुश्मन के अन्य तीन विमान ध्वस्त कर दिए गए थे। जैसा कि रिवाज है, पायलटों को लैंडिंग से पहले अपनी जीत के रूप में एक चक्कर लगाना होता है। संपूर्ण दमदम एअर कर्मी साहसी पायलटों को बधाई देने के लिए अपने घरों और कार्यालयों से बाहर निकल आए थे। पिछले दो मिशन के विफल रहने की कहानी जानने के बावजूद बागची भी अपनी पोस्ट छोड़कर खुशी में शामिल हुए थे। अफसर मेस में ही उन्हें पी.एम.ओ. (प्रधानमंत्री कार्यालय) से एक फोन कॉल आई। वे शांत और चिंतित थे; किंतु उनको प्रधानमंत्री इंदिरा गांधी से प्रशंसा प्राप्त करने का दुर्लभ आनंद मिला था। वे चाहती थीं कि इस हवाई युद्ध की वीडियो रिकॉर्डिंग को आगे भेजा जाए, क्योंकि संसद् में उन्हें एक महत्त्वपूर्ण घोषणा करनी थी। बागची को 3 दिसंबर को व्यक्तिगत रूप से प्रधानमंत्री इंदिरा गांधी से मिलने का सौभाग्य भी मिला, जब उन्हें दिल्ली लौटना था। उनके टेक-ऑफ में देरी हो गई थी, क्योंकि एयर फील्ड पर रोशनी काम नहीं कर रही थी। कुछ टूट-फूट का अंदेशा था। यह उस समय की बात थी, जब बेस कमांडर को भारतीय एयर फीड पर पाकिस्तानी हवाई हमले के बारे में एयर हेडक्वार्टर से चेतावनी प्राप्त हुई थी और वे चाहते थे कि प्रधानमंत्री को सूचित किया जाए (सबसे पहले सूचित करने का सिंड्रोम) कि पाकिस्तान ने युद्ध की घोषणा कर दी है।

तीन दशक बाद इस हवाई युद्ध से जुड़े सभी अधिकारी सेवानिवृत्त हो गए। सेवानिवृत्ति से पहले एक एयर कामोडोर के पद पर पहुँच गया; एक ने समय से

पहले सेवानिवृत्ति ले ली और ऑस्ट्रेलिया चला गया और एक ने आत्महत्या कर ली थी। बागची विंग कमांडर के रूप में रिटायर हुए और महर्षि शिक्षा संस्थान में सेवारत हैं। उन मिशन लीडरों में से एक, जो मिशन को विफल करने में साथ थे, वह एयर मार्शल के पद से रिटायर हुए। जीवन में ऐसा भी होता है!

23 नवंबर को कोहरा जल्दी छूट गया और हम जल्दी से अलग होकर जाने के लिए मजबूर थे। एक तरह से यह एक आशीर्वाद के रूप में बदल गया, क्योंकि बड़ी संख्या में वरिष्ठ अफसरों को आना था। इसमें अन्य कई अफसरों के साथ, 2 कोर/दल के कोर कमांडर लेफ्टिनेंट जनरल टी.एन. रैना और 9 इन्फैंट्री डिवीजन के डिवीजनल कमांडर मेजर जनरल दलबीर सिंह शामिल थे। जनरल रैना (दोस्तों के लिए 'टैपी'), जो एक आँख पर हरे रंग का पैच पहनते थे, एक महान् सैन्य अफसर थे और उनके साथ मुलाकात का मतलब था—ढेर सारे सवालों के जवाब देना। उन्होंने बहुत संक्षेप में शालीनता से बात की। दूसरी ओर, जनरल दलबीर सिंह जमीन से जुड़े अफसर थे और जीवन की अच्छी चीजों का आनंद लेने में उनका विश्वास था। उनके साथ सभी आर्म्स/सर्विसेस के अफसरों की जीप और जोंगा का काफिला था। यह दल बटालियन के डिफेंस एरिया में चला गया, जहाँ कंपनी कमांडरों और ट्रूप लीडरों का परिचय उनसे करवाया गया। आर.के. सिंह ने युद्ध का आँखों-देखा हाल सुनाना जारी रखा और उसमें घटी खास बातों को उजागर किया। अंत में वे (ऑफिसर्स) आए और उस टैंक के सामने आकर रुक गए, जो लगभग 30 मीटर की दूरी पर ध्वस्त हुआ पड़ा था। जनरल रैना ने मुझसे विस्तार से पूछा कि यह लड़ाई कैसे लड़ी गई? उन्होंने टैंक बनाम टैंक लड़ाई का सफल संचालन करने पर हमें बधाई दी। ब्रिगेडियर घराया ने हम लोगों को बताया कि एडवांस की अनुमति तो नहीं मिली, अन्यथा टैंक 21 नवंबर को ही जेस्सोर पहुँच गए होते! इस बात ने सभी उपस्थित लोगों को प्रसन्न कर दिया। गरीबपुर की लड़ाई हमारी विजय का पर्याय बन चुकी थी, जो संपूर्ण राष्ट्र को एकजुट होने की प्रेरणा देने के लिए और साथ खड़े होकर यह कहने के लिए कि 'हम हैं हिंदुस्तानी'। भावी (आनेवाले समय के) इतिहासकार इसका लेखन इस प्रकार करेंगे कि जब भारत ने एक संघर्षरत और तीसरी दुनिया के ऐसे गुटनिरपेक्ष देश और विश्व के देशों में याचक की तरह भिक्षा पात्र लिये घूमनेवाले देश की छवि से बदलकर स्वयं को दक्षिण एशियाई शक्ति और एक उभरते हुए विश्व नेता के रूप में रूपांतरित कर दिया था।

7 मार्च, 1977 को अहमदनगर में पारिवारिक फोटो। बाएँ से दाएँ : श्रीमती शीला मेहता (माँ), जयश्री (पत्नी), बलराम (स्वयं), कुक्की, कुसुम और मीनू प्रधान (जुड़वाँ हर्ष और गौरी के साथ) नरिंदर, राजिंदर, सुरिंदर, अंकल के.डी. धवन, शमशेर। बेटे रोहित के साथ मधु

16 दिसंबर, 2015, ढाका में 'विजय दिवस समारोह' के दौरान ब्रिगेडियर और श्रीमती मेहता, बांग्लादेश की प्रधानमंत्री श्रीमती शेख हसीना, राष्ट्रपति मोहम्मद अब्दुल हमीद और लिबरेशन वॉर अफैयर्स के मंत्री ए.के.एम. मोजामेल हक का अभिनंदन करते हुए

ढाका में विजय दिवस समारोह में ब्रिगेडियर मेहता एवं श्रीमती मेहता के आगमन पर बंग्लादेश चीफ आर्मी स्टाफ, जनरल अबु बेलाल मोहम्मद शैफुल हक्क स्वागत करते हुए

18 नवंबर, 2016 को नई दिल्ली स्थित मानेकशॉ सेंटर में कैवेलरी एसोसिएशन मेमोरियल लेक्चर के बाद राष्ट्रपति प्रणव मुखर्जी। स्ट्रेटेजिक फोर्सेस कमान के कमांडर–इन–चीफ लेफ्टिनेंट जनरल अमित शर्मा, PVSM, AVSM, VSM

भारतीय डिफेंस फोर्सेस के सर्वोच्च कमांडर
राष्ट्रपति प्रणव मुखर्जी के साथ, 18 नवंबर, 2015

नई दिल्ली स्थित मानेकशॉ सेंटर में राष्ट्रपति प्रणव मुखर्जी के साथ 45 कैवेलरी के अफसर और लेडीज की ग्रुप फोटो

ब्रिगेडियर बी.एस. मेहता, कमांडर 27 आर्मर्ड ब्रिगेड, बबीना, 1995

*कैप्टन बी.एस. मेहता और लेफ्टिनेंट टी.एस. सिंधु (स्पीडी),
कमांडेंट लेफ्टिनेंट कर्नल आर.एन. मदान के साथ, बगराकोट, सन् 1970*

बाएँ से दाएँ : कैप्टन बी.एस. मेहता, मेजर पी.के. बत्रा, कर्नल मनमोहन सिंह, रिसालदार मेजर विक्रम राय। जुलाई 1972 में सूरतगढ़ में 45 कैवेलरी की कमान लेफ्टिनेंट कर्नल मनमोहन सिंह द्वारा ग्रहण करने के उपलक्ष्य पर जे.सी.ओ. मेस समारोह के दौरान

बाएँ से दाएँ : रेजीमेंट की स्वर्ण जयंती समारोह के अवसर पर 45 कैवेलरी के लेफ्टिनेंट कर्नल हर्षवर्धन, कैप्टन अनिरुद्ध कोहली, ब्रिगेडियर एस.के. गुप्ता, ब्रिगेडियर आर.एस. तिवाना 9 फरवरी, 2016 को गरीबपुर के पास '1971 के युद्धक्षेत्र' के निरीक्षण के दौरान

17 फरवरी, 2016 को भटिंडा (पंजाब) में 45 कैवेलरी की 'सी' स्क्वाड्रन के युद्ध दिग्गज स्वर्ण जयंती समारोह के दौरान

फरवरी 2016 में स्वर्ण जयंती समारोह के दौरान एक डि-कमीशंड PT-76 टैंक अपनी पूरी भव्यता के साथ रेजीमेंट टैंक-क्रू के साथ हिस्सा लेते हुए। विशेष सैनिक सम्मेलन के दौरान 'निशान टोली' के आगमन पर समस्त सैनिक और सेवानिवृत्त सैनिक खड़े होकर सैल्यूट देते हुए

□

विश्राम और पुनः आपूरण

स्क्वाड्रन 120 घंटे से अधिक की घमासान लड़ाई में थी। उसके सदस्यों को आराम करने और साजो-सामान की मरम्मत के लिए कुछ समय चाहिए था। रैकी ट्रूप लीडर नायब रिसालदार महतो को बैंस ने टैंकों को मुख्य चौगछा-जिंगेरगाछ ट्रैक से टैंक हार्बर लोकेशन भद्रा तक गाइड करने का काम सौंपा। चोरी-छुपे होनेवाले हवाई हमलों से बचाव के लिए एंटी-एयरक्राफ्ट गनों का एक सैन्य दल तैनात किया गया था। स्क्वाड्रन के A1 और A2 एक्लोन साथ-साथ तैनात थे। हार्बर एरिया में टैंक क्रू मेंबर्स के स्वागत के सभी इंतजाम किए गए थे।

क्रू मेंबर्स टैंकों से उतरकर पी.ओ.एल. और एम्युनिशन लॉरियों के आने का इंतजार कर रहे थे, जिनको अब सभी टैंकों तक जा-जाकर रि-फिलिंग करनी थी। यह कैवेलरी रेजीमेंटों में एक पुरानी स्थायी प्रथा है, जहाँ सवार को अपने आराम के बारे में सोचने से पहले अपने घोड़े को खिलाने-पिलाने के बारे में सोचना पड़ता है। यह तर्कसंगत और नियमित दिनचर्या आज भी वही है, फर्क इतना है कि घोड़ों की जगह टैंक ने ले ली है। जबकि एडम ट्रूप के जवान टैंक क्रू को अनलोडिंग और टैंक की मरम्मत में मदद करने में व्यस्त थे, सीनियर जे.सी.ओ. रिसालदार रघुबीर चंद्रा मेरे साथ क्रू मेंबर्स से मिलने के लिए आए। घमासान लड़ाई के दौरान मुझे उन सभी से मिलने का अवसर ही नहीं मिला था। मैं जिस किसी से भी मिला, सभी हँसमुख, उत्साह से भरपूर और आशावान् थे। जीत के स्वाद की झलक हर चेहरे पर आत्मसम्मान और मनोबल के ऊपर नजर आ रही थी। मामूली कठिनाइयाँ, जो निरंतर काम करने में बाधक होती थीं, हर जीत के ज्वार के साथ बह जाती थीं। मैं जिस किसी से मिला, वह उत्साह और आत्मविश्वास से भरा हुआ था। हर किसी के पास बताने के लिए अपनी कहानी थी कि उसने इस निर्णायक युद्ध में दुश्मन के

टैंकों और उसकी अपनी भागीदारी को कैसे अनुभव किया था। वे अपने उन साथियों के लिए दु:खी थे, जो वीरगति को प्राप्त हुए। यही वह कीमत थी, जो जीत के लिए उन लोगों ने सर्वोच्च बलिदान देकर चुकाई थी। आखिरकार यह लगातार गोलाबारी का युद्ध था, जिसमें कोई रोक-टोक नहीं थी। काररवाई में शहीद हुए चीफी और अन्य सभी का पूरे सैन्य सम्मान के साथ अंतिम संस्कार किया गया। समाचार आया था कि घायलों में सभी अच्छी तरह स्वस्थ हो रहे थे, हालाँकि कुछ हमेशा के लिए असमर्थ हो चुके थे। रेजीमेंट ने जो लोग शहीद हुए थे, उनके परिजनों को कमांडेंट के शोक संदेश के साथ उन सभी लोगों के निजी सामान को भी भेज दिया था। शोक में डूबे परिवारों को तत्काल उपलब्ध रेजीमेंट के सीमित फंड में से आर्थिक सहायता भी प्राप्त कराई गई थी।

ऊपर बताई गई बातें इस विवरण से बाहर लग सकती हैं; किंतु हम लोगों ने, जो जीवित बच गए थे और उन लोगों के साथ लड़े थे, यह महसूस किया कि मनोबल को सद्भावना, सहानुभूति और समझ के ऐसे कार्यों से ही बनाए रखा जा सकता है। मनोबल आखिरकार मन की एक ऐसी स्थिति है, जो इस आश्वासन के साथ शांत हो जाती है कि शहीदों के बलिदान को भुलाया नहीं जा सकता है। अपने देश, अपनी रेजीमेंट, अपने अफसरों और साथियों के लिए अपने प्राणों का बलिदान देना एक सैनिक का परम कर्तव्य होता है। रेजीमेंट के प्रति एक सैनिक की निष्ठा ही राष्ट्र के लिए उसकी देशभक्ति होती है। जब वे जवान होते हैं तो उनके माता-पिता द्वारा यह सब उन्हें विरासत में मिला होता है। जब वे एनरोल हो जाते हैं तो आप उन्हें अपने साथियों, अपने सेक्शन, ट्रूप, स्क्वाड्रन/बैटरी/कंपनी और अपनी रेजीमेंट के लिए परेड ग्राउंड, प्लेफील्ड्स, प्रशिक्षण एरिया या दिन-प्रतिदिन की रुटीन ड्यूटी में अपना पसीना बहाते हुए पाते हैं। अनुशासन, प्रशिक्षण और बहुविध कार्यों की कठिनाइयों से गुजरने के साथ ये गुण उनमें विकसित होते हैं। उन्हें ऐसा माहौल देने के लिए अफसरों की बहुत बड़ी भूमिका होती है, ताकि उनमें निष्ठा व देशभक्ति के बीज उग सकें और विकसित हो सकें। एक ऑफिसर और एक सैनिक के बीच मौजूद मानवीय संबंध पूरी तरह से अलग होते हैं और उनकी तुलना किसी कर्मचारी एवं उसके बॉस से या यूनियन कर्मचारियों या सामुदायिक समूहों के साथ नहीं की जा सकती है। यह जीवन और रक्त का एक रिश्ता है, जो मृत्यु होने तक बना रहता है।

जिन जवानों ने अपने कार्यों को पूरा कर लिया था, वे अपना खाना लेने के लिए लंगर की ओर बढ़ रहे थे और अपना पहला भोजन कर रहे थे। रघुबीर चंद्र

मुझे स्क्वाड्रन कमांडर के कारवाँ की ओर ले गए। यह एक वन-टन वाहन था, जिसमें कई तरह के फंक्शन थे। दिन के समय इसका उपयोग स्क्वाड्रन-ऑफिस-कम-ऑपरेशन रूम के रूप में किया जाता था, जिसमें वह अपने 'ओ' ग्रुप को ब्योरा (brief) दे सकता था और अन्य सूचनाएँ दे सकता था। रात के दौरान यह स्क्वाड्रन कमांडर के विश्राम-कक्ष में बदल जाता था। यह एक फंक्शनल व्हिकल था, जिसमें एक मेकशिफ्ट फोल्डिंग शेल्टर होता है, जिसमें व्हिकल के तीन तरफ से लटकाए गए तिरपाल के स्ट्रिप्स होते हैं, जिन्हें अलग-अलग कंपार्टमेंट में एक साथ सिला जाता है, ताकि अंदर की लाइट बाहर न जा सके। यह स्क्वाड्रन कमांडर को जरूरी एकांत और आराम के कुछ घंटे प्रदान करता है। मैं कारवाँ में कदम रखने ही वाला था कि मेरे दिमाग में चीफी के विचार आने लगे। यदि गौरव के इन पलों को साझा करने के लिए वह भी हमारे साथ होते! मैं कारवाँ में प्रवेश करने से पहले हिचकिचा रहा था। समय बीतने के साथ यह एक व्यक्ति के लिए एकांतवास की तरह हो जाता है। मैंने कारवाँ के अंदर झाँकने के लिए तिरपाल को एक तरफ हटाया। चीफी के इस्तेमाल की चीजों को हटा दिया गया था और एक साफ चादर एवं बिस्तर का एक नया सेट रखा गया था। मैं बहुत देर तक टकटकी लगाए खड़ा रहा, जब तक कि मेरा बैटमैन मैसी मुझे छूते हुए गुजरा और उसने मेरा सामान अंदर रखा। मुझे अचानक एकांत की जरूरत महसूस हुई और मैं साथ ही लगे आम के पेड़ के पास चला गया, ताकि मैसी कैरेवान को, जो अब से मेरा था, तैयार कर दे।

आम के पेड़ के नीचे बैठकर पिछले कुछ दिनों की घटनाओं की यादें मेरे दिमाग में हवा के साथ बहते बादल की तरह तैरती रहीं। कुलानंदपुर में मुझे जो पूर्वाभास हुआ था—वह क्षण, जब मुझे चीफी की मौत की खबर मिली; टैंक युद्ध; पाकिस्तानी ड्राइवर का अपने जलते हुए टैंक से कूदने का दृश्य; स्पीडी और अन्य घायलों से मिलना—सिर के ऊपर उड़ते पाकिस्तानी लड़ाकू विमानों की आवाज, ये सभी घटनाएँ मिलकर मेरे दिमाग में घूमते हुए युद्ध के कठिन पलों के दौरान निभाई गई जिम्मेदारी की गरिमा का अहसास कराने लगीं। मैंने महसूस किया कि विचार और भावनाएँ अपने चरम पर तब आती हैं, जब एक सैनिक युद्ध खत्म होने के बाद उनको महसूस करता है। वर्तमान में मुझे बुरे के साथ अच्छा होने को, निर्दयी के साथ दया करने, दु:ख के साथ आनंद तथा संभावित हार के साथ जीत को स्वीकार करना सीखना होगा। मैंने रुडयार्ड किपलिंग की काव्य पंक्ति, 'If in which,'" imposters just the same.'

चंद्रमा बादलों से बाहर निकलने की कोशिश कर रहा था और मैसी (मेरा बैटमैन) मेरे आसपास चक्कर काट रहा था। मुझे अहसास हुआ कि अब मुझे कैरेवान के अंदर जाना चाहिए। मेरे लिए (चीफी के) कैरेवान में कदम रखना टैंक बनाम टैंक युद्ध में स्क्वाड्रन की कमान सँभालने से भी ज्यादा कठिन था।

मुझे स्नान किए एक हफ्ते से ज्यादा हो चुका था। पहनी हुई गंदी डांगरी को उतारकर मैं बगल के बाथरूम में घुस गया। गरम पानी और साबुन का चोटिल हड्डियों और फटी हुई मांसपेशियों पर एक जादुई असर हुआ। यहाँ तक कि जब मैं अपने आप को तौलिए से पोंछ रहा था तो मुझे आश्चर्य हुआ कि मुझे आखिरी बार कब इतना आराम मिला था! मैंने अपना नाइट सूट पहन लिया, जो स्क्वाड्रन की भारी सामान वाली लॉरी में मेरे बाकी सामान के साथ आया था। मैसी ने रम की एक बोतल का इंतजाम कर रखा था और अब मेरे लिए एक 'पटियाला पेग' बना रहा था। मैंने सोचा, यह चर्चिल ही था, जिसने कहा था कि कोई भी ऑफिसर अपने निजी सेवक के लिए हीरो नहीं होता है! मुझे आश्चर्य हुआ कि क्या यह एक्स्ट्रा लार्ज पेग उसकी ओर से प्रशंसापूर्ण था या केवल उसकी आदत में शामिल था! संयम से लिये गए सिगरेट और शराब के मिले-जुले प्रभाव ने मेरे मन व शरीर दोनों को अद्भुत सुकून दिया था। मैं वापस बिस्तर पर लेट गया। कहीं दूर एक ट्रांजिस्टर पर किशोर कुमार का लोकप्रिय गीत 'ये जो मोहब्बत है' बज रहा था। युद्ध अचानक महत्त्वहीन और अवास्तविक हो गया था—कुछ ऐसा, जो दूर, दूर और दूर तक फैल चुका था। शारीरिक और मानसिक थकावट के गहरे प्रभाव से मैं एक गहरी नींद में डूब गया। मुझे ऐसा लगा जैसे कोई मेरे पास खड़ा होकर धीमे स्वर में कह रहा था, 'साब, साब, उठिए।' मेरी आँखें खुलीं तो देखा कि मैसी गरम तथा भाप उगलता भोजन लेकर आया था, जिसे देखकर भूख बढ़ गई थी। मीट करी की महक से ही मुँह में पानी आ रहा था। मैंने गरम और स्वादिष्ट खाने का पूरा-पूरा आनंद उठाया। पेट में गए गरम खाने ने मुझे नई ताकत और जोश से भर दिया था। मैं कैंप के चारों ओर टहलने निकल गया। टैंक शेल्टर झुके हुए थे और जवान छोटे-छोटे समूहों में बैठकर अपनी-अपनी कहानियाँ सुनाते हुए डिनर कर रहे थे। परोसी गई शराब के असर ने उनमें से कुछ को मुखर बना दिया था और उनकी ऊँची आवाज को हार्बर एरिया में सुना जा सकता था। मैंने सोचा कि आगे आनेवाले दिनों में ये कहानियाँ विस्तार से दोहराई जाएँगी और रेजीमेंट की लोककथाओं का एक हिस्सा बन जाएँगी।

एक छोटी झपकी और गरम भोजन का मुझ पर वांछित प्रभाव पड़ा था। अब

मुझे अपने आप में नई चेतना महसूस हो रही थी। स्क्वाड्रन के सिग्नल एन.सी.ओ. आखिरकार ब्रिगेड एक्सचेंज लाइन से संपर्क साधने में सफल रहे। अपने दिमाग से नींद के विचार को दूर कर मैंने इंदर और बैंस से बात की। वे दोनों ऑफिसर तुरंत सभी कॉल्स का जवाब देते थे। वे परिश्रमी और संकल्प से भरे सैनिक थे, जिनके निस्स्वार्थ भाव ने सभी का दिल जीत लिया था। उनके सहज स्वागत ने मुझे छू लिया। हालाँकि रात काफी हो चुकी थी, किंतु इंदर ने हरकारे के हाथ स्क्वाड्रन की डाक और मेरे लिए सिगरेट का नया स्टॉक भेजने पर सहमति जताई। इसी तरह, बैंस ने 'द पोएटिकल वर्क्स ऑफ टेनिसन' पुस्तक खोजने का वादा किया, जैसा कि मैंने उससे कहा था कि चलने से पहले अपने मैप और इंटेलिजेंस चार्ट के साथ यह पुस्तक भी ले आना। बर्नार्ड शॉ के 'आर्म्स एंड द मैन' के प्रसिद्ध पात्र की तरह, चॉकलेटों के बजाय बैंस ने खुद के लिए कलकत्ता के प्रसिद्ध 'रसगुल्ले' स्टॉक कर लिये थे। टेनिसन की कविताओं की पुस्तक के साथ रसगुल्लों का आखिरी टिन भेजने का उसका इरादा आज तक मुझे याद है।

मैं अपने पत्र-व्यवहार में बहुत पिछड़ा हुआ था। मुझे अपने दोस्तों या रिश्तेदारों को पत्र लिखे कई महीने हो चुके थे। इसलिए मेरे नाम एक पत्र का आना आश्चर्यजनक था। मुझे कौन पत्र लिख सकता था? हो सकता है कि मेरे बैलेंस बिलों में से एक हो या अहमदनगर से श्री एबॉट से मेरे बीमा प्रीमियम के भुगतान के लिए रिमाइंडर हो या शायद यह पूना से हीरा बैंकर्स थे, जो सेना के उन अफसरों में बहुत लोकप्रिय थे, जो अपनी मामूली बचत पूना रेस ट्रैक या फिजूलखर्ची में गँवा चुके होते थे। मुझे अपने कर्नल जैसे शौक पूरे करने के लिए एक कैप्टन को मिलनेवाले वेतन में हमेशा मुश्किल होती थी; लेकिन यहाँ डर की कोई आशंका नहीं थी, क्योंकि यह एक छोटी-सी मधुर स्मृति थी उसकी, जिससे मैं अपनी राँची की लगातार यात्राओं के दौरान मिला था। यह उसका पत्र था, जिसने मेरे दिल के किसी नरम कोने को छू लिया था। मैं कब फील्ड एरिया से लौटूँगा? वह जानना चाहती थी कि मैं अपना समय कैसे गुजारता हूँ और क्या इस खबर में कोई सच्चाई थी कि जल्दी ही युद्ध होने वाला था? उसने आगे लिखा था कि अगर युद्ध छिड़ा तो नर्स के तौर पर नाम लिखाने के अपने फैसले पर वह आज भी कायम है, ताकि अगर मैं युद्ध में जख्मी हो जाऊँ तो मेरी देखभाल के लिए वह वहाँ मौजूद रहे। उसने मंत्रमुग्ध होकर वह कविता पढ़ी थी, जो कभी मैंने लिखी थी, जिसका शीर्षक था—'तुम्हारी आँखों के लिए' (For your eyes only) और उसकी एक मित्र के हाथ उस

तक पहुँचाया था। उसको आज भी यह जानने की उत्सुकता थी कि वह 'तुम्हारी' शब्द किसके लिए है?

टैंक क्रू के सदस्य अपना मुँह बंद रखते हैं और अपने ट्रूप लीडर के कार्य-प्रदर्शन के बारे में शायद ही कभी शिकायत करते हैं; लेकिन हाव-भाव, खराब प्रतिक्रिया और उनके मनोबल में कमी इसकी ओर इशारा करते हैं। रम (शराब) के अंदर जाने के बाद जीभ फिसल जाती है और धीरे-धीरे सब तरफ बात फैलने पर बदलाव जरूरी हो जाता है। एक ट्रूप लीडर के कार्यों को करने के तरीके में कुछ कमी पाई गई तो उसे प्रशासन विभाग में ड्यूटी सौंप दी गई और डिग्बी से अनुरोध किया गया कि वरदी मेजर की ड्यूटी कर रहे रिसालदार लिंबू को मुक्त किया जाए और उस ट्रूप का चार्ज दिया जाए। जोकि रेजीमेंट में एकमात्र गोरखा जे.सी.ओ. थे। वे एक हँसमुख, ऊर्जावान् और जवानों में लोकप्रिय थे। ट्रूप में उनके कदम पड़ते ही मैंने देखा कि जवानों का उत्साह और आत्मविश्वास एकाएक बढ़ गया था। टैंक कमांडरों और क्रू मेंबर्स से पूछताछ करने पर पता चला कि पहले वाले ट्रूप लीडर अपना आत्मविश्वास खो चुके थे और अपने अधिकारों का इस्तेमाल करने में हिचकिचाते थे। वह ट्रूप की गतिविधियों में समन्वय करने में भी असफल थे और अपने टैंक कमांडरों से कोई आदेश पूरा कराने में भी असमर्थ थे। उनके अपने क्रू ने उन्हें फायर रोकने का आदेश देने के लिए दोषी ठहराया, क्योंकि फायर करने से शायद दुश्मन को उनके टैंक की जगह पता लग जाती। युद्ध के दौरान उनके टैंक ने एक बार भी अपनी फायर पोजीशन को नहीं बदला। टैंक हार्बर में अन्य टैंकों के क्रू मेंबर्स अपने द्वारा दुश्मन को हुए नुकसान के बारे में बढ़ा-चढ़ाकर बताया करते थे, जबकि उस समय इस ट्रूप को चुप्पी का सामना करना पड़ता था। यह अहसास कि सफलता में उनके ट्रूप का योगदान कम था, क्रू मेंबर्स के ऊपर यह दबाव बना हुआ था और संभव था कि वे युद्ध में खुद को साबित करने के लिए एक अवसर देने की प्रार्थना करें। ट्रूप की प्रतिष्ठा उनके स्वयं के जीवन से अधिक महत्त्वपूर्ण होती है और वह सम्मान ही उनके मनोबल एवं प्रोत्साहन का प्रतीक होता है। मैंने अगले अवसर पर उन्हें एक सीमित कार्य सौंपने की योजना बनाई, ताकि दूसरों की तरह उनका आत्मविश्वास भी और ज्यादा बढ़े। इस ट्रूप के दृष्टिकोण में बदलाव ने मुझे आश्वस्त किया कि मेरा निर्णय सही और न्यायसंगत था। एक ट्रूप लीडर, जो आत्मविश्वासी होता है और बुद्धिमान होता है, वही असफलता को सफलता में बदलने का हौसला रखता है।

आर्मर्ड डिलीवरी रेजीमेंट मेरे साथ युद्ध के मैदान में अपनी पकड़ बनाए हुए थी। पिछले कुछ दिनों से PT-76 टैंकों के बुरी तरह से नष्ट होने की वजह से T-55 टैंकों के एक दल को उन्हें बदली करने के लिए भेजा गया था। यह अजीब-सा था, क्योंकि हम रेजीमेंटल अफसरों की धारणा थी कि रिप्लेसमेंट के लिए PT-76 टैंक पर्याप्त संख्या में उपलब्ध थे। वास्तव में, ये टैंक एक बार ही खरीदे गए थे और धीरे-धीरे हटाए जाएँगे; इसलिए रिजर्व में कोई टैंक नहीं थे। T-55 टैंकों का क्रू 63 कैवेलरी से था। इस रेजीमेंट में सिख, जाट और राजपूत जवान थे। जो ट्रूप हमारे पास आया था, वह सिख स्क्वाड्रन का था। क्रू के प्रत्येक मेंबर को, 'लंबे, एथलेटिक, हृष्ट-पुष्ट' सेना में भरती के लिए वालंटियर! सेना वाले पोस्टर में जगह मिल सकती थी। उन्होंने बड़ी चतुराई से सीनियर जे.सी.ओ. को मुझे सूचित करने के लिए कहा कि उनकी सब-यूनिट का मुख्य टास्क डिलीवरी का था, न कि युद्ध लड़ने का; क्योंकि हम आपकी कमांड के अधीन तैनात नहीं हैं। वे इस बात से अनजान थे कि मैंने दिल्ली में उनके रेजीमेंटल मुख्यालय में चार दिन बिताए हैं और उनकी चार्टर ऑफ ड्यूटी से पूरी तरह वाकिफ था। उनकी बताई गई बात सही थी; किंतु वालंटियर होने का विकल्प खुला था, जो कि सेना की वरदी में सभी सैनिकों पर लागू होता था। पूरा T-55 क्रू मेरे निरीक्षण के लिए अपने हथियार के साथ इकट्ठा होकर परेड पर था। उसी दौरान मैंने ACC & S में रहे अपने पुराने गनरी लांस दफादार चन्नन सिंह, एक शार्प शूटर और बहुत ही बेहतरीन इंस्ट्रक्टर, को पहचान लिया। मैंने संक्षेप में उन्हें अब तक लड़े गए टैंक युद्ध के बारे में बताया और उनकी चार्टर ऑफ ड्यूटी के बावजूद और उन्हें युद्ध में वालंटियर के तौर पर T-55 टैंकों को चलाने और क्रू के रूप में भाग लेने के लिए कहा। जैसा मैं सोच रहा था, मुझे कोई सकारात्मक उत्तर नहीं मिला, क्योंकि उनके दिमाग पहले से ही सेट थे। मुझे उन्हें दोष देने का कोई अधिकार नहीं था, क्योंकि यदि आप युद्ध में अपनी रेजीमेंट के साथ नहीं हैं तो फिर किसी भी एक्सट्रा ड्यूटी/टास्क के लिए वालंटियर होने का कोई औचित्य नहीं होता है। पैरेंट रेजीमेंट से अलग होने पर युद्ध के लिए उनकी ललक शांत हो चुकी थी।

अब पूरा ध्यान इस समस्या पर लगाया गया कि रातोरात PT-76 टैंक क्रू को T-55 टैंक क्रू में कैसे बदला जाए? एल.डी. चन्नन ने संकेत दिया कि गनर ट्रेड के सभी जवानों को T-55 टैंकों पर बुनियादी गनरी प्रशिक्षण हासिल था। मैंने अपने 'O' ग्रुप को इकट्ठा किया और क्रॉस चेक किया कि क्या हमारे पास ड्राइवर, गनर

और ऑपरेटर तीन बुनियादी ट्रेड्स में T-55 टैंक में प्रशिक्षित हैं या नहीं? उसके तुरंत बाद मैंने स्क्वाड्रन के स्पेयर क्रू से वालंटियर जवानों के लिए संदेश भेजा। पर्याप्त संख्या में जवान आगे आए और उन्होंने बताया कि ये दोनों टैंक रूस से खरीदे गए हैं, इसलिए उन सब ने कई ज्वाइंट प्रशिक्षण एवं प्रैक्टिकल वर्क किए थे और कुछ प्रशिक्षण के बाद वह आत्मविश्वास के साथ इन टैंकों को सँभालने में सक्षम हो जाएँगे। विस्तृत क्रू लिस्ट पर बाद में काम किया जाना था। मैंने दफादार रामचंदर को बुलाया, जो कि स्क्वाड्रन रिपेयर ऑर्गेनाइजेशन (S.R.O.) था। वह एक अच्छा एन.सी.ओ. होने के साथ-साथ एक अच्छा ड्राइविंग और मेंटेनेंस (D and M) का इंस्ट्रक्टर था और जिसमें अच्छी कमांड व कंट्रोल के गुण भी थे। दफादार रामचंदर एक टीम बनाने में सक्षम था। मैंने उसे ए.डी.आर. ट्रूप से T-55 टैंकों को सँभालने की जिम्मेदारी दी और नए ट्रूप को एकजुट करने में मेरी मदद करने को कहा। अफसर ट्रूप लीडर्स की अनुपस्थिति में मेरी नजर सेकंड लेफ्टिनेंट नरेन पर गई। बेशक इस जिम्मेदारी को सौंपने से पहले उनसे बातचीत करने और उनके आत्मविश्वास के स्तर का आकलन करने की जरूरत थी।

मैं सुबह-सुबह की इतनी काररवाई से बहुत खुश था और मुझे विश्वास था कि हम एक क्रैश कन्वर्जन कोर्स की व्यवस्था कर पाएँगे। इसके लिए मुझे रिटायर होनेवाले सीनियर जे.सी.ओ. रिसालदार जगतार सिंह की सहायता व सहयोग की जरूरत थी और मेरे पुराने गनरी इंस्ट्रक्टर एल.डी. चन्नन सिंह और एस.आर.ओ. दफादार रामचंदर ने मिलकर एक प्रशिक्षण प्रोग्राम तैयार कर लिया था। हर एक से अलग-अलग बात करने और उनके सहयोग को जीतने के लिए अब हम एक बदलाव का ब्योरेवार प्रोग्राम तैयार करने के लिए एक साथ बैठे थे। 72 घंटे का समय था, जिसमें सारे प्रशिक्षण प्रोग्राम को खत्म किया जाना था, जबकि जगतार टैक्टिकल ड्रिल एवं रेडियो और चन्नन तथा रामचंदर क्रमशः गनरी और (डी एंड एम) को कवर करनेवाले थे। जरूरत के हिसाब से और उसके आधार पर वालंटियर जवानों का इंटरव्यू लेकर उन्हें चुना गया और टैंक क्रू में बाँटा गया। दिन व रात की ड्राइविंग और रिकवरी प्रशिक्षण के साथ रेडियो उपकरण और प्रैक्टिकल गनरी को सँभालना, ये काम तुरंत शुरू किए गए थे। गनों की जीरोइंग और लाइव एम्युनिशन से फायरिंग हमारे लिए आसान थी, क्योंकि हम दुश्मन की सीमा के 'बैटल जीरो' वाले प्रतिबंधित इलाके में थे। राउंड की गिनती के बारे में सोचने की चिंता तब तक नहीं करनी थी, जब तक कि ट्रूप्स इक्विपमेंट्स को सँभालने में अपना आत्मविश्वास हासिल नहीं कर लेते।

T-55 के लिए लॉजिस्टिक (रसद) रेजीमेंटल हेडक्वार्टर द्वारा सँभाला जा रहा था। मुझे अब भी इस ट्रूप के लिए ट्रूप लीडर की तलाश थी। डिग्बी के साथ इस मुद्दे पर बातचीत करने से पहले मैंने नरेन को फोन करने का फैसला किया, क्योंकि यह महत्त्वपूर्ण था कि चुने गए व्यक्ति को शुरू से ही पूरी जानकारी हो और वह पूरे प्रशिक्षण प्रोग्राम की संचालन (conduct) व्यवस्था ट्रूप लीडर के तौर पर करे। मैं नारायण के टैंक के पास गया तो देखा कि क्रू मेंटेनेंस में व्यस्त था। अचानक नारायण ड्राइवर कपोला से बाहर निकला, "हैलो नारायण, आपको देखकर अच्छा लगा।"

"गुड आफ्टरनून, सर!" उसने कहा और हाथ मिलाने के लिए टैंक से कूदकर आया।

"तुम जरूर उन भाग्यशाली अफसरों में हो, जो YO's से पहले ही लड़ाई में लहूलुहान हो गए।"

उसने दबे स्वर में कहा, जबकि मैं उससे भरपूर खुशी की नहीं, पर जोश की उम्मीद कर रहा था, "हाँ, सर, यह एक अच्छा अनुभव था।"

इस समय तक क्रू भी हमारे चारों ओर इकट्ठा हो चुका था।

"तो फिर तुम्हारे क्रू ने कितने टैंक बरबाद किए?" सभी क्रू ने टैंक बनाम टैंक लड़ाई में भाग लिया था और हर एक ने अपना पूरा योगदान दिया था। मुझे जो अजीब लगा, वह यह था कि किसी ने भी नरेन का थोड़ा-सा भी जिक्र नहीं किया। यह कुछ अटपटा-सा था, क्योंकि टैंक क्रू मेंबर्स अपने अधिकारी पर बहुत गर्व करते हैं। उपस्थित सभी को संबोधित करते हुए मैंने कहा, "नरेन साब, अब अगली लड़ाई से पहले एक ट्रूप लीडर का कार्यभार सँभाल सकते हैं।"

टैंक दफादार का तुरंत उत्तर था, "नहीं, पहले इन्हें टैंक कमांडर का काम समझ लेने दें।"

खुद नरेन अपने चेहरे पर एक मूर्खतापूर्ण मुसकान लिये चुपचाप खड़ा था। मैं उन लोगों से पूरी तरह कुछ सीख लेकर उन सबको अलविदा कहते हुए चला आया। मैंने नारायण के खिलाफ कुछ भी नहीं कहा, क्योंकि वह अभी बहुत ही छोटी उम्र का था। वह जल्द ही आत्मविश्वास हासिल कर लेगा और एक ट्रूप लीडर होने के लायक बन जाएगा। आखिरकार, उसे रेजीमेंट में केवल PT-76 पर प्री-कोर्स प्रशिक्षण मिला था। मैं अपने मन में कहीं पर नरेन के प्रति अपने नरम व्यवहार का कारण जानता था, क्योंकि मेरा भी एक छोटा भाई था, जो नरेन से छोटा ही था और

पंद्रह दिन पहले ही भारतीय सैन्य अकादमी देहरादून से कमीशंड हुआ था। आर्मर्ड कोर में कमीशन के लिए उसका अनुरोध अभी विचाराधीन था। इसी बीच उसे उसी दिन पूर्वी पाकिस्तान सीमा के पहाड़ी सेक्टर में 20 माउंटेन डिवीजन के अधीन तैनात 5 गढ़वाल बटालियन में रिपोर्ट करने के आदेश मिल चुके थे।

हालाँकि एक सरप्राइज रिसालदार जगतार सिंह के रूप में मेरा इंतजार कर रहा था।

"सत श्री अकाल, साब।"

"तो साहब, आप वापस कैसे? क्या प्रशिक्षण प्रोग्राम में कुछ समस्या है?"

"कोई समस्या नहीं है, साब। मैंने सब शुरू कर दिया है। मेरी एक निजी गुजारिश है।"

"जरूर रिसालदार साब, बेझिझक कहिए।"

"मैं पहले अपनी अंतरात्मा की आवाज सुनना चाहता हूँ। मैंने ए.डी.आर. ट्रूप को प्रोत्साहित करते हुए यह कहा कि यह तुम लोगों ने क्या किया? किंतु अब वे मेरे ही खिलाफ हो गए हैं!"

"मैं समझता हूँ कि एक सैनिक अपनी रेजीमेंट के साथ रहना चाहता है।"

"हालाँकि, मैं इसके लिए जिम्मेदार था।"

"हाँ, ठीक है। आपने कोई गलत काम नहीं किया है। खुश रहिए। हमें क्रू मिल चुका है। अब उन्हें ट्रेंड करें।"

"अगर मैं उन्हें ट्रेंड करता हूँ तो मुझे उनकी लीडरशिप भी सौंपी जाए।"

मुझे बहुत खुशी हुई कि एक अनुभवी और अन्य रेजीमेंट के जे.सी.ओ. ने 'स्वयं से पहले सर्विस' का उत्कृष्ट उदाहरण पेश किया था। तब तक डिग्बी पहुँच चुके थे। 45 कैवेलरी की 'सी' स्क्वाड्रन का नया T-55 टैंक ट्रूप क्रू लिस्ट और प्रशिक्षण प्रोग्राम के साथ प्रशिक्षण एरिया में तेजी से कन्वर्जन कोर्स में व्यस्त था।

रेजीमेंटल मुख्यालय, जो टैंक बनाम टैंक लड़ाई के दौरान सीमा पार चला गया था, अब उसे डी-इंडक्शन के निर्देश प्राप्त हुए थे। ऐसा प्रतीत हो रहा था कि इस थिएटर में लड़ी गई सभी लड़ाइयों को प्रचारित करने के लिए एक बड़ी मुहिम चल रही थी। मुझे पहली बार इसकी हवा कर्नल रीखे से लगी, जो पूर्वी कमांड मुख्यालय में चीफ जनसंपर्क अधिकारी (P.R.O.) थे। वे एक छोटी-सी टीम के साथ टैंक युद्ध के पहले संस्करण को प्रकाशित करने के लिए हमारी लोकेशन पर आए थे। उनके साथ मौजूद फोटोग्राफर ने अनुरोध किया था कि ज्यादा-से-

ज्यादा भारतीय दर्शकों के लिए लड़ाई का एक छोटा हिस्सा फिर से दोहराया जाए। इस बैठक के दौरान कर्नल रीखे, जो मेरे एक स्कूल के प्रिय मित्र कैप्टन देविंदर सासन के बहनोई थे, ने मुझे सूचित किया था कि पूर्वी कमांड मुख्यालय एक बड़े मीडिया अभ्यास की योजना बना रहा है, जिसके लिए बड़ी संख्या में विदेशी पत्रकार भी आमंत्रित थे। इन योजनाओं को अमल में लाया गया और एक बड़े स्तर पर टैंक रिकवरी एक्सरसाइज शुरू की गई, जिसमें दुश्मन के ध्वस्त हुए शैफी टैंकों को भारतीय सीमा के करीब बोयरा में लाया जाना था। टेरेन की विविधताओं और लगभग 10 कि.मी. लंबी दूरी ने ई.एम.ई. जवानों एवं इंजीनियरों के लिए कई समस्याएँ पैदा कीं। इस बात का पता न चले, इसलिए इस एक्सरसाइज का अधिकांश भाग रात के समय में फिल्माया जाना था, ताकि सुरक्षा के मद्देनजर समन्वय और साथ ही रेजीमेंटल एवं डिवीजनल स्तर पर भी गोपनीयता बरती जा सके। रिकवरी के बाद शैफी टैंकों को बोयरा में हमारी आउट पोस्ट की ओर हमला करते हुए पेश करने के लिए दोबारा तैनात किया गया। युद्ध के दौरान युद्धबंदियों, हथियार, उपकरण, युद्ध के आदेश और पाकिस्तान के हमले की योजनाओं वाले दस्तावेजों को प्रदर्शन के लिए रखा गया था।

निर्धारित दिन रक्षा मंत्री श्री जगजीवन राम सौ से अधिक भारतीय एवं विदेशी पत्रकारों की एक सभा को संबोधित करने के लिए पहुँचे और पाकिस्तानी सेना के जवानों के आत्मघाती हमले की योजना पर दुनिया को बताया। इस हमले को नाकाम करने में भारतीय हथियारबंद सेना की जीत पर खुशी के एक प्रदर्शन में रक्षा मंत्री अपनी पत्नी को भी साथ लाए थे। दोनों ने एक ध्वस्त शैफी टैंक के ऊपर फोटो खिंचवाई। इस तसवीर ने भारतीय जनता की कल्पना को हवा दे दी, क्योंकि इस देश के इतिहास में पहले कभी भी भारत ने दुश्मन को खत्म करने के लिए सीमा पार नहीं की थी। इसमें वह अनकहा संदेश निहित था कि भारत ने पाकिस्तानी सेना पर आक्रमण करके नष्ट कर दिया था और एक नए राष्ट्र बँगलादेश के जन्म को सुनिश्चित किया था। दूसरी तसवीर, जो राष्ट्र के मनोबल को दरशाती है और हमारे सैनिकों की सफलता का गौरव है, टैंक पर पूरे जोश के साथ भाँगड़ा करते सिख सैनिकों की थी, जिनके साथ रक्षा मंत्री उस अमेरिकी M-24 शैफी टैंक पर खड़े थे।

विलियम स्टीवर्ट, जिन्होंने जल्द ही बोयरा का दौरा किया और 6 दिसंबर, 1971 को 'टाइम्स' के लिए अपने डिस्पैच में लेफ्टिनेंट कर्नल सी.एल. प्राउडफुट के संदेश को इस प्रकार लिखा था—"प्राउडफुट बताते हैं कि पाकिस्तानी टैंक 17

नवंबर से बोयरा की सीमा पर थे। 20–21 नवंबर की रात को कई टैंक बोयरा की ओर बढ़ते हुए पाए गए। टैंक वहाँ पहुँचे और भारतीय पोजीशंस पर फायरिंग शुरू कर दी। 14 भारतीय टैंकों (सोवियत निर्मित PT–76) के एक स्क्वाड्रन ने पूर्वी पाकिस्तान में घुसकर पाकिस्तानी स्क्वाड्रन की धज्जियाँ उड़ा दीं। युद्ध की यह काररवाई बड़े पैमाने पर पूर्वी पाकिस्तान के 4 या 5 मील के क्षेत्र में चली। जब धुएँ के बादल हटे तो तीन पाकिस्तानी टैंक भारत में फँस चुके थे और अन्य आठ के नष्ट होने की सूचना मिली। भारत ने केवल एक टैंक के नुकसान का दावा किया।"

विदेशी पत्रकारों को सच्चाई पता थी, लेकिन इस संस्करण को प्रकाशित किया गया, क्योंकि पाकिस्तान ने शरणार्थियों के साथ जो नर–संहार और अन्य अत्याचार किए, उससे वह अपने लिए अंतरराष्ट्रीय सद्भावना को खो चुका था।

□

रक्षा मंत्री जगजीवन राम अपनी पत्नी श्रीमती जगजीवन राम और पुत्री सुश्री मीरा कुमार, ले. जनरल जे.एस. अरोड़ा, मेजर जनरल दलबीर के साथ बोयरा में, 28 नवंबर, 1971 को प्रेस ब्रीफिंग के बाद चेफी कब्रिस्तान में, कैप्टन बी.एस. मेहता बाएँ से 5वें स्थान पर डिग्बी के साथ खड़े

युद्ध के लिए प्रस्तुत भारत : 21 नवंबर

भारतीय रक्षा संस्थान में भीतर-ही-भीतर यह सामान्य भावना थी कि सन् 1962 का युद्ध देश के लिए एक चेतावनी था। इसने रक्षा संस्थान को कई तरीकों से हिला दिया और इसे 1965 के युद्ध के लिए तैयार किया। युद्ध के बाद रक्षा संस्थान, सैन्य संरचनाओं एवं प्रशिक्षण संस्थानों के सुधार और पुनर्गठन के साथ उपकरण प्रोफाइल के आधुनिकीकरण का काम जारी रहा, जिसने वर्ष 1965 और 1970 के बीच भारतीय सेना के दृष्टिकोण और उसकी सोच को बदल दिया। अंतर केवल यह दिखा कि भारत सन् 1971 के युद्ध के लिए तैयार था। हाई डिफेंस मैनेजमेंट, सिविल-मिलिटरी संबंध, सर्विसेस मुख्यालय के साथ मंत्रालय के आपसी समन्वय में सख्ती और कर्मठता दिखी। राजनीतिक निर्देशन, खुफिया जानकारी जुटाना और पैरा-मिलिटरी के प्रशिक्षण को काफी बढ़ावा मिला था।

25 मार्च, 1971 से पाकिस्तानी सेना द्वारा शरणार्थियों के कष्ट और बंगालियों के योजनाबद्ध नर-संहार ने राष्ट्र को मानवीय आधार पर उत्तेजित कर दिया था।

शरणार्थियों को प्रवेश देने और मरजी से वापस जाने के लिए भारत ने अपनी सीमाओं को खुला रखते हुए अपने पारंपरिक मूल्यों को बरकरार रखा। भारतीय नागरिकों के ऊपर रख-रखाव के आर्थिक बोझ को साझा करने के लिए लगाए गए 'रिफ्यूजी टैक्स' ने उनकी भलाई के लिए हमारी गहरी चिंता को प्रतिबिंबित किया था। बँगलादेश सरकार को दिए गए समर्थन और मुक्तिवाहिनी को प्रशिक्षण देकर उसे ताकतवर बनाने जैसे कार्यों ने भारतीय सेना के साथ मिलकर उनके युद्ध लड़ने के संकल्प को मजबूत किया था। सोवियत संघ के साथ शांति, मित्रता एवं सहयोग की संधि पर हस्ताक्षर करना एक मास्टर स्ट्रोक था, जिसमें इंदिरा गांधी के राजनीतिक कौशल के साथ-साथ सिविल अफसरों की बुद्धिमत्ता का भी हाथ था।

हम जूनियर अफसर समय-समय पर पी.एन. हक्सर, आर.एन. काव, डी.पी. धर, टी.एन. कौल और रुस्तमजी जैसी महान् हस्तियों की भूमिका पर चर्चा करते थे, जिन्हें 'कश्मीरी माफिया' के रूप में जाना जाता था। प्रख्यात इंस्टीट्यूट ऑफ डिफेंस स्टडीज एंड एनालिसिस (I.D.S.A.) के निदेशक के. सुब्रमण्यम, एक रणनीतिक विचारक और दूरदर्शी तथा सटीक विश्लेषण के लिए प्रसिद्ध थे। मेरी पीढ़ी के युवा अफसर, जो विभाजन के समय बड़े हुए थे, वे सन् 1962 की पराजय और 1965 की अधूरी यादों को याद करते थे। उनमें से कई अब सैन्य बलों में कमीशन ले चुके हैं और पाकिस्तानी सेना के सम्मान व घमंड को अपमानजनक चोट पहुँचाने में उनकी महत्त्वपूर्ण और शानदार भूमिका रही थी। वे जनरल मानेकशॉ, जनरल अरोरा, जनरल सगत, जनरल जैकब एवं जनरल गिल जैसे सैन्य वफादारों की लीडरशिप से प्रभावित थे। रक्षा मंत्री जगजीवन राम एवं प्रधानमंत्री इंदिरा गांधी दूरदर्शिता और दृढ़ संकल्प के आधारस्तंभ थे। जमीनी स्तर पर बिताए छह महीने के अतिरिक्त समय ने सभी स्तरों पर ध्यान दिया और उच्च स्तर का विश्वास बनाया। जनरल जैकब ने एक अफसर को लिखे पत्र में कहा, "यह अब युद्ध का मौसम था। मानसून खत्म हो चुका था। सेना के पास प्रशिक्षण का समय था; हिमालयन क्षेत्र में सर्द मौसम चीनी सैनिकों को नाकाम कर देगा। पूर्वी दिशा में परिस्थितियाँ तुरंत आक्रमण के लिए अनुकूल थीं।"

25 मार्च, 1971 को 'ऑपरेशन सर्चलाइट' अंततः उस राजनीतिक समस्या का एक सैन्य समाधान था, जो पाकिस्तानी सेना द्वारा लूट व नर-संहार के कारण किया गया था। भारत में पूर्वी बंगाल के शरणार्थियों के बड़े पैमाने पर आवागमन ने भारत के पूर्वी एवं उत्तर-पूर्वी राज्यों की सुरक्षा और घरेलू शांति के लिए एक

अझेल खतरा पैदा कर दिया था। पाकिस्तानी आलाकमान ने 'ऑपरेशन सर्चलाइट' के सामने आने पर युद्ध की संभावना की कल्पना भी नहीं की थी। वे संतुष्ट थे कि अन्य हिंदू शरणार्थियों के साथ 'देशद्रोही' और 'बदमाश' भाग चुके थे या तितर-बितर हो गए थे। मॉनसून की शुरुआत ने इस उम्मीद को जन्म दिया कि पूर्वी पाकिस्तान में सेना ने स्थिरता और व्यवस्था बहाल कर दी थी। अप्रैल/मई में युद्ध के बारे में सोचना भी असंभव था। अगस्त/सितंबर/अक्तूबर के दौरान परिस्थितियाँ बदल चुकी थीं। भारत से मिले मौन समर्थन और प्रशिक्षण के बाद मुक्तिवाहिनी की गतिविधियों के कारण युद्ध को एक संभावना बना दिया था; लेकिन अभी भी इसे टाला जा सकता था। पाकिस्तानी आलाकमान की यह धारणा थी कि अंतरराष्ट्रीय समुदाय किसी भी भारतीय हस्तक्षेप को दबा देगा और आजादी के बाद लड़े गए तीन युद्धों की ही तरह यदि टकराव होता भी है तो वे भारत की जीत से पहले ही इसे रोक देंगे।

वर्ष 1971 में अक्तूबर माह के अंत में प्रधानमंत्री इंदिरा गांधी के यूरोप और अमेरिका की यात्रा पर जाने से पहले ही अंतरराष्ट्रीय समुदाय के सामने पाकिस्तान ने इस मामले को नाटकीय रूप दिया और बढ़े हुए क्षेत्रीय तनाव को कम करने की उतावली दिखाई। 12 अक्तूबर को पाकिस्तानी राष्ट्रपति याह्या खाँ ने 20 दिसंबर, 1971 तक पाकिस्तान को नया संविधान प्रदान करने की योजना की घोषणा की। इसके बाद अंतरराष्ट्रीय समुदाय को खुश करने के लिए चुनाव हुए। याह्या खाँ ने साथ ही पाकिस्तानी वायु सेना को अलर्ट पर रखा और ब्लैकआउट का आदेश दिया, ताकि संदेह पैदा हो कि पाकिस्तान खतरे में है और भारत युद्ध की घोषणा की धमकी दे रहा है। नवंबर की शुरुआत में स्थिति 'टकराव से वास्तविक युद्ध' में बदल गई थी। 19 नवंबर, 1971 को राष्ट्र के नाम अपने संबोधन में याह्या खाँ ने घोषणा की कि पाकिस्तान 'किसी भी कीमत पर अपने सम्मान और क्षेत्रीय अखंडता' की रक्षा करेगा। उन्होंने दोस्ती का हाथ बढ़ाते हुए 'भारत को इसे समझने के लिए आमंत्रित किया कि हमें अच्छे पड़ोसी होने का एक नया युग शुरू करना चाहिए। भारत के लिए यह प्रस्ताव अविश्वसनीय था, जिसमें न तो गंभीरता थी और न ही भरोसा। पश्चिमी प्रेस ने पाकिस्तान की घोषणाओं को विस्तारपूर्वक देखना शुरू कर दिया था, क्योंकि अब भारत में रह रहे लगभग 1 करोड़ शरणार्थियों की स्थिति गंभीर हो रही थी। पाकिस्तानी सेना द्वारा नर-संहार और क्रूरता के किस्से स्वतंत्र संगठनों द्वारा सत्यापित किए गए थे, जिसके परिणामस्वरूप स्वतंत्रता की

इस बंगाली लड़ाई को सहानुभूति मिली और अब यह स्वतंत्रता एवं मानवीय गरिमा के लिए लड़ाई बन चुकी थी।

21 नवंबर, 1971 को गरीबपुर के टैंक युद्ध से कुछ समय पहले पाकिस्तानी जनरल नियाजी ने विदेशी संवाददाताओं से दावा किया, "हम कभी नहीं हारे। इतिहास की पुस्तकों के पन्ने पलटकर देखो। मैं आपको चुनौती देता हूँ कि इतिहास में खोज करें, हमारी जीत ही मिलेगी। हम कभी नहीं हारे हैं और भारतीय कभी विजयी नहीं हुए। मैं उन्हें आसानी से 3–1 से पराजित कर सकता हूँ।" पाकिस्तानी अफसर, जनरल नियाजी से लेकर नीचे की रैंक तक सभी मातहत, अपने स्वयं के प्रचार के शिकार थे—'एक पाकिस्तानी सैनिक पाँच भारतीयों के बराबर है।' 21 नवंबर ने न केवल मात दी, बल्कि पाकिस्तानियों की अपनी सांस्कृतिक व ऐतिहासिक श्रेष्ठता और भारत के शासक होने की गौरवपूर्ण विरासत के बारे में उनके गलत विश्वास को हिला दिया। विदेशी टिप्पणीकारों द्वारा पाकिस्तानी अफसरों के बारे में कहा गया है, "वास्तव में, उनके जोर-शोर के बारे में बचकानेपन की एक लकीर थी।" मुरे सैले ने 'लंदन संडे टाइम्स' में एक पाकिस्तानी ग्रुप कैप्टन के बारे में रिपोर्ट दी थी, " जिन्होंने डींग मारी थी, "हम एक ईश्वर में विश्वास करते हैं। भारतीय पत्थर की छोटी मूर्तियों की पूजा करते हैं। आप उन्हें उन हिंदू मंदिरों में देख सकते हैं, जिन्हें उन्होंने यहाँ छोड़ा था, जब वे भाग गए थे। यही कारण है कि भगवान् हमारे पक्ष में है।" 'टाइम' में डैन कॉगिन ने टिप्पणी करते हुए कहा, "पाकिस्तानी अफसरों का एक पसंदीदा घमंड था कि हम उन कमबख्तों को अच्छा मजा चखाएँगे। लेकिन एक बार जब वास्तविक युद्ध शुरू हुआ तो केवल संख्या में ज्यादा और अधिक सैन्य शक्ति रखनेवाली कुछ ही पाकिस्तानी यूनिटों ने आसान रूप से युद्ध लड़ा था।"

21 नवंबर, 1971 को जब दोनों देशों के बीच युद्ध छिड़ गया था, पाकिस्तान में सैन्य नेतृत्व के नुमाइंदे तब क्या कर रहे थे? नियाजी की पुस्तक के कुछ अंश पढ़ने में बड़े दिलचस्प हैं। (लेफ्टिनेंट जनरल ए.ए.के. नियाजी द्वारा लिखित 'The Betrayal of East Pakistan', पृष्ठ 123)

> "21 नवंबर को मेरे चीफ ऑफ स्टाफ ने GHQ में वाइस चीफ ऑफ जनरल स्टाफ मेजर जनरल कुरैशी को पहले फोन पर और बाद में लिखित सिग्नल में भारतीय आक्रमण के बारे में बताया। मैंने चीफ ऑफ जनरल स्टाफ लेफ्टिनेंट जनरल गुल हसन से बात करने की कोशिश की, हालाँकि वह ईद मनाने लाहौर गए थे। यह

जानते हुए कि भारतीय 21 नवंबर को पूर्वी पाकिस्तान पर हमला करने जा रहे थे, मैंने चीफ ऑफ आर्मी स्टाफ जनरल हामिद से संपर्क करने की कोशिश की। वह भी मौजूद नहीं थे। मुझे बाद में पता चला कि वह और राष्ट्रपति दोनों सियालकोट के लिए रवाना हो चुके थे। संभवत: सैनिकों से मिलने के लिए विजिट थी, लेकिन वास्तव में वे तीतर के शिकार के लिए गए थे, क्योंकि कोई भी कमांडर-इन-चीफ ईद के मौके पर मुसलिम सैनिकों का दौरा नहीं करता है। सेना के तीन वरिष्ठतम अधिकारियों के दकियानूसी रवैए से पता चलता था कि वे पूर्वी पाकिस्तान के मामलों या पाकिस्तान की अखंडता में कोई दिलचस्पी नहीं रखते थे। रोमन सम्राट् नीरो की तरह वे खेल रहे थे, जबकि ढाका जल रहा था।"

श्रीमती इंदिरा गांधी ने 24 नवंबर को इस घटना पर संसद् में बयान जारी किया—

"21 नवंबर को टैंकों और आर्टिलरी के सपोर्ट फायर के साथ पाकिस्तानी इन्फैंट्री ने मुक्तिवाहिनी पर हमारी पूर्वी सीमा से 5 मील दूर बोयरा के आसपास स्वतंत्र एरिया में आक्रमण शुरू किए। हैवी आर्टिलरी के सपोर्ट में पाकिस्तानी हमारी सीमा तक पहुँच गए, जिससे हमारी सुरक्षा स्थिति खतरे में पड़ गई। उनके गोले हमारे इलाके में गिर रहे थे और उसने हमारे कई लोगों को घायल कर दिया। स्थानीय सैन्य कमांडर ने पाकिस्तानी हमलावरों को खदेड़ने के लिए उचित काररवाई की। इस काररवाई में 13 पाकिस्तानी शैफी टैंक नष्ट हो गए।

22 नवंबर को पाकिस्तानी सेना ने हमारे ठिकानों पर चार सैबर जेट विमानों से हवाई हमला किया। ये हमारे नैट्स द्वारा भारतीय क्षेत्र के भीतर इंटरसेप्ट किए गए और जिसमें से तीन सैबर जेट विमानों को नष्ट कर दिया गया। पाकिस्तानी पायलटों में से दो, जो हमारे इलाके में घुसपैठ कर रहे थे, उन्हें सैनिकों ने पकड़ लिया, क्योंकि वे पाकिस्तानी वायु सेना द्वारा भारतीय हवाई क्षेत्र में घुसपैठ के संकेत दे रहे थे। हम इसे पूरी तरह से स्थानीय काररवाई के रूप में मानते हैं।"

(जनरल सुकवंत सिंह (India's Wars Since Independence) पृष्ठ 124; Asian Recorder, Vol No. VII, सं. 51, pp 10511-10512)

श्रीमती इंदिरा गांधी ने 24 नवंबर को संसद् में घोषित किया कि भारतीय सेनाओं को 'आत्म-सुरक्षा में पूर्वी पाकिस्तान में प्रवेश करने' का निर्देश दिया गया था। इस घोषणा का सैन्य निहितार्थ यह था कि 21 नवंबर की रात के बाद रणनीति एक महत्त्वपूर्ण तरीके से बदल गई थी—भारतीय सेना और मुक्तिवाहिनी, कब्जेवाले क्षेत्र से पीछे नहीं हटेंगे। अनेक अन्य संरचनाओं और छोटी सामरिक यूनिटों को बाद

के ऑपरेशनों के लिए लॉन्च पैड को सुरक्षित करने के लिए निर्धारित किया गया। इन कारवाइयों को भारतीय सीमा क्षेत्र में पाकिस्तानी गोलाबारी से बचने के लिए रक्षात्मक काररवाई के तौर पर करना पड़ा था। इन प्रारंभिक हमलों में छोटी यूनिटों का इस्तेमाल किया गया, जिससे पाकिस्तान में अनिश्चितता का माहौल पैदा हो गया था। वे सोच नहीं पा रहे थे कि यह एक सोचा-समझा आक्रमण था या फिर किसी क्षेत्र को हथियाने के उद्देश्य के लिए सीमित अभियान!

21 नवंबर, 1971 को गरीबपुर की लड़ाई के बाद उच्च स्तरीय सैन्य नेतृत्व के अंदर मतभेद स्पष्ट हो गए। लेफ्टिनेंट जनरल ए.ए.के. नियाजी ने घोषणा की थी कि उनकी पूर्वी कमांड में युद्ध शुरू हो चुका था। कमांडर-इन-चीफ और उनके निकटतम सलाहकारों ने अनुमान लगाया कि भारत का यह कदम एक सीमित काररवाई थी और भारत को कूटनीतिक रूप से आड़े हाथों लेने के लिए विश्व की महाशक्तियों को राजी करके इस्तेमाल करना चाहिए। पाकिस्तानी अफसर बिरादरी का पक्का विचार तब खुलकर सामने आया, जब 22 नवंबर को सियालकोट में सैनिकों की समीक्षा करते समय जनरल याह्या खाँ का स्वागत 'अल्लाह-ओ-अकबर' के नारे से किया गया था। इकट्ठे हुए अफसरों ने दृढ़ता से युद्ध की घोषणा को गर्व, विवेक और आवश्यकता के रूप में सामने रखा। राजनीतिक समाधान खोजने के लिए संयुक्त राज्य अमेरिका या संयुक्त राष्ट्र की प्रतीक्षा को स्तब्धता और पक्षाघात के रूप में देखा गया था।

गरीबपुर की मुठभेड़ के बाद जनरल हामिद ने वायु सेना और नौ सेना के चीफ के साथ सेना प्रमुख को बुलाया और उन्हें सलाह दी कि भारत के साथ युद्ध अनिवार्य हो गया है। राष्ट्रीय आपातकाल घोषित किया गया और वायु सेना को 'फेज-2' अलर्ट पर रखा गया। युद्ध की तैयारी करने की प्रतिबद्धता 30 नवंबर को जनरल नियाजी का समर्थन करते हुए जनरल हामिद से प्राप्त संदेश में सामने आती है— "पूर्वी पाकिस्तान में दुश्मन द्वारा उत्पन्न नवीनतम चुनौती को पूरा करने में पूरे देश को आप पर गर्व है और आपको उनका पूरा समर्थन है। दुश्मन के बुरे मनसूबों को विफल करने में आपके सैनिकों के वीरतापूर्ण कार्यों ने सभी देशवासियों का आभार व्यक्त किया है। जब तक शत्रु को पूरी तरह से कुचला नहीं जाता, तब तक वे यह नेक काम जारी रखें और उन्हें हमारी पवित्र धरती से पूरी तरह से मिटा दिया जाए। अल्लाह तुम्हारे साथ रहे।" जनरल नियाजी ने उत्तर दिया, "आप आश्वस्त रहिए। इतिहास के इस महत्त्वपूर्ण मोड़ पर हम प्रतिज्ञा लेते हैं कि हम आपके विश्वास को जिंदा रखेंगे और इंशा-अल्लाह मादरे वतन की हिफाजत के लिए हम कोई भी कुरबानी देने को तैयार हैं। अल्लाह के करम से, भारतीय हमले का मुँह-तोड़

जवाब दिया जाएगा। अल्लाह की इच्छा है कि हम इसलाम की सर्वोच्च शक्ति से गैर-विश्वासियों की रूह को कुचलने के लिए युद्ध को भारतीय धरती पर लड़ेंगे। इंशा-अल्लाह, हम पर भरोसा करें, अंतिम जीत हमारी होगी।"

पश्चिमी अखबारों में विपरीत प्रचार के कारण पाकिस्तानी सैन्य नेतृत्व पर आंशिक रूप से युद्ध की घोषणा करने का दबाव बढ़ रहा था—भारत द्वारा 'नाइटविट्स एंड ईडियट्स' की एक छवि को शक्तिहीन बना दिया गया। दूसरी बात यह थी कि शरणार्थियों की आमद और मानवीय पीड़ा के प्रति बढ़ती प्रशंसा और सहानुभूति के कारण भारत की आक्रामकता से किसी भी अंतरराष्ट्रीय स्तर पर कोई प्रतिक्रिया नहीं आई। तीसरी बात, भुट्टो द्वारा श्रीमती गांधी के बारे में तीखे, मनगढ़ंत और झूठे बयान, कि श्रीमती गांधी पाकिस्तान के सैन्य नेतृत्व के प्रति क्या कर रही थीं और भुट्टो के द्वारा उनको धमकी दी गई थी कि यदि याह्या खाँ ने युद्ध की घोषणा की तो 'लोगों द्वारा सामूहिक प्राणदंड' एकमात्र विकल्प होगा।

भारतीय सेना के प्रतिनिधि ने गरीबपुर को एक 'सीमित रक्षात्मक काररवाई' के रूप में वर्णित किया। 'न्यूयॉर्क टाइम्स' के एक संवाददाता ने इसे 'धीरे-धीरे सैन्य दबाव बढ़ाने की नीति' के रूप में वर्णित किया। पाकिस्तान में याह्या खाँ ने घोषित किया कि 'हमले के खतरे' के कारण एक गंभीर स्थिति उत्पन्न हुई है और इसके तुरंत बाद पाकिस्तान में आपातकाल की स्थिति घोषित की गई। याह्या खाँ ने श्रीमती गांधी को एक प्रेस साक्षात्कार में 'वह औरत' और थोड़ी देर बाद 'वह न तो राजनेता है और न ही महिला है' कहकर अपने स्वभाव एवं अशिष्ट भाषा के इस्तेमाल से विश्व और विशेषकर अंतरराष्ट्रीय मीडिया को सकते में डाल दिया। याह्या खाँ ने भविष्यवाणी की, "दस दिन के बाद हो सकता है कि मैं यहाँ पिंडी में न रहूँ, क्योंकि मैं युद्ध लड़ रहा होऊँगा।" संयुक्त राष्ट्र में पाकिस्तानी प्रतिनिधिमंडल ने खुलासा किया कि वह उपमहाद्वीप की स्थिति पर चर्चा करने के लिए सुरक्षा परिषद् का एक आपातकालीन सत्र बुलाने पर विचार कर रहा था।

22 नवंबर, 1971 की सुबह व्हाइट हाउस, किसिंजर द्वारा पाकिस्तानी रेडियो के प्रसारण पर विश्वास करते हुए निक्सन को हमले के बारे में बताया गया, "पूरी तरह से भारतीयों द्वारा समर्थित।"—"यह सीधा हमला है, श्रीमान राष्ट्रपति।" अगले दिन जब यह कहा गया कि संयुक्त राष्ट्र संघ में चर्चा करना ही एकमात्र रास्ता है तो किसिंजर ने झिड़की दी, "हम खुद तो नादान न बनें, इसका मतलब था कि पाकिस्तान की दुर्दशा होगी।" उसी दिन किसिंजर को निक्सन द्वारा निर्देश दिए गए कि दोनों देशों की सभी सहायताओं को बंद किया जाए, जिससे 'भारत को अधिक

नुकसान' होगा। यह भारत के C-119 परिवहन विमान और सभी तरह की हथियारों की आपूर्ति के लिए 1.7 करोड़ डॉलर की सैन्य आपूर्ति को प्रभावित करेगा। इसके अलावा 10 करोड़ डॉलर के खाद्य कार्यक्रम भी प्रभावित हुए थे। किसिंजर ने निक्सन पर दबाव बनाया, "ऐसा नहीं हो सकता कि गुरिल्लाओं के पास टैंक और एयरक्राफ्ट हों और वे ब्रिगेड संरचनाओं में कारवाई कर रहे हों।" निक्सन ने कहा, "यह इस तरह है, जैसे उत्तरी वियतनाम अभी भी इस बात का खंडन करे कि वे दक्षिण विएतनाम में हैं।" इसके साथ ही उन्होंने कहा कि "वे चाहते हैं कि पाकिस्तान का विभाजन हो जाए।" इसके बाद किसिंजर को आदेश दिया कि वे पाकिस्तान की ओर 'झुकाव' की अपनी नीति कभी भी अपना सकते थे।

निक्सन प्रशासन ने लंबे समय तक इंतजार नहीं किया और पैसिफिक कमांड के नौ सेना कमांडर-इन-चीफ एडमिरल जॉन मैक्केन जूनियर को एक एयरक्राफ्ट कॅरियर टास्क फोर्स को वियतनाम में सामरिक एयर सपोर्ट देने से हटाकर बंगाल की खाड़ी में तैनात करने की योजना के लिए पूछा। ज्वाइंट चीफ ऑफ स्टाफ ने जल्द ही सेना की गुप्त योजना के रूप में इसे मंजूरी दे दी।

उसी दिन किसिंजर के साथ जॉर्ज बुश, अलेक्जेंडर हेग और विंस्टन लॉर्ड ने संयुक्त राष्ट्र के नए राजदूत हुआंग हुआ के नेतृत्व में चीनी प्रतिनिधिमंडल के साथ पहली बैठक न्यूयॉर्क स्थित सी.आई.ए. के सेफ हाउस में की। किसिंजर और हुआंग ने एक सैन्य ब्रीफिंग दी, जिसमें जेस्सोर के पास भारतीय सेनाओं द्वारा हमला करने का आरोप लगाया और सुझाव दिया कि भारत ने अपनी उत्तरी सीमा चीन की तरफ से खुली छोड़ दी थी। उन्होंने संयुक्त राष्ट्र सुरक्षा परिषद् में बहस के लिए चीनी और अमेरिकी दृष्टिकोण को समन्वित किया। "यह सुरक्षा नियमों का उल्लंघन था।" किसिंजर आश्चर्यचकित थे कि चीनी क्या सोचेंगे! क्या अमेरिका और चीन के दोस्त पाकिस्तान की बिना किसी प्रतिरोध के यह दुर्दशा होगी?

21 नवंबर, 1971 के टैंक युद्ध से विश्व के देशों में खतरे की घंटियाँ बजने लगी थीं। 3 दिसंबर, 1971 को पाकिस्तान के द्वारा छह भारतीय एयरफील्ड्स पर हवाई हमले किए जाने के तुरंत बाद तनाव और बढ़ गया। किसिंजर ने राष्ट्रपति निक्सन से कहा कि भारत ने पश्चिमी क्षेत्र में भी युद्ध शुरू कर दिया है। निक्सन ने उत्तर दिया—"यह एक त्रासदी ही थी कि भारतीय इतने विश्वासघाती थे। संयुक्त राष्ट्र में सोवियत संघ द्वारा 'वीटो' के इस्तेमाल ने अमेरिका-सोवियत संबंधों पर 'पानी फेर' दिया। क्या भारत के थोड़े से फायदे के लिए अमेरिका के साथ सोवियत

संबंधों को खतरे में डालना उचित रहेगा?" इसने और तनाव पैदा किया। अमेरिका के प्रोत्साहन से चीन द्वारा सैनिकों को रवाना कराना और इस हरकत पर सोवियत संघ की प्रतिक्रिया के डर ने एक ऐसी स्थिति पैदा कर दी, जिसमें परमाणु हथियारों की पैरवी करना या पारंपरिक हथियारों के इस्तेमाल पर बहस शुरू हो चुकी थी। अंत में, यह जानकारी मिली कि चीन का सैनिकों को रवाना करने का कोई इरादा नहीं था और सोवियत समझौते 'वीटो पर अधिक बहस न करने' और पूर्वी पाकिस्तान में पाकिस्तान के आत्मसमर्पण ने संकट को समाप्त कर दिया।

निक्सन और किसिंजर ने महसूस किया कि उन्होंने पश्चिमी पाकिस्तान को संरक्षण देने के बुनियादी लक्ष्य प्राप्त कर लिये थे। निक्सन को बधाई देते समय किसिंजर के आखिरी प्रसिद्ध शब्द थे, "यह वाकई एक चमत्कार ही है, राष्ट्रपतिजी। हमने तबाही को हार में बदल दिया है।"

21 नवंबर, 1971 को लड़े गए गरीबपुर के युद्ध ने देश की राजनीतिक एवं सैन्य मानसिकता में एक महत्त्वपूर्ण और क्रांतिकारी बदलाव का प्रतिनिधित्व किया था। भारत परिपक्व हो चुका था और अपनी सांस्कृतिक पहचान, मानवीय मूल्यों तथा सैन्य क्षमता को पेश करने में सक्षम था और उसने उपमहाद्वीप में खुद को एक दृढ़ एवं जिम्मेदार क्षेत्रीय शक्ति में बदलने के लिए अपनी 'ऐतिहासिक विचारधारा' को छोड़ना शुरू कर दिया था। इसी दिन (बाद में बँगलादेश आर्मर्ड फोर्सेस डे के रूप में अपनाया गया) भारत और बँगलादेश की 'मित्रोवाहिनी' (मित्र सेना) को पूर्वी कमांड मुख्यालय के चीफ लेफ्टिनेंट जनरल जे.एस. अरोरा के समग्र आदेश के तहत पाकिस्तान के खिलाफ आजादी की लड़ाई में संयुक्त अभियान शुरू करने के लिए औपचारिक रूप दिया गया था। इस शुरुआती जीत ने दुनिया भर में डंका बजाकर संदेश दिया था कि एक नए राष्ट्र बँगलादेश का उदय हुआ है और भारत एक उभरती हुई 'क्षेत्रीय शक्ति' बनकर सामने आया है।

□

बरिंद में घमासान युद्ध

एक टैंक अपनी मारक क्षमता, गतिशीलता और आर्मर्ड प्रोटेक्शन के लिए जाना जाता है। इन्फैंट्री बटालियनों के साथ कार्य करते हुए हमने महसूस किया कि टैंक इंजनों की आवाज एक अतिरिक्त विशेषता थी, जो दुश्मन को धोखा देने के लिए एक साधन के रूप में इस्तेमाल की जा सकती थी और उनके सामने टैंकों की उपस्थिति के बारे में अस्पष्ट राय देती है। रात के समय टैंकों की थोड़ी भी आवाज तनाव एवं भय को कई गुना बढ़ा देती है और स्थानीय गाँवों के बाईपास तथा वापस आने के रास्तों में रुकावट डालती है। यह ऐसा हथियार था, जो शरीर से ज्यादा दुश्मन के अवबोधन पर सीधा प्रहार करता है, जिससे यह दुश्मन के कैंप में घबराहट और चेतावनी का एक कारण बनता है। टैंक कॉलम के साइज या टैंक की गतिविधि की दिशा या दूरी को मालूम करना बहुत मुश्किल है, क्योंकि टैंक के शोर की तीव्रता में हवा की दिशा बदलने से फर्क पड़ता है। उसकी तेजी और ज्यादा भ्रम पैदा करती है। रात के समय ब्रिगेड्स की लोकेशनों के बीच सीमित ऑपरेशनों के लिए स्क्वाड्रनों की लगातार गतिविधि ने दुश्मन को भ्रमित किया था कि एक टैंक ब्रिगेड उनके विरोध में तैनात है, जबकि वास्तव में वह एक आर्मर्ड रेजीमेंट थी।

72 घंटों के आराम-चैन और राहत ने शरीर व आत्मा को नई ताजगी से भर दिया था। शरीर में नया जोश आने से हम अपने अगले टास्क के लिए तैयार थे। दोबारा से बनाए गए T-55 ट्रूप ने गहन प्रशिक्षण पूरा किया था और वह दल उत्साहित दिखाई दे रहा था। इसके अलावा, रिसालदार लिंबू का टैंक क्रू पूरी उत्सुकता के साथ अपनी वास्तविक योग्यता और कीमत दिखाने के अवसर की आतुरता से प्रतीक्षा कर रहा था। मीडिया ने अफवाहों को बढ़ावा दिया था कि 'हेट

इंडिया', 'क्रश इंडिया' के पोस्टर पूरे पाकिस्तान में प्रदर्शित किए गए हैं और युद्ध की स्थिति आ पहुँची है। अपने साथ ट्रांजिस्टर रेडियो ले जानेवाले कुछ लोगों ने नए समाचार सुनने के लिए बी.बी.सी. या ऑल इंडिया रेडियो पर स्विच किया। मुजीबुर रहमान जेल में ही थे और वहाँ उनकी जान पर खतरा निरंतर बना हुआ था। विदेश मंत्री की हैसियत से भुट्टो संयुक्त राष्ट्र महासभा में पाकिस्तान के पक्ष को पेश करने के लिए न्यूयॉर्क जा रहे थे। निर्वासन में बँगलादेश सरकार अपने निश्चय पर अडिग थी और बंगाल की खाड़ी में दूरवर्ती तट से एक ट्रांसमीटिंग स्टेशन के द्वारा विश्व समुदाय से नियमित प्रसारण के जरिए अनुरोध कर रही थी। शरणार्थियों के 10 लाख से ज्यादा विस्तार के साथ भारत ने सहायता के लिए आग्रह करना बंद कर दिया था। सदियों से होते आ रहे आक्रमण और लूट-खसोट के बाद भारत सरकार आक्रामक रुख अपनाते हुए महत्त्वपूर्ण भूमिका निभाने के लिए तैयार थी और शरणार्थियों की समस्या के लिए अटल एवं दृढ़ निश्चय से एक स्थायी समाधान तलाश रही थी। जगजीवन राम अपनी पत्नी के साथ गरीबपुर के दौरे पर आए थे और उन्होंने 14 पंजाब के भाँगड़ा करनेवाले लड़कों के साथ एक फोटो सेशन किया। 'अब की बार, सरहद के उस पार', यह घोषणा उनके द्वारा की गई। अबकी बार भारत पूरी तरह से तैयार था। जवान, किसान और जनता सभी आश्वस्त थे कि यह उचित कारण था। इस समय 'शरणार्थी कर' लगाना भी एक मास्टर स्ट्रोक था और इसने आम जनता में जागरूकता पैदा करने का काम किया और इस तरह एक मजबूरी को धर्मयुद्ध में बदल दिया। इसने साथी नागरिकों को नैतिक अधिकार प्रदान किया और सैनिकों को युद्ध करने का एक उचित कारण दिया।

डिग्बी द्वारा घोषित हमारा अगला कार्य 2/3 दिसंबर की रात को मुख्यालय 350 इन्फैंट्री ब्रिगेड के अधीन 'बी' स्क्वाड्रन को नियुक्त करना था।

ब्रिगेड कमांडर ब्रिगेडियर एच.एस. संधू एक नाटे कद के तगड़े सिख थे, जिन्होंने अपने टेंट में बने ऑफिस में मुझे बड़ी गर्मजोशी से गले लगाकर मेरा स्वागत किया।

"तुम लड़के पाक को एक अच्छा सबक सिखा रहे हो।"

"शुक्रिया जनाब। बस, सब किस्मत की बात है।"

"किस्मत के अलावा, 13:1 का स्कोर बोर्ड आपकी रेजीमेंट के प्रदर्शन की तारीफ करता है।"

"मुझे लगता है कि युद्ध और वातावरण में कोहरे ने हमारे पक्ष में काम किया था।"

"चीफी को खोने का मुझे अफसोस है। जी.ओ.सी. ने बताया था कि चीफी का भाई उनकी जाट रेजीमेंट से था।"

"वह दाह-संस्कार के दौरान मौजूद था।"

फिर यह चर्चा स्क्वाड्रन द्वारा किए जानेवाले टास्क पर आ गई। ब्रिगेडियर संधू ने बताया कि जम्मू व कश्मीर लाइट इन्फैंट्री की जो बटालियन एक दिन पहले हमले के लिए गई थी, उसे जान-माल का भारी नुकसान हुआ है। दुश्मन अच्छी मोर्चाबंदी के साथ ऊँचाई वाले इलाके से चौतरफा निगरानी कर सकता है और उसकी फील्ड ऑफ फायर स्पष्ट है। इसलिए 4 सिख के कमांडिंग ऑफिसर के साथ उन्होंने हमले की एक नई योजना तैयार की है, जिसके बारे में 3 दिसंबर को जी.ओ.सी. साहब को ब्रीफ किया जाएगा। सफलता सुनिश्चित करने के लिए उनके द्वारा टारगेट पर एयर अटैक और जरूरत पड़ने पर कॉरपेट बॉम्बिंग का प्रस्ताव रखा गया। बरिंद डिफेंस पर कब्जा करने के लिए आर्मड को भी इन्फैंट्री सेना की कंपनियों को सपोर्ट फायर देना था।

उनके स्टाफ ऑफिसर मेजर रेड्डी, जो स्टाफ कॉलेज से नए आए थे और उन्होंने ब्रिगेड मेजर का चार्ज लिया था, उनकी बातचीत और लहजे से वे गरम मिजाज और पेशेवर लग रहे थे। उन्होंने पहले के हमले की नाकामी के कारणों पर चर्चा की और बटालियन के साथ निकट सहयोग के बारे में कुछ उपयोगी सुझाव दिए। टैंक युद्ध की खबर पूरी डिवीजन में फैल चुकी थी, जिसके परिणामस्वरूप हम जहाँ भी गए, हमें गर्मजोशी के साथ सराहा गया। हमारी उपस्थिति से सभी रैंकों का मनोबल उच्च स्तर पर था और सैनिकों ने आर्मर्ड जवानों के लिए अपने प्रेम का मुक्त प्रदर्शन किया। मेरे साथ गए टूप लीडर और टैंक कमांडरों को उनके सहयोगी जवानों व जे.सी.ओ. से मिलने के लिए भेजा गया था, ताकि 'खुशियाँ मनाने' व 'ऑपरेशनल जिम्मेदारियों' को सँभालने की प्रक्रिया पूरी हो सके और 'बी' स्क्वाड्रन को उस रात में फुरसत दे दी जाए।

बरिंद अटैक के लिए मेकशिफ्ट सैंड मॉडल पर डिटेल प्लानिंग। डिग्बी (बीच में) ब्रीफिंग करते हुए और अन्य कमांडर समझते हुए। लेखक एक कैंप स्टूल पर हाथ में सिगरेट लिये प्लान पर ध्यान केंद्रित किए बैठे हैं

एक स्क्वाड्रन को रिलीव करना, जो दुश्मन के सुरक्षा क्षेत्र में हो, एक सावधानी भरा ऑपरेशन होता है, जिसे बटालियन के साथ अच्छी योजना और समन्वय से किया जाता है, क्योंकि हर पल दुश्मन की हरकत और गोलाबारी का अंदेशा बना रहता है। 'बी' स्क्वाड्रन की सहायता करने के लिए चुने गए दो ट्रूप में नया बना T-55 ट्रूप और रिसालदार लिंबू का 4 नंबर ट्रूप था। बटालियन ने दुश्मन के सुरंग-क्षेत्र पर निगरानी और उस इलाके से उनके फायर को ध्वस्त करने के लिए माछेरडाँगा पोजीशन के नजदीक तालाब के एक हिस्से पर कब्जा करने के लिए एक सीमित ऑपरेशन की योजना बनाई थी। रिसालदार लिंब के ट्रूप को सपोर्ट फायर और इन्फैंट्री के साथ शूट का काम सौंपा गया था।

निश्चित समय पर आक्रमण किया गया। टारगेट को आसान करने के लिए आर्टिलरी गोलाबारी से दुश्मन के इलाके को नुकसान पहुँचाया गया। वास्तव में बड़ी मोर्चाबंदी की निगरानी के लिए माछेरडाँगा पोजीशन एक गलत मोर्चा थी। दुश्मन ने यह महसूस कर लिया था कि देरी और इनकार का उनका उद्देश्य उन्होंने हासिल कर लिया था और चुपचाप अपने मेन डिफेंसस में पीछे हट गया। हमले का पहला चरण सफल रहा और इंजीनियर्स के अधीन सुरंगों को हटाने का कार्य शुरू कर दिया गया।

मैं 4 सिख के कमांडिंग ऑफिसर के साथ उनके डगआउट में बैठा था, जब उनके द्वारा क्लीनिकल ऑपरेशन के लिए कंपनी कमांडर को 'शाबाशी' दी गई थी। कंपनी कमांडर, जो शुरू में तुरत जीत के लिए श्रेय का दावा कर रहा था, उसे सूचना मिली कि जल्द ही दुश्मन के सैनिक एक संभावित पलटवार के लिए नजदीकी इलाके में इकट्ठे हो रहे थे। इंजीनियर्स ने दावा किया कि टैंक लेन क्लीयरेंस में एक घंटा और लगेगा। लेकिन इन्फैंट्री लेन साफ हो गई थी। हालाँकि जब हमला करनेवाले कंपनी कमांडर ने संदेश को दोहराया तो बटालियन 2IC ने बिना यह जाँचे कि टैंक लेन क्लियर है या नहीं, उन टैंकों को सुरंग-क्षेत्र से आगे बढ़ने का आदेश दे दिया। मैंने आपत्ति जताई और रिसालदार लिंबू को सख्ती से एक संदेश भेजा। डेल्टा फॉर डी4—"टैंक मेरे आदेश के बिना सुरंग-क्षेत्र को पार नहीं करेंगे, रोजर ओवर।"

"डी 4 फॉर डेल्टा : विल्को। ओवर।" लिंबू से बहुत राहत भरा संदेश एक परेशान दिख रहा कमांडिंग ऑफिसर, जिसे बटालियन 2IC का सपोर्ट था, 2IC के उस एक्स-कैवेलरी अफसर ने कड़ाई से विरोध किया, "आपने कमांडिंग ऑफिसर के आदेशों की अवहेलना करने का साहस कैसे किया?" 2IC जोर से चिल्लाया।

"यह एक आपातकालीन स्थिति है। दुश्मन हमला करने के लिए तैयार है। टैंकों को यहाँ से रवाना करें।"

"जब इन्फैंट्री लेन क्लियर थी तो आपने रिजर्व कंपनी को मूव क्यों नहीं कराया?"

"यह मेरा निर्णय था। मैं कमांडर हूँ।"

"ठीक है, लेकिन याद रहे कि यहाँ मैं टैंक कमांडर हूँ, आपका 2IC नहीं।"

कुछ मिनट बीतने के बाद सभी में एकदम हलचल-सी मच गई, जब इंजीनियर्स से यह पता चला कि टैंक लेन इंडक्शन के लिए क्लियर है। दुश्मन को भुलावा देने के लिए तथाकथित जवाबी हमला लॉन्च किया गया। अपने टारगेट को सुरक्षित करने के लिए नियत समय से पहले टैंकों को इंडक्ट करने की एक चाल चली गई थी।

अपने मातहतों से, विशेषकर इन्फैंट्री में, 'यस सर' का उत्तर मिलना कोई असामान्य बात नहीं होती है। किसी भी तरह की असहमति का अर्थ कानून का उल्लंघन करने के समान समझा जाता है। इन्फैंट्री के अफसरों द्वारा बिना सवाल किए आज्ञा-पालन करना अन्य आर्म्स के आत्म-नियंत्रित, लेकिन प्रबुद्ध दृष्टिकोण के विपरीत था। आर्मर्ड कोर में दृष्टिकोण को व्यक्त करने की स्वतंत्रता को प्रोत्साहित

किया गया था और सामरिक या तकनीकी आधार पर किसी आदेश का विरोध करना उचित माना जाता था; क्योंकि इसमें अवज्ञा या अपमान करनेवाली कोई भी बात नहीं होती। रिजर्व कंपनी को योजना के अनुसार इंडक्ट करने में मिली असफलता अब टैंकों को सुरंगों पर रोल करने के आदेश का औचित्य नहीं बन सकती थी। मैंने लिंबू को एक ज्वाइंट पेट्रोल भेजने को कहा और यह पुष्टि करने का आदेश दिया कि टैंक लेन इंडक्ट से पहले क्लियर थी। एड्जुटेंट/दंडपाल को झटका लगा कि एक जूनियर अफरसर कमांडिंग अफसर के आदेशों के खिलाफ कैसे जा सकता है! लगभग दस मिनट के बाद टैंकों को इंडक्ट किया गया और एक काल्पनिक जवाबी हमले का खतरा टल गया और अब यह भी कि कमांडिंग अफसर मेरे कार्यों को अपने पद व अधिकार के विपरीत मानते थे और शायद अगले दिन मुझे कमांडेंट, 45 कैवेलरी से कुछ सीख मिलेगी।

सैगल और नरेन रात के खाने की तैयारी कर रहे थे। मैं उन्हें टैंक हार्बर में मिलने गया। अपने टैंक में लौटने से पहले नरेन को लिंबू के साथ रेडियो संचार में संपर्क रखने को बताया और कहा कि मुझे तब तक परेशान न करें, जब तक कि वास्तव में बहुत जरूरी न हो। यह कहते हुए मैं अपने टैंक में चला गया। टैंक अंदर से गरम था और उसमें कोई भी अनावश्यक आवाज मुझे परेशान नहीं कर सकती थी। ड्राइवर की सीट के बाईं ओर एक आरामदायक जगह थी, जहाँ यदि आप पूरी तरह न लेट पाएँ तो कम-से-कम एक आरामदायक स्थिति में रह सकते हैं।

शारीरिक थकावट आपकी नींद के समय और तरीके को निर्धारित करती है। मेरे बिस्तर के रूप में इंजन और ड्राइवर के कंपार्टमेंट के बीच की लीनियर पाइप्स, हाउसिंग केबल्स थीं, जिनकी कुल चौड़ाई लगभग 15 इंच से अधिक नहीं थी और पाइप की लंबाई के साथ अलग-अलग प्वॉइंट्स पर 'T' जंक्शन थे। 'वाटर एंड लैंड' गियर लीवर की सपोर्ट के साथ मेडिसिन एवं टूल बॉक्स सिर टिकाने के लिए उपयुक्त थे। हर हालत में पैर ड्राइवर और फाइटिंग कंपार्टमेंट के मेटल पार्टिशन पर टिके रहते थे। ग्रीस की बदबू, इंजन के तेल, जले हुए डीजल और गीले चमड़े के साथ-साथ बिना धुले कपड़ों की बदबू तथा मोजे और क्रू के बिस्तर की दुर्गंध सीधा नाक में घुसती थी। बेमेल कंबल या ओवरकोट, जिसमें उन जगहों की खुशबू भरी थी, जहाँ उनको बिछाया गया था। कपड़े के रेशों में से कॉर्डाइट और बारूद की गंध आ रही थी। खाने की आदतों के आधार पर शरीर की निजी गंध से स्वच्छता के विचार मन में आते तो थे, किंतु शारीरिक थकावट के आगे फीके पड़ जाते थे। पिछली यादों में

झाँकते थे तो कठोर पलों में जीने की ललक फिर से जीवंत हो उठती थी। यह शायद सच है कि जब जीवन खुद खतरे में होता है तो अन्य कठिनाइयाँ गायब हो जाती हैं या उसके अनुसार सहजता से सहन कर ली जाती हैं। टैंक में प्रवेश करने के कुछ ही मिनटों के भीतर मैं परेशानी भुलाकर और फिर गहरी नींद में डूब गया था।

मेरी आँख सीधे सुबह ही खुलीं, जब किसी ने मुझे छुआ था। मैंने अपनी आँखों को मलते हुए देखा कि कोई व्यक्ति मेरे सामने टेलीफोन पकड़े खड़ा है, जो बटालियन हेडक्वार्टर एक्सचेंज से जुड़ा था।

"सर, 4 सिख के एड्जुटेंट के पास आपके लिए एक जरूरी संदेश है।" निश्चित रूप से संदेश महत्त्वपूर्ण था, क्योंकि कैप्टन पनाग एक जिम्मेदार अफसर थे।

"हाँ, पनाग, क्या हो रहा है?"

"सर, आपको सूचित करने के लिए खेद है; किंतु रिसालदार लिंबू को एडवांस्ड ड्रेसिंग स्टेशन (A.D.S.) में ले जाया जा रहा है।"

"वह अब कहाँ है, क्या मैं उससे बात कर सकता हूँ?"

"वह आपके साथ बात करना चाहता था। वह एंबुलेंस में है, जो जल्द ही अभी आपकी लोकेशन से गुजरेगी।"

मैंने टेलीफोन रखा और धीरे से सावधानीपूर्वक कपोला से बाहर निकलकर टैंक से नीचे कूदा।

"नरेन! यह दुष्ट नरेन कहाँ है?" मेरी निराशा और अपराध-बोध का भाव मेरे मन को कचोट रहा था। मैं अब नारायण के टैंक की ओर बढ़ रहा था। गुस्से और तनाव से भरा मैं अपनी पूरी ताकत से चिल्ला रहा था कि उसने मुझे इस दुर्घटना के बारे में क्यों नहीं बताया? मैं ऐसे चिल्ला रहा था, जैसे शत्रु पर हमला करते समय बटालियंस जयकारा लगाती हैं। क्रू मेंबर्स मेरे रास्ते से हट गए और मैं नरेन के टैंक की ओर बढ़ गया। नरेन क्रोध के ज्वालामुखी से टकराने के लिए टैंक के नीचे से रेंगते हुए बाहर निकला।

"मूर्ख हो तुम! क्या थे मेरे आदेश?" क्रोध व आक्रामकता मेरी आवाज से झलक रही थी और नरेन में घबराहट और दहशत के लक्ष्ण थे। वह थोड़े में परिस्थितियों और उसके द्वारा किए गए कार्यों को समझाने के लिए हकलाते हुए बोला, "मैं सैगल को अपने पीछे में देख रहा था, वह घबरा गया था कि कहीं मैं मारपीट पर उतारू होकर अपने अधिकार की सीमा को पार न कर जाऊँ! मैं उसकी ओर मुड़ा तो उसने समझदारी से मुझे याद दिलाया कि एंबुलेंस ए.डी.एस. के लिए रास्ते में है। मैं इंतजार

कर रहे रोवर में बैठा और रास्ते में लिंबू से मिलने के लिए निकल पड़ा। आधे रास्ते पर मैंने एंबुलेंस को देखा और लिंबू से मिलने के लिए रुक गया। हमेशा हँसमुख और खुश रहनेवाले लिंबू को इस प्रकार कष्ट व पीड़ा में देखना एक दर्दनाक अनुभव था। कष्टदायक दर्द ने उसकी मांसपेशियों को जकड़ रखा था। फिर भी, अपनी आँखों में भय को खत्म करने के लिए अपने चेहरे पर मुसकान लिये वह बोला, "साब, मैंने अपना सर्वश्रेष्ठ किया···" उसने मेरा हाथ पकड़ने के लिए अपना हाथ बढ़ाया, "मैं आपके साथ फिर से सेवा करने के लिए वापस आ जाऊँगा।"

असल में, हुआ क्या था कि जब इन्फैंट्री संगठित हो चुकी थी, उन्होंने खुद टैंकों को सुरंग-क्षेत्र में गाइड करते हुए नई लोकेशन में तैनात किया था और ये कार्य डिफेंस एरिया में तैनाती को ध्यान में रखते हुए किए गए थे। जैसे ही टैंक स्टार्ट किए थे, दुश्मन ने पोस्ट पर शेलिंग शुरू कर दी। गोलाबारी भारी और अच्छी तरह से निर्देशित की गई थी। हो सकता था कि इसके पीछे ओ.पी. अफसर रहे होंगे। उससे बिना डरे लिंबू ने अपने काम को अंजाम देना जारी रखा। किंतु एक गोले से निकली किरचियों ने उसके सीने और पेट को चीरकर रख दिया। सौभाग्य से, उसकी चोटें बहुत ज्यादा गंभीर नहीं थीं। हालाँकि अधिक खून के बहाव से वह कमजोर हो गया था। मुझे उसके लिए और अधिक खेद महसूस हुआ, क्योंकि मैंने ही इस पक्के गोरखा जे.सी.ओ. को युद्ध में उतारा था। वह OIC स्क्वाड्रन में नहीं, बल्कि पूरी रेजीमेंट में एकमात्र गोरखा जे.सी.ओ. था। उसको लगभग 16 साल पहले पूर्वोत्तर राज्यों के लिए कुछ अनिर्दिष्ट रिक्त पदों के तहत सेना में भरती मिली थी। आर्मर्ड रेजीमेंटों की भरती के कायदों की वजह से गोरखा क्लास कंपोजिशन में नहीं आते थे, जबकि अंग्रेजों के समय से यह धारणा बनी हुई थी कि गोरखा हाथों में एक खुकरी और होंठों पर 'आए हो गोरखाली' के नारे से चमत्कार कर सकते हैं, अगर वे पर्याप्त मात्रा में रम (शराब) पिए हों! मैं कोई खास मदद नहीं कर सकता था, लेकिन व्यक्तिगत नुकसान को महसूस कर सकता था। मैंने उसके अच्छे होने की कामना की और एंबुलेंस को जाने दिया।

जनरल ऑफिसर कमांडिंग (जी.ओ.सी.) आक्रमण की योजना को अंतिम रूप देने के लिए HQ 350 इन्फैंट्री ब्रिगेड की लोकेशन पर पहुँचे। हमले की योजना पर एक लंबी व जोश भरी चर्चा के बाद कर्नल बसंत सिंह ने उसका प्रस्तुतीकरण किया। बरिंद डिफेंसस लगभग 400 गज × 400 गज गहरे तालाबों की एक कतार के चारों तरफ एक कतार में और ऊँची तारबंदी के साथ बने थे। दुश्मन चौतरफा

सुरक्षा के साथ तैयार था, जिसमें सुरंग-क्षेत्रों और एम.एम.जी. फायर की सपोर्ट शामिल थी। जिस भी दिशा से दुश्मन उनकी तरफ आगे बढ़ेगा, उसके लिए एक फ्रंटल अटैक सामने होगा। अंतिम 100 गज से अधिक के क्षेत्र में कवर न मिलने से हमारा टास्क और भी कठिन हो गया था। आर्टिलरी गोलाबारी नाकाम साबित हुई थी, क्योंकि अधिकांश गोले तालाब में ही गिर जाते थे, जिससे दुश्मन के डिफेंस को कोई भी नुकसान नहीं होता था। नए फायर प्लान में एयर सपोर्ट और कॉरपेट बॉम्बिंग का होना अति आवश्यक था। आर्मर्ड T-55 टैंकों के ट्रूप ने इन्फैंट्री को नजदीक से सपोर्ट करना था। PT-76 स्क्वाड्रन, जिसमें एक ट्रूप कम था, बरिंद पर बाहर से हमले का संचालन करना था और अपने वापसी के रास्ते पर एक मजबूत बेस बनाना था। बरिंद पर कब्जा डिवीजन की प्रतिष्ठा का प्रश्न बन चुका था, क्योंकि यह जेस्सोर पहुँचने के लिए सबसे छोटा मार्ग था। जिस योजना को मंजूरी दी गई थी, उसके बारे में आगे बताया गया है।

पहले चरण में 4 सिख की एक कंपनी और 45 कैवेलरी की स्क्वाड्रन के एक ट्रूप को दुश्मन की मजबूत पेट्रोल पार्टी और रैकी एंड सपोर्ट साधनों के कब्जेवाले माछेरडाँगा के नजदीक अपनी लोकेशन से 200 गज की दूरी पर एक छोटे से तालाब पर कब्जा करना था। दूसरे चरण में 4 सिख की एक कंपनी और 45 कैवेलरी का एक ट्रूप छोड़कर, 'सी' स्क्वाड्रन को बरिंद में दुश्मन की पोजीशन पर पीछे से हमला करके (outflank) उनके वापसी के रूट पर एक मजबूत बेस बनाना था। इस बीच 4 सिख की एक अन्य कंपनी को बरिंद में दुश्मन की पोजीशन पर एक टैंक ट्रूप के साथ दुश्मन सेना पर पश्चिम से फायर करना था। इन सब काररवाइगों के दौरान 1 JAK को बरिंद के दक्षिण-पूर्व में तैनात दुश्मन की सेना को व्यस्त रखना था, ताकि वे इस हमले में बाधक न बन सकें।

पहले चरण के दौरान कमांडिंग ऑफिसर, उनके 2IC, मेजर बाल और मैं कमांड पोस्ट में एक साथ बैठे थे और कंपनी कमांडर की प्रगति के बारे में जानकारी ले रहे थे। इन्फैंट्री कंपनी कमांडर ने लॉन्च पैड पर पहुँचने पर दुश्मन के वापस भागने की सूचना दी। उसे जरा भी अहसास नहीं था कि वह एक जाल में फँस चुका है। हमारे सैनिक खुले एरिया में एम.एम.जी. और आर्टिलरी की भारी गोलाबारी की चपेट में आ गए। लीड कर रही प्लाटून धराशायी हो चुकी थी और आगे नहीं बढ़ सकी थी। ऐसा लग रहा था, मानो पूरी कंपनी निष्क्रियता में अवशेष हो चुकी थी। अब कमांड पोस्ट में आनेवाले संदेशों से यह स्पष्ट था कि कंपनी कमांडर का अपने

सैनिकों पर से आदेश और नियंत्रण हट चुका था। परिस्थिति की गंभीरता देखते हुए कमांडिंग ऑफिसर ने दूसरे चरण को निर्धारित समय से आगे कर दिया। असहनीय रूप से सैनिकों की भारी क्षति से मेरे कर्तव्य-बोध ने इस मौके पर जाग्रत् हो मुझे आदेश पालन के लिए विवश किया। मैंने कमांड पोस्ट छोड़ दी और जल्दी से दूसरे चरण को शुरू करने के लिए टैंक स्क्वाड्रन की लोकेशन की ओर बढ़ चला। यह इलाका, जहाँ से मैं टैंकों तक पहुँचने का प्रयास कर रहा था, वह लगभग 600 गज दूर आर्टिलरी गोलाबारी की हद में था। मैं भी हवा में उड़ते गोलों की तीखी आवाजों को सुनकर अनुमान लगा लेता था कि गोला किस दिशा में जाकर फटेगा और फिर जल्दी से पास की खाई या पेड़ के नीचे कूद जाता, इस आशा में कि गोला मेरे बिल्कुल करीब न गिरे। मुझे ऐसा लग रहा था, जैसे एक खरगोश एक झाड़ी से दूसरी झाड़ी में कूद रहा हो, ताकि वह शिकारी का शिकार न बन सके। दो अवसरों पर गोला पेड़ पर आकर गिरा, जिसकी किरचियाँ मेरे चारों ओर आकर गिरी थीं। एक अन्य घटना में किरचियाँ जमीन में गिरकर धँस रही थीं, जहाँ मैं लेटा हुआ था। मेरा सिर नीचे था। मेरे हाथ मेरे कानों पर थे, जब छर्रों के टुकड़े मेरे दोनों तरफ आकर गिरे। कुछ ही मिनटों तक रहे इस अनुभव में ऐसा लगा, मानो मैं एक समय-क्षेत्र को पार करके आया हूँ। जब भी मैं इस वाकये को याद करता हूँ कि कैसे मैं किरचियाँ और उड़ते हुए छर्रों के टुकड़ों से बचकर भाग निकला था, मेरे मन में बहुत वेदना होती है।

अपनी साँसों को सँभालते हुए मैंने कमांड पोस्ट और टैंक हार्बर के बीच की दूरी को जिस गति से, बिना किसी नुकसान के तय किया था, उसके लिए अपने आप को बधाई दी। ब्रीफिंग के लिए टैंक कमांडरों के आने का इंतजार करते हुए मैं सोच रहा था कि कैसे मैं क्रू को उन महत्त्वपूर्ण परिस्थितियों के बारे में ब्रीफ करूँ, जिसमें इन्फैंट्री कंपनी ने मौत का तांडव झेला था। ऑर्डर्स में बदलाव की आवश्यकता थी। मुझे लगा कि इंजीनियर अफसर लेफ्टिनेंट पुरुषोत्तम द्वारा बताई गई सुरंग-क्षेत्र की रेंज के बारे में उन्हें (क्रू को) फिर से बताना जरूरी था और ट्री लाइन की बाहरी परिधि के साथ-साथ वे सतर्कता से वैसे ही बढ़ें, जैसा कि ब्रीफिंग में हमें बताया गया था। उनके आत्मविश्वास को बढ़ाने के लिए मैं लीड टैंक में रहूँगा। लिंबू के ट्रूप, जिसे अब नरेन लीड कर रहा था और T-55 ट्रूप की लोकेशन, जो हमारी लोकेशन से पश्चिम में थी, नरेन को रेडियो के माध्यम से मूव करने के बारे में बताया, ताकि गलतफहमी और एक-दूसरे पर फायरिंग की संभावना समाप्त हो जाए। इन्फैंट्री के साथ बेहतर समन्वयन सुनिश्चित करने के लिए कंपनी कमांडर

ने एक अफसर को भेजा, ताकि हम अपनी गतिविधि का संयोजन कर सकें और दुश्मन के वापसी के रूट को एक ही समय में रोक सकें। जब दूसरा चरण शुरू हुआ, तब सूरज डूबने में केवल 10 मिनट ही बचे थे।

जैसे ही हमारे टैंक उस एरिया में फैल गए, कोई भी पीछे मुड़कर इन्फैंट्री को बिठाए टैंकों के कॉलम को देख सकता था, जबकि अन्य प्लाटून कमांडर अपनी प्लाटून को सामरिक संरचना में मूव करा रहे थे। मेरे पीछे मूव कर रहे दो टैंक ट्रूप्स के बीच लगभग 200-300 गज का फासला था। मानचित्र के अध्ययन से हम जानते थे कि जिस रूट पर हम आगे बढ़ रहे थे, उसमें एक बड़े दलदली क्षेत्र को पार करना शामिल था। इन्फैंट्री तेजी से दलदली क्षेत्र पर बनी एकमात्र पुलिया को सुरक्षित करने के लिए आगे बढ़ी और हमें आगे बढ़ने के लिए इशारा दिया। वह पुलिया कभी लकड़ी के मजबूत लट्ठों से बनी थी और व्यापार के लिए बैलगाड़ियों के आने-जाने के लिए इस्तेमाल की जाती थी। मेरा टैंक पहला था, जो उसे पार करने जा रहा था। मुझे एक अनुभवी ड्राइवर के साथ में होने का फायदा था, क्योंकि पुलिया की चौड़ाई टैंक की चौड़ाई से कुछ इंच कम थी। यह भी अपने आप में एक चमत्कार था कि वह पुलिया टैंक के भार से गिरी नहीं। अगर वे परिस्थितियाँ कम थकाऊ न होतीं तो हम कभी भी उस जर्जर पुलिया पर 14 टन भारवाले टैंक का बोझ डालने का जोखिम नहीं उठाते।

पुलिया पार करने के बाद हमने आगे बढ़ने से पहले किसी आकस्मिक हमले के खिलाफ सुरक्षा के लिए झाड़ियाँ जमा दीं। कुछ दूर जाने के बाद मैं पुलिया के पास आखिरी टैंक को देखने के लिए वापस मुड़ा। मुझे खुशी थी कि इस चरमराते पुल ने टैंक की गतिनिभि में कोई बाधा नहीं डाली। शायद मैं आंशिक रूप से गलत था, क्योंकि कुछ ही पलों के बाद दफेदार ईश्वर का एक रेडियो संदेश आया और उसने बताया कि उनका टैंक पुलिया पर फिसल गया है और वह टैंक अब पुलिया के बाएँ हिस्से पर खतरनाक ढंग से संतुलन बनाए है। चूँकि शाम तेजी से ढल रही थी, इसलिए हमारा आगे बढ़ना जरूरी था। आखिरी टैंक का क्रू स्वयं अपनी स्थिति सही करेगा या फिर पीछे आ रहे टैंक कॉलम से उसे ठीक करने के लिए रिकवरी टीम की सहायता लेगा।

अब हम नरेन के ट्रूप द्वारा पहले चरण के अटैक में कब्जा की गई लोकेशन से आगे जा रहे थे। इसने मुझे प्रभावित किया कि नरेन इन्फैंट्री के कमांडर से अधिक अच्छे निकले थे, जो अपने कमांडिंग अफसर को गलत संदेश भेजते रहे कि

कैवेलरी उन्हें पकड़ नहीं पा रही है और अपने पीछे रहे गाइडों को टैंकों से संपर्क करने के लिए कहते रहे थे। मैंने लेफ्टिनेंट पुरुषोत्तम को इस सच्चाई को बताया और यह ध्यान रखने की हिदायत दी कि टैंक अच्छी पोजीशन में आगे चल रहे हैं, न कि दुर्भाग्य से आपके इस कंपनी कमांडर के पीछे।

सूर्यास्त के बाद कुछ मिनटों तक धरती की सतह पर अँधेरा घिरने से पहले रोशनी बनी रहती है। इसे टेलीस्कोपिक रोशनी के रूप में आँका जाता है, जिसमें टारगेट को पहचाना जा सकता था और अपने हथियारों से उन पर निशाना भी साधा जा सकता था। इस डूबती हुई रोशनी में देखने की बहुत कम क्षमता होने से दुश्मन के एक रॉकेट लॉन्चर ने फायर खोल दिया। उस रॉकेट लॉन्चर को दोबारा फायर का मौका नहीं मिला, क्योंकि मेरे गनर हरीश चंदर ने अपने पहले राउंड से हवा में उसके परखच्चे उड़ा दिए। मेरे पीछे के टैंकों ने तेजी से पोजीशन सँभाली और दुश्मन के फायर को दबा दिया। ऐसा लग रहा था कि या तो हमने दुश्मन की पोजीशंस को सही हिट कर दिया था या उसने हमारे एक तरफ से बाधा डालने (outflank) के प्लान को रोकने के लिए कुछ टुकड़ियों को एक तरफ हटा दिया था। मेरे गनर ने 50 गज आगे खोदे गए बंकर में कुछ हलचल देखी और एक और HE राउंड फायर कर दिया तथा तुरंत बाद एम.एम.जी. बर्स्ट मारा। जैसे ही टैंक बंकर की ओर बढ़ा, दुश्मन ने पीछे हटने का फैसला किया। गनर ने बिना हिचकिचाए एक और HE राउंड फायर कर दिया और भागते हुए दुश्मन के चीथड़े उड़ा दिए। लगभग उसी समय अपने बाईं तरफ वाले टैंक से मैंने एक बड़े विस्फोट की आवाज सुनी। उस गन से कोई फ्लैश नहीं निकली थी। इसका मतलब था कि गनर ने फायर नहीं किया था। लेकिन मुझे याद है कि मैंने टैंक की बगल से थोड़ा काला धुआँ निकलता देखा था। मैंने सोचा कि एक और आर.सी.एल. /रॉकेट लॉन्चर ने फायर किया और टैंक को निशाना बना दिया था। मैंने गनर को आदेश दिया कि वह सामने जनरल एरिया में कुछ राउंड फायर करे, जहाँ से फायर आने की आशंका थी। (बाद में मुझे सच्चाई की जानकारी हुई) जब मैं उस जगह से हट रहा था तो मुझे कमांडिंग अफसर से संदेश मिला कि उनके कंपनी कमांडर ने रिपोर्ट दी है कि टैंक अभी भी उसकी लोकेशन पर नहीं पहुँचे हैं। कोई निराधार उत्तर देने के बजाय मैंने उन्हें केवल अपने बटालियन अफसर और लेफ्टिनेंट पुरुषोत्तम, जो मेरे टैंक पर सवार था, से बात करने के लिए कहा। यह बहुत प्रभावी साबित हुआ, क्योंकि फिर कभी मुझे कमांडिंग अफसर के प्रश्नों ने परेशान नहीं किया।

हमें अब गाँव के बीच से रास्ता खोजना था। जिसने भी पश्चिम बंगाल के गाँवों को कभी देखा होगा, उसे रात में टैंक को रास्ता दिखाने जैसे कठिन काम का अहसास होगा और वह भी उस समय, जबकि दुश्मन आसपास की झाड़ियों में छुपा हो। प्रत्येक परिवार की झोंपड़ी के साथ एक उथला तालाब था, जबकि गाँव एक मुख्य तालाब के पास था, जो सभी छोटे-छोटे तालाबों को मिलाकर भी उनसे बड़ा था। इसके साथ छोटी, सँकरी व घुमावदार गलियाँ और कीचड़ से लिपाई किए हुए घर थे। एक इन्फेंट्री प्लाटून के मार्गदर्शन में हम काफी सारे मोड़, घुमाव, पीछे लौटने और पेड़ों से टकराने के बाद घने अँधेरे में आगे बढ़ते जाने में कामयाब रहे। सबसे खराब जो था, वह ये कि बाँस और उसकी शाखाएँ, जो टैंक के टर्ट को रगड़ती रहीं और कभी-कभी उनकी धनुष की तरह मुड़ी हुई टहनियाँ शरीर व चेहरे के कई हिस्सों को चाबुक की तरह चोटिल करती और निशान छोड़ जाती थीं। मुझे अपनी नाक में बहुत तेज दर्द महसूस हो रहा था। कमांडर कपोला पर एक कठोर शाखा के फँसने और लैच लॉक टूटने से कमांडर कपोला का फ्रंट मेरी नाक पर जा लगा, जिसने साथ में मेरे सामने के कुछ दाँतों पर भी चोट की। मैं अपने होंठों पर सूजन महसूस कर सकता था, जिससे मेरा बोल पाना मुश्किल था। खून की कमी और तेज दर्द के कारण एक स्थिति ऐसी आ गई, जब मुझे अपने हेड गियर को हटाना पड़ा और ऑपरेटर को रेडियो सँभालने के लिए कहना पड़ा। आखिरकार हमने रास्ते का पता लगाया और उस मसजिद एरिया में पहुँचे, जहाँ हमें जमा होना था। मेरी टूटी हुई नाक के उपचार और रक्त स्राव को रोकने के बीच मुझे अहसास हुआ कि कोई भी दूसरा टैंक लोकेशन पर नहीं पहुँचा था। रेडियो पर ऑपरेटर के बार-बार संदेश देने पर भी कोई जवाब नहीं मिल रहा था। हालाँकि स्क्वाड्रन कमांडर के रूप में अपनी तैनाती लोकेशन पर पहुँचने पर मैंने कमांडिंग अफसर को अपनी रिपोर्ट देना उचित समझा कि पूरी स्क्वाड्रन तैनाती वाले लोकेशन पर पहुँच चुकी थी। तब मैंने पुरुषोत्तम को कमांडिंग अफसर के सभी प्रश्नों और शंकाओं का जवाब देने के लिए लाइन पर लगा दिया, ताकि वह पूरी तरह से संतुष्ट हो जाएँ।

दुश्मन के पास यह जानने का कोई भी तरीका नहीं था कि कितने टैंक उनकी वापसी के रूट्स पर रुकावट डालने के लिए उनके डिफेंस में घुस चुके थे! टैंक इंजनों की आवाज और गनों की गर्जना लड़ने की उनकी इच्छा को अनुत्साहित करने के लिए काफी थीं। प्रतिभावान् कंपनी कमांडर दुग्गल को खुद बड़ी बाधाओं का सामना करना पड़ा था, किंतु आखिर में वे लिंक-अप करने में सफल रहे।

इन्फैंट्री के एडवांस करने की गति धीमी हो गई थी, क्योंकि दुश्मन ने आर्टिलरी फायरिंग शुरू कर दी, जिससे काफी संख्या में लोग हताहत हुए थे। अँधेरे और आर्टिलरी फायरिंग की आड़ में दुश्मन चालाकी से पीछे हट गया।

बुरी तरह से थकान और खून बहने के कारण मुझे अपने मन में एक भी विचार याद रखना मुश्किल था। नाक पर एक बड़ा उभरा हुआ घाव और कटे हुए ऊपरी होंठ पर दीखता चीरा, जिसमें से खून टपक रहा था और सामने के दो दाँत, जो अपनी जगह से हिल चुके थे, ये सब इस पीड़ित आत्मा के लिए कुछ ज्यादा ही थे। खून के बहने से मुझे बहुत अधिक कमजोरी महसूस हो रही थी। मैंने खुद को सँभालने के लिए सिगरेट पीने की कोशिश की, पर यह और ज्यादा कठिन होता गया। सैगल सब देख रहा था। वह मेरा चार्ज सँभालने को तैयार था। मैंने अपने हैडसेट को एक ओर फेंक दिया और ड्राइवर की सीट पर सरक गया। तभी आसमान से होकर हमारे ऊपर से आर्टिलरी का एक गोला गुजरा और इतने में मेरी पलकें झपक गईं।

चारों ओर इस कोलाहल के बावजूद इस छोटी-सी नींद ने अच्छा काम किया और मुझे शारीरिक रूप से हलका कर दिया। जो खून बह रहा था, वह भी रुक गया था, हालाँकि दर्द बना हुआ था। मैं कंपनी कमांडर दुग्गल से मिला और टैंकों के बारे में जानने की कोशिश की, किंतु कुछ पता नहीं चला। टैंकों से संचार-संपर्क का मेरा प्रयास फिर से असफल रहा और मैंने उनको बताया कि मुझे वापस जाना है तथा अपने टैंकों का पता लगाना है; क्योंकि सभी संचार ठप्प थे। मैंने सैगल को टैंक पर छोड़ा और उसे उसी लोकेशन पर बने रहने के लिए कहा। दूसरे चरण की सफलता का संकेत दिया गया और यह भी कि जल्द ही 'F' एक्लोन पहुँच जाएँगे। दुग्गल ने अपने एक सिविल गाइड को मेरे साथ भेजा, जो एक स्थानीय बाशिंदा था और सभी रास्तों को जानता था। मुक्तिवाहिनी के उस युवा गाइड ने मुझे गाँव से बाहर ट्रैक पर पहुँचाया, जहाँ हमने पहले रॉकेट लॉन्चर और एम.एम.जी. पोस्ट को उड़ाया था। युद्धक्षेत्र पर चंद्रमा बादलों के पीछे से निकलते हुए अपनी कोमल रोशनी बिखेर रहा था, जिसने मुझे टैंक ट्रैक्स को फॉलो करने और शांत पड़े टैंकों के रहस्य का खुलासा करने में मदद की।

हमें बहुत दूर नहीं चलना पड़ा और कुछ सौ गज पर हमने टैंकों की छाया देखी, जहाँ हमने रॉकेट लॉन्चर को नष्ट किया था। धुएँ या आग की अनुपस्थिति से यह तो जाहिर था कि सबकुछ ठीक है। परिस्थितियों को भाँपते हुए हम तेज गति

से आगे बढ़ रहे थे। कुछ आगे बढ़ने पर पहले वाले टैंक के पास एक और छाया दिखाई पड़ी। मुझे बहुत असहज महसूस हो रहा था, क्योंकि टैंक पहले वाले के बहुत करीब था, जो कि सही नहीं था। दो टैंक एवं टैंक क्रू के दो दल और फिर भी किसी हलचल का कोई संकेत नहीं। मेरे शरीर में सिहरन-सी दौड़ गई। कुछ तो गंभीर रूप से बुरा हुआ था। अब तक हम टैंकों के इतने करीब आ गए थे कि चिल्लाने की आवाज भी सुनाई दे सकती थी। हम यह उम्मीद कर रहे थे कि हमें कुछ हलचल दिखाई दे या कोई आवाज सुनाई दे या कम-से-कम हमारी वहाँ उपस्थिति से कोई तो हरकत होती! मुझे इस बात ने चौंका दिया कि जिस एंगल पर गन उठी हुई थी, वह वास्तविक नहीं हो सकता था; क्योंकि डायरेक्ट गोलाबारी वाले हथियार की गन 30 डिग्री से ज्यादा नहीं उठी होती, जबकि मेरे सामने टैंक गन 45 डिग्री से ज्यादा उठी हुई थी। मैं इस सब से परेशान तो था ही, किंतु बिना किसी हलचल के खड़े टैंकों और क्रू के 'नो रिसस्पोंस' रहस्य को उजागर करने के लिए बेताब और चिंतित था। मैंने टैंक पर चढ़ने और क्रू के बारे में जानने के लिए मुश्किल से दो या तीन कदम बढ़ाए होंगे कि सिविल गाइड ने अचानक पीछे से मेरी जैकेट को खींचकर मुझे रोक दिया। वह बँगला भाषा में कुछ बोल रहा था। हालाँकि मैं बँगला भाषा नहीं समझ सकता था, किंतु उसके लहजे और आवाज में किसी अनहोनी को भाँप सकता था। जैसे ही मैंने उसकी ओर देखा, उसने जमीन पर एक छोटे से हार्मलैस फोल्ड की ओर इशारा किया, जहाँ मेरा अगला कदम पड़नेवाला था। उसने फिर पहले वाले टैंक के आसपास के क्षेत्र में इसी तरह के उभरे हुए टीलों की ओर इशारा किया। चाँदनी में छोटे टीले मुझे असामान्य या चिंताजनक नहीं लगे। मैंने उससे पूछा कि इनका क्या मतलब है? उसने हाथ उठाकर हर 3-4 फीट के क्षेत्र में छोटे और असमान टीलों के नमूनों की ओर इशारा किया। मैंने इससे पहले कभी भी एक सुरंग-क्षेत्र या एक जिंदा सुरंग को नहीं देखा था। एकेडमी के दिनों में मैंने फील्ड इंजीनियरिंग की क्लासेज को छोड़ दिया था और ऐसी किसी संभावना की मैंने उम्मीद भी नहीं की थी। मेरे बैच के कई अन्य लोगों की तरह हम सुरंग पर चर्चा करते थे, किंतु बिना उनके बारे में जाने-समझे। उस जोखिम भरे समय में मुझे वापस खींचकर सिविल गाइड ने मेरी जान बचाई थी या मुझे जख्मी होने से अथवा एक हाथ या पैर को खोने से बचाया था। मैं एक एंटी-टैंक माइन के विस्फोट की चपेट में आने वाला था, जो ज्यादातर डिएक्टिवेशन की संभावना को खत्म करने के लिए एक एंटी पर्सनल माइन से जुड़ी रहती है। एक ही पल में स्पष्ट हो गया

कि मेरी बगल में टैंक इस एंगल पर गन एलिवेशन के साथ पिटे हुए सूमो पहलवान की तरह क्यों पड़ा था! मुझे अपनी अज्ञानता पर अफसोस हुआ; लेकिन तभी मैंने एक ऐसा नजारा देखा, जो पहले कभी नहीं देखा था। जैसा कि मैं चाँद की रोशनी में देख सकता था, जिस समय टैंक टैंक-रोधी सुरंग पर चढ़ा होगा, एक बड़े धमाके ने उसे हवा में उड़ा दिया होगा, जिससे टैंक ट्रैक्स एवं बोगी व्हील्स और संभवत: हल प्लेट को नुकसान पहुँचा होगा और धमाके ने गन कंट्रोल तथा इंजन कंपार्टमेंट को इतना नुकसान पहुँचाया था कि यह टैंक अब काम के लायक नहीं था। धमाके के समय यदि क्रू मेंबर्स भाग्यशाली रहे होंगे तो कुछ जख्मों के साथ बच निकले होंगे, किंतु यह निर्भर करता है कि विस्फोट का अधिक प्रभाव कहाँ पड़ा होगा और टैंक के अंदर क्रू मेंबर्स की पोजीशन क्या रही होगी! मैंने सिविल गाइड का शुक्रिया अदा किया और उलटे पैरों वहाँ वापस चलने के लिए कहा, जहाँ हमने अपने टैंक के ट्रैक्स को छोड़ा था। यह सच्चाई कि उसी सुरंग-क्षेत्र से हमारा टैंक भी गुजरा था, मुझे वह सुखद अनुभव हुआ, जिसने मुझे एक अनुभवी सैनिक के इस विश्वास का अहसास कराया कि 'जो गोली आपको लगती है, उस पर आपका नाम लिखा होता है'। इसे नियति, नसीब, भाग्य, किस्मत—जो भी कहें, शहीद होनेवाले और लड़नेवाले सिपाही के बीच उतना ही अंतर होता है, जितने अंतर से हम बच निकले थे। भाग्य ने दो सुरंग की लेयर वाली टैंक-रोधी सुरंग-क्षेत्र की 800 गज की दूरी में हमारे जीवन और मृत्यु की साजिश रची थी, जिसमें मौत का प्रतिशत 66 था। क्या मुझे मुक्तिवाहिनी गाइड के हाथ ने बचाया था या फिर वह सुरक्षा का हाथ परम पिता परमेश्वर की इच्छा से उठा था, जिसने मुझे जीवन प्रदान कर दिया!

हम टैंक के ट्रैक्स का अनुसरण करते रहे और अभी इस भवितव्यता की हलकी-सी छुअन के बाद ध्यान रखा कि एक इंच की गलती की गुंजाइश न हो वरना दूसरा मौका नहीं मिलेगा। हर कदम के साथ मेरी थकावट कई गुना बढ़ती जा रही थी। खून की कमी, शारीरिक थकान और मेरी कमांड के पात्रों को ढूँढ़ने और उनकी सुरक्षा सुनिश्चित करने के तनाव से मेरी हालत बिगड़ती जा रही थी। सुबह की ठंड के बावजूद मैंने ओवरकोट हटाने की जरूरत महसूस की, क्योंकि वह मुझे शरीर पर एक टन वजन की तरह लग रहा था। जब हमें एक और परछाईं हमारे सामने दिखाई दी तो हम काफी धीमे हो गए; लेकिन हमने हिम्मत नहीं हारी। मुझे एक और टैंक हादसे की आशंका थी। थोड़ी सी नजदीकी और संदेह के बादलों ने राहत और खुशी को रास्ता दे दिया, जब मैंने देखा कि टैंक से कोई बाहर निकल

रहा था। नष्ट हुए दो टैंकों के क्रू मेंबर्स के साथ सभी क्रू मेंबर्स जल्द ही चारों ओर इकट्ठे हो गए। सबसे बुरी तरह से प्रभावित ट्रूप लीडर चक्रवर्ती था, जिसे सिर पर गहरी चोट लगी थी और उसे एडवांस्ड ड्रेसिंग स्टेशन (A.D.S.) पहुँचाने की जरूरत थी। लेकिन उसने इनकार कर दिया और विश्वास दिलाया कि कुछ एस्पिरिन एवं एक पट्टी से यह ठीक हो जाएगा। चक्रवर्ती लंबा, गठीला, मानसिक व शारीरिक रूप से फिट और एक टफ सैनिक था। वह एक बेहतरीन रेजीमेंटल फुटबॉल खिलाड़ी और अच्छा बास्केटबॉल खिलाड़ी भी था। खिलाड़ियों में साहस और व्यक्तिगत उदाहरण देने की विशेषताएँ अनायास ही भरी होती हैं। आसानी से ए.डी.एस. जाने से इनकार करने पर उसने दूसरों के सामने एक उदाहरण पेश किया था, जिसमें रेजीमेंट के कुछ अफसर भी शामिल थे।

खून की कमी ने मुझे इतना कमजोर कर दिया था कि थोड़ा-सा भी दूर चलने पर मैं बुरी तरह से थक जाता था। मुझे याद है कि पूछताछ करने के लिए भी मुझे बहुत हिम्मत जुटानी पड़ती थी। मुझे लगा कि मेरे माथे पर ठंडा पसीना आ रहा है और मेरे पैर धीरे-धीरे कमजोर होते जा रहे हैं। मैंने खुद को गिरने से बचाने के लिए अपने हाथ टैंक पर टिकाए। अचानक मेरे चारों ओर सबकुछ घूमने लगा और यह सोचते समय ही मेरी आँखों के आगे अँधेरा छा गया। मुझे बस इतना याद है कि कोई मेरे मुँह से पानी का मग लगाए खड़ा था। मेरे आसपास सभी यह सोचकर चिंतित थे कि मुझे गोली लगी थी और वे मुझे वहाँ से ले जाने की तैयारी में लग गए कि तभी मैं उठकर सीधा खड़ा हो गया और उन्हें बताया कि मैं कुछ ही मिनटों में ठीक हो जाऊँगा। मेरी उठने की इच्छा नहीं हो रही थी, फिर भी मैं उसी जगह बोगी व्हील्स के सहारे खड़ा हो गया, जहाँ मैं रक्त-संचार और दिल की धड़कनें सामान्य होने तक गिरा पड़ा था। अब मैं क्रू के मेंबर्स के साथ मिलने के लिए तैयार था।

सबसे बड़ी बात यह थी कि बरिंद अब हमारे कब्जे में था और हमारा प्रदर्शन सराहनीय रहा, जिसे अनदेखा नहीं किया जा सकता था। ऑपरेशन इस मायने में भी सफल रहा था, क्योंकि हमने दुश्मन को उसके गढ़ से खदेड़ दिया था; हालाँकि इसमें हमारा भी जान-माल का भारी नुकसान हुआ था। मुझे बाद में पता चला कि इन्फैंट्री बटालियन के लगभग 40 सैनिक मारे गए थे और लगभग 80 गंभीर रूप से घायल थे। मेरे अपने नुकसान को देखें तो सुरंग द्वारा दो टैंक और रॉकेट लाञ्चर द्वारा एक टैंक बरबाद हुआ था। टैंक ड्राइवर ए.एल.डी. बिस्वास वीरगति को प्राप्त हो चुके थे और दो अन्य गंभीर रूप से जख्मी थे। जिस वक्त कंपनी कमांडर

टैंकों के उसकी लोकेशन पर नहीं पहुँचने की शिकायत कर रहा था, उस समय भी बिस्वास के टैंक ने आगे बढ़ना जारी रखा और यह भूल गया कि इन्फैंट्री उससे काफी पीछे थी। उनकी हलचल को 30 गज की दूरी पर दुश्मन सेना के रॉकेट लॉन्चर की टुकड़ी ने भाँप लिया, क्योंकि इन्फैंट्री साथ नहीं होने से क्रू के पास लड़ने के सिवा कोई रास्ता नहीं था। किंतु उन्होंने जो कुछ भी किया, बड़ी बहादुरी से किया। पाकिस्तानी कमांडर ने एक शानदार युद्ध लड़ा था। बड़े साहस के साथ उसने अच्छी तरह बनाए गए डिफेंस से पूरा प्रतिरोध किया था। कड़े विरोध के साथ युद्ध बेहद भयानक था, लेकिन आखिरकार हम उन पर विजयी रहे। बटालियन ने एक विनाशकारी जीत के लिए अकारण ही बहुत बड़ी कीमत चुकाई थी। यह सच था कि हम एक बार फिर मनोभाविक पहल करने में सफल रहे। इस बटालियन के बलिदान का निर्धारण भविष्य के रेजीमेंटल इतिहासकारों द्वारा यह पुष्टि करने के लिए किया जाएगा कि क्या यह सब इसलिए घटित हुआ था कि बटालियन के गौरव के साथ उसकी उत्तम प्रतिष्ठा भी बनी रहे!

मेरे मन में सबसे पहला विचार यह आया था कि जो टैंक अभी चलाए नहीं जा सकते, लेकिन मरम्मत के बाद ठीक होने लायक थे, उन्हें सुरक्षित करना होगा। मैंने ब्रिगेड मेजर से संपर्क किया। स्थिति को सही तरीके से परखने के बाद वे सभी उपलब्ध संसाधन हमें मुहैया कराने के लिए सहमत हो गए। इसके अलावा, मैंने T-55 टैंकों को सुरंग-क्षेत्र के मुहाने पर पोजीशन के लिए आदेश दिए, ताकि वे उस पार के इलाकों पर हावी रहें और दुश्मन द्वारा बेकार पड़े टैंकों पर पॉट शॉट लेने की संभावना को रोक सकें। अगला कार्य था—सभी फंक्शनल टैंकों एवं क्रू को एक साथ रखा जाए और उन्हें सुरंग-क्षेत्र से प्रवेश कराकर लक्ष्य से आगे तैनात किया जाए। यह काररवाई सुबह की पहली किरण के साथ दुश्मन की काररवाई के किसी काउंटर अटैक की संभावना को समाप्त कर देगी। मैंने तैनाती के लिए उपलब्ध टैंकों की तुरंत गिनती करना शुरू किया।

मेरा अच्छा दोस्त और प्राण-रक्षक शूरवीर मेरा शहरी गाइड मुझे इंतजार कर रहे क्रू के पास वापस ले जाने के लिए अभी भी मेरे साथ था। हम 200 गज से अधिक आगे नहीं बढ़े थे कि रात के सन्नाटे में हमें किसी ने तेज आवाज में एल.एम.जी. का लॉक खोलते हुए हमें चुनौती दी, "थम्ब, कौन जाता है? पहचान के लिए आगे बढ़।" एक और आवाज सुनाई पड़ी, "जल्दी लोड करीं।" (पंजाबी लहजा) हम अपने रास्ते पर सन्न अवस्था में जम चुके थे। हमने उस आदेश का

पालन किया और अपने ट्रैक पर स्थिर हो गए। मैं उनकी कम गहरी खाई में दो सिख सैनिकों की छाया देखने के लिए पीछे मुड़ा। मैं यह कहते हुए चिल्लाया कि हम दोस्त हैं। मुझे नहीं लगता कि यह काफी विश्वसनीय था, लेकिन कम-से-कम इसका वांछित प्रभाव पड़ा और एन.सी.ओ. कमांडर ने फायर रोकने का फैसला किया। उसने हमें हाथ ऊपर करने का आदेश दिया। इसे थोड़ा अपमानजनक पाते हुए मैंने पहले जो कुछ कहा था, उसे पंजाबी में दोहराया, "ओए, रिसाले दी फौज है।" (हम कैवेलरी से हैं।)

"मैं कुछ नहीं जानता।" उसका तुरंत जवाब आया और उसने हमारी पहचान की माँग की। जब तक उसने हमें पहचान के लिए आगे बढ़ने के लिए नहीं कहा, आशंका के साथ हम वहाँ जमे रहे। तभी चलते हुए ही मैंने उनके कमांडिंग ऑफिसर और 2IC के नाम पर छँटी हुई पंजाबी गालियों की बौछार करने का फैसला किया। किंतु 'बड़ा तेज बंदा लगदा है।' (पंजाबी में), मैंने उत्तर में ये सब सुना। जब हम करीब आए तो उसने अपने संतरी को खड़े होने का आदेश दिया, "सत श्री अकाल, साहबजी।" उसने आत्म-संयम के साथ हमारा स्वागत किया। उसने कहा कि साथ में शहरी का होना उसके संदेह का कारण बना था और बिना पलक झपकाए ही उसने गोली चला दी होती। यह स्पष्ट था कि डिफेंस पर कब्जा करनेवाली कंपनी को इस बात का कोई अंदाजा नहीं था कि यह सिविलियन मुक्तिवाहिनी गाइड वह था, जिसे दुग्गल की कंपनी ने दिया था। चूँकि मुझे सिख बटालियन के कब्जेवाले क्षेत्र से गुजरना था, इसलिए मेरे साथ सिख गाइड का होना व्यावहारिक था। पंजाबी में कोसने की मेरी क्षमता ने संतरी की घबराहट को कम किया और उसने उँगली को ट्रिगर से हटाया। अन्यथा कौन जानता था कि परिणाम क्या होता! पंजाबी अपशब्दों के ज्ञान के अपने फायदे हैं! हम फिर से अपने रास्ते पर थे और सिख गाइड को पीछे की तरफ रखने की सावधानी बरती गई, ताकि कोई अति संवेदनशील संतरी यह न सोचे कि सिख सैनिक को बंदी बनाकर ले जाया जा रहा था।

टैंक लोकेशन पर पहुँचने पर सभी क्रू पूरे इलाके में शेष टैंकों के मूव पर चर्चा करने के लिए इकट्ठा हुए। यह स्पष्ट था कि पूरे इलाके में एकमात्र सुरक्षित सँकरे रास्ते (lane) मेरे टैंक ट्रैक थे। प्रत्येक ट्रैक पर एक गाइड तैनात किया जाना था और ट्रैक पर रोशनी बनाए रखने तथा सही एलाइनमेंट रखने में ड्राइवर की मदद के लिए एक टॉर्च का इस्तेमाल करने का आदेश दिया गया। टैंक कमांडर ट्रैक पर नजर रखने के लिए ड्राइवर की हैच के पास बैठेगा और कंट्रोल न हटने पाए, इसके

लिए ड्राइवर को तब तक गाइड करेगा, जब तक टैंक सुरंगों के पार नहीं पहुँच जाता। नपी-तुली ड्राइविंग और बिल्कुल सही कंट्रोल में सुरक्षा और सफलता की चाबी छुपी होती है।

ऑपरेशन की सफलता के लिए ड्राइवर की योग्यता सबसे महत्त्वपूर्ण होती है। सबसे अनुभवी ड्राइवर को कार्यभार दिया जाता है। यह कहना आसान था, पर करना कठिन; क्योंकि टैंक क्रू, विशेष रूप से ड्राइवर, अपने वाहन से गहराई से जुड़े होते हैं। परंतु कठिन परिस्थितियों में कोई और उनके टैंक का कार्यभार लेता है तो वे इसे पसंद नहीं करते। यह स्पष्ट है कि यह एक सोचा-समझा अभ्यास होता था, जहाँ पर सुरक्षा की जरूरत सबसे पहले है, रफ्तार की नहीं।

सावधानीपूर्वक टैंकों ने धीमी गति से आगे बढ़ना शुरू किया। दफादार रामनाथ का टैंक अगुआई में था और उसके बाद नारायण का। ड्राइवर के अंदर, दो गाइडों के टॉर्च के संकेतों का अनुसरण करने और कमांडर के मौखिक निर्देशों के साथ तालमेल बिठाने में शुरुआती घबराहट के कारण कमी थी; किंतु उस पर काबू पा लिया गया। निरंतर होती प्रगति अब स्पष्ट थी और टैंक इस वक्त धीमी नियंत्रित गति से 800 गज सुरंग-क्षेत्र से होकर गुजर रहे थे। इस समय तक दफादार रामनाथ ने सुरंग-क्षेत्र को ठीक से पार कर लिया था और नारायण का टैंक केवल 200 गज पीछे था। मैंने निजी रूप से नारायण को ब्रीफ किया था कि ध्यान रखे कि निहित खतरों के मद्देनजर माइन ड्रिल के संबंध में किसी को कोई जानकारी उस जगह की नहीं दी गई थी। मैं उसे वहीं पर छोड़कर सैगल से मिलने के लिए चल दिया, जिसने दफेदार शर्मा के हाथ संदेश भेजा था कि मेरा टैंक स्थानांतरित करते समय नीचे पानी में चला गया है और उसको तुरंत बचाव की जरूरत थी।

"क्या हुआ ?" मैंने सैगल से पूछा, जो निराश दिखाई दे रहा था। उसने कहा कि ड्राइवर ने तालाब के तंग तटबंध पर टैंक कुशलता से पार कराने का प्रयास किया, परंतु उस पर नियंत्रण खो बैठा, जिसके परिणामस्वरूप टैंक तालाब में फिसल गया। उसे बाहर निकालने के लिए इंजीनियरों के एक सेक्शन और T-55 टैंकों में से एक टैंक के साथ कुछ इन्फैंट्री और इंजीनियर जवानों की मदद की जरूरत होगी। हमारे संकट पूरी तरह अभी तक खत्म भी नहीं हुए थे कि अब और ज्यादा बड़ी चुनौतियाँ सामने थीं, जिनकी सूचना तत्काल स्क्वाड्रन कमांडर को देना जरूरी था। जब हालात काबू से बाहर हो गए तो हमारी भाग्य रेखा ने अब इस विश्वास को दृढ़ कर दिया कि "मुसीबत अकेले नहीं आती, ज्यादा मुसीबतों को साथ लाती है।"

मेरे जाने के बाद थकान, ठंड और अन्य सैन्य खतरों से उबरने के बाद, आदेशों के विपरीत, नारायण, अपने टैंक को राह दिखाने के लिए अपने NCO के हवाले करके बदन पर कंबल लपेटकर फाइटिंग कंपार्टमेंट में चला गया। उसके अपने शब्दों में, जब वह एक छोटी झपकी ले रहा था, तब एक जोरदार धमाका हुआ, जिसने उसे टैंक के कँगूरे की तरफ ऊपर की ओर उछाल दिया। उसने अपने पैरों और शरीर में दर्द महसूस किया, मानो उच्च तीव्रता की तरंगें शरीर से गुजरने की वजह से उसे लकवा मार गया हो। विस्फोट का प्रभाव काफी जबरदस्त था, जिसने टैंक के नीचे की आर्मर प्लेट में लगभग 2 फीट व्यास का बड़ा छेद बना दिया था। खुद को सँभालने और सहज बनाने की कोशिश में वह विस्फोट साइट से कुछ दूर हट गया था। समय पर की गई कारवाई ने निश्चित रूप से उसके जीवन को बचा लिया था, हालाँकि स्थिति काफी खराब थी, क्योंकि वह दर्द से तड़प रहा था और उसे टैंक से बाहर निकालना और एडवांस्ड ड्रेसिंग स्टेशन (A.D.S.) पहुँचाना था। टैंक ने दो बोगी व्हील्स खो दिए थे और दाहिना ट्रैक पूरा मुड़ गया था। इसके साथ ही टैंक के चारों ओर कुछ ट्रैक पिन फैली पड़ी थीं। टैंक के दो अन्य मेंबर्स, जिनमें एक गाइड भी शामिल था, को किरचियाँ लगी थीं। रामनाथ के टैंक ने सुरंग-क्षेत्र को सफलतापूर्वक पार किया और दफेदार ईश्वर के टैंक के साथ जाकर मिल गया, जो दूसरे चरण के शुरू में लकड़ी के पुल के पास रुका था। T-55 टैंकों के अलावा ऑपरेशनल PT-76 टैंकों की कुल संख्या बढ़कर 3 हो गई। सुबह की रोशनी से पहले दो टूप्स तैनात करने से अब दुश्मन के किसी जवाबी हमले (counter attack) का खतरा भी दूर हो गया था।

मैं कमांडर के साथ 12 पंजाब की कंपनी (पाकिस्तानी), जिसने बार-बार भारतीय हमलों के खिलाफ इस तरह का उग्र प्रतिरोध किया था, उसके डिफेंस एरिया को देखने के लिए आया था। डिफेंस एरिया के चारों ओर घूमते हुए हमने अच्छी तरह से खुदी हुई और ऑल राउंड डिफेंस के लिए एक खाई देखी। दुश्मन ने पारंपरिक सैन्य ज्ञान का कम अनुभव होने से खाइयों को कोई ज्यादा गहरा नहीं खोदा था, क्योंकि उनकी योजना में बरिंद दुश्मन को देर तक रोकने के लिए सबसे अच्छी पोजीशन में था। तालाबों के किनारे लंबाई में उनकी तैनाती ने हमारी आर्टिलरी फायरिंग को बेअसर कर दिया था, क्योंकि गोले तालाब के अंदर या उस तटबंध के बाहर गिरते थे, जिस पर बंकर बनाए गए थे। हंटर्स और नैट्स द्वारा नजदीकी एयर सपोर्ट मिशन के साथ छह कैनबरा बॉम्बर्स विमानों की उड़ानें भी

अधिक कारगर साबित नहीं हुईं। आखिरकार, 8 भारतीय वायु सेना हंटर्स ने नेपाम बमों के साथ दुश्मन के इस डिफेंस को तोड़ा, जबकि टैंकों ने सुरंग-क्षेत्र से गुजरते हुए बरिंद कॉम्प्लेक्स पर कब्जा कर लिया। यह एक बहुत कठिन कार्य था। भारी बाधाओं के बावजूद युद्ध करने के लिए डटे रहने में बरिंद पाकिस्तानियों की क्षमता का प्रतीक बन गया था, जैसा कि सन् 1971 के युद्ध के दौरान पूर्वी पाकिस्तान में और कहीं दूसरी जगह में नहीं देखा गया था।

4 सिख बटालियन ने लगभग 62 सैनिक गँवाने के बाद 5 दिसंबर को बरिंद से दुश्मन को खदेड़ दिया। यहाँ पाकिस्तानियों ने बहुत बहादुरी से मुकाबला किया और 4 सिख के 2 जे.सी.ओ. और 12 ओ.आर. मारे गए, जबकि 2 जे.सी.ओ., 44 ओ.आर. और 2 नॉन-कॉम्बेटेंट्स एनरॉल्ड (NCsE) घायल हुए थे। इसके अलावा, 45 कैवेलरी और 96 फील्ड कंपनी का एक-एक जवान मारा गया था और 45 कैवेलरी का 1 अफसर, 1 जे.सी.ओ. एवं 3 ओ.आर. और 96 फील्ड कंपनी के 1 ओ.आर. घायल हुए थे। (संदर्भ : भारत-पाकिस्तान युद्ध का इतिहास भाग-III, पृष्ठ संख्या 510।) यह याद रखने योग्य है कि 4 सिख से पहले दो अलग-अलग बटालियनें तैनात की गई थीं, जिन्हें बरिंद पर कब्जा करने का काम सौंपा गया था। यदि उनकी हताहत होने की गिनती को ऊपर दिए आँकड़ों में जोड़ा जाए तो यह गौरव प्राप्त करने के लिए जीवन का थोड़ा भी ध्यान न रखने की सैन्य अक्षमता के बारे में अधिक वास्तविक तसवीर दिखाएगा (लेफ्टिनेंट जनरल जैकब द्वारा लिखित 'ढाका में आत्मसमर्पण', पृष्ठ 73)।

'ढाका में आत्मसमर्पण' का उपर्युक्त अंश एक दोष-रहित स्रोत से लिया है, जिसमें बरिंद युद्ध के दौरान योजना, नेतृत्व और संचालन की गुणवत्ता पर, जिसमें एक खुला अभियोग सामने आता है। शेक्सपियर की ये पंक्तियाँ उस अनुभव को दरशाती हैं, जिससे एक व्यक्ति (सैनिक) गुजरता है—'Like flies to wanton boys...they kill us for their sport.' मेरे मन में यही विचार घूम रहा था, जब मैं सूरज की किरणों से भीगे युद्धक्षेत्र पर एक झपकी लेने के लिए अपने टैंक से बाहर कूदा। मैं अपने पीछे दूर से आती आर्टिलरी गनों के सपोर्ट फायर की आवाज सुन सकता था, भरोसेमंद और निष्ठावान् इन्फैंट्री जवानों के लिए, जो होंठों पर रेजीमेंटल युद्धघोष के साथ मौत के मुँह के सामने थे और न जाने उनमें से किसके मरने की खबर आएगी! अब 9 इन्फैंट्री डिवीजन जेस्सोर पर कब्जा करने के लिए आक्रमण शुरू करने के लिए तैयार थी।

बरिंद बैश के बाद टैंक के सभी क्रू

5 दिसंबर, 1971 को बरिंद पर कब्जा करने के साथ ही 32 और 42 इन्फैंट्री ब्रिगेड का इस्तेमाल दुर्गा बनकटी पर 9 डिवीजन के हमले की ओर फोकस करते हुए किया गया, क्योंकि एयर सपोर्ट में हमारा दबदबा कायम था। हवाई सहायता द्वारा 6 दिसंबर को 8 बजे हमला करने का निर्णय लिया गया। घने कोहरे के कारण विमान उड़ान नहीं भर सके और हमले को दो बार टाला गया। एयर सपोर्ट के बिना ही हमले की शुरुआत आखिर में 9.30 बजे शुरू की गई। चूँकि 9 डिवीजन बड़ी सफलता की व्यस्तता से भरी थी, इसलिए स्क्वाड्रन को आराम करने और दुरुस्त होने का अवसर गिल गया था। इंजीनियर्स के सुरंग हटानेवाले दल ने टैंकों के बचाव को सुविधाजनक बनाने के लिए सुरंग-क्षेत्र को भंग कर दिया था। EME के जवानों ने काम शुरू किया और गन ट्यूब रिप्लेसमेंट एवं पूरे इंजन के जोड़ों (assemblies) को बदलकर फील्ड रिपेयर के नए मानक स्थापित किए। बेस वर्कशॉप के कामों को ध्यान में रखते हुए एक बार बेस प्लेटों, क्रैक स्प्रोकेट्स और (idler) बेकार हो गए व्हील्स की वेल्डिंग की गई थी। दबाव के माहौल में काम करने से हमने एक-दूसरे के नजरिए को समझा। मित्रता की भावना बढ़ी, जिससे आपसी प्रशंसा और बेहतर समझ पैदा हुई। छिटपुट मेंटिनेंस और सुरंग-क्षेत्र डैमेज मरम्मत के कार्यों को तेजी से पूरा किया गया और बहुत कम समय में टैंकों को एक बार फिर से युद्ध के योग्य बना दिया गया। यह निराशापूर्ण है कि सेना के तकनीशियनों और रसद ले जानेवाले सहायकों द्वारा प्रदान की गई सेवाओं को युद्ध में उनके योगदान के लिए उचित नाम व सम्मान नहीं मिल पाता।

9 इन्फैंट्री डिवीजन ने सेना की दो विस्तारित रूपरेखा की योजना बनाई, अर्थात् जिसके अंदर में बरिंद-कायमकोला रोड, बनगाँव-जेस्सोर (दक्षिण-पश्चिम) तथा चौगछा-आफरा-जेस्सोर और चौगछा-दक्षिण सागर-जेस्सोर (उत्तर) आते थे। पूरी डिवीजन के संसाधनों को उत्तरी किनारे पर रखा गया था, जिसमें 45 कैवेलरी के 'बी' और 'डी' स्क्वाड्रन शामिल थे, 350 इन्फैंट्री ब्रिगेड तथा 'सी' स्क्वाड्रन को छोड़कर, क्योंकि उसको दक्षिण और पश्चिम से जेस्सोर को घेरना था। 7 दिसंबर की रात को हमारे साथ टकराए पाकिस्तानी सैनिक पीछे हट गए थे। 7 दिसंबर को 8.50 बजे तक हमारे एडवांस कॉलम जेस्सोर एयरफील्ड पर पहुँच चुके थे। 350 इन्फैंट्री ब्रिगेड को लंबे समय तक इंतजार नहीं करना पड़ा। जबकि डिवीजनल अटैक का अंतिम चरण चल रहा था, उसको जेस्सोर में घुसने के लिए हरी झंडी दे दी गई थी। बरिंद से जेस्सोर तक आगे बढ़ना वास्तव में एक असामरिक गतिविधि थी। स्थानीय सिविल लॉरी और अन्य प्रकार के सार्वजनिक वाहनों पर सवार सैनिकों के पीछे मुक्तिवाहिनी के सदस्य साइकिल व रिक्शा पर आ रहे थे। जब हम गाँव से होकर गुजरे तो हमारे स्वागत के लिए बुजुर्ग, महिलाएँ और बच्चे अपने घरों से निकल पड़े। कुछ मामलों में तो उन लोगों ने हमें सिगरेट एवं डाब (नारियल पानी) पेश किया और साझे दुश्मन के बारे में जानकारी दी। ईर्ष्या या प्रतिशोध के मामलों को सहानुभूति या तत्काल सहायता के लिए बयान किया गया था। कुछ मामलों में, उन लोगों ने कुछ रजाकारों के छिपने की जगह का खुलासा किया, जिन्होंने उनके गाँव में किसी हत्या या बलात्कार को अंजाम दिया था। स्थानीय लोग पाकिस्तानी सेना/रजाकारों को पंजाबी मानते थे और फिर अपने परिवारों पर हुए बर्बर अत्याचारों की ब्योरेवार बातें नफरत से भरकर सुनाते थे। हमारे कई सैनिक, जो पंजाब से थे, बँगलादेशियों द्वारा पंजाबियों से बदला लेने के लिए दूसरे पंजाबी की मदद लेने पर खुश तो थे, पर हैरान भी।

पाकिस्तानी सैनिकों द्वारा भागते समय नष्ट किए पुल या पुलिया को पार करने की समस्याओं को छोड़कर अन्य कोई कठिनाई या विरोध हमारे रास्ते में नहीं आया। मुक्तिवाहिनी के सदस्य हमारी आँख व कान बन चुके थे और सँकरी सड़कों से हमें गुजरते हुए देखकर हमारी जयकार करते हुए हाथ हिला रहे थे। टैंक के क्रू और साथ में बैठे 11 जम्मू और कश्मीर राइफल्स बटालियन के सैनिक इस वाहवाही का आनंद ले रहे थे, क्योंकि वह सब आजाद करानेवालों के लिए था। हँसी और उल्लास के इस समुद्र और मीलों तक फैली रिहायशी बस्तियों से आगे बढ़ते हुए हम शाम तक किले रूपी शहर जेस्सोर में दाखिल

हुए, जिसे अब तक पाकिस्तानी सैनिक खाली करके जा चुके थे।

'टाइम्स' पत्रिका के संवाददाता विलियम स्टीवर्ट, जिन्होंने भारतीय सेना की 9 इन्फैंट्री डिवीजन के साथ प्रमुख रेल जंक्शन तक सवारी की थी, ने यह लिखा— "जेस्सोर भारत का पहला रणनीतिक पुरस्कार था, जो बंगाल की लंबी गरमियों में पकनेवाले आम की तरह आसानी से उसकी झोली में गिर चुका था। यह दिखाता है कि युद्ध से कोई नुकसान नहीं होता।" वास्तव में, पाकिस्तान की 9 डिवीजन के मुख्यालय भारतीय सेना के आने से एक दिन पहले ही जेस्सोर को छोड़ चुके थे और केवल चार बटालियनों को मार-काट का सामना करने के लिए छोड़ दिया था। फिर भी, दो पाकिस्तानी बटालियनें खिसक चुकी थीं और अन्य दो बुरी तरह से काट दी गईं। बंगालियों ने हर जगह 'जोय बाँग्ला' और 'इंदिरा गांधी जिंदाबाद' के नारे लगाते हुए भारतीय सेना को प्रोत्साहित किया।

21 नवंबर को मेजर नारंग की हुई मृत्यु के बाद से ही मैं स्क्वाड्रन कमांडर की जिम्मेदारी निभा रहा था। रेजीमेंट में मुझसे वरिष्ठ अफसरों की कोई कमी नहीं थी, लेकिन किसी भी अन्य को नियुक्त नहीं किया गया था। इस पद के लिए स्वेच्छा से निर्णय लेना अफसरों पर निर्भर नहीं होता है। अफसर की नियुक्ति करना कमांडिंग अफसर का अधिकार है। पुरानी यादों में झाँकने पर यह अजीब लगता है कि उसी रेजीमेंट से एक अफसर मेजर अमरीक सिंह विर्क, जो कि HQ 1 कोर में एक स्टाफ अफसर थे, ने अपनी पोजीशन का इस्तेमाल करते हुए कर्नल हनुत, अपने प्रोफेशनल गुरु, के साथ उनकी कमांड की पूना हॉर्स में सेवा करने का अपना रास्ता बना लिया। इंद्रजीत ने छिपे तौर से बताया कि डिग्बी ने उसके अनुरोध को तब ठुकरा दिया था, जब वह एडजुटेंट के महत्त्वपूर्ण कार्य को सँभाल रहा था। दो अफसरों के हताहत होने पर स्पीडी और नरेन को कोई रिप्लेसमेंट नहीं दिया गया, भले ही डिवीजन मुख्यालय में हमारे दो युवा ऑफिसर्स को संपर्क अधिकारी के रूप में संयोजित किया गया था। 1 दिसंबर को इन्फैंट्री स्कूल, महू में पोस्टेड मेजर गुलाटी को 'बी' स्क्वाड्रन के ऑफिसर कमांडिंग मेजर एस.आर. चक्रवर्ती से पदभार लेने के लिए नियुक्त किया गया था। एक अन्य अफसर मेजर सुरिंदर सिंह को 14 हॉर्स (डिग्बी की पैरेंट रेजीमेंट) से 45 कैवेलरी में शामिल किया गया था, लेकिन उनको अनुपस्थिति की छुट्टी (Leave of absence) दी गई और अंत में उन्होंने 7 दिसंबर को रिपोर्ट की और 'सी' स्क्वाड्रन के ऑफिसर कमांडिंग का पदभार सँभाला।

□

रामनगर का घेराव

आर्मर्ड कॉलम्स को जेस्सोर के दक्षिण-पश्चिम में स्थापित किया गया और यह इसलिए, ताकि दक्षिण और दक्षिण-पश्चिम से दुश्मन की किसी भी हरकत का मुँहतोड़ जवाब दिया जा सके। स्क्वाड्रन को कोई नया टास्क नहीं दिया गया, इसलिए हम अपने टैंकों की मरम्मत करने और थोड़ी नींद लेने में व्यस्त हो गए थे, जब हमें मेजर सुरिंदर के आने की खबर मिली। स्क्वाड्रन कमांडर का पद 21 नवंबर, 1971 से खाली पड़ा था। डिग्बी एक दर्जन अधिकारियों या वॉलंटियर्स की सूची में से किसी एक को नियुक्त कर सकते थे। एक अफसर के लिए युद्ध के दौरान रेजीमेंट में शामिल होना और विशेष रूप से स्क्वाड्रन की कमान सँभालना भविष्य में उन्नति के लिए बहुत मायने रखता है।

युद्ध के समय कमान का भार लेने/देने के दौरान कोई समारोह नहीं किया जाता। इंदर ने सुरिंदर को जेस्सोर में रेजीमेंटल हेडक्वार्टर में अच्छी तरह से जानकारी दे दी थी। परिचय कराना उसी के टैंक क्रू के साथ शुरू हुआ। इसके बाद स्क्वाड्रन ओहदेदार और आखिर में ट्रूप लीडर, जो अपने उपकरणों/हथियारों की स्टेट सहित शान से उच्च मनोबल के साथ खड़े थे। सभी ओहदेदारों और टैंक क्रू की उपस्थिति में उन्हें स्क्वाड्रन के अब तक किए गए कारनामों और वर्तमान में 32 इन्फैंट्री ब्रिगेड के साथ तैनाती के बारे में संक्षिप्त ब्योरा दिया गया। अपनी ब्रीफिंग शुरू करने से पहले उन्होंने अपने आकस्मिक छुट्टी पर जाने का कारण बताकर सभी को चौंका दिया, जबकि युद्ध की घोषणा हो चुकी थी। भले ही इससे उन सैनिकों के मनोबल पर नकारात्मक प्रभाव पड़ा, जिन्होंने चार सप्ताह पहले छुट्टी की अपनी चाहत को दबा दिया था। परिवार में किसी की मृत्यु/बीमारी होना सभी को अंदर से पीड़ित करता है; पर उसे चुपचाप सहन करना होता है, बाहरी

दिखावा करके नहीं। सेना में हर कमांडर को 'टाइगर' उपनाम दिया गया है, किंतु एक टाइगर को मानवीय सहानुभूति और करुणा की चाहना करते हुए देखना अचंभित करनेवाला था। यह सामाजिक लापरवाही एक आघात के रूप में आई थी और इसने अविश्वास पैदा किया। किसी को भी उनकी ईमानदारी पर संदेह तो नहीं हुआ, किंतु इस परिस्थिति में चुप्पी एक बेहतर विकल्प होती है। यह सैन्य आचार-संहिता और अधिकारी संवर्ग की प्रतिष्ठा पर एक लांछन के समान था। रेजीमेंटल शब्दों में, यह मानने लायक नहीं था। उन्होंने जो पहली छाप बनाई, वह असुरक्षा भरी और चेतावनीपूर्ण थी, जिसमें निर्णय लेने की क्षमता स्वाभाविक नहीं, बल्कि स्वार्थ-युक्त और निराशा पैदा करनेवाली थी। "और यदि युद्ध के आह्वान की आवाज ही संदेह से भरी हो तो कौन युद्ध के लिए तैयार होगा?" स्पष्ट व सीधे शब्दों में कहें तो अधिकारी वर्ग के कमांडर को नेतृत्व करने के लिए सकारात्मक, आत्मनिर्भर और निर्णायक होना जरूरी है।

जेस्सोर पर कब्जा करने के बाद डिवीजन की ओर से दोबारा तैनाती और संशोधित जिम्मेदारियाँ इस प्रकार थीं—

(क) **मुख्यालय 9 इन्फैंट्री डिवीजन :** जेस्सोर छावनी। सभी प्रशासी पदाधिकारियों (administrative echelon) को जेस्सोर में इकट्ठा होने का आदेश दिया गया था।

(ख) **32 इन्फैंट्री ब्रिगेड :** जेस्सोर छावनी, शामिल हवाई क्षेत्र के सहित जेस्सोर-खुलना सड़क से लगे भाग पर किसी भी खतरे से सुरक्षा प्रदान करना।

(ग) **42 इन्फैंट्री ब्रिगेड :** चुरामनकटी से जेस्सोर शहर (सम्मिलित) और उसके उत्तर एवं उत्तर-पूर्व से किसी भी खतरे के खिलाफ जेस्सोर की रक्षा करना।

(घ) **350 इन्फैंट्री ब्रिगेड, बनगाँव :** जेस्सोर मुख्य सड़क के साथ-साथ मंडलघंटी के दक्षिण-पश्चिम नहर (water channel) पर ध्यान केंद्रित रखना और दक्षिण-पश्चिमी छोर के किसी भी खतरे से जेस्सोर की रक्षा करना।

डिवीजनल प्लान के अगले चरण में 'सी' स्क्वाड्रन को मुख्यालय 32 इन्फैंट्री ब्रिगेड के अधीन रखा गया, जिसके कमांडर ब्रिगेडियर के.के. तिवारी एक कैवेलरी अफसर थे। शुरुआती ब्रीफिंग के लिए उन्होंने सुरिंदर और मुझे एक साथ

बुलाया था। अन्य कमांडरों के विपरीत अपने औपचारिक आदेश देने से पहले वे सौंपे गए अपने कार्य पर और किस प्रकार उसे अच्छी तरह से किया जा सके, इस पर बेतकल्लुफी से चर्चा करने लगे। उन्होंने मुझसे पिछले कुछ दिनों में मिले मेरे अनुभव और टरेन पर PT-76 की क्षमताओं पर लंबी पूछताछ की। हमारे सामने एक नक्शा रखते हुए उन्होंने रामनगर पहुँचने के लिए सबसे अच्छे क्रॉस-कंट्री मार्ग पर हमारे विचार जाने। चर्चा के अंत में उन्होंने हमारी पूरी संतुष्टि के लिए और हमारे अंदर इस भावना के साथ अपनी योजना को औपचारिक रूप दिया कि जैसे कारवाई की योजना हमने ही तैयार की थी। उनके साथ काम करके हमें काफी कुछ सीखने लायक अनुभव मिला था।

रामनगर एक दुर्जेय पोजीशन थी, जिसे तीन कंपनियों ने अपने कब्जे में कर रखा था। यह जेस्सोर से लगभग 8 मील दूर था, जो भैरव नदी के बहने से पश्चिम के ओर मुख्य धुरी के पास संरक्षित था। 'डी' स्क्वाड्रन और 7 पंजाब को मुख्य धुरी (axis) के साथ आगे बढ़ना था। 'सी' स्क्वाड्रन और 8 मद्रास को रामनगर से बाहर निकलने के लिए चुने गए 40 किलोमीटर क्रॉस-कंट्री रूट पर जाकर झिंगेरगाछ-जेस्सोर सड़क को बंद करना था। खुले मैदानी क्षेत्र का मार्ग दलदली और छिछला था, जो कि विशेष रूप से रात के दौरान टैंक गतिविधि के लिए बहुत कठिन था। दूसरे पहलू में T-55 टैंक स्क्वाड्रन के कॉलम और 7 पंजाब के साथ सही समय पर तालमेल बिठाना और जेस्सोर-खुलना सड़क की मुख्य धुरी के साथ डिवीजन का आगे बढ़ना शामिल था। निश्चित और कम समय में रास्ता बंद करने के लिए दलदल के रास्ते संचलन (navigate) करना और टैंकों को बाहर निकालना हमारे अनुभव के ठीक उलट था। रात ढलने के साथ ही हम लोग वास्तविक रूट चुनने की योजना के लिए नेविगेशन टीमों की ब्रीफिंग, SP टैंकों पर ले जाए जानेवाली इन्फैंट्री के साथ तालमेल, अलग-अलग सभी समूहों के साथ संचार, विशेष रूप से खोजी दल और फुटकर प्रशासनिक विवरणों की तैयारी के लिए स्क्वाड्रन हेडक्वार्टर में लौट आए। सैनिकों को गरमागरम भोजन दिया गया, क्योंकि यह साफ दिखाई दे रहा था कि कुछ समय बाद प्रशासनिक विभाग के लोग हमारे साथ फिर से आकर जुड़ेंगे।

स्क्वाड्रन कमांडर सुरिंदर ने शुरू करने से पहले ट्रूप लीडरों से बात करते हुए उनसे पूछा, "तो, क्या आप सभी अगली लड़ाई के लिए तैयार हैं?"

"हाँ, सर!" उन्होंने दबे स्वर में उत्तर दिया।

"तो मेहता, लीड कौन करेगा?"

"चक्रवर्ती, प्रारंभ में।" मैंने जवाब दिया। मैं थोड़ा हैरान भी था, क्योंकि यह उनके द्वारा स्क्वाड्रन कमांडर के रूप में दिया गया आदेश था।

"पहले सीमा क्षेत्र (bound) तक मार्चिंग के लिए आप किस दिशा-सूचक समायोजक (compass bearing) का इस्तेमाल करने वाले हैं?"

चक्रवर्ती ने कुछ आँकड़े बताए। वे संतुष्ट नहीं थे। उन्होंने ट्रूप लीडरों से रूट चार्ट के लिए कहा। जल्द ही एक बहस-सी शुरू हो गई, क्योंकि चक्रवर्ती ने नाराज होकर उत्तर दिया, "कोई रूट चार्ट तैयार नहीं किया गया है; किंतु कंपास बीयरिंग और बाउंड के बीच की दूरी मेरी डायरी में लिखी है।"

"तो आपके पास कोई चार्ट नहीं है! ठीक है, तो मुझे अपनी डायरी दिखाएँ।"

चक्रवर्ती ने अपने ऊपर संदेह करने की वजह से मन-ही-मन थोड़ी नाराजगी से उत्तर दिया, "ये है, सर, कृपया इसे देखें।"

माहौल अचानक उत्तेजना से भरा हुआ और तनावपूर्ण हो गया। वे अन्य उपस्थित सभी को हर तरफ से जाँच कर भी संतुष्ट नहीं थे तथा यह जानकर और भी दहल गए कि उनके निजी ड्राइवर के अलावा किसी ने भी नाइट चार्ट या रूट चार्ट तैयार नहीं किया था। एक रूट चार्ट आपके लिए बहुत सहायक होता है और इसे जरूर तैयार किया जाना चाहिए था। अधिक व्यावहारिक दृष्टिकोण से जब क्रू मेंबर्स डिग्री/डिस्टेंस चार्ट के लिए जरूरी प्रारंभिक जानकारी पर गौर करते हैं। किंतु चार्ट ले जाने पर जोर देना हमेशा गैर-जरूरी माना जाता था, क्योंकि इन्फैंट्री के विपरीत, कैवेलरी के सैनिक इस नक्शे/चार्ट को पढ़ने के लिए अपनी इच्छा से शेडेड टॉर्च का इस्तेमाल करते थे। उस समय स्थिति और बिगड़ गई, जब सुरिंदर चार्ट बनाने जैसी महत्त्वहीन बात पर अपना आपा खो बैठे, जब सभी लोग खामोशी से सुन रहे थे। चक्रवर्ती ने इस बात पर कहा कि उन्हें "चार्ट तैयार करने की आवश्यकता कभी महसूस ही नहीं हुई, क्योंकि स्थानीय मुक्तिवाहिनी गाइड उनके लिए दिशा-सूचक (compass) की तरह काम करते थे।" इस बात से स्क्वाड्रन कमांडर को लगा कि चक्रवर्ती उन्हें गलत ठहरा रहा है। अतः वे और ज्यादा भड़क गए। उन्होंने सभी ट्रूप लीडरों को रूट चार्ट बनाने का आदेश दिया और ट्रूप की रवानगी का समय आगे बढ़ा दिया। 15 दिनों से अधिक समय से युद्ध लड़ रहे पेशेवर सैनिक अपनी तुलना ब्वॉय स्काउट्स से कर रहे थे।

यह रास्ता टैंक के लिए रुकावटों से भरे किसी रास्ते की तरह लग रहा था,

जिसमें उच्च तटबंधों के साथ पानी से भरे धान के खेत, गाँव के तालाबों में डूबी गाँव की पगडंडियाँ और गहरे धँसे बैलगाड़ी वाले रास्ते थे, जहाँ पर ड्राइवर को पता लगे कि इंजन क्यों ठप्प हो गया है, इससे पहले ही टैंक नीचे लग चुका होता था। गहरे पानी वाली जगहों को पार करने के लिए टैंकों को भूमिगत नालियों या हलके वाहनों के लिए बनाई गई पुलियाओं के ऊपर से गुजरना पड़ता था, जो कभी भी टैंक के वजन से टूट सकती थीं। यह सब एक भयानक अनुभव था। ड्राइवर की हालत और बदतर थी। रात में ड्राइविंग करते समय हेडलाइट्स बंद और एक नाइट विजन डिवाइस के 30 डिग्री तक जानेवाली हलकी हरी व पीली रोशनी के साथ टकटकी लगाकर केवल धुँधली अस्वाभाविक छाया ही मुश्किल से देख पाना हर टैंक ड्राइवर के लिए एक डरावना सपना होता है। टैंकों पर बैठी इन्फैंट्री को डीजल के धुएँ व धूल के साथ टैंकों के रोलिंग, पिचिंग और यॉनिंग को भी सहना पड़ रहा था। नीचे तक लटकी हुई शाखाओं या काँटेदार झाड़ियों की चपेट में आकर कई लोगों के कपड़े और शरीर चोटिल हो चुके थे। रेडियो ऑपरेटरों को लगातार खतरा बना रहता था कि कहीं उनके टैंक एंटेना ऊपर की पावर लाइनों से टकराकर स्पार्क न हो जाएँ अथवा कहीं उनके रेडियो सेट से धुआँ तो नहीं निकल रहा है! टैंक कमांडर और ट्रूप लीडर को कई बार टैंक से उतरकर गीले पैरों, जूतों व जुराबों के साथ खराब इलाके में टैंकों को गाइड करना पड़ता था। ठिठुरते हुए जाड़ों की ठंडी रात में या बाईपास के लिए राह खोजना, टैंकों को रिवर्स करना और कभी-कभी दलदली व कीचड़ से भरे इलाके में फँसने पर उनको भी खींचना पड़ता था। दबाव में रहकर बनाए गए रूट चार्ट की सहायता लेने के सब विचार धरे-के-धरे रह गए।

टैंक कॉलमों को अपने रूट के दौरान अपने सेमी-जायरो कंपास को सेट करने और दिशा बदलने के लिए तीन बार रुकना पड़ा था। आखिर में निराशा से, क्योंकि हम तय समय से पीछे थे, इसलिए हमने बीच रास्ते में थोड़ा बदलाव करके चुपचाप निर्धारित मार्ग को छोड़ दिया और रामनगर की ओर जानेवाली सड़क पकड़ ली। चक्रवर्ती एवं महतो की निष्ठा और दृढ़ संकल्प हमें अपने लक्ष्य पर 15 कि.मी. की परिधि में ले आया और सूर्यास्त तक हम टैंक-ट्रैक जंक्शन पर पहुँच गए थे। रेडियो सेट पर चक्रवर्ती की उत्साह से भरी आवाज गूँजी, "अब हम रामनगर रोड पर हैं। डेल्टा 40 फॉर ऑल स्टेशंस डेल्टा। वेल डन चक्रवर्ती, वेल डन महतो! शाबाश जवानो, हमने कर दिखाया। अब तेजी से आगे बढ़ो, आउट।"

खेत और खुले मैदान से होकर जानेवाले निर्धारित रास्ते को छोड़कर सड़क रूट को लेने का निर्णय सही साबित हुआ, क्योंकि सफलता को ध्यान में रखकर दिशा की बजाय समय पर दुश्मन तक पहुँचना बहुत जरूरी था। चूँकि अब हम अपने मिशन के करीब थे, इसलिए इस निर्णय पर कोई बहस कभी नहीं की गई। सड़क पर ट्रैफिक नहीं होने के कारण टैंक धूल से भरे मार्ग को छोड़कर सड़क पर सरपट दौड़ने लगे थे। इससे पहले कि ड्राइवर गियर बदलते, सामने चेहरे पर मुसकान लिये सीनियर जे.सी.ओ. रघुबीर चंद्र अपने 1 टन वाहन के साथ डिब्बों में बंद ब्रेकफास्ट और लंच पैकेट्स देने के लिए खड़े थे। जैसे ही टैंक रुके, स्पेयर क्रू मेंबर्स ने 1-टन से उतरकर सभी क्रू और इन्फैंट्री जवानों को खाने के पैकेट बाँटे। उनकी बगल में खड़े रघुबीर ने "शाबाश, लगे रहो।" "बहुत अच्छे, बढ़ते रहो।" शब्दों के साथ प्रोत्साहन दिया।

"साहब, आपने कमाल कर दिया।" "यू आर ग्रेट, धन्यवाद।" टैंक क्रू और मद्रास इन्फैंट्री के जवानों ने मिली-जुली आवाज में कहा। कुछ लोग हाथ मिला रहे थे, कुछ हाथ हिला रहे थे। चेहरे पर बिखरी हुई मुसकराहट के साथ अपने भोजन के पैकेट हाथ में लेकर इस निस्स्वार्थ व्यक्ति के प्रति अपनी कृतज्ञता ज्ञापित कर रहे थे। कैप्टन सैगल ने सबकी कृतज्ञता और सराहना को जोड़ते हुए गर्मजोशी के साथ कहा, "सरदारों का सरदार है तुम्हारा रिसालदार।" रघुबीर से हाथ मिलाते हुए हम आगे बढ़ गए।

"वेल डन, रघुबीर साब, आपने एक अच्छा उदाहरण पेश किया है।"

"गुड लक, साब! हम सब साथ हैं।"

वे (रघुबीर) अपने दम पर गाँव के रास्तों का इस्तेमाल करके स्क्वाड्रन के आउटफ्लैंक मूव पर नजर रखते हुए रोड-ट्रैक जंक्शन पर पहुँच गए, ताकि टैंक क्रू को युद्ध में जाने से पहले अपना पैक्ड खाना मिल सके। रघुबीर साहब के इस अतुलनीय कार्य ने वर्षों से चली आ रही नेपोलियन की कहावत को सच कर दिया था कि (a well-fed army is most effective) 'एक सेना खाली पेट नहीं लड़ सकती।' वर्षों बाद भी ये सैनिक याद करेंगे कि कैसे उनके स्क्वाड्रन सीनियर जे.सी.ओ. ने टैंक क्रू के प्रति अपने लगाव व प्रतिबद्धता को कायम रखा और दूसरों के लिए एक उदाहरण पेश किया।

टैंक ड्राइवरों ने अपने-अपने (टैंक) 'पिप्पा' को पूरी गति हासिल करने के लिए टॉप गियर पर डाल दिया था। मेरे जीवन के वे सबसे आनंदमय पल थे, जब

'सी' स्क्वाड्रन के टैंक लगभग 30-40 कि.मी. प्रति घंटे की गति से सरपट दौड़ रहे थे और जो उस समय दुश्मन से मुठभेड़ के डर को भूल चुके थे। नेतृत्व कर रहे टैंक से पीछे मुड़कर देखने पर धूल व धुएँ के गुबार में टैंकों की कतार को सूर्य की पहली किरण की तरह उगते हुए देख सकते थे।

सुबह-सुबह की हवा ऊर्जा से भरी थी, गति आनंदमय थी और मानो हम किसी गति परीक्षण में लगे थे। पक्की रोड पर बोगी के पहियों के घूमते रहने के लिए सबसे जरूरी था कि शक्तिशाली इंजन गर्जना के साथ टैंक स्प्रोकेट को ऊर्जा देते हुए टैंक को ट्रैक पर आगे बढ़ाते रहें। टैंकों पर बैठी इन्फैंट्री चौकन्नी थी और अपने हेलमेट तथा जंगल कैंप को निडरता से रेलिंग्स को पकड़े सँभाले थी। जब भी ड्राइवर टैंक को सड़क के बीच में रखने का प्रयास करता, टैंक के ट्रैक सड़क की चारकोल को जिस तरह से काटते थे, उससे एक असीम शक्ति का अद्‌भुत-अनोखा अहसास होता था।

जेस्सोर-रामनगर मुख्य सड़क के साथ तैनात दुश्मन की टुकड़ी ने रामनगर चौराहे से आगे 63 कैवेलरी और 7 पंजाब के एडवांस को रोक दिया था, क्योंकि उनको अपनी पोजीशन पर तत्काल खतरे की कल्पना नहीं थी। पर एक अप्रत्याशित दिशा से आनेवाले टैंक इंजनों के शोर की आवाज ने दुश्मन खेमे में दहशत जरूर पैदा कर दी थी। 'दुश्मन दिखा नहीं कि बरबाद किया नहीं' के आत्मविश्वास के साथ तेजी से बढ़ती हुई टैंक स्क्वाड्रन ने अपनी धधकती हुई मेन गनों से क्रॉस रोड पर दुश्मन की रक्षा-पंक्ति में तूफान-सा पैदा कर दिया था। मुझे याद नहीं है कि नेतृत्व कर रहे टैंक ने चौराहे पर दुश्मन को नष्ट करने में कितना समय लिया होगा; क्योंकि जब आखिरी टैंक वहाँ पहुँचा तो मुठभेड़ खत्म हो चुकी थी। दुश्मन की सेना तितर-बितर हो चुकी थी और इधर-उधर भाग रही थी। सुबह की शांति में अफरा-तफरी और तबाही का मंजर सामने ला दिया था। दुश्मन की आर.सी. एल. गनों और भागने की कोशिश कर रही जीपों को जल्द ही नष्ट कर दिया गया। पहले कुछ राउंड फायर करने के साथ ही दुश्मन आतंकित हो गया और हम उन्हें खाइयों से बाहर निकलकर जान बचाने के लिए भागते हुए देख सकते थे। टारगेट एरिया में दुश्मन का सफाया करने के लिए अब एल.एम.जी. और ack-ack गन ही काफी थीं। वह बारूदी लड़ाई कुछ मिनटों तक ही चली, क्योंकि दुश्मन सैनिक अपने हथियारों को छोड़कर रेलवे लाइन क्रॉस कर दूसरी ओर छुप गए थे; जबकि कुछ भाग्यशाली सार्वजनिक वाहनों में भाग गए और कुछ ने नदी को अपनी सुरक्षा

के लिए इस्तेमाल किया था। युद्ध धीमा हो गया था और कुछ इक्का-दुक्का दिखते टारगेट ही टैंकों का ध्यान आकर्षित कर सकते थे, जिनके लिए एक एम.एम.जी. बर्स्ट ही उनको खत्म करने के लिए काफी होता था। मुझे अभी भी तेज गति से ओझल होती जीप याद है, जो फायर की चपेट में आने के बाद अपना संतुलन खोकर पेड़ से जा टकराई और संभवत: उसमें सवार सभी को अपनी जान से हाथ धोना पड़ा था। रोड ब्लॉक वाली लोकेशन पर पहुँचकर हमारे टैंकों ने भारी संख्या में दुश्मन सैनिकों को मौत के घाट उतारने या घायल करने के अलावा लगभग 60 पाकिस्तानी वाहनों, चार हैवी मोर्टार, आर.सी.एल. गनों और बड़ी मात्रा में गोला-बारूद को नष्ट कर दिया था।

दुश्मन को मात देना एक बड़ी सफलता थी। 8 दिसंबर को 8.30 बजे तक हाल ही में प्रविष्ट हुई BTR 60 APC पर सवार 7 पंजाब के लीडिंग एलिमेंट्स जेस्सोर-खुलना दोराहे के साथ आगे बढ़ रहे थे और उन्होंने रेडियो पर संपर्क किया। जल्द ही वे रोड ब्लॉक साइट पर पहुँच गए थे। 8 मद्रास की एक कंपनी, जो 'सी' स्क्वाड्रन के टैंकों के साथ सवार थी, अब नीचे उतरकर अपने डिफेंस को सुदृढ़ करने में व्यस्त थी। बाकी की बटालियन जवानों को ले जानेवाले 1-टन व्हिकल्स (TCVs) पर आ रही थी और शीघ्र ही लिंकअप करने वाली थी। T-55 टैंकों को रास्ते में ही रोक दिया गया था, क्योंकि जमीनी हालात उनकी गतिविधि को बाधित कर रहे थे। टैंक क्रू दुश्मन का जोश से पीछा करने और सफलता से मात देने के बाद चाय के साथ आलू-पूरी वाले पैक नाश्ते का आनंद लेने में व्यस्त हो गए थे।

सैगल बुर्ज (turret) पर मेरे साथ बगल में बैठे थे और क्रू मेंबर्स की गरम चाय व शक्करपारों की तारीफ कर रहे थे। तभी हम से कुछ दूरी पर थोड़ी गोलाबारी हुई। जिन टैंकों को हमने खदेड़ा था, वे तेजी से उसी सड़क पर वापस आ गए, जिस पर से हमने दोनों ओर पर दलदल होने की वजह से एडवांस किया था। हमारी लोकेशन पर गोलाबारी से जाहिर था कि दुश्मन हम पर नजर रख रहा था। सैगल ने सलाह दी कि दुश्मन की बंदूकों ने हमारी जगह का अनुमान लगाना शुरू कर दिया है। वे आशंकित थे कि उनका एफ.ओ.ओ. कहीं आसपास ही छुपा बैठा है और गन फायर के लिए राह दिखा रहा है। 8 मद्रास के कमांडिंग ऑफिसर ने निगरानी करनेवाले शत्रु की तलाश में सर्च पार्टी भेज दी थी। तभी एक और गोला गिरा। इस बार हमारे बहुत पास में ही। गनर्स ने टारगेट की ब्रेकेटिंग के

सिद्धांत का पालन किया था, जबकि गोलों की निकटता चिंताजनक थी। संयोग से, मैंने जो देखा, वह एक चेतावनी था, क्योंकि वे गोले मेरे टैंक के ठीक सामने सीधे एक पेड़ के ऊपर फटे थे।

"अरे सहगल, क्या आपने आखिरी गोले के विस्फोट पर ध्यान दिया?"

"नहीं, मैं नहीं कर सका। लेकिन वह बहुत करीब था।"

"वह सामने उस पेड़ पर फटा था।"

"हाँ, दुश्मन की गनों ने हमारी लोकेशन भाँप ली है।"

"अरे, नहीं। मैंने ब्लास्ट के बाद उस बड़ी टहनी को दुश्मन की लोकेशन की ओर उड़ते देखा।"

"इसमें कुछ भी अनोखा नहीं। ऐसा हो सकता है।"

"विस्फोट के बाद गोला और वह टहनी दोनों कैसे उड़कर दुश्मन की लोकेशन की ओर जा सकते हैं?"

"आपका प्वाइंट सही है, लेकिन···," मैंने बीच में ही थोड़े रूखेपन से उनकी बात काटी।

"बेकार की बात। विस्फोट होने से पहले ही ठीक हमारे ऊपर से गोले की आवाज सुनाई दी। आप इसका क्या उत्तर देंगे?"

शत्रु के द्वारा जब हमारी सही लोकेशन को जाँचने की कोशिश जारी थी, तभी दूसरा गोला हमारे पीछे आकर फटा।

"दुष्टों ने हमारी ब्रेकेटिंग कर दी है, देखो।"

सैगल ने अचानक मेरा हाथ झटक दिया, "पिछला गोला निश्चित रूप से एक मीडियम गन से फायर किया गया था।"

"तो इससे साबित क्या होता है?"

"दुश्मन के पास इस इलाके में कोई मीडियम गन नहीं है।"

खतरे की घंटी बजने लगी थी, इस डर से कि हमारे कब्जे वाले इलाके को हमारी अपनी हैवी आर्टिलरी की गनों ने कवर कर रखा था!

फौज में तोप के द्वारा टारगेट को परखने की तैयारी आमतौर पर एक ही गन द्वारा की जाती है, जो पूरी हो चुकी थी। यह कल्पना करना मुश्किल नहीं था कि गन पोजीशन अफसर टारगेट को अटैक करने से पहले आखिरी बार 'सब ठीक है', यह देखकर ही काररवाई करने का आदेश देगा। हमारी एकमात्र उम्मीद सैगल पर टिकी थी, जिसे गन पोजीशन अफसर (G.P.O.) को रेडियो नेट पर संपर्क

करके फायर के आदेश को रोकना था। उसकी आवाज में तीव्रता और हताशा स्पष्ट झलक रही थी और वह G.P.O. से कुछ उत्तर प्राप्त करने या अपने रेडियो नेट पर नियंत्रण करने के लिए बार-बार प्रयास कर रहा था। उसी समय, आतंक से भरा मैं भी इस सूचना को रेडियो नेट पर एडजुटेंट के पास भेज रहा था।

"डेल्टा 40 फॉर डेल्टा 25 : अरजेंट। लॉयन को रोको। हमारी अपनी मीडियम आर्टिलरी हमारी लोकेशन पर फायर कर रही है। स्टॉप, रिपीट स्टॉप। ओवर।"

"डेल्टा 25 फॉर डेल्टा 40 : लॉयन को रोकता हूँ। ओवर।"

मैं जल्दी से दूसरे ANPRC-25 रेडियो लिंक पर पहुँचा, जो 63 कैवेलरी की फ्रीक्वेंसी पर मिलाया गया था, ताकि अपने दूसरे साथी, केवलरमानी से संपर्क कर सकूँ, जो 63 कैवेलरी की स्क्वाड्रन के साथ आगे बढ़ रहे थे।

"मेहता फॉर केवल, अर्जेंट : हमारी मीडियम गनों द्वारा हमारी खुद की लोकेशन पर फायर का अंदेशा है। स्टॉप, रिपीट, विनाशकारियों को रोको।"

"केवल फॉर मेहता : समझ गया। रोकता हूँ, विल्को, आउट।"

इसी बीच इंदर मेरी कॉल के जवाब में दूसरे सेट पर आ चुका था। हमारी रोकने की गुहार अभी हवा में ही थी कि तभी हो-हल्ला मच गया। हवा में उड़ते गोलों की स्पष्ट सीटीनुमा आवाज के साथ कानफोड़ू विस्फोटों ने उस क्षेत्र को धूल, धुएँ और मलबे से भर दिया था। कहीं पर गोलों की तेज आवाज और धमाके से हवा में उपजी आवाज को तबाही, मौत और दर्द की चीखों ने चीरकर रख दिया था। हाँ, हम असफल हो चुके थे और अपनी खुद की मीडियम गनों के फायर की चपेट में आ चुके थे। यह खेल केवल कुछ विनाशकारी मिनटों तक चला; किंतु इसे एक भयानक हादसे और पछतावे के साथ याद किया जाएगा। हालाँकि इंदर, केवल और सैगल के सामूहिक प्रयास व्यर्थ नहीं गए थे; क्योंकि उनकी काररवाई से बाद में जल्द ही तोपें शांत हो गई थीं। ऐसी आकस्मिक दुर्घटनाओं के लिए स्वयं के सैनिकों की लोकेशन की गलत रिपोर्टिंग करने और मनुष्य की भूल को जिम्मेदार ठहराया जाएगा। युद्ध के विवरण और उनसे जुड़ी यूनिटों के रेजीमेंटल इतिहास में मोर्चे पर आगे जानेवाले सैन्य दलों, स्टाफ और गन पोजीशन के बीच समन्वय की विफलता को टाली जा सकनेवाली मौतों एवं हताहतों के लिए चिह्नित किया जाएगा।

खुद की गनों का शिकार होना एक डरावने सपने और गहरे दुःख की त्रासदी थी। हर कोई आपदा से बचने में हमारी तरह भाग्यशाली नहीं रहा। मद्रास बटालियन

को सबसे ज्यादा नुकसान उठाना पड़ा था, क्योंकि वे बिल्कुल खुले क्षेत्र में थे। फायर रुकने के तुरंत बाद मैंने देखा कि एक अकेला जवान मेरे टैंक की तरफ आ रहा था। वह खाकी कपड़े पहने हुए था। साइड कैप उसके हाथ में थी। जान के खतरे से बेखबर वह खुले में भाग रहा था। खाकी पाकिस्तानी सैनिकों का भी ड्रेस कोड था। वह मद्रास बटालियन के साथ संलग्न भारतीय वायु सेना का एक बहादुर फॉरवर्ड एयर कंट्रोलर (F.A.C.) था, जो आउटफ्लैंक ऑपरेशन की अवधि के लिए उनके साथ था। उसने हमें मद्रास बटालियन के भारी नुकसान के बारे में बताया और घायलों की मदद के लिए एक एंबुलेंस माँगी। सीनियर जे.सी.ओ. रघुबीर टैंकों के पीछे ही थे और चूँकि आउटफ्लैक के दौरान सभी 'बी' वाहनों को छोड़ दिया गया था, इसलिए रघुबीर का वाहन ही निकासी (घायलों की) के लिए उपलब्ध था। सीनियर जे.सी.ओ. ने अपनी 1-टन के साथ घायलों को बटालियन आर.ए.पी. तक पहुँचाने में अहम भूमिका निभाई। 1-टन के अंदर स्पेयर क्रू को कमांडिंग अफसर के साथ छोड़ दिया गया, ताकि पाकिस्तानी वाहन, जिनमें कइयों के इंजन अभी भी स्टार्ट थे, को मार्शल किया जा सके। जल्द ही पकड़ी गई पाकिस्तानी जीपों का एक काफिला बटालियन को दे दिया गया। कम-से-कम यह तो था कि हम इन सबसे उस अभागी बटालियन की मदद कर सकते थे। हालाँकि वायु सेना की एफ.ए.सी. को टैंकों के करीब जाने की और खुद से कोई जोखिम नहीं उठाने की सलाह दी गई थी, क्योंकि उसकी पहचान की खाकी वरदी से गलतफहमी की वजह से वह अपने सैनिकों पर 'फ्रैंडली फायर' को न्योता दे सकती थी।

बख्तरबंद संरचना के विपरीत जहाँ निरंतर स्थानांतरण योजना का एक हिस्सा होते हैं, वहीं इन्फैंट्री अगले टास्क के लिए रवाना होने से पहले दोबारा संगठित करने की कारवाई करती है। इस अंतराल के दौरान टैंक कमांडरों के साथ शवों, जलते हुए वाहनों और हथियारों के साथ शांत पड़े युद्धक्षेत्र का जायजा लेने के लिए मैं पैदल ही निकल पड़ा। बरिंद के विपरीत, यहाँ बनाए गए डिफेंसस, आकस्मिक योजना के तहत बिना तालमेल के और शीघ्रता में तैयार किए गए थे। मेरे साथ चल रहे क्रू मेंबर्स ने अलग-अलग तरह के कम-से-कम 60 वाहन गिने थे। उनमें से कइयों पर गोलियों के निशान थे और कइयों के परखच्चे उड़ा दिए गए थे। इन भयानक दृश्यों में से एक में कुछ जीपों के साथ क्रू मेंबर्स भी झुलस चुके थे। एक वाहन का ड्राइवर अपनी सीट पर भुना हुआ पड़ा था और इंजन अभी भी स्टार्ट था। मांस जलने की गंध ने वातावरण को अत्यंत कसैला बना दिया था। एक और

ड्राइवर की एक टाँग वाहन से बाहर लटकी हुई दिख रही थी, मानो उसने अपने अंत से पहले बच निकलने की भरपूर कोशिश की होगी। उसके शरीर के पूरी तरह से चीथड़े उड़ गए थे। बगल की जीप में एक जवान अपनी पूरी वरदी में मृत पड़ा था, जिसकी गरदन में गोलियों ने एक बड़ा छेद कर दिया था। गोलियाँ सीधी उसकी गरदन में लगी थीं और पूरा शरीर खून से लथपथ था। मुझे इन सैनिकों के प्रति कोई घृणा या नाराजगी नहीं थी। वे अब अपनी आत्मा या अपने भाग्य के मालिक नहीं थे, जो सशस्त्र सेना में भरती थे। सन् 1947 में भारत विभाजन के कारण मेरे माता-पिता को पलायन के लिए मजबूर होना पड़ा था। अब मैं अन्य शरणार्थियों के अपने वतन लौटने के हक के लिए लड़ाई कर रहा था। मैं इस पर ध्यान नहीं दे सकता था कि जो मेरे अपने थे या जो मर रहे थे, उनमें से (शत्रु के) कई लोग विभाजन से पहले के पंजाब प्रांत से थे, जहाँ मैं पैदा हुआ था। मैं एक सैनिक था, जो अपने देश के लिए और ज्यादा बड़े मानव-उपकार के कारण अपना कर्तव्य निभा रहा था।

□

खुलना की ओर एडवांस

जैसे ही हम जेस्सोर जिले को पार करके खुलना में प्रवेश करते हैं, जमीन अचानक बहुत दलदली हो जाती है। खुलना के लिए सड़क के एक तरफ (पूर्व में) भैरव नदी थी, जो 200 गज चौड़ी थी और जिसके बहाव में लगभग 10 फीट की दूरी तक ऊँचाई व गहराई थी। जैसे-जैसे दक्षिण दिशा की ओर से खुलना की ओर चलते हैं, इस भैरव नदी में छोटी-छोटी नदियाँ और जल-धाराएँ मिलती जाती हैं तथा जेस्सोर एवं खुलना के मध्य में यह लगभग 350 गज चौड़ी हो जाती है और इसका बहाव भी ज्यादा ऊँचा व तीव्र हो जाता है। कई स्थानों पर सड़क नदी से केवल 300 गज की दूरी पर थी। पश्चिम में सुंदरवन के दलदल थे। ये क्षेत्र पूरी तरह से दलदली, घने मैंग्रोव और भरमानेवाली लिली से घिरी हुई (भिलों) झीलों से भरे पड़े थे। जेस्सोर से खुलना के दक्षिण में 40 मील की दूरी तक पूरे रास्ते में पक्की जमीन केवल सामने की सड़क पर मिलती है, जिसकी दूरी 1,000 गज से ज्यादा नहीं और कुछ जगहों पर इससे भी कम थी। सड़क एवं रेलवे लाइन की दीवार एक-दूसरे के समानांतर थीं और आसपास के ग्रामीण इलाकों से बहुत ऊँची थीं।

जैसे ही हम खुलना के पास पहुँचने वाले थे, दुश्मन के हमले और ज्यादा तेज हो गए थे। उनकी अगली पोजीशन रामनगर के दक्षिण से लगभग 15 मील आगे नाओपारा इलाके में थी। इस पोजीशन का सामना करने के लिए 'सी' स्क्वाड्रन को 13 डोगरा के साथ मिलकर और मणिरामपुर से होते हुए आगे बढ़ने का काम सौंपा गया था। फिर पूर्व में पचबरिया-चोंबरधागा की ओर होते हुए नाओपारा के दक्षिण में मुख्य सड़क पर आकर मिलना था।

रामनगर के बाद घेरा डालने का लक्ष्य था 40 कि.मी. दूर नाओपारा में

सड़क पर एक रुकावट बनाना। 13 डोगरा को इस ऑपरेशन के लिए हमारे साथ रखा गया था। टैंकों की एक टुकड़ी रास्ते में लगभग 2.30 बजे मणिरामपुर नामक एक जगह पर पहुँची और नेतृत्व कर रहे टैंक ने खराब तराइन की वजह से अपनी गतिविधि रोक दी। हमारे और सड़क पर चुनी गई साइट के बीच जो कुछ था, वह एक विकट जल-बाधा (water obstacle) थी। नाओपारा को जानेवाली मुख्य सड़क तक जाने के लिए इसे पार करना अनिवार्य था। इस जल-बाधा को पार करने के लिए टैंकों को (पानी में) अंदर घुसने एवं बाहर निकलने का क्रॉस पॉइंट ढूँढ़ना मुश्किल हो रहा था। 40 डिग्री से अधिक की ढलान ने ड्राइवर के लिए इसे खतरनाक बना दिया था, क्योंकि पानी ड्राइवर के कपोला के ऊपर आ जाता और पानी में प्रवेश के ठीक मौके पर उसे अंधा बना देता। कमांडर के कँगूरे में से पानी घुसकर क्रू मेंबर्स के लिए खतरा बन जाता, क्योंकि वहाँ पर टैंक डूब सकता था। पानी से बाहर निकलते समय टैंक 30 डिग्री से अधिक की ढलान पर नहीं चढ़ सकता था और दुश्मन के लिए (sitting duck) पानी में बैठी बतख के जैसा आसान टारगेट बन जाता। तीन खोजी दलों द्वारा क्रॉसिंग के लिए जो लोकेशन बताई गई थी, वह अनुपयुक्त और जोखिम भरी थी। किंतु समय और ऑपरेशन की माँग के कारण उसे ही स्वीकार करना पड़ा। सभी टैंकों को इसे पार करने में कम-से-कम 90 मिनट का समय लगा होगा। इस बीच इन्फैंट्री ने इलाके में बाँस के पुल पर से पार करना शुरू कर दिया था और एक मजबूत बेस बना लिया था। कुछ दिनों से टैंक टुकड़ियों को लीड करने में संचित हुए तनाव ने मेरी कार्य-शक्ति के रस को सोख लिया था। मेरे पास रिसालदार आर.पी. सिंह के रूप में दूसरा विकल्प भी था, जिन्हें मैं रवानगी के दौरान नेतृत्व कर रहे टैंक पर सभी नौपरिवहन कार्यों को करने के लिए चुन लेता और स्वयं टैंक के अंदर एक अच्छी झपकी ले सकता था। ऑपरेटर की मौन समझदारी थी कि जब मेरे लिए आई एक कॉल के उत्तर में उसका सीधा जवाब था, "मेहता साब ग्राउंड रेकी पर गया है।" (Mehta is concluding a ground recce)। हैरानी की बात थी कि उसने बिल्कुल ठीक काम किया!

पिछले कुछ दिनों का हमारा यह अनुभव रहा था कि हर बार क्रॉसिंग साइटों या पुलों की लोकेशन के बारे में जासूसी खोजी दलों ने नकारात्मक जानकारी के साथ वापसी की और हमें नई टीमों को अलग-अलग दिशाओं में भेजना पड़ा। बहुतों ने यह नहीं देखा कि सुरिंदर स्वेच्छा से टैंक से उतरकर क्रू को गाइड और

प्रोत्साहित करने के लिए आगे आए थे। शायद उन्होंने महसूस किया कि इस तरह के छोटे-मोटे कार्य अधीनस्थ कमांडरों पर छोड़ना सबसे अच्छा था। मेरी यह इच्छा थी कि सुरिंदर एक स्क्वाड्रन कमांडर के बजाय एक स्क्वाड्रन लीडर की भूमिका निभाएँ और नेतृत्व का उदाहरण पेश करें। टैंकों का काफिला फिर से रुक गया था। नाओपारा और हमारे बीच अब शायद यह अंतिम अवरोध था। एक घंटे में सुबह होने वाली थी। यही समय था कि किसी को चालाकी से मूर्ख बनाकर मस्ती की जाए। रिसालदार आर.पी. सिंह पहले से ही पास में दाईं तरफ क्रॉसिंग साइट के सही चयन के लिए चले गए थे। उनके लौटने की प्रतीक्षा करने की बजाय मैंने सुरिंदर को एक संदेश दिया कि एक साइट मिल गई है, लेकिन हमें यकीन नहीं है कि यह जोखिम उठाना उचित होगा! संकटपूर्ण समय होने के कारण सुरिंदर हमारे भुलावे में आकर जल्दी ही साइट देखने के लिए आ गए, जिसे अगर स्वीकार किया जाता तो जवानों और हथियारों के लिए गंभीर खतरा बन जाता। उनकी अस्वीकृति एक पहले से निश्चित निष्कर्ष था, जिसने मुझे यह सुझाव देने के लिए प्रेरित किया कि वह समय की बचत करने के लिए रुकावट के बाईं ओर एक साइट का चयन करने के बारे में सोचें, क्योंकि आर.पी. सिंह दाएँ आधे हिस्से को कवर कर रहे थे। टैंक क्रू की मौजूदगी में मेरे ऐसा कहने के तरीके में कुछ तो रहा होगा, जिसने उन्हें चुनौती स्वीकार करने के लिए मजबूर किया। मुझे अब तक कभी-कभी आश्चर्य होता है कि मैंने उन्हें ऐसा करने के लिए क्यों कहा? यह तो मेरे मूलभूत स्वभाव का हिस्सा नहीं था। तब मेरे मन में सबसे पहले यह विचार आया कि सैनिकों को कभी भी किसी अफसर के खिलाफ इस तरह उँगली उठाने का सुअवसर नहीं देना चाहिए, जिसका उसने खंडन किया या जिससे वह बचना चाहता था। वह आधे घंटे के बाद लौटे, मुँह लटकाए उन्होंने कहा, "हाँ, आप सही थे और आसपास का वह इलाका जानलेवा है।" साथ के क्रू को उनके साथ आधा घंटा बिताकर उनके निजी अनुभव को साझा करना था। इसका बहुत सा भाग छपने के लायक नहीं, क्योंकि ये उन सैनिकों की प्रतिक्रियाएँ हैं, जो एकाकी और अपने घर से दूर, मौसम, दुश्मन, तराइन, थकान के प्रभाव से जूझ रहे थे। मेरे इस फरेब का सकारात्मक असर यह हुआ कि युद्ध की परिस्थितियों में अपने पहले रेकी मिशन पर दल के सदस्यों ने अपने नए स्क्वाड्रन कमांडर को उनके साथ पेश आ रही समस्याओं व कठिनाइयों को साँझा करते हुए देखा। जब कमांडर ने पुष्टि करते हुए कहा कि दुश्मन ने मुख्य दोराहे पर नाओपारा से खुलना की तरफ पीछे

हटना शुरू कर दिया है तो मिशन को रोक दिया गया।

इससे पहले कि हम पुनः आगे बढ़ने के लिए चलना शुरू करते, एक मध्यम आयु के छोटी कद-काठीवाले साइकिल सवार ने हवा में एक कागज लहराते हुए मेरा ध्यान अपनी ओर आकर्षित किया। अपनी साइकिल से उतरने पर उसने सैल्यूट के साथ बताया कि वह पाकिस्तानी वायु सेना का भूतपूर्व सार्जेंट है। मैंने पूछा, "मैं तुम्हारे लिए कुछ कर सकता हूँ?"

"नहीं, साहब। आप पहले से ही हमारे लिए बहुत कुछ कर रहे हैं। मुझे अपनी सेवा करने का मौका दीजिए।" इसके साथ ही उसने वह कागज मुझे सौंप दिया, जो वह पहले लहरा रहा था। वह एक चार्जशीट थी, जिसमें उसका नाम, रैंक और देशद्रोह के अपराध का उल्लेख था।

"तो क्या तुम्हें सर्विस से निकाला या बरखास्त किया गया?"

"नहीं, मुझे सेना का भगोड़ा घोषित किया गया है। अगर पकड़ा गया तो मेरा कोर्ट मार्शल कर दिया जाएगा।"

"क्या तुम इसी गाँव के हो?"

"सर, मैं नाओपारा का हूँ। मैं यहाँ पैदा हुआ था।"

मैंने उससे मजाक में कहा, "लेकिन हम तुम्हारी साइकिल साथ नहीं ले जा सकेंगे।"

वह हँसते हुए बोला, "कोई बात नहीं।" उसने बँगला भाषा में दो लड़कों को पुकारा और अपनी साइकिल ले जाने को कहा और साथ ही यह भी कहा कि "उन्हें बताना, मैं युद्ध खत्म होने तक टैंक रेजीमेंट के साथ रहूँगा।" हालाँकि शुरू में उसके दावों और प्रतिभा के बारे में मुझे संदेह था, किंतु समय बीतने के साथ मुझे अहसास हुआ कि एक फरार पर भरोसा करने के बारे में मेरा संदेह निराधार था। वह एक समर्पित देशभक्त और एक बड़ा मददगार साबित हुआ। एक भूतपूर्व सैनिक होने के नाते उसने चीजों को ठीक से समझा और खुशी से अपने ऊपर लगाए नियमों को स्वीकार किया। वह जल्द ही टैंक क्रू के साथ घुल-मिल गया और यहाँ तक कि गन लोड करना और क्रू मेंबर्स को कठिन कार्यों में मदद करना भी सीख गया। स्थानीय लोगों से पूछताछ करने और कभी-कभी जानकारी निकालने के लिए स्थानीय इलाके के बारे में उसका ज्ञान अमूल्य साबित हुआ। अपने वचन का पक्का वह समर्पित एयरमैन किसी भी लोभ या माँग के बिना खतरों और अनुभवों को हमारे साथ साझा करते हुए युद्ध के अंत तक हमारे साथ

रहा। यहाँ तक कि एक बार उसे टैंक की निकास-नली (exhaust) से मामूली जलने के घाव भी हो गए थे और एक मौके पर उसने खाली पड़ी 30 एम.एम. जी. से भागते हुए दुश्मन सैनिकों पर फायरिंग भी की। जिस दिन खुलना में शत्रु के आत्मसमर्पण का समारोह हुआ, उस दिन वह टैंक काफिले के साथ था। हमने उसे सहयोगी सेना की जीत पर बधाई दी और तब उसके आँसू गालों पर ढुलक आए। हाँ, अब हमारी विजय हो चुकी थी और वह सभी के प्रति आभारी था कि हमने उस पर भरोसा रखा और विश्वास किया तथा उसके साथ हुए अन्याय के लिए नहीं, बल्कि उसको अपने देश के सम्मान और स्वतंत्रता के लिए लड़ने का आदरपूर्वक मौका दिया। युद्ध में दिए गए अपने योगदान के लिए उसे कोई प्रमाण-पत्र या प्रशंसा के शब्द नहीं चाहिए थे। खुशी की भावना और 45 कैवेलरी की स्क्वाड्रन के साथ जुड़कर सेवा करने की याद उसके दिल में आनेवाले वर्षों तक साथ रहेगी। हमने अपने एक विश्वसनीय और भरोसेमंद दोस्त को पीछे छोड़ा था, जो सबसे उत्तम मार्गदर्शक और सहयोगी सेना का उम्दा एयरमैन था, जो अब 'टैंक मैन' में बदल चुका था।

दूर-दराज के इलाकों में नई तरह के बख्तरबंद वाहनों के पहुँचने पर हमेशा ही वहाँ से लोगों के झुंड ने आकर हमें घेर लिया। उनकी उपस्थिति से पता चलता था कि उन लोगों के लिए स्वतंत्रता क्या मायने रखती थी! बुजुर्ग पुरुषों एवं महिलाओं सहित पूरे-के-पूरे गाँव अपने भंडार से, भोजन और चीजों को हमें देने के लिए चारों ओर इकट्ठा हो जाते थे। ऐसा कई बार हुआ, जब हम उन प्रस्तावों को अस्वीकार कर देते थे, क्योंकि हम उनके कम राशन, कुपोषण और कष्टों की व्यथा से वाकिफ थे। पाकिस्तानी सैनिकों के हाथों प्रताड़ित होने और शर्म, अवमानना तथा अपमान के बावजूद प्रत्येक की आँखों में चुनौती, भविष्य के लिए आशा और होंठों पर 'जोय बाँग्ला', 'जोय इंडियन आर्मी' के शब्द थे। कभी-कभी लोग चारों ओर इकट्ठा होते और झंडे लेकर पाकिस्तान-विरोधी तथा याह्या-विरोधी नारे लगाते हुए जुलूस निकालते थे। 'सोनार बाँग्ला' के नए झंडे को हर घर और पेड़ के शीर्ष पर देखा जा सकता था, जिसमें 'लॉन्ग लिव शेख मुजीब' के पोस्टर भी थे। उनके द्वारा हमारे स्वागत और अभिवादन के भाव काबिल-ए-तारीफ थे, किंतु ऑपरेशन और सुरक्षा के दृष्टिकोण से उनको काबू करना हमारे लिए मुश्किल हो रहा था। सुरक्षा की हमारी चिंता को सज्जन व बुद्धिमान नागरिकों ने समझा और उन्होंने एकत्र हुए लोगों की भलाई के लिए उनसे अपील की तथा

उन्हें अपने-अपने गाँव लौटने के लिए कहा। इससे कोई फर्क नहीं पड़ता कि हमने कितनी कोशिश की कि वे दूर चले जाएँ, लेकिन वे अधिक दूर नहीं गए। उनसे लौटने के लिए कहना हमारी निष्ठुरता थी, क्योंकि उनके लिए स्वतंत्रता क्या है, केवल वही जानते थे। अगर भीड़ में से कोई 'जोय बाँग्ला' का नारा बुलंद करता तो आप देख सकते थे कि अचानक कहीं और से बड़ी संख्या में लोग उठकर उस नारे को दोहराने लगते थे।

दुश्मन को विराम का कोई मौका नहीं दिया गया था और खुलना की सुरक्षा के लिए उसके बाद अच्छी तरह से किलेबंदी की गई। उसकी पोजीशन सिरमनी गाँव में थी। दौलतपुर में श्यामगंज पोजीशन उसी दोपहर से हमारे संपर्क में थी। यह पोजीशन श्यामगंज गाँव से जेस्सोर-खुलना सड़क के बाईं ओर लगभग 500 गज की दूरी तक थी। सिरमनी गाँव की तरफ से दाईं ओर लगभग 1,000 गज की दूरी पर और जहाँ दुश्मन की एक पूरी बटालियन ने कब्जा कर रखा था। इन युद्ध मोर्चों पर खाई और बंकर बहुत अच्छी तरह से खोदे गए थे, खासकर सड़क और रेलवे लाइन के ऊँचे किनारों पर। इस पोजीशन पर एल.एम.जी., एम.एम.जी. और डग इन आर.सी.एल. गनों को मजबूती से जमाया गया था। 900 गज की दूरी से आगे तक के क्षेत्र से गोलाबारी/फायरिंग की जा सकती थी। इसके अलावा, मुख्य सड़क को शैफी टैंकों की एक टुकड़ी ने घेर रखा था, जो सामने की ओर से किसी को भी कोई हरकत करने पर सटीक और भारी गोलाबारी से बरबाद कर सकता था। मुख्य सड़क पर 11 दिसंबर, 1971 को 'सी' स्क्वाड्रन के साथ मिलकर 26 मद्रास और 8 मद्रास द्वारा तीव्र हमले किए गए; किंतु वे आगे बढ़ने में असफल रहे। इसके बाद इस पोजीशन को दो तरफ से घेरने की योजना बनाई गई, क्योंकि अब यह स्पष्ट था कि दुश्मन यह अंतिम लड़ाई आखिरी साँस तक लड़ेगा, क्योंकि यहाँ से अब उसकी वापसी संभव नहीं थी।

जब हम खुलना के पास पहुँच रहे थे तो हमने देखा कि मुख्यालय 9 इन्फैंट्री डिवीजन की यूनिटें धीरे-धीरे जेस्सोर-खुलना मुख्य सड़क पर वापस लौट रही थीं। कारण स्पष्ट था कि क्रॉस-कंट्री मूव मुश्किल था, खासकर 'A' व 'B' वाहनों और गनों के लिए। सबसे बड़ी सामरिक उलझनें थीं कि इस तराइन (terrain) के कारण टैंकों को स्थानांतरित कराने में रुकावट पड़ रही थी। अब युद्ध-संचालन केवल इन्फैंट्री को करना था, जिसका फायदा रक्षक बेड़े को मिलना स्वाभाविक था। 3-1 की वरिष्ठता को भी विरोध पर काबू पाने के लिए पहल

करने की और दृढ़ निश्चय की आवश्यकता थी। हवाई युद्ध हम जीत चुके थे। आर्टिलरी की सहायता से गोलाबारी के साथ जमीनी हमले से दुश्मन पर काबू पाने की योजना के लिए पर्याप्त संसाधन उपलब्ध थे। 9 डिवीजन की मुख्य सेना की पारी में बदलाव था, क्योंकि राजमार्ग पर सैनिकों की तादाद बढ़ा दी गई थी। जैसा कि हमारा अनुभव था, आगे बढ़ने की काररवाई का प्रबंध करना ही था। तब हम मुख्य सड़क के दोनों तरफ की जगह में बैठे हुए सर्दियों की चमकीली धूप का आनंद ले रहे थे, जब इन्फैंट्री की सहायता के लिए युद्धक विमान निरंतर हवा में उड़ रहे थे और पूरी डिवीजनल आर्टिलरी ने ताबड़तोड़ गोलाबारी से पूरे इलाके को धूल व धुएँ में बदल दिया था।

यह जानने के बाद कि यहाँ देर तक रुकना है, मैं अपने टैंक के चारों ओर जमा भीड़ से अलग होकर लगभग 100 गज की दूरी पर सड़क के सामने एक छोटी बिल्डिंग के पास चला गया। इसमें शायद पुलिस चौकी रही होगी। एक टेबल, बेंच और कुछ कुरसियों के साथ नोटिस बोर्ड को देखकर तो यही लग रहा था। क्रू ने उस पुराने फर्नीचर को अच्छी तरह से झाड़-पोंछकर धूप में लगा दिया और चारों ओर खड़े हो गए, ताकि यह सुनिश्चित किया जा सके कि वापसी के दौरान देखनेवालों की भीड़ बाधा न डाले। शांति, एकांत और खामोशी मिलने का यह समय नहीं था; क्योंकि तभी मैंने देखा कि टाई व सूट पहने एक व्यक्ति के साथ पाँच-छह बुजुर्ग लोग इकट्ठे होकर मेरी ओर ही आ रहे थे। उनकी बातचीत और उपस्थिति से यह जाहिर था कि कभी उनकी हालत काफी अच्छी रही होगी। जैसे ही वे हाथ जोड़कर मेरी ओर बढ़े, मैं उनके स्वागत में खड़ा हो गया और उन्हें बैठने के लिए आग्रह किया। वे अपने साथ जो कुछ लेकर आए थे, उसे आभार-स्वरूप सैनिकों में बाँटना चाहते थे; किंतु मैंने विनम्रता से उन्हें मना कर दिया और भीड़ में खड़े लोगों में बाँटने के लिए कहा कि हमसे ज्यादा इन लोगों को उसकी जरूरत थी। उनके ज्यादा आग्रह करने पर मुझे उनकी बात माननी पड़ी। टैंक ट्रूप्स में बाँटने की मेरी स्वीकृति से वे बहुत प्रसन्न हुए। उनमें से एक बुजुर्ग ने जो कुछ भी उनके पास था, उसे बड़ी कुशलतापूर्वक और जल्दी से सबको वितरित कर दिया। इसी बीच टैंक क्रू द्वारा तैयार गरम चाय उन सभी को मग में परोसी गई।

जैसे-जैसे बातचीत आगे बढ़ी, मैंने 'एक्स' से उनके पहले के रोजगार के बारे में पूछा।

"मैं जेस्सोर जिले के एक गर्ल्स कॉलेज का प्रिंसिपल था।"

"मुझे रजाकारों की कहानियों के बारे में बताइए। क्या वे सच्ची हैं या मनगढ़ंत प्रचार है?"

उस व्यक्ति (एक्स) ने अपनी बात कहने के लिए अधिकारपूर्वक दूसरों को शांत रहने का आग्रह किया, "सर, मैं आपको केवल अपना अनुभव बयान कर सकता हूँ, जो मैंने झेला⋯निर्दयी, जानवर और शैतान थे सब। वे इनसान नहीं थे।" वास्तव में, वह उत्तेजित हो गया था। फिर साँस लेने को रुका और आश्वस्ति के लिए चारों ओर देखा।

"क्या आपके सामने ही कुछ हुआ था?"

एक्स : "मैं जब अपने कॉलेज में प्रवेश कर रहा था, तभी एक भूतपूर्व छात्र ने आकर मुझे बताया कि पुलिस और सेना का एक वाहन स्थानीय बाजारी गुंडों के साथ कॉलेज परिसर में घुस आया है। मैं दीवार के पीछे छुपकर देख रहा था कि सभी पुरुष शिक्षकों को मेरे ऑफिस से बाहर निकाला जा रहा था। उन्होंने कुछ देर मेरे आने का इंतजार किया, फिर वे सभी पुरुष शिक्षकों को बगल के कमरे में धकेलकर ले गए और ताला लगा दिया। मैंने सोचा, शायद वे कुछ मार-पीट करने के बाद उनको छोड़ देंगे।"

"फिर क्या हुआ? क्या उन्होंने⋯"

एक्स ने मुझे बीच में ही यह कहते हुए रोका, "नहीं, उन जानवरों के कुछ और ही दुष्टता के प्लान थे। उन्होंने रजाकारों को कक्षाओं में भेजा और महिला शिक्षकों एवं छात्राओं को बाहर निकालकर दो सिविल ट्रकों में जबरदस्ती ठूँस दिया।"

"किंतु उन लोगों ने विरोध तो किया होगा?"

एक्स : "हाँ, उन्होंने किया। कइयों ने तो भागने की कोशिश की, किंतु नाकाम रहीं। उनके लंबे बालों से उन्हें पकड़कर पीटते और घसीटते हुए ट्रक में धकेल दिया गया। सर, कुछ के कपड़े फट गए थे, जबकि एक बेचारी तो पूरी तरह से नग्न हो गई थी। उनके पास रोने के अलावा कोई चारा नहीं था।"

"हे ईश्वर! दुष्ट और बदजात थे सबके सब।"

एक्स : "सर, शिक्षकों के बीच मेरी अपनी पत्नी भी थी। मैंने अपनी आँखों से देखा था, उसका ब्लाउज पूरी तरह से अस्त-व्यस्त हो चुका था। बाजार के उस बदतमीज दुष्ट गुंडे ने मुझसे बदला लिया था। मैं देख रहा था, किंतु क़ुछ भी करने में समर्थ नहीं था।"

मैंने उस व्यक्ति के आँसू ढुलकते हुए देखे। उसकी आँखें लाल हो गई थीं और उसकी आवाज इस दर्दनाक घटना की याद करते हुए थरथरा रही थी। उसने अपना चश्मा हटाया और पुनः शुरू करने से पहले उसने अपनी आँखें पोंछीं।

एक्स : "सेना के जवान जल्दी चले गए थे, लेकिन पुलिस ने ट्रकों को कैंपस से बाहर निकालना शुरू किया। उन रोती हुई महिलाओं व लड़कियों की मदद करनेवाला कोई नहीं था, जिनका जीवन और सम्मान संकट में था।"

"क्या सेना भी पुलिस की मदद कर रही थी?"

एक्स : "नहीं, पुलिस ने केवल उनका इस्तेमाल किया था।"

"यह सब किया कैसे?"

एक्स : "उन्होंने सेना के जवानों के जाने का इंतजार किया और फिर अपना असली रंग दिखाया।"

"इस सब के बाद क्या हुआ?"

एक्स : "जैसे ही ट्रक बाहर निकले, पुलिस ने उस कमरे में आग लगा दी, जहाँ पुरुष शिक्षक बंद थे और वे जिंदा ही आग में भून दिए गए।"

"और उन महिलाओं व लड़कियों का क्या किया?"

एक्स : "सर, आप इस पर विश्वास नहीं करेंगे; किंतु मैं जानता हूँ कि यह सच में हुआ है। उन्हें किसी अज्ञात स्थान पर ले जाकर उनके साथ बलात्कार किया गया और उन्हें वेश्यालयों में डाल दिया गया। नौजवान लड़कियों को पहले चटगोंग भेजा गया और अंत में पाकिस्तान ले जाकर वेश्याओं के रूप में बेच दिया गया।"

"और आपकी पत्नी के बारे में…?"

एक्स : "कई दूसरी महिलाओं की तरह उसका भी बाजारी गुंडे और रजाकार लीडर द्वारा बलात्कार किया गया। अंत में उसने अपमानित होकर जीने के बजाय आत्महत्या कर ली।"

उसकी आँखों से आँसू छलक रहे थे, मानो उसे इस भयानक घटना की पीड़ा से राहत मिल रही हो। आँसू बहते रहे। कुछ पल बाद उसने अपने आप को सँभाला और कहा कि उसने इस वाकए का जिक्र आज तक किसी से भी नहीं किया था, अपने सबसे करीबी दोस्तों से भी नहीं; किंतु आज आजादी की सुगंध और भारतीय सेना की मौजूदगी को देखते हुए उन दुष्टों से बदला लेने की उसकी हिम्मत जाग चुकी थी। यह कहते हुए वह टूट गया और फिर से रोने लगा।

जेस्सोर से आगे 9 इन्फैंट्री डिवीजन के एडवांस में रामनगर, सिंगला, नाओपारा और फूलतला के निर्मित क्षेत्र की वजह से कई पोजीशंस पर देरी हो रही थी। यहाँ से सड़क के किनारे का इलाका दलदली जमीनवाला था। दुश्मन ने देरी करनेवाली पोजीशंस पर कब्जा कर लिया था और वापस लौटने के दौरान बड़ी संख्या में पुलों एवं छोटी पुलियों को ध्वस्त कर दिया था। हालाँकि देरीवाली पोजीशंस पर दुश्मन को एक-एक करके पीछे धकेल दिया गया। कुछ आउटफ्लैक मूव संभव थे, किंतु प्रगति बहुत धीमी थी। 11 दिसंबर को दौलतपुर में दुश्मन की मुख्य रक्षा-पंक्ति पर धावा बोला गया। दौलतपुर खुलना का ही विस्तृत क्षेत्र था और दोनों लगभग 2 मील तक एक निरंतर व सँकरे निर्मित क्षेत्र के साथ फैले हुए थे। एक ओर भैरव नदी और दूसरी ओर दलदली उजाड़-निर्जन भूमि होने के कारण इसे बाईपास नहीं किया जा सकता था। पाकिस्तानियों ने स्पष्ट रूप से इस किले में अंतिम लड़ाई लड़ने का इरादा किया था। इस कारण दौलतपुर और खुलना पर कब्जा एक संघर्षपूर्ण मैच में बदल चुका था। निरंतर हमलों का एक सिलसिला शुरू हो गया, जिसमें दोनों तरफ की सेना को भारी नुकसान हुआ। 16 दिसंबर की सुबह तक हमारी डिवीजन द्वारा सिरमनी पूर्व, सिरमनी पश्चिम और श्यामगंज स्थित दुश्मन की तीन फॉरवर्ड लोकेशंस पर कब्जा कर लिया गया था। इससे पहले 42 इन्फैंट्री ब्रिगेड ने पश्चिम में भैरव नदी को पार करके मुख्य सड़क पर पोजीशन जमा ली थी। 13-14 दिसंबर की रात को मुक्तिवाहिनी की मदद से पहली क्रॉसिंग की गई। हमारी ब्रिगेड बिना किसी विरोध के दक्षिण में नदी के जंक्शन तक मूव कर गई; हालाँकि दूसरी बार की क्रॉसिंग के दौरान उन्हें कड़े विरोध का सामना करना पड़ा।

अगले दो दिनों में खराब भूभाग के कारण सैनिकों द्वारा थोड़ी-सी भी प्रगति नहीं हो सकी। जिस किसी ने भी खुलना के नक्शे को पढ़ा है, वह जान गया होगा कि यह इलाका एक प्राकृतिक किले की तरह है, जिसमें सभी तरह की अभेद्य बाधाएँ मौजूद थीं—एक छोर पर बहती भैरव नदी और एक प्रमुख ऊँचे उठे तटबंध पर रेल लाइन, जो वस्तुतः एक बाड़ (ridge) के रूप में बनी थी; पूर्वी व पश्चिमी छोर के बीच निचले इलाकों में दलदल और दलदली बंजर भूमि थी। बख्तरबंद सेना का सपोर्ट मिल पाना सीमित था, क्योंकि इस घने इलाके में टैंकों का मूवमेंट असंभव था। कुल मिलाकर, जूनियर कमांडरों को यह समझ में आया कि खुलना पर कब्जा करने के लिए अच्छी तरह से विस्तृत योजना नहीं बनाई

गई थी। कमांडिंग ऑफिसर्स के दिशा-निर्देशन के लिए कोई भी एक्शन प्लान या रणनीति उपलब्ध नहीं थी, जिनको हमेशा की तरह एक कंपनी लेवल के हमले का आदेश दिया गया; जबकि खुद बाकी लोग डगआउट आश्रयों में सुरक्षित थे। एक और गंभीर समस्या थी, जो कि बटालियन स्तर पर कारवाई की योजना और जमीनी कारवाई में दिखाई दे रही थी कि प्रत्येक हमले के बाद सफलता के रूप में हम बहुत कम आगे बढ़ पा रहे थे। हालाँकि, व्यक्तिगत अहं के लिए ऐसे हमलों की शुरुआत से पहले सीनियर कमांडरों की उपस्थिति अच्छी रहती है, लेकिन परिणाम पर उसका कोई असर नहीं पड़ता। सामरिक कमांडर्स, जो ऑपरेशनल रूम में बैठे रहते हैं, उनकी वास्तविकता यह है कि वे मौलिक चिंतन या अभिनव विचारों के अभाव में नक्शों और हालात की सूचनाओं पर आँखें गड़ाए रहते हैं, पर उनके पास जिनका कोई जवाब नहीं होता। समाधान पाने के लिए स्टाफ को काम पर लगाना अपेक्षाकृत आसान होता है, जबकि आज्ञाकारी अफसर के लिए तनाव-रहित और सुरक्षित आराम मुहैया कराना, क्योंकि जिसे अपने कंपनी लेवल के हमलों को उचित ठहराने के लिए प्रायः जरूरत होती थी, जिनसे युद्ध में शानदार सफलता मिली हो। इस तरह की तिकड़म भी देखी गई है, जहाँ पर वास्तविकता का सामना करने के बजाय उसे अस्थायी रूप से छोड़ दिया जाता है और उम्मीद यह की जाती है कि समस्याओं का अपने आप ही समाधान मिल जाएगा। अलग-अलग स्थानों और समय पर विभिन्न बटालियनों को यह अनुभव भी हुआ है कि हमले की योजना में अचानक बदलाव कर दिया गया था और 'धीरे-धीरे आगे बढ़ने' की नीति के बजाय मूल्यवान् जान-माल के नुकसान की भारी कीमत चुकाकर भी लगातार प्रगति करनी थी। टैंकों की गतिविधि बिना किसी प्लानिंग के कराई गई और आधे रास्ते में उसे बदलना पड़ा, क्योंकि इलाके की खराब स्थिति के कारण कैसे भी आगे नहीं बढ़ा जा सकता था। इसलिए 9 इन्फैंट्री डिवीजन अच्छी प्रगति केवल कागजों पर कर रही थी, जैसा कि बटालियन और ब्रिगेड मुख्यालय से जारी की गई एक्शन रिपोर्ट और सिचुएशन रिपोर्ट से जाहिर हो रहा था। यदि कोई थे तो वे कुछ ही थे, जो मृतकों और घायलों की संख्या या युद्ध को अंजाम के करीब पहुँचाने के लिए वास्तविक बढ़त का आकलन कर रहे थे या दुश्मन से हथियाए गए वास्तविक एरिया और दुश्मन की युद्ध मशीनों को कितना नुकसान पहुँचाया गया था या दुश्मन की युद्ध को जारी रखने की इच्छा-शक्ति को समाप्त किया गया था या नहीं, इस सबका। किंतु कठोर सत्य यह था कि युद्ध की

इस स्थिति में सैन्य प्रतिभा की जरूरत पड़ती है, उन संकटों का सामना करने के लिए, बजाय इसके कि मुद्दों पर बहस की जाए। जनरल दलबीर सिंह जब एक इन्फैंट्री बटालियन को संबोधित करते हुए पाकिस्तानियों पर जहर उगल रहे थे और दुश्मनों को मुँहतोड़ जवाब देने के लिए प्रेरित कर रहे थे, उस समय का दृश्य मेरे मन में सजीव हो जाता है। तब उस समय युद्ध की गर्जना के साथ जब बटालियन आगे बढ़ी तो साथ में खड़े किसी ने कहा था कि जनरल को हमले के लिए जा रहे सैनिकों के साथ सबसे पहले जाने का कोई कारण नहीं होना चाहिए था। बार-बार हमलों का आदेश देने की और पर्याप्त परिणाम न मिलने की वजह से आलोचना होती है और यहाँ तक कि अच्छी प्लानिंग और जनरलशिप की जरूरत रैंक तथा फाइल को होती थी। निश्चित रूप से, सैन्य प्रतिभा की कमी थी, जिसकी वजह से निश्चित कार्य नहीं हो पा रहे थे और मात तो नहीं मिल रही थी, लेकिन सफलता भी हाथ नहीं लग रही थी।

जनरल दलबीर सिंह की बटालियन मुख्यालय में मौजूद बने रहने की बात से मुझे याद आया कि मैंने अहमदनगर में, जब मैं नया अफसर था, तब एक पुस्तक पढ़ी थी, जिसमें हमले के लिए जा रहा एक अनुभवी सैनिक कहता है, "क्यों, कर्नल लड़ाई में सबसे आगे की कतार में आखिर क्यों था, बिल्कुल हमारी तरह ? हम नहीं चाहते कि वह यहाँ पर हो, हम चाहते थे कि वह हमारे पीछे रहे और हमें अतिरिक्त सेना (reinforcement) भेजे!"

एक कमांडर को वास्तविक युद्ध-पंक्ति में नहीं होना चाहिए, जब तक कि वह अंतिम रिजर्व सेना के रूप में वहाँ नहीं भेजा जाता है। हालाँकि अन्य सभी चीजों की तरह हमें इसे भी सामान्य बुद्धि में रखना चाहिए। उसे सबकुछ देखने और जानने के लिए पर्याप्त रूप से आगे होना चाहिए, यह याद रखते हुए कि अगर कमांडर अपनी सेना से आगे है तो वह आसानी से जमीनी स्थिति को भाँप सकता है और दुश्मन की तैनाती की जानकारी रख सकता है। ऐसा करने के बाद कमांडर तब अपनी कमांड में भेजा या वापस जा सकता है और अपनी कमांड की कई यूनिटों को जहाँ, वह चाहता है, वहाँ भेज सकता है और जो उनसे कार्य करवाना चाहता है, वह करवा सकता है। इस प्रकार शायद समय, स्थान और श्रम से बचा जा सकता है। जब लड़ाई शुरू होती है, तब वह अपनी पहले की पोजीशन पर वापस जा सकता है और जैसा कि उस पुराने सैनिक का कथन था, जिसका मैंने उल्लेख किया है, 'हमें और अधिक सेना भेजे।'

ठीक-ठीक यह कहना असंभव है कि एक कमांडर एक निश्चित सीमा तक और कितनी बड़ी सेना पर अपना निजी प्रभाव डाल सकता है—केवल घटनाएँ ही यह तय कर सकती हैं। हालाँकि मेरे विचार से कि जब यह संभव हो तो बची हुई सेना के साथ संपर्क खोने का जोखिम उठाए बिना उसे चाहिए कि जिस तरह एक शिकारी अपने शिकारी कुत्तों को शिकार के सबसे करीब पहुँचाता है कि कहाँ से शोर सबसे ज्यादा आ रहा है? मतलब यह कि दबाव (दुश्मन का) कहाँ पर सबसे तीव्र है? ऐसा करते समय कमांडर को अवश्य सावधान रहना होगा, जैसा कि शिकारी सावधान रहता है, एक ही जगह पर टिके न रहकर, अर्थात् वास्तव में व्यक्तिगत रूप से लड़ाई करने में न फँसा रहे; क्योंकि यदि वह ऐसा करता है तो एक या सभी नीचे बताई गई बातें घटित हो सकती हैं—

(क) वह मारा जा सकता है और हालाँकि अगले सीनियर अफसर एक बेहतर अधिकारी हो सकते हैं, लड़ाई के दौरान एक कमांडर की मौत, शायद अव्यवस्था का कारण होगी, हमले में असफलता का कारण बन सकती है, अथवा यदि स्थिति संकटपूर्ण है, तब एक आपदा भी बन सकती है।

(ख) यदि वह वास्तव में फाइटिंग लाइन पर है तो उसे अपनी अहमियत मैदान के हिस्से से ही मिलती है और इस प्रकार, अगर वहाँ सब ठीक चल रहा है तो वह आशावादी भी हो सकता है। यदि दूसरी ओर सब ठीक नहीं है और तुम्हारे पक्ष में नहीं चल रहा है तो कई लोग मारे जाते हैं, अस्त्र-शस्त्र कम पड़ जाते हैं, पानी नहीं होता है आदि। फिर आमतौर पर कोई भी आदमी, चाहे वह कितना भी मजबूत क्यों न हो, एक तरह से वह निराश हो जाएगा, यदि उसमें यह शक पैदा होगा कि इस स्थिति में युद्ध करते रहना संभव नहीं है।

(ग) एक सैन्य कमांडर, जो सेना के साथ किसी फायरिंग लाइन में किसी जगह 'फँसा हुआ' है, वह 'हमें सैन्य सहायता' (reinforcement) भेजने की स्थिति में नहीं है। (Lessons from Notes made in Peace and War by BAN Alderson.)

इस मामले में, यह सही साबित हुआ। बटालियन का यह आक्रमण असफलता में बदल गया और वह भी बहुत से लोगों की मौत के साथ। गोली दलबीर सिंह के नितंब (bottom) को चीरती हुई गई थी। अपने मातहतों की कम शालीन और दोष निकालनेवाली अधिक आलोचना ने उनके निजी साहस को

पागलपन तक पहुँचा दिया था और पश्चिमी सेक्टर में तैनात कैवेलरी अफसर, अपने छोटे भाई, की हाल में हुई मौत का बदला लेने के लिए विवश कर दिया था। हमारे कई सीनियर अफसर इस सिंड्रोम से पीड़ित हैं, यह महसूस किए बिना कि ऐसी स्थितियों में उनकी उपस्थिति, जो 'तकलीफदेह समझी जाती है' इसके अलावा जब कोई परेशानी में फँस जाता है तो सैन्य काररवाई की योजना को नुकसान होता है।

रेजीमेंटल हेडक्वार्टर जिसके साथ हम अब तक रेडियो नेट में थे, वह स्क्वाड्रन लोकेशन से सिर्फ 2 कि.मी. पीछे था। रात होने से पहले मेरे पास टैंक हार्बर लोकेशन का चयन करने और चिह्नित करने का कार्य था। जल्दी काम शुरू करने से मुझे स्क्वाड्रनों के साथ बेहतर संपर्क बनाने और स्कूल की बिल्डिंग की छत पर स्थित रेजीमेंटल हेडक्वार्टर का दौरा करने का समय मिला। संदेशों, रिपोर्टों और लॉग संदेशों के नीरस कार्य के जारी रहने के बावजूद सामान्य वातावरण तनावपूर्ण दिखाई दिया। इंदर ने अपनी हमेशा की खुशमिजाज मुसकान और स्वागत के बजाय मेरे हाथ पर उस ड्राफ्ट रिपोर्ट को रखा, जिस पर वह काम कर रहे थे। मोटे अक्षरों में लिखा हुआ रहस्यपूर्ण विषय का शीर्षक था—THE KUSHTIA MASSACRE, जिसे देखते ही भय और अविश्वास के साथ हमारे रोंगटे खड़े हो गए थे।

□

भैरव नदी के उस पार

खुलना में गतिरोध से स्पष्ट हो चुका था कि हमारी प्रगति की संभावना बहुत कम या न के बराबर थी। कुश्तिया में हुए नुकसान (fallout) और हार्डिंग ब्रिज को उड़ा देने के कारण 2 कोर (corps) के आगे बढ़ने में आ रही बाधा ने स्पष्ट कर दिया था कि हमारी कोर ढाका की ओर अंदर घुसने में सफल नहीं हो पा रही थी। समाचारों के प्रसारण में, विशेष रूप से बी.बी.सी. से होनेवाले प्रसारण पर, हमें संघर्ष विराम की दिशा में किए जा रहे अंतरराष्ट्रीय और संयुक्त राष्ट्र के प्रयासों का थोड़ा सा आभास मिला। इस अति आवश्यक भावना ने सैन्य नेतृत्व को जल्द-से-जल्द युद्ध खत्म करने के लिए मजबूर किया, क्योंकि अब रूसियों ने भी सुरक्षा परिषद् के फैसले का पालन करने के लिए अपने अंतिम निर्णय की घोषणा कर दी थी। मुख्यालय स्तर पर गतिविधि की तैयारी करने की हड़बड़ी से यह स्पष्ट तो हो गया था, किंतु यह हमारी जानकारी में नहीं था। मामूली जानकारी हमें केवल उतनी ही थी, जो ऑल इंडिया रेडियो या बी.बी.सी. पर प्रसारित की जा रही थी।

हमारी सेना और देश को पता था कि यह एक दौड़ थी, इस युद्ध पर वैश्विक फैसले के विरोध में, जिसकी झलक मतदान में दिख चुकी थी, जिसमें 104 देशों ने संयुक्त राष्ट्र महासभा में 7 दिसंबर, 1971 के प्रस्ताव का समर्थन करते हुए भारत के खिलाफ अपने वोट डाले। निक्सन प्रशासन गुप्त रूप से चीन के साथ मिलकर भारत को नीचा दिखाने का काम कर रहा था। जॉर्ज बुश का कहना था, "हमें अफ्रीका और अरब देशों का मजबूत समर्थन मिला है।" गुटनिरपेक्ष समूह के देशों—यूगोस्लाविया, मिस्र, घाना और इंडोनेशिया द्वारा भारत को अकेला छोड़ दिया गया था; जबकि मतदान कोई बाधित अधिकारिता नहीं थी। पर यह हमारे लिए एक अपमानजनक अनुभव था।

इससे पहले भी, 10 दिसंबर को एक और गुप्त बैठक के दौरान संयुक्त राष्ट्र में चीनी प्रतिनिधिमंडल के नेता हुआंग हुआ ने हेनरी किसिंजर से मुलाकात में कहा था, "हालाँकि यह अवैध है, पर हमने जॉर्डन, ईरान, सऊदी अरब से पूछा है और तुर्की को अमेरिका के हथियारों को पाकिस्तान में जहाज से भेजने के लिए कहा है। राष्ट्रपति चाहते हैं कि आप यह जान लें कि यदि पीपुल्स रिपब्लिक भारतीय उपमहाद्वीप में स्थिति को अपनी सुरक्षा के लिए खतरा मानता है तो अमेरिका पीपुल्स रिपब्लिक में हस्तक्षेप करने के लिए दूसरों के प्रयासों का विरोध करेगा।" बैठक के बाद जॉर्ज बुश ने लिखा कि वह 'चीन के साथ घनिष्ठ संबंध रखने में असहज' थे (चीन ने अपनी माउंटेन डिवीजन के आरक्षित सैनिकों को प्रतिक्रिया देने के लिए बुलाया)। सोवियत संघ ने पहले ही 11-2 फैसले के खिलाफ सुरक्षा परिषद् में दो वीटो का इस्तेमाल कर लिया था। रूसियों ने स्पष्ट कर दिया था कि "अब कोई और वीटो नहीं।" 12 दिसंबर को तीसरे और अंतिम वीटो के बाद एक शीर्ष सोवियत राजनयिक ने ओवल ऑफिस में एक बैठक के दौरान संयुक्त राज्य अमेरिका को स्पष्ट कहा कि "सुरक्षा परिषद् में अब और मतभेद नहीं, क्योंकि अब हमें समझौता करना चाहिए।" दिल्ली में भय और संकट के बादल गहराने शुरू हो गए थे।

यू.एस.एस. 'एंटरप्राइज' ग्रुप मलक्का जलडमरूमध्य के चोक पॉइंट से होते हुए तेजी से बंगाल की खाड़ी की ओर बढ़ रहा था। 'एंटरप्राइज' एक परमाणु वाहक युद्धपोत है, जिसके साथ बाकी की दुर्जेय टास्क फोर्स थी—हेलिकॉप्टर कॅरियर यू.एस.एस. त्रिपोली, सात विध्वंसक और एक ऑयलर। एक भारतीय नाविक ने इसे 'परमाणु हथियार संपन्न जहाजों का एक बेड़ा' कहा था, जिसमें दुनिया के सबसे शक्तिशाली जहाज शामिल थे—भारत के आई.एन.एस. विक्रांत से पाँच गुना बड़ा। रिसर्च एंड एनालिसिस विंग (R&AW) के आर.एन. काओ बंगाल की खाड़ी में प्रवेश कर गए इस एंटरप्राइज ग्रुप की गतिविधि पर नियमित रिपोर्ट दे रहे थे। जब यह चटगाँव से 1,000 मील दूर था, तभी बमबारी की अफवाहें फैलने लगी थीं। "उन्हें हमारी हिल्सा (मछली) को छूने नहीं देना।" कलकत्ता में यह युद्धघोष सुनाई दिया था। अधिक गंभीर बात थी कि जो भारत को एक अमेरिकी सूत्र द्वारा खुफिया जानकारी दी गई थी, टास्क फोर्स की तीन मरीन बटालियन और लड़ाकू विमान भारत के समुद्री तट-मोर्चाबंदी और संचार क्षेत्र पर बमबारी करने के लिए तैयार थे। किसिंजर के एक करीबी सहायक सैमुएल हॉसकिंसन ने कहा

था, "मेरी सोच के अनुसार, यह एक बुद्धिमत्तापूर्ण रणनीतिक चाल थी। यह गांधी (इंदिरा गांधी) को उनके रास्ते में आगे बढ़ने पर ही रोक देगा।"

जनरल मानेकशॉ ने जनरल नियाजी को आत्मसमर्पण करने को कहने के लिए एक नोट भेजा—"मैं आशा करता हूँ कि तुम्हारे खुद के सैनिकों की जान बचाने के लिए तुम मुझे और सैन्य बल इस्तेमाल करने पर विवश नहीं करोगे।" 13 दिसंबर को भारतीय सेना उत्तर, दक्षिण और पूर्व से ढाका को घेरने के लिए बढ़ रही थी। नियाजी ने युद्ध-विराम के लिए ढाका में अमेरिकी दूतावास से संपर्क किया था। एक ऐसी स्थिति आ चुकी थी, जहाँ युद्ध-विराम को टाला नहीं जा सकता था और पश्चिमी पाकिस्तान के अवशेष हो जाने का निर्णय पूर्व निश्चित हो चुका था। इस बखेड़े को सुलझाने के लिए किसिंजर ने राष्ट्रपति निक्सन की तारीफ की थी।

टैंक हार्बर में हमारी पूरी रात नींद की झपकी लिये बिना बीत गई और हम बंदूकों के शोर का पार्श्व संगीत और एम.एम.जी. एवं एल.एम.जी. फायर की आवाजें सुनते रहे। भीड़-भाड़ होने और बंदूकों के लिए उचित स्थान की कमी होने के कारण आर्टिलरी की कई गनों को इन्फैंट्री और हथियारबंद यूनिटों के साथ में ही रखा गया था। बिना लक्ष्य के लगातार की जा रही गोलाबारी भी निराशा के संकेत दे रही थी, क्योंकि पहले किए हमलों की योजनाएँ कारगर नहीं हुईं या बेकार हो गई थीं और उच्च मुख्यालयों में कमांडर एवं स्टाफ प्रोग्रेस दिखाने के लिए भारी दबाव में थे; क्योंकि पिछले 72 घंटों में उसी जगह से युद्धरत हम जरा भी आगे नहीं बढ़े थे, जिससे सेना के उच्च पदों पर बैठे लोगों में अशांति बनी थी।

13 दिसंबर को सूरज की पहली किरणों के साथ ही रेडियो बजने लगा था और जल्द ही डिग्बी एक महत्त्वपूर्ण संदेश के साथ लाइन पर थे। नई योजना की रूपरेखा के तहत आधी स्क्वाड्रन, जिसमें एक-एक ट्रूप 'बी' एवं 'सी' स्क्वाड्रन से था, मेरी कमांड के अधीन कर दिए गए थे और हमें 42 इन्फैंट्री ब्रिगेड में रिपोर्ट करना था। शेष 'सी' स्क्वाड्रन एक ट्रूप के साथ सुरिंदर के अधीन ही रहने दी गई तथा T-55 टैंक ट्रूप को 'बी' स्क्वाड्रन के कैप्टन गुप्ता को सौंप दिया गया था। यह खबर मेरे कानों के लिए एक मधुर संगीत की तरह थी, क्योंकि इस कार्यभार ने मुझे एक बार फिर से एक बड़ी जिम्मेदारी और स्वतंत्रता प्रदान की थी, जहाँ से युद्ध जीतने के लिए मैं अपने सामरिक कौशल और अवसरों का आजादी से इस्तेमाल कर सकता था। कैप्टन भंडारी और लेफ्टिनेंट मिश्रा का शीघ्र ही मेरे साथ जुड़ जाना, यह खबर काफी राहत भरी थी। डिवीजन के मेन थ्रस्ट का भार अब 42 इन्फैंट्री

ब्रिगेड की आक्रामकता पर था और अब हमारा लक्ष्य था—भैरव नदी को पार करने के साथ खुलना को भी सुरक्षा प्रदान करना।

हमारा पहला कार्य था 42 इन्फैंट्री ब्रिगेड मुख्यालय के साथ लिंकअप करना, क्योंकि वे कंट्रीक्राफ्ट अपस्ट्रीम का इस्तेमाल करते हुए भैरव नदी के उस पार नजर रखे हुए थे। हमारे सैनिकों द्वारा कब्जे में किया क्षेत्र नदी के साथ-साथ 3 कि.मी. से अधिक दूर तक फैला था, जिसमें से हमें अपने टैंकों को पार कराने के लिए सही व सुरक्षित लोकेशन तलाशनी थी। महतो की अगुवाई में हमारे बहुत विश्वसनीय रेकी टूप ने हमें जल सीमा (waterline) तक पहुँचाया। रेकी टूप ने बताया कि इंजीनियर्स अभी सैनिकों के प्रवेश के लिए भैरव नदी पर पुल बनाने में व्यस्त थे और एकमात्र उपयुक्त टैंक-क्रॉसिंग साइट पर उन लोगों ने कब्जा कर लिया था। रूट और सुरक्षित एंट्री/एक्जिट पॉइंट की कमी के कारण हमने इंजीनियर्स ब्रिज साइट के ऊपरी स्थान से टैंकों को नदी पार कराने के लिए चुना। सबसे बड़ी चुनौती थी उस उमड़ती हुई नदी में तेजी से बहते पानी के बहाव की। टैक्निकल पैम्फलेट्स में 3/4 नॉट स्पीड को सुरक्षित बताया गया है। किंतु इंजीनियरों ने हमें चेतावनी दी कि यहाँ

लेफ्टिनेंट कर्नल डी.एस. जामवाल, कमांडेंट 45 कैवेलरी कैप्टन बी.एस. मेहता को ब्रीफ करते हुए, जबकि कैप्टन इंद्रजीत सिंह भैरव नदी के पार खुलना पर अंतिम हमले के लिए 42 इन्फैंट्री ब्रिगेड मुख्यालय के लिए दो टैंक टूप्स का आवंटन सुनिश्चित करते हुए

पर अभी नदी के पानी का बहाव 4-5 नॉट से अधिक था। हमारी प्रशिक्षण और अनुभव केवल छोटी नदियों, नहरों, नालों एवं तालाबों तक सीमित था, जहाँ पानी के बहाव की इतनी प्रासंगिकता नहीं थी। भैरव नदी के रूप में इस तरह के विस्तार का रिवर क्रॉसिंग ऑपरेशंस सामने दिख तो रहा था, किंतु रेजीमेंट में इसका अभ्यास नहीं किया गया था।

इस प्रचंड नदी भैरव के सामने खड़े होकर हमें उसकी 5 नॉट से अधिक तेज गति से बहती धाराओं को देखकर आगे बढ़ने और दूसरी ओर किनारे तक जाने की कठिनाइयाँ सामने दिख रही थीं। नदी का बहाव निश्चित रूप से हमारे चुने हुए एक्जिट पॉइंट को एंट्री पॉइंट के ठीक सामने से दूर ले जा सकता था। इससे भी महत्त्वपूर्ण बात यह थी कि क्रॉसिंग पॉइंट पहले से ही निर्धारित नहीं किया जा सकता था, क्योंकि नदी के बहाव की तेजी यहाँ-वहाँ कम व ज्यादा थी और ड्राइवरों की निजी कुशलता और दक्षता में भिन्नता होने से टैंक द्वारा नदी-बाधा को पार करने के कुल समय को आँका नहीं जा सकता था। समस्या और अधिक बढ़ जाती, यदि टैंक तैराई-दशा के दौरान सीधी दिशा में जाने के बदले दूसरे किनारे पर बहाव की दिशा में चला जाता तो इसके नतीजे में केवल एक टैंक ट्रैक से पहली बार में दूसरे किनारे पर पहुँचता। दूसरे किनारे पर पहुँचने के बाद ड्राइवर को गियर बदलना पड़ता था, इसलिए कि टैंक की तैराई-दशा के दौरान प्रोपेलर्स को दिए गए इंजन के प्रणोदन (Propulsion) से दूसरे किनारे पर टैंक को ऊपर चढ़ाने के लिए ट्रैक्स पर वापस ले जाया जा सके। सूखी जमीन के साथ एक ही ट्रैक के संपर्क होने का मतलब था कि इंजन की आधी शक्ति दूसरे ट्रैक पर केवल पानी को काटने में लग रही थी और जो नदी किनारे पर चढ़ने में इस्तेमाल नहीं की जा सकती थी। इसे दूर करने का एकमात्र तरीका बहाव के खिलाफ ऊपर की ओर तैरना हो सकता था और जिससे टैंक को नदी किनारे के साथ समकोण पर संरेखित किया जा सके और ड्राइवर किनारे पर चढ़ने के लिए अपने लैंड और वाटर गियर दोनों को काम में लाए (engage)। इस महत्त्वपूर्ण चरण में किसी भी तरह की देरी या हिचकिचाहट का मतलब था—असफलता और फिर से प्रयास करना, जो कि आसान नहीं था; क्योंकि अब ऐसा कोई तरीका नहीं था, जिससे पानी के बहाव और विस्थापन दोनों को नियंत्रित किया जा सके। दूसरे किनारे पर पहुँचने में असफलता का मतलब था—टैंक बहाव के साथ बहकर समुद्र की लहरों के बीच बंगाल की खाड़ी में पहुँच जाएगा। नदी के बहाव के साथ बहते हुए टैंक के भैरव नदी के दूसरे किनारे पर बैठे

दुश्मन की नजर में आने जैसी भयानक संभावना को भी नकारा नहीं जा सकता था। इस डरावने खयाल को एक मजाकिया मोड़ देते हुए भंडारी ने कहा कि अगर ऐसा हो जाए कि पाकिस्तानी उन (टैंकों) पर गोली चलाने की बजाय उनको शुभ यात्रा कहें तो यह क्रू के सदस्यों के लिए पृथ्वी का फेरा लगाने का एक अवसर होगा, जैसा कि जूल्स वर्न (Jules Verne) ने 'Twenty Thousand Leagues Under The Sea' में वर्णित किया है। इस जोखिम भरी उलझन में किसी भी तरह के सैन्य ज्ञान, जाँबाजी की भावना या कल्पना करने की पसंदगी नहीं थी।

भैरव नदी को पार करने में बहुत-सी कठिनाइयों को ध्यान में रखते हुए मैंने फैसला किया कि मुझे ही पहल करनी चाहिए। इस फैसले का अधिक व्यावहारिक पहलू यह था कि रेडियो पर अन्य कम अनुभवी कमांडरों को निर्देश देने के बजाय नदी पार करने के लिए पहला प्रयास मेरे निपुण क्रू द्वारा मेरे निर्देशन में रहकर किया जाए। शायद कहीं मेरे अवचेतन में भी अब तक कमांड की जिम्मेदारी का वायरस पैदा हो चुका था। क्रू के पूरी तरह से प्रशिक्षित होने के बावजूद मेरी घबराहट और चिंता उस क्षण बढ़ गई, जब कठोर जमीन से एक टैंक को पानी पर तैरने के लिए बढ़ा दिया गया। इस बदलाव को सभी क्रू मेंबर्स के तनावग्रस्त चेहरों पर देखा जा सकता था, जब टैंक तैरने लगा था। हर बार जब टैंक पक्की जमीन पर वापस पहुँचते तो उनके माथे पर से चिंता की लकीरें गायब हो जातीं। भैरव नदी के किनारे तैनात लगभग आधी स्क्वाड्रन टैंक कंपार्टमेंट में पानी के रिसाव की सभी संभावनाओं को दूर करने के लिए डेक और टैंक के फ्लोर पर लगे आर्मर प्लग्स एवं रबर सील्स का निरीक्षण करने में व्यस्त थी।

PT-76 में तीन गियर पोजीशन होती हैं—जमीन पर (land); जमीन और पानी दोनों पर (land and water); सिर्फ पानी में (water)। पहली पोजीशन, लैंड में इंजन की पावर को स्प्रोकेट से टैंक ट्रैक में ट्रांसफर किया जाता है और टैंक मूव कर जाता है। दूसरी पोजीशन, लैंड एंड वाटर, में ट्रैक और पंप एक साथ काम करते हैं। यह गियर पानी में अंदर जाने के बाद टैंक को अबाधित गति प्रदान करता है, जब तक कि यह तैरना शुरू नहीं करता। वास्तव में, गियर के एंगेज होने की आवाज प्रोपेलर्स के चलने के साथ ही क्रू मेंबर्स सुन सकते हैं। तीसरी पोजीशन, वाटर, इसमें पावर को वाटर पंप्स में ट्रांसफर किया जाता है और वाटर प्रोपेलर्स की मदद से पानी को खींचकर पीछे फेंका जाता है, जिससे टैंक तेज गति से आगे बढ़ता है। पानी में तैरते हुए एक टैंक 3 नॉट तक की स्पीड पकड़ सकता है।

क्रू द्वारा निरीक्षण की कारखाई पूरी की गई और रामफल को 'सब ठीक है' का संकेत करके चुनी हुई क्रॉसिंग साइट पर एक कतार में टैंकों को खड़े करने का आदेश दिया गया। रामफल ने इंटरकॉम पर जोर से और स्पष्ट घोषणा की—

"टैंक पानी में प्रवेश करने के लिए तैयार हैं, सर।"

"क्या सभी आर्मर प्लग्स पक्के तौर पर चेक कर लिये गए हैं?"

"बिल्कुल, पक्की तरह से, सर।"

"हरीश, गन को एलिवेट करो। क्रू आगे बढ़ने के लिए तैयार हो जाओ। अब आगे बढ़ो, आउट।"

रामफल ने टैंक को गियर में डाला और टैंक आगे बढ़ने लगा। कुछ ही मिनटों में हम पानी में आसानी से आगे बढ़ रहे थे। मेरी तरह ही क्रू यह अनुमान लगा रहा था कि बहुत जल्द रामफल गियर को 'लैंड एंड वाटर' पोजीशन पर ट्रांसफर करेगा। वाटर लेवल बोगी व्हील्स तक पहुँच चुका था और हम सभी गियर लगने की खास मेटालिक (धातु) आवाज का इंतजार कर रहे थे। हमें मालूम नहीं था कि टैंक जिस ओर आगे बढ़ रहा था, उस रास्ते पर किनारे से थोड़ा आगे, कुछ मीटर की दूरी पर, पानी में एक भँवर था, जिससे टैंक पानी में नीचे की ओर गोता खाने लगा। इंटरकॉम पर लड़ाकू विमान की mach-3 वाली आवाज की तरह एक शख्स की खून जमा देनेवाली चीख सुनाई दी। पहला विचार, जो दिमाग में आया, वह था—अपनी जल समाधि का। टैंक द्वारा पानी में तेज डुबकी ने मुझे असंतुलित कर दिया, जिसके परिणामस्वरूप मैं कमांडर के कपोला पर आगे की ओर गिर पड़ा और जान बचाने के लिए उसे पकड़े रहा। रामफल पानी से तर-बतर और पल भर को पानी सिर के ऊपर आने से डूबने से डरा हुआ सामने आया। टैंक के साथ ही डूब जाने के संदेह ने हमारी जान ही निकाल दी थी। इससे पहले कि हम अपने आपको सँभाल पाएँ या इस स्थिति में कोई उत्तर दे सकें, गनर और ऑपरेटर दोनों टैंक के अंदर टखनों तक गहरे पानी में चिल्ला रहे थे। पानी को बाहर निकालने के लिए कंपार्टमेंट के अंदर इमरजेंसी वाटर पंपों को तुरंत स्टार्ट किया गया। पानी में डुबकी लगने से पक्की जमीन के साथ संपर्क टूट जाने के कारण टैंक फिर से पानी में तैर रहा था। हमारे खून का दौरा और तेज हुई साँसें इस निराशाजनक भय के अनुभव से धीरे-धीरे सँभल गई थीं।

दबी हुई आवाज में रामफल इंटरकॉम पर था और थोड़ा उदास शब्दों में बोला, "सॉरी सर, मैं ड्राइवर कपोला बंद करना भूल गया था।" मेरा मन कर रहा

था कि उसे ढेर सारे चुनिंदा अपशब्दों के साथ डाँट पिलाऊँ; किंतु फिर मुझे याद आया कि यह ड्राइवर और कमांडर की संयुक्त जिम्मेदारी होती है कि वे जाँच करें कि पानी में प्रवेश करने से पहले सभी हैच बंद हों।

"मुझे लगता है, दुष्ट, कि तुमको अच्छा मौका मिला स्नान का।" मैंने कहा। अन्य क्रू मेंबर्स भी जल्दी ही इस झटके से उबर चुके थे। यद्यपि उनके उत्साह को इस घटना ने एक तरह से कम किया था।

रिकवरी के बाद हम पानी में फ्लोट कर रहे थे। ड्राइवर ने टैंक को आगे मूव कराने के लिए गियर लीवर को लैंड से सीधे फाइनल पोजीशन 'वाटर' में शिफ्ट करने का प्रयास किया। हम उसके बार-बार के प्रयासों को सुन सकते थे, क्योंकि गियर जाम नहीं थे। किंतु अब टैंक धारा के बहाव के साथ तैरता जा रहा था, इस कारण तनाव बना हुआ था। यह सोचकर कि ड्राइवर अभी भी सदमे में हो सकता है, मैंने उसका मनोबल बढ़ाने के लिए शब्दों का सहारा लिया, "हैलो, रामफल, सब ठीक तो है? कोई समस्या है क्या?"

"सर, मुझे लगता है कि गियर जाम हो गया है। लेकिन मैं सँभाल लूँगा।"

पहले के कुछ और व्यर्थ प्रयासों के बाद मैंने चतुराई से ऑपरेटर से मदद करने के लिए कहा, किंतु कोई फायदा नहीं हुआ। मेरे टैंक ड्राइविंग कौशल की तुलना एक अनुभवी ड्राइवर के साथ नहीं हो सकती थी, विशेषकर पानी में। रामफल ने अब हताशा में भारी हथौड़े के साथ प्रहार करने के पुराने सार्वभौमिक सिद्धांत का उपयोग करने का निर्णय लिया; लेकिन यह भी व्यर्थ ही गया। प्रत्येक गुजरते पल के साथ हम नए बन रहे इंजीनियर्स पुल के करीब पहुँचते जा रहे थे। यह बहुत चिंता और आशंका की बात थी, जो इंजीनियर्स (sappers) और टैंक क्रू के हाथ हिलाने व चीखने से स्पष्ट थी, क्योंकि टैंक के टकराने से होनेवाले नुकसान से वे डर रहे थे। भंडारी, जो नदी के किनारे से इस पूरे घटनाक्रम को देख रहा था, उसने पहल की और जब उसको मिले आर्मर्ड फाइटिंग व्हीकल (A.F.V.) तकनीशियनों में से एक ने रामफल को रेडियो पर सलाह दी कि कैसे गियर लीवर की मरम्मत करके उसको ठीक किया जाए। किंतु कुछ बात नहीं बनी और हम अब मझधार में फँस चुके थे। हमारी दशा की गंभीरता तब और स्पष्ट हो गई, जब हरीश चंद्र ने चिंतित अवस्था में मुझे लाइफ जैकेट पहनने के लिए सौंपी। क्या यह निराशा या एक चेतावनी का संकेत था, या फिर यह कि टैंक क्रू को लाइफ जैकेट पहनना अनिवार्य था?

टैंक और नदी का ज्वार हमें अपने पुल की रक्षा के लिए दृढ़ संकल्पित दिखनेवाले सैपर्स (पुल निर्माण करनेवाले सैनिकों) के करीब ले जा रहे थे। यह स्पष्ट था कि सैपर्स अपने पुल के उस पार आसानी से हमें अनधिकार प्रवेश करने देंगे, जो कि अभी भी निर्माणाधीन था। हमने अपनी हताशा और असहाय दशा के बारे में बताया, जब हमारा टैंक पुल बनाने के लिए नदी में डाली गई केबलों में फँस कर अटक गया था। सैनिक दल के पास में ही मँडराते इंजीनियर कमांडर ने तुरंत अपने जवानों को केबल उठाने और टैंक को जाने देने का आदेश दिया। उसके चेहरे पर एक शरारती मुसकान थी, जब उसने हमें आगे के सफर के लिए शुभकामनाएँ दीं। मुझे नहीं पता कि यह हमारी अज्ञानता या हताशा थी, जब डूबनेवाले आदमी की तरह हमने केबल्स का सहारा लिया और उनको खूब कसकर पकड़ लिया। भौतिक विज्ञान में mass × velocity = force का सरल नियम आज इस जल-विस्तार में फिर से सीखा था, जब मूर्खता से और बिना सोचे-समझे टी.वी. विज्ञापनों के जोकर की तरह हमने पूरी ताकत के साथ टैंक का लंगर डालने का प्रयास किया था और साथ ही अपनी जीवन-रक्षक रस्सी को भी हम पकड़े हुए थे। जिस सहजता के साथ टैंक पानी की धारा के साथ बढ़ रहा था, उसने हमारे साधारण-से प्रयास को खतरनाक बना दिया था; क्योंकि अगर हम रस्सी पर अपनी पकड़ को छोड़ नहीं देते तो सर्दियों की धूप में सूखने के लिए किसी गृहिणी के धुलाई किए रस्सी पर लटके कपड़ों की तरह पीछे लटके हुए छूट जाते।

हमारी उम्मीद अब हवा में तिनके की तरह खत्म हो चुकी थी। निराशा ने अवश्य ही इस कैच-22 की परिस्थिति से बाहर निकलने के लिए हमारे दिमाग की बेकाम-सी नसों को सक्रिय कर दिया था। क्या टैंक में घुस रहे पानी की तेज गति गियर लीवर के आपसी संयोजन में गड़बड़ी कर सकती थी, जिससे वर्तमान संकट उत्पन्न हुआ था ? पुल की ओर मुड़कर देखने पर वह पानी में एक छोटे से खिलौने की तरह झूलता हुआ दिख रहा था। आकुलता से चेतावनी में हाथ हिलाते वहाँ खड़े लोगों की भीड़ भी तेजी से धुँधली होती जा रही थी, मानो वे हमें अनौपचारिक विदाई के साथ हमारी शुभ यात्रा की बधाई दे रहे थे और चारों ओर फैले पानी के इस व्यापक विस्तार ने जीवन में पहली बार मुझे डर का अहसास कराया था। यह एक भयानक, तनावपूर्ण और मानसिक दबाव की तीव्र अनुभूति थी, जो अचानक मुझे जकड़ चुकी थी। कहीं-न-कहीं विचारों और भावनाओं के साथ यह अहसास कि आप बिल्कुल अकेले हैं और हर चीज से अछूते व अमूर्त हैं, अकेलेपन की इस

भावना को बढ़ा रहे थे। एक एकांत आप पर छा जाता है, जो आपको सीधे आपकी अंतरात्मा से जोड़ता है और बोध कराता है कि मौत नजदीक ही मँडरा रही है, खोज रही है, सुनिश्चित कर रही है कि आप अपनी रचना करनेवाले ईश्वर से मिलने के लिए तैयार हैं! नहीं, यह आपको डराती नहीं है, बल्कि आपके तनावग्रस्त मनोबल को परखने के लिए आपको चिढ़ाती है। मैं इस तेजी से बदलती दैहिक पृष्ठभूमि को और परिस्थितियों तथा तूफानी लहरों से जूझते एक नष्ट जहाज के छोटे से लड़के की तसवीर के रूप में देख सकता था; परंतु इसके बजाय मैंने खुद को शांत, अनुत्तेजित और इस बात से बिल्कुल बेफिक्र रखा कि हमारा क्या होगा?

धातु के धातु से टकराने की तेज आवाज ने मेरा ध्यान भंग किया। ड्राइवर हथौड़े से गियर बॉक्स पर प्रहार कर रहा था और हर चोट के बाद देखता कि उसके जी-तोड़ प्रयास या हमारी दुआओं का संभव है, कुछ असर हुआ कि तभी एकाएक जैसे ही 'वाटर' गियर अपनी पोजीशन पर खिसका, प्रोपेलर्स के घूमने की मधुर आवाज सुनाई दी। किसी ने यह देखने की भी जहमत नहीं उठाई कि हम दुश्मन की पोजीशन के कितने करीब आ गए थे या उसकी नजर में आ सकते थे; क्योंकि हम अपनी स्थिति में हुए इस चमत्कारी बदलाव पर खुशी से भर गए थे। इस अनुभव को गहराई से महसूस करने पर हमें किसी नष्ट जहाज और उस क्रू के जमीन दिखाई देने पर होनेवाले रोमांच एवं उल्लास का अहसास हुआ और उनकी पुकार 'जमीन अहो' (Land Ahoy) का मतलब समझ में आया। फर्क केवल इतना था कि तब सैपर्स की नाराजी में तेवर चढ़े हुए थे, पर अब वे मुसकराहट और गर्मजोशी से हमारे स्वागत के लिए तैयार थे, क्योंकि नदी को पार करने के हमारे दोबारा प्रयास शुरू करने के लिए उन्होंने केबल्स को फिर से ऊपर उठा दिया था।

चुनी हुई साइट पर वापसी करना समस्याओं से खाली नहीं था, क्योंकि टैंक को दोबारा एक स्थान पर सरेखित करने और दूसरे किनारे तक पहुँचाने के लिए बार-बार प्रयास किए गए थे। इसका श्रेय रामफल के धैर्य एवं दृढ़ संकल्प और ड्राइविंग कौशल को जाता है। इस अवांछनीय अनुभव से मुझे अहसास हुआ कि टैंक क्रू के लिए एक टीम की तरह काम करना कितना महत्त्वपूर्ण होता है! मुझे याद नहीं पड़ता कि वे काम के समय ज्यादा बातें करते थे। क्रू मेंबर्स को दिए गए कार्य की समझ थी और बिना कहे ही वे पूरी लगन से काम में व्यस्त रहते थे। सूखी जमीन पर आने के बाद क्रू नीचे उतरा और रास्ते ढलान में सुधार करने के लिए कुदाली एवं फावड़े का इस्तेमाल करके अन्य टैंकों के लिए क्रॉसिंग साइट तैयार करना शुरू कर

दिया। अगला टैंक पहले से ही पानी में था, जब क्रू में से एक ने सुझाव दिया कि हम अपने टैंक को लंगर के रूप में इस्तेमाल करते हैं और आनेवाले टैंकों के लिए लंबी सेल्फ-रिकवरी रस्सी डालते हैं। इससे ड्रिफ्ट को रोकने में मदद मिलेगी और क्रॉसिंग साइट पर एक लाइन में आने की आसानी होगी। यह स्थानिक जुगाड़ भैरव नदी को पार करने में बाकी टैंकों की निर्बाध गति के लिए बहुत सहायक सिद्ध हुआ।

एक बार नदी पार कर लेने के बाद हमारे सभी क्रू तेज बहाववाली नदी को पार करने के तनाव को दूर करने और इन्फैंट्री के साथ जुड़ने के लिए इकट्ठा हो गए। आगे के इलाके की भूमि जानलेवा थी। हमारी गतिविधि को 'अच्छी तरह से प्रशिक्षित शिकारी कुत्तों का झुंड' कहना अनुचित नहीं होगा, जो चल तो रहे थे बिना किसी क्रम के, किंतु बिना पीछे रुके, प्रत्येक अपनी सूझ-बूझ का अच्छा इस्तेमाल करते हुए एवं समान लक्ष्य और समान दृढ़ निश्चय के साथ आगे बढ़ रहा था। एक अकेले सँकरे और जिग-जैग ट्रैक से हम कई गाँवों में से होकर गुजरे। प्रत्येक टैंक को अपना खुद का रास्ता ढूँढ़ना था, क्योंकि नेतृत्व कर रहे टैंक के निशानवाला रास्ता दलदल की वजह से मिटता जा रहा था। इन गाँवों में आगे बढ़ते हुए कई जगह रास्ते में रुकावटें थीं और पेड़-पौधे भी बहुत अधिक घने होते जा रहे थे। हम निचले धँसे स्थानों में से होकर आगे बढ़ रहे थे, जो देखने में तो एक मजबूत और सूखी सतह लग रहे थे, किंतु वे वास्तव में टैंक ट्रैप थे। पूरी यात्रा सीमित तरीके से दलदल में से एक टैंक के बाद दूसरे के निकलने में तय की गई। रास्ते में ऐसे स्थान भी थे, जहाँ ट्रैक पूरी तरह से गायब था और टैंक बुलडोजर की तरह बाँस के पेड़ों को रौंदते हुए आगे बढ़ रहे थे। इसी रास्ते पर 42 ब्रिगेड मुख्यालय की अन्य यूनिटों के सैनिकों की छोटी टुकड़ियों को भी आगे बढ़ते देखा जा सकता था। कई लोग इस जोखिम भरे इलाके को पार करते समय हमें शाबाशी भरे इशारे करते दिखे। अंत में, सभी खुश या सुखी नहीं थे, क्योंकि डेक पर यात्रा करना हमेशा एक आरामदायक अनुभव नहीं होता। टैंक क्रू के यात्री मेंबर्स को लगातार ऊपर से गुजरती बाँस और पेड़ों की शाखाओं का ध्यान रखना पड़ता था। कई बार असावधान यात्री सदस्य शाखाओं के लगने की चोट के दर्द से कान फोड़नेवाली तेज आवाज में चिल्ला उठते थे। हालाँकि कोई गंभीर दुर्घटना नहीं हुई, फिर भी नीचे उतरता प्रत्येक यात्री धूल, कालिख और खरोंचों से भरा हुआ था और अपने साथियों में इस कमर-तोड़ अनुभव को दोहराता दिखा। अंत में, वह हमेशा यही सलाह देता था कि इस घोड़े (टैंक) पर यात्रा करने से अच्छा है कि आप पैदल चलें।

ग्रामीण भद्रलोक का एक बड़ा भाग स्वतंत्र हो चुके गाँवों में वापस लौट रहा था, जहाँ से होकर हम गुजरे थे। अधिकांश ग्रामीण लोगों के पास उनके परिवार और उनका निजी सामान था, जो जानवरों पर लादा हुआ था या फिर वे उसे खुद उठाए थे। बड़े पैमाने पर गरीब ग्रामीणों को उनकी सीमित भू-संपत्ति को छोड़ने के लिए मजबूर किया गया था। इनमें कुपोषण से पीड़ित पुरुष और महिलाएँ, वृद्ध और दुर्बल, बीमार और कमजोर लोगों की भारी संख्या थी। हम जैसे ही एक गाँव के पास पहुँच रहे थे, मेरी नजर एक बेहद आकर्षक और परी के समान खूबसूरत युवती के चेहरे पर पड़ी। लगभग 20 वर्ष की उम्र की वह युवती अपने पति के साथ थी, जिसने स्वच्छ सफेद वस्त्र पहने हुए थे। युवती ने खुद एक साधारण सूती साड़ी पहनी हुई थी और अपने बालों को एक चोटी में बाँध रखा था। एक पल के लिए हमारी नजरें मिलीं और तब उसने मुड़कर अपने पति की तरफ देखा, जो हमें देखकर मुसकराया। एक बार फिर उसने पीछे मुड़कर देखा, अपना हाथ ऊपर उठाया और जल्दी से लहराया। हाथ के लहराने के साथ ही उसकी मुसकान बादलों के पीछे से निकलने वाले सूरज की तरह थी। हाथ ऊपर उठाने एवं धीमे से सिर हिलाने में संतुलन और आकर्षण की झलक थी। उसकी सौम्य आकृति, चाल-ढाल उसके कुलीन होने की पुष्टि करती थी। उसकी चमकती हुई आँखें और युवा चेहरे पर छुपी हुई शरारत को देखकर एक संन्यासी का भी मन डोल सकता था। टैंकों के काफिले का नेतृत्व करनेवाले एक सैनिक ने दुश्मन के इलाके में इस तरह के गंभीर खतरों के बीच खड़े रहकर कामदेव के न्याय के भाव का उपहास किया। मैं ऐसी नाजुक स्थिति में था, जहाँ से मैं पुकार या आवाज भी नहीं दे सकता था और यहाँ तक कि तेजी से धुँधली होती जा रही उस छवि को बहुत देर तक एकटक देख भी नहीं सकता था। मुझे सैगल और अन्य सभी क्रू मेंबर्स की हैरानी भरी नजरों का सामना करना पड़ा। उस गरिमापूर्ण अविस्मरणीय पल में वह सबकुछ कह गई थी, जो कुछ भी एक महिला को कहने की जरूरत हाती है। केवल एक नजर के मिलने और हाथ के इशारे ने दिल व दिमाग को प्रेम, आत्मीयता और श्रद्धा के विचारों से भर दिया था। यह न तो उचित था और न तर्कसंगत, लेकिन मेरे पास इस बात के लिए कोई स्पष्टीकरण नहीं है कि कैसे या क्यों उस राहगीर युवती की छवि अभी तक मन के सॉफ्टवेयर में सुरक्षित है! शायद किसी दिन, इंटरनेट की मदद से, ऐसा संभव हो···आखिरकार!

जैसा कि तय था, इन्फैंट्री के साथ लिंक-अप किया गया। अगली सुबह

भंडारी और मिश्रा पहले से नियुक्त 42 इन्फैंट्री ब्रिगेड की 14 पंजाब और 2 सिख लाइट इन्फैंट्री बटालियन के साथ संपर्क करने के लिए जल्दी चले गए। 42 इन्फैंट्री ब्रिगेड के नए ब्रिगेड कमांडर ने अपने 'O' ग्रुप को बुलाया; हालाँकि संक्षिप्त बैठक ब्रिगेड मेजर द्वारा संचालित थी, क्योंकि जो कमांडर थे, वह डिवीजनल मुख्यालय में एक ऑपरेशनल कॉन्फ्रेंस के लिए गए थे। बहरहाल, 'O' ग्रुप को ग्राउंड रेकी और यूनिटों से संपर्क साधने का कार्य सौंपा गया। भैरव नदी पर पुल का कार्य उस दिन पूरा होने की उम्मीद थी, जिसके बाद कॉम्बैट यूनिटों के F, A और B सैन्य प्रशासन विभागों (echelons) को इस क्षेत्र में नियुक्त किया जाना था।

भंडारी दिए गए आर.वी. पर मेरा इंतजार कर रहे थे। बटालियन के साथ अपनी बातचीत के बारे में बताने के बाद भंडारी मुझे दुश्मन के ठिकानों को सूचित करने के लिए नदी की ओर इशारा करते हुए एक सुविधाजनक स्थान पर ले गए; हालाँकि दुश्मन के बंकर दिखाई नहीं दे रहे थे, लेकिन समय-समय पर सैनिकों की आवाजाही देखी गई थी और कुछ ने फायर भी किया था। भैरव नदी यहाँ पर बहुत चौड़ी थी और लगभग एक किलोमीटर तक फैली हुई थी। खुलना शहर पूरी तरह से महत्त्वपूर्ण तटीय नगर और व्यापारिक केंद्र था, जो ऊँची इमारतों और कारखानों की आकाश चूमती चिमनियों से युक्त था। यह हमारे कुछ तटीय शहरों की तरह था और हमारी वायु सेना की श्रेष्ठता के बावजूद इस पर विजय प्राप्त करना कोई आसान काम नहीं था। नदी के दूर किनारे पर नावों और बड़ी नौकाओं का एक समूह दिखाई देता था, जिसके नजदीक अंतर-जल-परिवहन के घाट थे। एक अन्य अफसर मिश्रा, जो हमारे साथ जुड़े थे, ने उनके द्वारा की गई रेकी के बारे में बताया। उन्होंने ब्रिगेड के कुछ स्टाफ से मुलाकात की थी और उन लोगों ने उनको बताया था कि कुछ इन्फैंट्री कंपनियाँ पहुँच चुकी थीं और बाकी सैनिक नए ब्रिगेड कमांडर के साथ रात को पहुँचेंगे। यह मेरे लिए अच्छा था। एक थकावट भरा दिन गुजारने के बाद अब रात हमारी थी और हम सोने चले गए।

मैं सुबह जल्दी तैयार हो गया, क्योंकि संदेश मिला था कि 14 दिसंबर को 9 बजे मुझे ब्रिगेड मुख्यालय में रिपोर्ट करना था। मुझे पता चला कि कमांडर का केवल रोवर ग्रुप राफ्ट पर नदी के पार आया था, क्योंकि पुल अभी भी निर्माणाधीन था। ब्रिगेड का स्टाफ और गाड़ियाँ बाद में आएँगी, क्योंकि सैनिकों को इकट्ठा करने की काररवाई अब तक पूरी नहीं हुई थी। नए ब्रिगेड कमांडर ब्रिगेडियर कोचर राजपूताना राइफल्स ग्रुप के अफसर थे। वे स्टाफ कॉलेज, वेलिंगटन से आए थे,

जहाँ वे चीफ इंस्ट्रक्टर थे। वे एक प्रतिष्ठित सैनिक थे, जो पेशेवर रूप से बहुत ही माहिर और जिनकी हर कोर्स में 'D' ग्रेडिंग थी। जब मैंने पहली बार उनको देखा तो मैं वाकई उनके शांत व संयमपूर्ण स्वभाव, स्पष्ट सोच और कठोर निर्णय लेने की क्षमता से प्रभावित हो गया। उन्होंने हमें नदी पार करने की काररवाई और हमले की योजना की रूपरेखा की जानकारी दी। वे चाहते थे कि हम इस पर विचार करें, क्योंकि वे भी इसी का अनुसरण करेंगे, जिसके लिए डिवीजनल मुख्यालय से अनुमति चाहिए थी। वे अगली सुबह 7 बजे फिर से एक मीटिंग करने वाले थे, जब वे अपने प्रारंभिक आदेश देंगे। इसके बाद कमांडर मुझसे अलग से मिले और बताया कि ब्रिगेड पहले चरण के लिए रिवर क्रॉसिंग ऑपरेशन का नेतृत्व करने के लिए 14 पंजाब बटालियन के कमांडिंग अफसर के साथ एक ज्वाइंट रेकी करके कुछ चुनी हुई साइट्स में से मुझे अपने टैंकों के लिए क्रॉसिंग साइट्स का चुनाव करना था और सिख लाइट इन्फैंट्री के साथ संपर्क करना था, जो रिजर्व फेज-1 के लिए भैरव एवं अताई नदियों के संगम पर बहाव के साथ सुरक्षा क्षेत्र बना चुकी थी।

मैं भंडारी को रेकी के लिए अपने साथ ले गया, क्योंकि उनका टैंक ट्रूप पहले ही सिख लाइट इन्फैंट्री बटालियन मुख्यालय के साथ तैनात था। बटालियन पहुँचने पर मैं अपने पुराने मित्र ABC डी'मेलो से मिला, जो अपने स्टाफ और संलग्न अफसरों के झुंड के बीच में साथ बैठे थे। उन्होंने तैनाती और संभावित दुश्मन की ताकत के बारे में अपनी जानकारी एक ही वाक्य में बता दी, "मेरे कंपनी कमांडर मेजर सिद्धू आपको बताएँगे!" सिद्धू का पता लगाना आसान नहीं था। हमें स्थानीय मुक्तिवाहिनी की सहायता लेनी पड़ी, क्योंकि वे हमें दिए गए ग्रिड रेफरेंस से हटकर तैनात थे। पूछने पर सिद्धू ने उन दुश्मन ठिकानों के बारे में जानकारी देना शुरू किया, जिन्हें उन्होंने देखा था और अपने कमांडिंग अफसर को जिनकी सूचना दी थी। थोड़ा हैरान होकर हमने उन्हें अपनी लोकेशन चेक करने के लिए कहा। यह जल्द ही स्पष्ट हो गया कि कंपनी अताई नदी के पार की गतिविधियों की रिपोर्ट दे रही थी, न कि भैरव नदी की। डी'मेलो समझ चुका था कि गड़बड़ हो गई थी। हमने तय किया कि हम चुप रहेंगे और सिद्धू दोबारा सही लोकेशन पर तैनात हो जाएँ तथा अपनी पिछली रिपोर्टों में बदलाव करके नई रिपोर्ट दें। नेविगेशन और तैनाती में गलतियाँ होना आम बात थी; किंतु यह भूल तो 'लिम्का बुक ऑफ रिकॉर्ड्स' में दर्ज कराने योग्य थी।

भंडारी मेरे साथ 14 पंजाब की लोकेशन तक गए। हम भैरव के किनारे पेड़ों

की लाइन के साथ-साथ चलते हुए 14 पंजाब के कामांडिंग अफसर द्वारा चुनी गई टैंक क्रॉसिंग साइट चाँदी महल पहुँचे। यह एक छोटा-सा गाँव था, जिसमें बाँस के झुरमुट थे और उनके आगे लगभग 300 मीटर तटरेखा के साथ ढलान थी। स्थानीय कंपनी कमांडर ने दुश्मन के बंकरों की ओर इशारा किया, लेकिन उस क्षेत्र में दुश्मन की कोई हरकत नहीं देखी गई। एक बड़ी फैक्टरी के प्रवेश-द्वार के पास खाकी ड्रेस पहने दो नागरिकों की मौजूदगी ने हमें सतर्क कर दिया। कुछ देर बाद दो लोगों को एक बिल्डिंग में जाते देखा तो हमने जाँच करने के लिए अपनी दूरबीन निकाली। दूरबीन से देखने पर जल्द ही एक अलग तसवीर का खुलासा हुआ। इमारत के ऊपर एक ढकी हुई कैनोपी थी, किंतु कोई असामान्य गतिविधि नहीं थी। इस इलाके में मेरी दिलचस्पी तब बढ़ी, जब अचानक मुझे खाकी वरदी की झलक दिखी। खाकी में दो लोगों में से एक ने, जिसको पहले भी देखा गया था, दरवाजा खोला और कैनोपी में चला गया। इससे पहले कि दरवाजा फिर से बंद होता, मेरी नजर उसके पीछे एक माउंटेड मीडियम मशीनगन पर पड़ी। कंपनी कमांडर इस मौके पर हुई निगरानी का गवाह था। अधिक खोजबीन करने पर नदी के पार ईंट व कंक्रीट के टावरों और कैनोपियों पर गन प्लेसमेंट का एक भयावह पैटर्न सामने आया। जैसा कि हम देख रहे थे, यह दुश्मन का एक ऊँचा रक्षा क्षेत्र था, जिसने हमें अवाक् कर दिया था। यदि चाँदी महल क्रॉसिंग को हमारी क्रॉसिंग साइट के लिए चुना जाता तो उसके अनिष्टकारी परिणाम हो सकते थे।

14 पंजाब कमांडिंग अफसर ने अपने '0' ग्रुप को इकट्ठा कर लिया था और जल्द ही अपने प्रारंभिक आदेश जारी करने वाले थे, जिसके लिए भंडारी पहले ही जा चुके थे। इसलिए मैंने एक रनर के हाथ एक नोट भेजा और उसे अपने आदेश जारी करने से पहले कर्नल आर.के. सिंह से दुश्मन के ठिकानों को देखने का अनुरोध करने के लिए कहा। जब कमांडिंग अफसर नदी के पार हमला करने के लिए प्रारंभिक आदेश दे रहे थे, तभी भंडारी ने इस मुद्दे को उठाया, जिसमें बताया गया था कि एक कमजोर दुश्मन पूरी नदी के क्षेत्र के डिफेंस को नहीं सँभाल सकता, क्योंकि अपनी मुख्य सेना के साथ हम मेन एक्सिस पर भी हमला करने जा रहे थे। उन्होंने गुस्से में हाथ के इशारे से भंडारी को चुप करा दिया। संक्षेप में बताने के तुरंत बाद कमांडिंग अफसर ब्रिगेड मुख्यालय के लिए निकल गए। हालाँकि सभी कंपनी कमांडर भंडारी के साथ दुश्मन के बंकरों को स्वयं देखने के लिए गए और खुद की राय बनाने लगे। जिस तरह से कर्नल आर.के. सिंह ने भंडारी को

चुप कराया था, उन्हें अहसास हो गया था कि कुछ तो गड़बड़ है। अब जो कुछ वे लोग देख रहे थे, उससे उन्हें यकीन हो गया कि अगर योजना के हिसाब से चले तो अंजाम बहुत बुरा होगा और बड़ी संख्या में हमारे सैनिक मारे जाएँगे, क्योंकि दुश्मन पूरी तैयारी के साथ अपने अच्छी तरह से बनाए गए डिफेंस से हमारे ऊपर हमला करेगा।

विश्वनाथ, जो सीनियर थे और काफी निडर व्यक्ति थे, ने किसी का पक्ष न लेते हुए कमांडिंग ऑफिसर द्वारा बिना रेकी के आदेश जारी करने की भारी आलोचना की। आदेशों के बाद उनके अचानक तुरंत चले जाने से उन्हें संदेह हुआ। अन्य कंपनी कमांडरों ने अपने मन की बात कही और जल्द ही एक महत्त्वाकांक्षी कमांडिंग ऑफिसर द्वारा अपनाए गए तरीके पर सब भड़क गए, सिर्फ इसलिए कि एक व्यक्ति खुद की प्रतिष्ठा स्थापित करना चाहता था; किंतु उसे पाने के लिए अन्य लोगों को मौत के जाल में धकेलना न्यायसंगत नहीं था। उस गुस्से की स्थिति में मातहत अपने अफसर के आदेशों को न मानने जैसा संगीन अपराध तक कर सकते थे। हालाँकि, एक सैन्य प्रतिष्ठान में एक युद्धक यूनिट में ऑपरेशन के दौरान दिए गए आदेश, आदेश होते हैं, फिर चाहे यह जीवन और मृत्यु का मामला हो या मौत का एक जाल, सैनिक को उनका पालन करना ही होता है। कोई भी जल्दबाजी भरा आदेशों को न माननेवाला फैसला आर्मी ऐक्ट और कोर्ट मार्शल की ओर इशारा कर रहा था। मैंने अफसरों से अनुरोध किया कि वे धैर्य रखें और रेकी जारी रखें, क्योंकि हमले की योजना को ब्रिगेड मुख्यालय द्वारा औपचारिक रूप दिया जाना अभी बाकी था। जहाँ तक मेरा सवाल था, मैं इस मुद्दे को ब्रिगेड '0' ग्रुप में उठाने वाला था। मुझे विश्वास था कि ब्रिगेड कमांडर एकदम सही निर्णय लेंगे।

15 दिसंबर को दो इन्फैंट्री बटालियन कमांडर डी'मेलो और आर.के. सिंह के साथ अन्य सहायक आर्म्स के कमांडिंग अफसर पहले ही ब्रिगेड के कामचलाऊ ऑपरेशन रूम में पहुँच चुके थे, जो कि एक छोटी-सी स्कूल बिल्डिंग में स्थित था। कुछ हँसी-मजाक के बाद कमांडर ने की गई रेकी के बारे में ब्रीफ किया। डी'मेलो पहले व्यक्ति थे, जिन्होंने माफी माँगी और स्वीकार किया कि जिस कंपनी कमांडर को काम सौंपा गया था, उससे गलती हुई थी और उसके लिए मैं जिम्मेदार हूँ। वे अपना प्लान देने के लिए अतिरिक्त समय देने के लिए अनुरोध कर रहे थे। कोचर की भाषा और व्यवहार से इस तरह से बाधक स्थिति में किसी तरह की कोई निराशा नहीं झलक रही थी, जो कि वास्तव में सराहनीय एवं चर्चा के लायक था। आर.के.

सिंह उस नक्शे को ले जा रहे थे, जिसमें दुश्मन की उपस्थिति वाली जगहों पर निशान लगे थे। फिर वे नदी को क्रॉस करने के अपने प्लान को विस्तार में बताने लगे और कहा कि दुश्मन की ताकत और वहाँ पर उपस्थिति को देखते हुए इस ऑपरेशन को रात के बजाय दिन में अंजाम देना सही रहेगा। कमांडर के सवाल अर्थपूर्ण और विचारोत्तेजक थे, जिनके उत्तर विश्वास लायक नहीं थे। इसलिए शक बना रहा। यह विचार-विमर्श एक दिलचस्प दौर में चला गया और फिर कमांडर ने कहा कि वह कल सुबह रेकी पर हमारे साथ दुश्मन के उन ठिकानों को देखने के लिए चलेंगे। मैं टैंक लोकेशन पर लौट रहा था, जब एक स्टाफ अफसर ने मुझे सूचित किया कि कमांडर मुझसे मिलना चाहते थे। अन्य अफसर, जो मीटिंग के लिए आए थे, अब वे सब जा चुके थे। ऑपरेशनल मैप को पढ़ते हुए कमांडर ने एक खाली कुरसी की ओर इशारा करते हुए मुझे बैठने के लिए कहा। एक लंबी खामोशी के बाद वे मुझसे कहने लगे कि क्या मैं 14 पंजाब के कमांडिंग अफसर के निरीक्षण से सहमत हूँ? लगभग 20 मिनट तक चर्चा जारी रही, जिसके दौरान मैंने उन्हें अपना दृष्टिकोण स्पष्ट किया। अंत में, वे यह पुष्टि करना चाहते थे कि मैंने जो रिपोर्ट उसके साथ साझा की थी, क्या वह व्यक्तिगत निरीक्षण पर आधारित थी? मेरे सामने उन्होंने रिसीवर उठाया और जी.ओ.सी. को कॉल मिलाने के लिए कहा, जबकि लाइन चालू थी। उन्होंने मुझे बताया कि वह दी गई जानकारी के मद्‌देनजर एक दिन के लिए रिवर क्रॉसिंग ऑपरेशन को स्थगित करने का अनुरोध करेंगे। उनके इस निर्णय में नैतिक साहस और चरित्र के साथ उन सैनिकों के लिए सच्चे प्यार व सम्मान की झलक थी, जो केवल आदेशों का पालन करना जानते थे और इस तरह की गड़बड़ी से बेखबर थे। यह एक कठिन निर्णय था, क्योंकि इस तरह की योजना में बदलाव करने के लिए मनुष्य में उच्च कोटि की सत्यनिष्ठा और व्यावसायिकता चाहिए होती है।

मैं सीनियर अफसरों के चरित्र या उनके द्वारा जारी किए जा रहे आदेशों की तुलना नहीं, बल्कि उन पर विचार कर सकता हूँ। कमांडर के कार्य हमेशा उनके अधीन कर्मियों के द्वारा सूक्ष्मता से जाँचे गए होते हैं, क्योंकि उनसे की गई गलतियाँ सैनिकों के लिए जीवन और मृत्यु का कारण बनती हैं। शायद पोलो के खेल का उदाहरण देने से इस अंतर को समझने में मदद मिलेगी। अहं, अर्थात् 'मैं', एक 'रन' के लिए अच्छी शुरुआत है। "अब एक अवसर है शानदार स्ट्रोक के लिए। कैसा हो, यदि मैं यह करूँ?" यह अहंकार 'मैं' मनुष्य को अंधा बना देता है और एक

चूक, एक बार नहीं कई बार, परिणाम नहीं मिलता। सफलता की प्राप्ति को मनुष्य की काररवाई तय करती है, व्यक्तिगत गौरव नहीं। जो आर्मी में कॅरियर बनाना चाहते हैं, विशेषकर युद्धक आर्म्स में, उनको यह—मैं, मुझे, मेरा—इस तरह से चीजों को देखने का तरीका छोड़ना होगा। रेडियो पर निरंतर पता चल रहा था कि निकट भविष्य में युद्ध-विराम होना तय है, अत: गौरव, निजी प्रशंसा, यह एक सम्मोहक अभिलाषा बन गई थी। इस 'अहं' ने कुछ कमांडरों को विवेक-शून्य कर दिया था। सच्ची अभिलाषाएँ और अभीप्साएँ किसी भी तुलना के परे होती हैं।

मिश्रा, जो रेकी पूरी करने के बाद अपने टैंकों को मूव कराने और सिख लाइट इन्फैंट्री बटालियन में शामिल होने के लिए निकले थे, वे सारा दिन हमारे संपर्क में नहीं थे। यह जानते हुए कि आगे का पूरा इलाका पेचीदा था और देरी होना संभावित था; किंतु रेडियो पर प्रतिक्रिया देने में उनकी विफलता चिंता का विषय थी। लगभग शाम 8 बजे के आसपास मिश्रा ने बहुत परेशान, उदास और थकी हुई आवाज में रेडियो पर संपर्क किया और अपनी एवं टैंक क्रू की खराब हालत के बारे में बताया; क्योंकि उनके दो टैंकों में ट्रैक शेड की दिक्कत आई थी। मैंने ट्रैक शेड, अर्थात् पटरी से उतरने के बारे में सुना था, लेकिन कभी देखा नहीं था और अब नुकसान के बारे में सुनकर हैरान था। ट्रैक शेड होने के बाद टैंक अपनी उसी पोजीशन में खड़ा रहा और लगभग चार घंटे बाद दोबारा गतिशील होने की स्थिति में आया। टैंक ट्रैक, आइडलर व्हील का अधिक भाग टूट-फूट और घूम गया था तथा स्प्रोकेट के आपस में बुरी तरह से उलझ जाने से एक अप्रिय दृश्य सामने आया था। मैंने उनके साथ राहानुभूति जताई, लेकिन मेरे मन में यही चल रहा था कि इसने पहले संपर्क क्यों नहीं किया? मैं भंडारी से इस बारे में चर्चा करने के लिए खड़ा हो रहा था, जब ब्रिगेड के एक स्टाफ अफसर ने मेरे कंधे पर थपथपाया और कहा कि ब्रिगेड कमांडर ने मुझे उसके मुख्यालय में बुलाया है। यह अवश्य ही कुछ बेहद जरूरी रहा होगा, क्योंकि कमांडर ने मुझे लाने के लिए अपनी जीप भेजी थी।

मुख्यालय (HQ) पहुँचने पर मुझे ऑपरेशन रूम में ले जाया गया, जहाँ कमांडर पहले से ही कर्नल डी'मेलो को ब्रीफ कर रहे थे। उन्होंने मुझे बताया कि आदेशों में बदलाव किया गया है और जी.ओ.सी. ने जोर देकर कहा है कि एक बटालियन को टैंकों के एक ट्रूप के साथ उसी रात भैरव नदी को पार करना होगा। डी'मेलो को मिश्रा द्वारा बताई गई सिख लाइट इन्फैंट्री लोकेशन की दूसरी क्रॉसिंग साइट को मंजूरी मिल गई थी। संयोग से, यह साइट सिद्धू की कमांड के अधीन

'बी' कंपनी की नई लोकेशन थी। कमांडर ने मुझसे टैंक की क्षमता और अनुपात (gradients) के बारे में कुछ तकनीकी जानकारी पूछी, यह कि क्या PT-76 रात में इसे पार कर सकता था? जिसे मैंने अपनी कुशलता के अनुसार बताया। हालाँकि मैंने इस पर जोर दिया कि मैंने इस साइट की कोई रेकी नहीं की है और मिश्रा, जिसने रेकी की है, मैं उसके साथ क्रॉस चेक करूँगा। कमांडर ने इस सुझाव पर सहमति दी और कहा कि मिश्रा को बुलाया जाए, ताकि काररवाई करने से पहले क्रॉसिंग साइट के बारे में यदि कोई संदेह हो तो उसको पहले ही दूर किया जा सके। सभी महान् कमांडरों की तरह उन पर बिल्कुल भी दबाव नहीं दिख रहा था, हालाँकि वे डिवीजन कमांडर के फैसले से बहुत खुश नहीं थे और यह भी सुनिश्चित कर रहे थे कि सैनिकों को किसी भी सामरिक खतरे में न डाला जाए।

"मिश्रा, क्रॉसिंग साइट के चयन के लिए मेरी शुभकामनाएँ।" मिश्रा इस व्यंग्य को समझ नहीं पाया। लेकिन जवाब दिया, "दो-तीन साइटों पर चर्चा की गई थी, लेकिन फाइनल नहीं की गई।" व्यंग्य का उद्देश्य उसे यह बताना था कि मुझे इस मसले की जानकारी नहीं दी गई थी।

"तो ठीक है, गुड लक, ब्रिगेड कमांडर तुमसे मिलना चाहते हैं।"

ब्रिगेड मुख्यालय के रास्ते में मैंने उसे बताया कि क्रॉसिंग साइट ब्रिगेड फेज-1 शुरू करने के लिए इस्तेमाल की जा रही है। उसकी हिचकिचाहट को देखते हुए मैंने उसे अपने तथ्यों पर शत-प्रतिशत अडिग रहने की सलाह दी, क्योंकि उस चुनी हुई जगह से टैंकों को पार कराने की योजना उसकी दक्षता पर टिकी थी। इसलिए उसे कमांडर को साइट की उपयुक्तता पर अपने संदेह या विश्वास को व्यक्त करने में कोई हिचक नहीं होनी चाहिए। पर जब कमांडर से उसका सामना हुआ तो वह हिचकिचाता हुआ दिखाई दिया कि उसे अपने आपको इसके लिए पक्के तौर पर तैयार होना चाहिए या नहीं; और वह निश्चित उत्तर देने से बचने का प्रयास कर रहा था। मैंने महसूस किया कि स्थिति संकट भरी है और उससे स्पष्ट शब्दों में पूछा कि क्या इस नौका-घाट (ferry) से टैंकों को पार कराया जा सकता है या नहीं? उसने इस विचार को सही बताया और मुश्किल से सुनी जानेवाली धीमी आवाज में पुष्टि करते हुए बोला कि टैंक पार कर सकते हैं। समय 10 बजे से ज्यादा हो चुका था और क्रॉसिंग 2 बजे शुरू करनी थी। हमारे पास साइट तक पहुँचने के लिए बहुत कम समय था। हमारे लिए अज्ञात था, किंतु डी'मेलो का कहना था कि यदि मुझे टैंकों की सहायता मिली तो ब्रिगेड

फेज–1 ऑपरेशन में उसको अपनी बटालियन की जीत का पूरा विश्वास था। इस कारवाई के लिए आखिरी पाँसा फेंका जा चुका था।

मिश्रा ऐसी स्थिति में पड़ गया था, जहाँ उसके लिए समान अवसर था, निरा सच बोलने का कि उसने इस क्रॉसिंग साइट की सलाह दी थी, इस बात से इनकार करके झिड़की खाए; जबकि वास्तव में उसने केवल इस बात की संभावना पर चर्चा की थी। उसकी इस स्वीकृति से उसके कथन में भूल दिखी, जिसे मैंने पहले अनदेखा कर दिया था। मिश्रा के जवाब ने अब मुझे मिशन की सफलता के लिए उसकी मदद करने के लिए बाधित कर दिया था। मेरी खुद्दारी ने मुझे अपने मातहत के इस महत्त्वपूर्ण निर्णय लेने की नासमझी पर कोई प्रतिक्रिया नहीं की थी। अब अपने मन में उस असहज भावना के साथ मैं वे कारगर उपाय सोच रहा था, जिनसे कि इन परिस्थितियों में कैसे काम किया जा सकता है? एक तात्कालिक कदम यह था कि यदि मिश्रा अभी भी क्रॉसिंग साइट को सही मानते हैं तो उन्हें तुरंत रेकी के लिए भेजा जाए। मिश्रा ने क्रॉसिंग साइट के रास्ते का सर्वेक्षण करने के लिए रेडियो सेट के साथ क्रू के दो मेंबर्स और एक वाहन ले जाने का अनुरोध किया। मिश्रा इस तरह का अवसर पाने के लिए मेरा आभारी था और बहुत ही उत्साहित भी, जब मैं इस गुप्त मिशन पर जाने के लिए उसके लिए एक जीप/जोंगा का बंदोबस्त कर रहा था। इस बीच भंडारी ने बताया कि टैंक, जिसमें ट्रैक शेड था, 1 बजे से पहले तैयार हो जाएगा। अब हम आराम से बैठ सकते थे और मिश्रा द्वारा फेरी साइट के अंतिम सैनिक परीक्षण (रेकी) के बाद उसकी पुष्टि का इंतजार कर रहे थे। सबकुछ अब ठीक चल रहा था।

16 दिसंबर को लगभग 1:30 बजे क्रॉसिंग साइट की दिशा से फायरिंग ने हमें चिंतित कर दिया। जैसे–जैसे फायरिंग की तीव्रता बढ़ी, मेरा पहला ध्यान मिश्रा की रेकी पार्टी की सुरक्षा पर गया। क्या यह संभव था कि उस इलाके में उनकी गतिविधि दुश्मन द्वारा देख ली गई हो? पहले ही 1:45 बज चुके थे। इसलिए जब ऑपरेटर ने एक कॉल आने के बारे में बताया तो मैं समझ गया कि यह मिश्रा ही होगा। नहीं, ऑपरेटर ने स्पष्ट किया कि ब्रिगेड कमांडर खुद लाइन पर थे और यह घोषणा की थी कि डिवीजन हेडक्वार्टर ने ब्रिगेड फेज–1 को रद्द कर दिया था। लगभग 3 बजे मिश्रा लौटे और काफी थके व उदास दिख रहे थे। उनका दिन बहुत असामान्य रहा था और इसके बाद रात बहुत हलचल भरी थी। अगली सुबह आलू–पूरी के नाश्ते के दौरान उसने अपने अनोखे उड़िया हिंग्लिश अंदाज

में हमें इसका राज बताया कि यह हमला क्यों रद्द हुआ! यह कहा जा रहा था कि जब डी'मेलो अपनी बटालियन में वापस लौटे तो उन्होंने सिद्धू को ब्रिगेड फेज-1 के बारे में मिले आदेशों की जानकारी दी। टैंक क्रॉसिंग के लिए इस्तेमाल किया जानेवाला नौका-स्थल (ferry site) उनके जिम्मेदारी वाले इलाके में था। जैसी कि उनसे उम्मीद थी, हमलावर टुकड़ी की सहायता के लिए बहुत सी काररवाई की जानी थीं। जैसा कि कुछ अन्य लोगों ने भी देखा था, उन दोनों के बीच कोई प्रेम-भावना नहीं थी और जब टास्क की जानकारी समाप्त हुई तो सिद्धू भड़क गए। वह न केवल दिए गए टास्क में खामियाँ निकाल रहे थे, बल्कि अपमानजनक शब्दों का भी इस्तेमाल कर रहे थे, जिसे सुनकर सभी को संकोच हो रहा था। डी'मेलो छोटे कद के एक शांत व खुशमिजाज व्यक्ति थे और सैनिकों में बहुत लोकप्रिय थे, जिनके साथ उनका अच्छा तालमेल और स्नेह-संबंध बना था। उनकी अंग्रेजी मिली पंजाबी और पंजाबी में अपशब्द कहने की असीमित योग्यता थी, जिसे वे सब चाह रहे थे, खासकर तनाव के इन पलों में। डी'मेलो इस झल्लाहट भरे मुद्दे को ऐसे ही जाने नहीं दे सकते थे और उपस्थित सभी को एक स्पष्ट संदेश दिए बिना तो बिल्कुल नहीं। अविचल रहकर अपने आदेशों को उन्होंने दोहराया, यह कहते हुए कि आदेश-पालन न करने की किसी भी हरकत का परिणाम बुरा होगा और ऐसे अफसर को नजरबंद करना भी मुमकिन है। सिद्धू पर इसका गहरा प्रभाव हुआ और उसने अपने व्यवहार के लिए माफी माँगी।

सिद्धू अपने विश्वास पर अडिग था कि अब ये हमले करने आवश्यक नहीं थे, क्योंकि अब थोड़े समय की बात है, जब दुश्मन अपनी हार मान लेगा। यह एक नजरिया था, जिसकी चर्चा बड़ी संख्या में अफसरों में और शायद अधीनस्थों में भी चल रही थी। कुछ लोगों में, ऐसा प्रतीत हो रहा था कि, युद्ध की थकान निकलकर सामने आ रही थी। एक और तंग नजरिया यह भी था कि कुछ कमांडर केवल आत्म-प्रशंसा पाने के लिए जोर लगा रहे थे। सिद्धू, जो बहुत जोशीला था, ने कमांडिंग अफसर के शेल्टर से निकलने से पहले ही इन योजनाओं को विफल करने का उपाय ढूँढ़ना शुरू कर दिया था। यह 3 बजे से ठीक बाद का समय रहा होगा, जब मिश्रा ने उससे मुलाकात की और रेकी में उसकी सहायता माँगी। मिश्रा के अनुसार, सिद्धू पहले से ही 'मौज' में था, क्योंकि वह आधी बोतल रम गटक चुका था। साहस की डींग मारते हुए वह बोला, "कोई अटैक-शटैक नहीं होगा!" उसने अपने हाथों में रम का गिलास उठाया और शेखी बघारते हुए उस मास्टर प्लान के

बारे में बताया, जो उसने चालाकी से बनाया था। सेनाध्यक्ष जनरल सैम मानेक शॉ द्वारा दिए नियमित 'सोल्जर टू सोल्जर' रेडियो कॉल प्रसारण से उसे प्रेरणा मिलती थी (जो दुश्मन के लिए होता था)। "क्या आपको मेरी सेना के समक्ष आत्मसमर्पण करने की मेरी सलाह पर ध्यान नहीं देना चाहिए और क्या अपने बच निकलने का प्रयास नहीं करना चाहिए? मैं आपको विश्वास दिलाता हूँ कि निश्चित रूप से मौत आपकी प्रतीक्षा कर रही है।" सिद्धू का सहज बोध उसके प्लान को सही ठहराने के लिए घुमा-फिराकर बात करने के दोष से प्रभावित हो चुका था, जिसका छिपा अर्थ था कि अब और अधिक कोई जोखिम उठाने की जरूरत नहीं थी। युद्ध-विराम और शत्रु के आत्मसमर्पण को देखने के लिए कुछ समय इंतजार करें।

1 बजे से थोड़ा पहले वह नशा उतरने पर हाजिर हुआ और ऐसा लगा, जैसे उसे किसी महत्त्वपूर्ण मिशन पर जाना है। उसने मिश्रा और अपने कंपनी सूबेदार को भी साथ चलने के लिए कहा। योजना को अमली जामा पहनाने के लिए उन्हें लंबे समय तक इंतजार नहीं करना पड़ा। वे नजदीक की खंदक के एल.एम.जी. मोर्चे पर गए और नदी के पार एक काल्पनिक लक्ष्य पर गोलियों की लंबी बौछार करते हुए अपनी कंपनी को फायर खोलने के आदेश दिए। बाकी सब अब इतिहास है। भारी फायरिंग ने दुश्मन को जवाबी काररवाई के लिए उकसाया और जल्द ही नदी के साथ-साथ दोनों ओर से भारी जवाबी फायरिंग शुरू हो गई। बटालियन मुख्यालय को रेडियो पर 'रेड हॉट' का संदेश भेजा गया और वही संदेश ब्रिगेड, डिवीजन एवं कोर मुख्यालय को भी भेजा गया था। जो चाल चली गई थी, उससे बेखबर स्टाफ ने अपने-अपने कमांडरों को मिशन रोकने के लिए कहा और जिसके तुरंत बाद हमें मिशन रोकने के आदेश दिए गए। सिद्धू को अब उस रम की बोतल की जरूरत नहीं थी, जो वह साथ ले गया था; क्योंकि जो उसने किया, वह ताकत से ज्यादा नशीला था—एक तरह का शक्ति-प्रदर्शन!

अगली सुबह मुझे एक ज्वाइंट रेकी (संयुक्त सैनिक सर्वेक्षण) के लिए कमांडर के साथ जल्दी रवाना होना पड़ा। चाँदी महल क्रॉसिंग साइट पर पहुँचने पर कर्नल आर.के. सिंह ने कमांडर को दूर वाले किनारे पर दुश्मन की फौजी तरतीब की जानकारी दी और दिन के उजाले में क्रॉसिंग की संभावना के बारे में बताया। क्रॉसिंग साइट की उपयुक्तता पर, जो उनके ही निजी आकलन पर आधारित थी, कमांडर ने सहमति व्यक्त की और प्रस्तुत योजना को मंजूरी दे दी। हमले का समय अस्थायी रूप से 2 बजे तय किया गया, क्योंकि वह 'स्टार जूट

मिल' फेरी साइट पर जाने के बाद अंतिम आदेश देंगे। कमांडर ने मुझे कमांडिंग अफसर को नजदीक से टैंक की सहायता देने के लिए कहा और चले गए। कंपनी कमांडर्स बहुत ही आक्रामक मूड में थे, किंतु शांत रहे और कमांडर की उपस्थिति में उन लोगों ने अपने संदेह को दबाए रखा। कुछ अफसरों के अंदर बढ़ती नाराजगी को देखते हुए मैंने वहाँ से चले जाना ही उचित समझा, ताकि वे अपने अंदरूनी मतभेदों को आपस में सुलझा सकें; क्योंकि इसमें पलटन की इज्जत गंभीरता से जुड़ी होती है।

ज्यादा समय नहीं बीता होगा कि हम सभी को तीन मंजिला स्टार जूट मिल बिल्डिंग में इकट्ठा होने के लिए संदेश मिला। वहाँ से भैरव नदी साफ दिखाई देती थी। हम सभी छत पर इकट्ठे हुए और इस तरह से पोजीशन लेकर छुपकर बैठे, जिससे नदी पार से दुश्मन की नजर में न आ सकें। 14 पंजाब के 2IC साहब की नजर अचानक जहाँ हम इकट्ठे थे, वहाँ से दिखाई देनेवाली एक सुविधाजनक क्रॉसिंग साइट पर पड़ी। इस क्रॉसिंग साइट के चाँदी महल क्रॉसिंग साइट की बजाय कई फायदे बताने में 2IC साहब को कुछ समय लगा। आर.के. सिंह भी वहीं थे; लेकिन अचानक वे अपना संयम खो बैठे और युद्ध करने के उत्साह से भर गए। उन्हें सुबह ब्रीफिंग से पहले अपने 2IC को सौंपे गए कार्य के बारे में पता था। मैंने इस वैकल्पिक योजना को ध्यान से सुना और सराहना की, क्योंकि चुनी गई साइट में अच्छी पहुँच और नदी के किनारों की ढलान आसान थी। प्रस्तावित क्रॉसिंग पॉइंट नदी के मोड़ पर स्थित था, जहाँ नदी का विस्तार काफी था। सामरिकता, टैंकों की नजदीकी गोलाबारी का सहयोग कम प्रभावी होगा। हालाँकि पूरी मूवमेंट तेज रहेगी, क्योंकि टैंक केवल तैरने के बजाय पानी और जमीन (water & landmode) में तेजी से नम हिस्सों पर भी चल सकते थे। कमांडर मेरे विचारों को भाँप गए थे, क्योंकि मैंने उन्हें मीटिंग में यह कहते सुना था कि "आदर्श परिस्थितियाँ शायद ही मिलती हैं और जीवन एवं युद्ध में प्रगति और आगे जाने के लिए जोखिम उठाने ही पड़ते हैं।" फिर वे जोर से बोले कि कमांडर की हैसियत से उन्होंने भैरव को पार करने का अंतिम निर्णय लिया है। हमला करने के लिए 16 दिसंबर, 1971 को 2 बजे का समय निर्धारित किया गया था।

स्क्वाड्रन रोवर के साथ 15-16 दिसंबर की रात को स्क्वाड्रन 'F' और 'A1' एक्लोन के वाहनों को हाल ही में बनाए गए पुल से जोड़ा गया था। रवि भंडारी ने यह सुनिश्चित करने के लिए उन वाहनों का चार्ज लिया कि टैंकों में POL और

हथियार भरे-पूरे हों और मरम्मत के कार्य पूरे किए गए हों। अंतिम 72 घंटे योजना के लिए बेहद कठिन थे, क्योंकि उन्हें क्रू द्वारा कुकिंग और आपातकाल के राशन पर निर्भर रहना था। कमांडर से आदेश प्राप्त करने के तुरंत बाद 2 बजे के संशोधित H hr. पर ब्रिगेड फेज-1 को शुरू किया गया। मैं भंडारी और मिश्रा को सूचित करने के लिए गया। उन्हें एक सुनिश्चित स्थान पर जाना था, जहाँ से 14 पंजाब के गाइड उन्हें हमलावर कंपनी की लोकेशंस पर ले जाएँगे। सुनिश्चित स्थान के लिए रवाना होने से पहले मैं फेरी साइट पर टैंकों की हलचल की पुष्टि करने के लिए ब्रिगेड मुख्यालय पर रुक गया। मैंने कमांडर को अपने स्टाफ के साथ धूप में बाहर बैठे देखा और कर्नल दत्त वहीं पर टेलीफोन के पास खड़े सुनने की कोशिश में थे। मैं उनके पास गया, किंतु कुछ भी सुन नहीं सका। आसपास कोई भी अन्य अफसर नहीं था और वहाँ बिल्कुल सन्नाटा था। मैं लगभग एक मिनट के लिए खामोशी से खड़ा रहा होऊँगा। मुझे लग रहा था कि कुछ महत्त्वपूर्ण घोषणा होने की उम्मीद थी। बी.एम. मेरे बगल में खड़ा था, इसलिए मैंने उससे धीरे से कहा कि टैंक भैरव नदी को पार करने के लिए 2 सिख लाइट इन्फैंट्री और 14 पंजाब अपने सैन्य दस्ते के साथ वाटर लाइन तक पहुँच चुके थे। इससे पहले कि वह जवाब दे पाता, कमांडर ने अपने हाथ से इशारा किया कि पहले के आदेश रद्द कर दिए गए थे। रद्द करने पर मेरे आश्चर्यचकित होने से उन्होंने अपना इशारा दोहराया। इसके साथ ही टेलीफोन नीचे रख दिया। फिर वे अपनी कुरसी से उठकर खड़े हो गए। एक ऊँची कद-काठी के मालिक, कार्य के दबाव में भी शालीनता एवं अनुकरणीय चरित्र की प्रतिमूर्ति और अब अपने होंठों पर उभरती एक मुसकराहट लिये स्पष्ट शब्दों में उन्होंने कहा कि युद्ध-विराम के आदेश हो चुके हैं और दुश्मन द्वारा शीघ्र ही आत्मसमर्पण कर दिया जाएगा। उनके शब्दों में कोई भावावेग नहीं था, बस, खुशी का एक संकेत था, क्योंकि उनके द्वारा यह घोषणा स्वाभाविक तरीके से की गई थी। उन्होंने मुझे टैंकों को ब्रिगेड मुख्यालय लोकेशन पर वापस बुलाने के लिए कहा और अपने टैंट की ओर चलने से पहले सभी मौजूद लोगों से हाथ मिलाया।

टैंक क्रू मेंबर्स में खुशी की लहर दौड़ गई थी। हर कोई यह जानना चाहता था कि आत्मसमर्पण कैसे और कहाँ होगा? टैंक के रेडियो सेट बंद किए जाने के बजाय अब ऑल इंडिया रेडियो, बी.बी.सी. और यहाँ तक कि रेडियो पाकिस्तान पर ट्यून किए जा रहे थे। यह बहुत हास्यास्पद था कि पाकिस्तान रेडियो अपने संचार का उपयोग नफरत और झूठी अफवाहें फैलाने के लिए कर रहा था। यह उनके

सैनिकों द्वारा लड़े गए भयंकर युद्ध और कड़े विरोध के बारे में प्रसारण कर रहा था और इस दावे के साथ कि पाकिस्तान कभी भी काफिरों के आगे नहीं झुकेगा, जबकि दूसरी ओर युद्धबंदियों द्वारा हथियारों का समर्पण जारी था। कुछ मिनटों के बाद सैनिकों ने आकाशवाणी और बी.बी.सी. को लगाया। 7 से 16 दिसंबर के बीच हम जो कुछ भी जानकारी इकट्ठा करने और साझा करने में सक्षम थे, उसने हमें उस समय की गंभीरता और तनाव का अहसास कराया, जिसमें से हमारे राजनेता और सैन्य अधिकारी गुजरे थे, जिस वक्त हमने खुलना पर कब्जा करने का विचार किया था।

अचानक मनुष्यों का एक सैलाब-सा आ गया था। पुरुष, महिलाएँ और यहाँ तक कि बच्चे भी अपने घरों से बाहर आ गए थे और सैनिकों के साथ हाथ मिलाते हुए आभार प्रकट कर रहे थे। बुजुर्ग, बीमार और कमजोर, एक हाथ में लाठी और दूसरे हाथ में बँगलादेश का झंडा थामे एक साथ झुंड में चिल्लाते हुए अपनी खुशी व्यक्त कर रहे थे, जब तक कि उनके गले खुश्क और आवाजें कर्कश नहीं हो गईं; क्योंकि इससे पहले उन लोगों ने टैंक या जिसे वे 'चेन गाड़ी' कहते थे, नहीं देखे थे, इसलिए इन्हें देखने के लिए भारी भीड़ इकट्ठा हो गई थी। कई लोग टैंकों पर कूद रहे थे और चारों ओर नृत्य करते हुए प्रोत्साहन देने के लिए भारतीय जवानों को चूम रहे थे। उन्होंने सैनिकों की गन बैरल में गेंदा-फूल डाल दिए थे और उन पर चमेली के फूल बरसा रहे थे। 'डाब' (कच्चा नारियल) को जल्दबाजी में पेड़ों से उतारा गया और सैनिकों को भेंट किया गया। सिगरेट के पैकेट, बिस्कुट और जो कुछ भी थोड़ी-बहुत खाने योग्य चीजें वे ला सकते थे, उन्हें सैनिकों को वितरित कर रहे थे। उनका यह उल्लास और खुशी कष्टों को झेलकर मिली विजय के आनंद में प्रस्फुटित हो रहे थे। भैरव नदी के तट से, धान के हरे खेतों से और ग्रामीण इलाकों की सरसों के फूलों से पीली हुई पहाड़ियों से और अनगिनत गाँवों से समवेत पुकार थी, 'जोय बाँग्ला!', 'जोय बाँग्ला!' बंगाल की विजय, बंगाल की विजय! हवा में अंधाधुंध फायरिंग की गूँज, बिना तैयारी की परेड, प्रसन्नता में डूबकर हॉर्न बजाना और जाम ट्रकों के जुलूस उनकी खुशी के गवाह थे। उन्होंने अपने राष्ट्रगान 'शोनार बाँग्ला' को गाते हुए बसों की छतों पर नृत्य किया और शहर की सड़कों पर मार्च किया। वे बंगाल के हरे, लाल और सुनहरे बैनर को इमारतों पर फहराने के लिए गुप्त ठिकानों से बाहर लाए और साथ ही उनके कैद नेता शेख मुजीबुर रहमान की विशाल तसवीरें ट्रकों, घरों और सड़क के कोनों पर रात भर दिखाई देती रहीं।

'भारतीय सेना की जय हो', 'इंदिरा गांधी जिंदाबाद', 'मुजीबुर रहमान सलामत रहें', इस सब के नारे लगाए और यह सब इसी तरह लगातार चलता रहा।

17 दिसंबर को 2 बजे ब्रिगेडियर हयात खान, कमांडर 107 इन्फैंट्री ब्रिगेड ने सात पाकिस्तानी लेफ्टिनेंट कर्नलों के साथ खुलना सर्किट हाउस में 9 इन्फैंट्री डिवीजन के जी.ओ.सी. मेजर जनरल दलबीर सिंह के सामने आत्मसमर्पण किया। एक छोटे से समारोह में समर्पण-पत्र पर हस्ताक्षर किए गए थे। खुलना में पाकिस्तानी सैनिकों की जिन सैन्य टुकड़ियों ने आत्मसमर्पण किया था, उनकी संख्या-सूची निम्नलिखित है—

ऑफिसर्स	81
जे.सी.ओ.	130
ओ.आर.	3,476
अन्य	207

हमारी इस सफलता में भारतीय वायुसेना के सहयोग का बड़ा हाथ था, जिसने दो दिनों के भीतर ही पूर्व में पाकिस्तानी वायुसेना का सफाया करने में कामयाबी हासिल की और वायु क्षेत्र पर भारत का दबदबा कायम किया। बंगाल की खाड़ी और गंगा डेल्टा क्षेत्र में भी भारतीय नौसेना के सामने कोई नहीं टिक पाया। पाकिस्तान के अधिकारियों के पास युद्ध-विराम के अलावा बचाव का और कोई रास्ता बाकी नहीं था; क्योंकि चटगाँव और चलना के बंदरगाहों पर भारतीय सेना द्वारा की गई नाकेबंदी ने पाकिस्तानी सेनाओं के लिए अतिरिक्त साजो-सामान (reinforcement), आवश्यक चीजों की आपूर्ति और निकल भागने की सब संभावनाएँ समाप्त कर दी थीं और अब उनकी हालत यह थी कि वे पश्चिमी पाकिस्तान के अपने ठिकानों से 1,000 मील से भी ज्यादा दूर इस परदेश में फँस गए थे। मुक्तिवाहिनी और भूतपूर्व पूर्वी पाकिस्तान की जनता से भारतीय सेना को मिले समर्थन, सेवा एवं सहायता से शीघ्र ही विश्व-पटल पर एक नए स्वतंत्र राष्ट्र 'बँगलादेश' का उदय हुआ था।

□

परिशिष्ट 'क'

IC-16957H कैप्टन बी एस मेहता, 45वीं घुड़सवार सेना के लिए वीरता पुरस्कार, महावीर चक्र (एम.वी.सी.) की अनुशंसा।

पुरस्कृत: मेंशन-इन-डिस्पैच

प्रशस्ति-पत्र

1. कैप्टन बी.एस. मेहता 'सी' स्क्वाड्रन 45 कैवेलरी के द्वितीय कमान अधिकारी थे। 21 नवंबर, 1971 को लगभग 6:00 बजे जब स्क्वाड्रन दुश्मन के टैंकों से उत्पन्न खतरे का मुकाबला करने के लिए उपयुक्त स्थान पर पहुँची, तब कैप्टन बी.एस. मेहता स्क्वाड्रन के दाहिनी ओर के समूह की कमान सँभाल रहे थे।

2. उन्होंने दाहिनी छोर के दो सैनिकों के अपने समूह को प्रभावी ढंग से नियंत्रित किया और अपने टैंक से गोला दागकर एक टैंक तबाह कर दिया। टैंकों के आमने-सामने की इस लड़ाई में दुश्मन के एक टैंक ने जब FDL में और अंदर आने की कोशिश की, तब कैप्टन बी.एस. मेहता ने उसका मुकाबला किया और उसे भी उड़ा दिया। दुश्मन ने भी तोप और छोटे हथियारों से जोरदार फायरिंग की, वहीं कैप्टन बी.एस. मेहता डटे रहे और दुश्मन के दो टैंकों का मुकाबला करते हुए, अपने समूह को प्रभावी ढंग से निर्देश देते रहे।

3. लड़ाई के इस महत्त्वपूर्ण चरण में ही कैप्टन बी.एस. मेहता को स्क्वाड्रन कमांडर मेजर डी.एस. नारंग के आकस्मिक निधन की खबर मिली। फिर भी वह इस क्षति से विचलित नहीं हुए, ना ही घबराए और उन्होंने तुरंत इस स्क्वाड्रन की कमान सँभाली। अपने व्यक्तिगत साहस और नेतृत्व के उत्कृष्ट उदाहरण से उन्होंने अपने सैनिकों को प्रोत्साहित किया और अपने नेतृत्व में दुश्मन के 10 टैंकों का विनाश कर दिया। इस अधिकारी ने आर्मर्ड कोर और सेना की सर्वोच्च परंपरा के अनुरूप लड़ने का जज्बा, साहस और नेतृत्व के गुणों का प्रदर्शन किया।

□

परिशिष्ट 'ख'

शब्दावली

ए.सी.सी. एंड एस : आर्मर्ड कोर सेंटर एंड स्कूल।

Ack & Ack : एंटी-एयरक्राफ्ट

ए.डी.एस. : एडवांस्ड ड्रेसिंग स्टेशन। यूनिट के एम.आई. रूम से हताहत के निकाले जाने के बाद शृंखला की यह पहली कड़ी होता है।

ऑल इंडिया ऑल क्लास : ऐसी यूनिट, जिसमें सभी वर्गों/समुदायों के सैनिकों की भरती की जा सकती है। 1971 के युद्ध के बाद, अधिकतर इकाइयाँ ऑल इंडिया ऑल क्लास के आधार पर खड़ी की गईं।

एनेक्सी : ए.सी.सी. एंड एस में ऑफिसर्स इंस्टीट्यूट। पहले के समय में यह अधिकारी मेस का एक उपभवन होता था। यही नाम आज भी चल रहा है।

आर्मर्ड डिलीवरी रेजीमेंट (80 ए.डी.आर.)। देखें, अतिरिक्त सैन्य सहायता।

ए.एन.पी.आर.सी.-25 : अमेरिकी मूल का बहुद्देश्यीय रेडियो सेट, जो भरोसेमंद संचार प्रदान करता है।

आर्म्ड रेजि. : टैंक रेजीमेंट।

बैटल ड्रिल : वह आकस्मिक स्थिति जिसका पूर्वाभ्यास युद्ध में सामंजस्य बनाए रखने के लिए किया जाता है।

बंदा मार दित्ता : (पंजाबी) 'तुमने हमारे सैनिक को मार दिया'।

बड़ा तेज बंदा लगदा है : (पंजाबी) 'काफी तेज व्यक्ति लगता है।'

भद्रलोक : बंगाल के रहनेवाले लोग।

ब्रिगेड मेजर : ब्रिगेड मुख्यालय का जनरल स्टाफ अधिकारी।

कैवेलियर : जर्नल और ए.सी.सी. एंड एस।

चेशायर ट्रस्ट : द्वितीय विश्व युद्ध के बाद इसी नाम के एक अधिकारी की

ओर से युद्ध में घायल/दिव्यांग सैनिकों की सहायता के लिए शुरू किया गया एक अंतरराष्ट्रीय ट्रस्ट।

क्लास 9 रोड : सड़क/पुलों का सैन्य वर्गीकरण। एक नियम के अनुसार, 9 टन से कम वर्ग के वाहन ऐसी सड़कों पर चल सकते हैं।

कॉम्बैट टीम : सभी हथियारों से लैस एक संयुक्त टीम, जिसे एक विशेष मिशन के लिए एक कमांडर के अधीन रखा जाता है।

डूंगरी : समग्र संयोजन।

ड्राइविंग / गनरी / रेडियो—तीन अलग-अलग कार्यों की शाखा, जिसमें बख्तरबंद कोर के सवार (सैनिक) प्रशिक्षित होते हैं। चुने गए विशेष कार्य के अनुसार प्रशिक्षण की अवधि निर्धारित होती है।

डेल्टा 40 / डेल्टा 1, 2, 3, 4—स्क्वाड्रन के द्वितीय कमान अधिकारी/रेडियो टेलीफोनी में सैन्य अधिकारियों की ओर से प्रयुक्त कॉल संकेत।

ई.एम.ई. : इलेक्ट्रिकल और मैकेनिकल इंजीनियर, जिन पर सैन्य उपकरणों और वाहनों की मरम्मत और रख-रखाव का दायित्व होता है।

ई.टी.ए. : आगमन का अपेक्षित समय।

एफ.डी.एल. : फॉरवर्ड डिफेंडेड लोकेलिटी या अग्रिम रक्षित्र क्षेत्र।

फॉरवर्ड कंसंट्रेशन एरिया : दुश्मन की नजर और मध्यम तोपखाने की सीमा के बाहर का पूर्व-चयनित क्षेत्र, जहाँ से सैनिकों को युद्ध में उतारा जाता है।

जी.ओ.सी. : जनरल ऑफिसर कमांडिंग।

हीट, एच.ई., ए.पी. : टैंक से दागे जानेवाले गोला-बारूद के प्रकार, एंटी टैंक उच्च विस्फोटक, कवचभेदी उच्च विस्फोटक।

हार्बर एरिया : एक चयनित क्षेत्र, जहाँ टैंक दुश्मन के हस्तक्षेप से दूर मरम्मत और पुनःपूर्ति कर सकते हैं।

इंफ्रारेड डिवाइस : यह 1971 में एक नई चीज थी। पीटी-76 में यह सुविधा केवल चालक के लिए थी। हालाँकि, T-55 में कमांडर और गनर के लिए एक इंफ्रारेड डिवाइस लगा था, जिससे रात में सीमित रेंज तक लक्ष्य हासिल करना संभव हो जाता था।

जल्दी लोड करीं : (पंजाबी) 'जल्दी लोड करो'

खज्जी : खजूर का पेड़।

'लोडेड' : इन-टैंक क्रू ड्रिल, यह दिखाता है कि लोडर ने सभी काम पूरे कर

लिये हैं, जिसके बाद गनर तोप को ठीक से लगाता है, ताकि कमांडर से आदेश दे सके 'फायर'।

एल.डी. : लांस दफादार। एक एन.सी.ओ. का रैंक। दो पट्टियों से पहचान होती है।

लक तोड़ दित्ता : (पंजाबी) 'मेरे कूल्हे तोड़ दिए।'

मजल : तोप का मुँह।

मुजीब-उर-रहमान : बांग्लादेश के राष्ट्रपिता।

मुजाहिद/रज़ाकार : पाकिस्तान द्वारा खड़ा किया गया अर्धसैनिक बल।

मैकेनाइज्ड : जब पैदल सैन्य इकाइयों को रूपांतरित कर बख्तरबंद सैन्य वाहन से सुसज्जित किया जाता है।

एम.एस. ब्रांच : मिलिट्री सेक्रेटरी की शाखा। सेना मुख्यालय में अधिकारियों की प्रोन्नति और पदस्थापना से जुड़े सारे मामले सँभालता है।

एम.वी.सी. : महावीर चक्र : देश का दूसरा सर्वोच्च वीरता पुरस्कार।

मुक्तिवाहिनी : बांग्लादेश की स्वतंत्रता के लिए लड़नेवाले सैनिक। उनमें ईस्ट पाकिस्तान राइफल्स और अन्य नागरिक वॉलंटियर्स समेत पाकिस्तान सैन्य सेवा के जवान शामिल थे। उन्हें भारत ने सहयोग और प्रशिक्षण दिया। वे भारतीय सेना के परिचालन नियंत्रण में काम करते थे, जिनका नेतृत्व कर्नल एम.ए.जी. ओसमानी कर रहे थे।

मैरीइंग अप : युद्ध योजना आदि के समन्वय के लिए बख्तरबंद/पैदल सैन्य इकाइयों/उप-इकाइयों के बीच एकीकरण की प्रक्रिया।

मेरी चिंता ना करें : (अर्थ स्पष्ट है)

एम.एम.जी./एम.जी. : मीडियम मशीनगन/मशीनगन।

ओ.आई.सी. : अदर इंडियन क्लास। सभी वर्गों का समूह जिसे सेना में विशिष्ट प्रतिनिधित्व नहीं मिला था। उसके अनुसार ही उप-इकाई में भारत के सभी समुदायों की झलक दिखती थी, जिन्हें पारंपरिक सेना में हथियारबंद होने के अवसर से वंचित रखा गया था।

ओ.पी./एफ.ओ.ओ. : ऑब्जर्वेशन पोस्ट/फॉरवर्ड ऑब्जर्वेशन ऑफीसर। आम तौर पर तोपखाने का एक युवा अधिकारी, जो हलकी और मध्यम तोपों की गोलाबारी से सहयोग देनेवाले आगे चल रहे सैनिकों के साथ चलता है।

एन.बी./आर.आई.एस. : आर्मर्ड कोर में जूनियर कमीशंड ऑफिसर के पद पर पदोन्नति पर एक गैर-कमीशन अधिकारी, जो नायब रिसालदार का पद प्राप्त करता है।

नक्सलाइट : देश में मौजूद कम्युनिस्ट, जो पहली बार 1970 के दशक की शुरुआत में नक्सलबाड़ी (पश्चिम बंगाल) में हत्याओं के कारण कुख्यात हुए थे।

एन.सी.ओ. : गैर-कमीशन अधिकारी।

एन.डी.ए., आई.एम.ए. : राष्ट्रीय रक्षा अकादमी, भारतीय सैन्य अकादमी, देश में सैन्य अधिकारियों के प्रमुख प्रशिक्षण संस्थान।

उमर खैयाम : फारसी कवि, जिनकी साहित्यिक कृतियों का अनुवाद फिजराल्ड ने किया है।

पटियाला पैग : शराब का बड़ा पैग। कुछ लोगों के अनुसार, जब ग्लास को थामनेवाले हाथ की चार उँगलियों के बराबर शराब ग्लास में भरी हो।

पखल : स्टील की छोटे पानी के टैंक, जिन्हें जानवरों समेत सभी सैन्य वाहनों से खींचकर ले जाया जा सके।

पलटन : सेना की यूनिट।

पी.ओ.डब्लू. : युद्धबंदी।

पिप्पा : पीटी-76 टैंक का बोल-चालवाला नाम, जब उसे भारतीय सेना में शामिल किया गया था। पिप्पा का अर्थ है—बरतन या टिन से बना कंटेनर।

पंचशील : 1962 के भारत-चीन युद्ध से पहले अपनाई गई चीन के साथ दोस्ती की नीति।

पी.आर.ओ. : जनसंपर्क अधिकारी।

रिसालावाला : जो घुड़वार/आर्मर्ड यूनिट में सेवा देता है।

राष्ट्रपति : भारत के राष्ट्रपति।

आर एंड एस बटालियन : टोही और सहयोग देनेवाली बटालियन। आमतौर पर मैदानी इलाकों में एक पैदल सेना के डिवीजन को यह दी जाती है। इन इकाइयों में टैंक रोधी और मध्यम मशीनगनों और रेकी प्लाटूनों की संख्या अधिक होती है। आमतौर पर परिचालन की आवश्यकता के आधार पर ब्रिगेड को छोटी टुकड़ियाँ दी जाती हैं।

आर.सी.एल. : रिकॉइललेस (बिना झटकेवाली) गन। एक टैंक रोधी तोप जो आमतौर पर जीप/जोंगा पर लगाई जाती है।

रेडियो नेट * (नीचे देखें)

रेंज : आम तौर पर फील्ड फायरिंग रेंज को बताता है, जहाँ मुख्य आयुध का निशाना सही किया जाता है और युद्ध की काल्पनिक परिस्थितियों में फायरिंग अभ्यास किया जाता है।

आर एंड आर : रेस्ट एंड रिफिट।

रॉकेट लॉञ्चर : हाथ से चलाया जानेवाला टैंकरोधी हथियार।

रिइनफोर्समेंट : जवानों/सैनिकों, दोनों से संबंधित।

टी-55 टैंक : 100 एम.एम. तोप को लेकर चलनेवाला रूसी मूल का टैंक।

शकरपारा : युद्ध के दौरान सैनिकों का मुख्य आहार। अकसर आटा/मैदा से डीपफ्राई कर सब-यूनिट की रसोई में तैयार किया जाता है। नमकीन/चीनी से बना। इमरजेंसी राशन के रूप में सैनिक साथ ले जाते हैं।

स्क्रैंबल : दुश्मन के विमानों को रोकने के लिए तुरंत टेक-ऑफ।

सलाबत खान का मकबरा : एक प्रमुख ऐतिहासिक स्थान। ए.सी.सी. एंड एस. के सामने की पहाड़ी की चोटी पर बना मकबरा।

एस.ओ.पी. : मानक संचालन प्रक्रियाएँ।

साब्रे : अमेरिकी मूल के एफ-86 जेट विमान, जिनका इस्तेमाल पाकिस्तान करता है। इस शब्द का प्रयोग बख्तरबंद की आवश्यकता के समय टैंक सब-यूनिट को बताने के लिए भी किया जाता है।

टैंक ट्रूप लीडिंग : युद्ध के सभी अभियानों में टैंकों की टुकड़ी का नेतृत्व करने की कला और विज्ञान।

टी.ओ.टी. : टाइम ऑन टारगेट।

टैंकोड्रोम : टैंक डायरेक्ट्रिक्सः फील्ड फायरिंग रेंज में प्रशिक्षण परिसर, जहाँ स्थिर और गतिमान लक्ष्यों को स्थिर टैंकों द्वारा निशाना बनाया सकता है, जो वास्तविक मुकाबले की काल्पनिक स्थिति उपलब्ध कराते हैं। टैंक डायरेक्ट्रिक्स अधिक उन्नत प्रशिक्षण सुविधा थी, जिसमें पूरी सब-यूनिट युद्धाभ्यास कर सकती थी और स्थिर तथा गतिशील लक्ष्यों के खिलाफ लाइव अभ्यास कर सकती थी।

VCOAS : वाइस चीफ ऑफ द आर्मी स्टाफ यानी थल सेना के उप प्रमुख।

वीर भोग्या वसुंधरा : 'यह पृथ्वी मात्र वीरों के लिए है।' 45वीं कैवेलरी का आदर्श रेजिमेंटल वाक्य।

वॉकिंग वुंडेड : किसी हताहत को निकालने के लिए चिकित्सा वर्गीकरण।

वूर्दी मेजर : एक बख्तरबंद रेजीमेंट का जे.सी.ओ. एडजुटेंट। वह सीधे एडजुटेंट के अधीन काम करता है और अनुशासन बनाए रखने में सहायता करता है।

विल्को : रेडियो टेलीफोनी में इस्तेमाल। मतलब संदेश समझा गया, पालन होगा।

याह्या खान : पाकिस्तान के भूतपूर्व राष्ट्रपति।

'ये जो मोहब्बत है' : उस युग का लोकप्रिय गीत, गायक किशोर कुमार।

जीरोइंग : तोप से गोले दागने की प्रक्रिया, जिसमें सीधी नजर से देखे गए लक्ष्य और गोला गिरने के स्थान को ऐसे तय किया जाता है कि पहला गोला लक्ष्य पर गिरे।

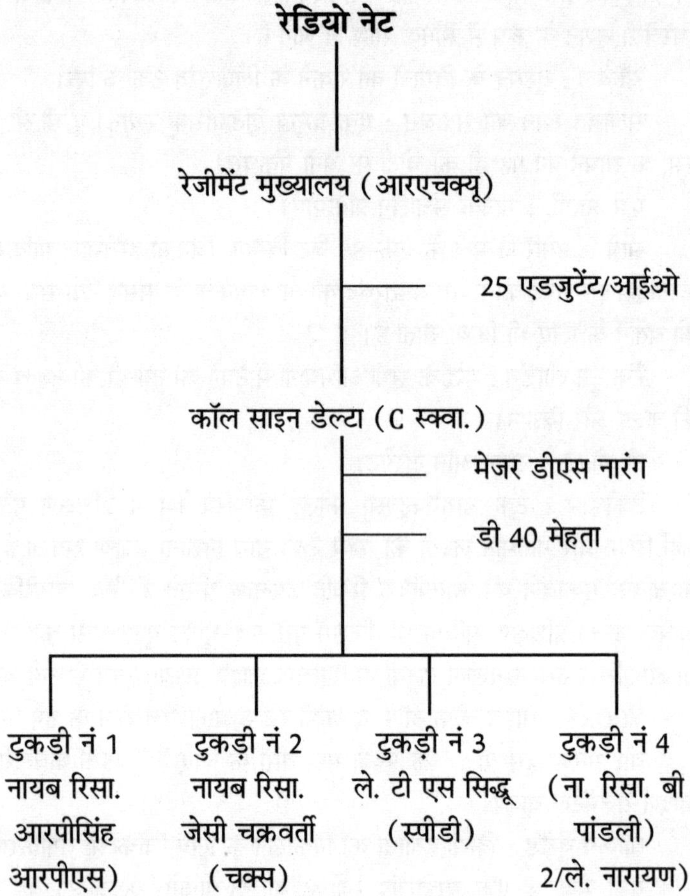

□□□